キャリア支援に基づく

職業リハビリテーションカウンセリング
－理論と実際－

松 為 信 雄

はじめに

　現在、障害のある人の雇用・就労支援の施策は、2001年の厚生労働省の設置以来の大きなターニングポイントに差し掛かろうとしています。

　それは、私も委員として参加した「ニッポン一億総活躍プラン」（2016年6月閣議決定）で「地域共生社会の実現」を高らかに掲げるとともに、その一環として、障害のある人も自らの希望や能力を最大限に発揮できる環境を整備し、就職から職場定着あるいは治療と職業生活の両立などを含めた就労支援事業を推進していくことを明確にしたことから始まります。これは「働き方改革実現会議」に引き継がれ、2020年9月に「社会保障・働き方改革本部」が、「2040年を展望した医療・教育・福祉・雇用の分野を超えた切れ目のない障害者雇用（就労）支援のあり方」を検討し始めたことにつながります。

　その中で、今後の方向性として、雇用と福祉施策の一体的な展開を推進して効果的で切れ目のない専門的支援体制を構築すること、そのためには、教育（特別支援教育）や医療も含めた、雇用と福祉分野の双方の就労支援を担うことのできる人材を育成・確保することが重要であることが指摘され、そのための研修カリキュラムの編成も検討されています。

　こうした、医療・教育・福祉・雇用の異なる分野を超えて障害者雇用・就労に係る切れ目のない支援を担うことのできる専門家を育成するには、その実践的な活動の基礎となる知識と技術の体系について共通認識していることが不可欠です。

　「職業リハビリテーションカウンセリング」こそ、その基盤となるものです。

　本書は、キャリア支援の視点を軸に、生涯におよぶ個別キャリアの育成と雇用環境の調整の双方向性のある支援のあり方に焦点を当てながら、職業リハビリテーションカウンセリングの知識と技術の全体像を明らかにします。加えて、職業選択に至る準備期間から選択後の職業適応や定着、さらには、働く場面からの引退に至るまでの長期的な関わりを持つことの重要性と、そのための地域ネットワークの構築のあり方についても言及しています。

　異なる専門分野であっても障害者の雇用・就労支援に係る知識と技術の基盤を共有できるように、内容を精査したうえで平易な文体で執筆しました。さらに、専門的な知見を得たい方のために、各章の引用・参考文献を巻末に付けました。

　本書を手に取ることで、障害のある人の雇用・就労支援における新たな時代の到来に対応できる知識と技術を獲得して頂くことができれば、大変うれしく思います。

目　次

はじめに　　3

序　章　　10
リハビリテーションカウンセリング
本書の構成

第Ⅰ部　理論的基盤　　15

第1章　働くことの意義　　16
第1節　働くことに関わる用語 ……………………………………… 16
労働観の移り変わり／雇用と就労
第2節　働くことの意義 …………………………………………… 18
職業と働くこと／働く動機／良い仕事
第3節　役割の遂行 ………………………………………………… 22
役割の実現／役割と QOL ／職業的規範と倫理
第4節　障害と働くことの意義 …………………………………… 25
役割と障害／障害と働くことの意義
第5節　多様な働き方 ……………………………………………… 27
多様な働き方の展開／雇用の場の拡充／福祉的就労の発展／雇用と福祉的就労と
の相互移行／社会的企業と労働者協同組合

第2章　職業リハビリテーションに関わる概念　　31
第1節　リハビリテーションの概念 ……………………………… 31
リハビリテーションの定義とあり方／リハビリテーションの領域／総合リハビリ
テーションと生活の質
第2節　カウンセリング …………………………………………… 35
カウンセリングの定義と過程／リハビリテーションカウンセリングの領域／支援
のあり方
第3節　障害の構造 ………………………………………………… 39
国際障害分類（ICIDH）とその意義／国際生活機能分類（ICF）／障害の捉え方
第4節　キャリア …………………………………………………… 43
言葉の多様性と共通概念／ライフキャリアとワークキャリア／キャリアと職業リ
ハビリテーション

第3章　職業リハビリテーションの定義と支援のあり方　　48

第1節　定義の変遷　……………………………………………………………………　48
国際的な定義／障害者の雇用の促進等に関する法律

第2節　新たな定義　……………………………………………………………………　49
新たな定義／解説／支援モデル

第3節　支援のあり方　…………………………………………………………………　54
支援の戦略／支援の過程

第4節　就業支援の新たな展開　………………………………………………………　59
援助付き雇用モデル／カスタマイズ就業

第4章　キャリアに関する理論　　64

第1節　基礎的理論　……………………………………………………………………　64
スーパーの理論／ホランドの理論／意思決定理論

第2節　内的志向性に焦点化した理論　………………………………………………　68
バンデューラの理論／自己決定理論／認知的情報処理理論

第3節　最近のキャリア理論　…………………………………………………………　71
プランド・ハップンスタンス理論／キャリア構築理論／生態学的モデル

第4節　組織内キャリア論　……………………………………………………………　74
シャインの理論／シュロスバーグの理論

第5節　障害者のキャリア発達　………………………………………………………　77
キャリア発達への障害の影響／障害の全体的な影響

第6節　職業適応と復職モデル　………………………………………………………　80
職業適応の理論／職業適応モデルの展開

第5章　カウンセリングに関する理論　　83

第1節　カウンセリングの基礎　………………………………………………………　83
定義と基本要素／人間関係の樹立／言語的コミュニケーション／非言語的コミュ
ニケーション

第2節　証拠に基づくカウンセリング理論　…………………………………………　87
応用行動分析／認知行動的アプローチ／ソーシャルスキルトレーニング

第3節　集団・コミュニティ対応の理論　……………………………………………　92
コミュニティアプローチ／グループ・ファシリテーション

第4節　その他のカウンセリング論　…………………………………………………　94
解決志向カウンセリング／ポジティブ心理学／ナラティブ・アプローチ

第Ⅱ部　個別支援の実際　99

第6章　アセスメントと支援計画　100
第1節　アセスメントと情報 ……………………………………………………… 100
インテーク／アセスメントの型と情報／情報の収集と注意／ストレングスの視点
第2節　プランニング ……………………………………………………………… 106
プログラムの使命と基本的視点／支援計画の作成／計画作成の留意点／支援担当
者会議と支援の責任者

第7章　個人特性の理解　112
第1節　個人特性の階層構造 ……………………………………………………… 112
ワークパーソナリティ／階層構造の意義
第2節　個人特性の把握 …………………………………………………………… 114
把握の方法／検査や測定による資料収集／汎用的チェックリスト
第3節　自己理解 …………………………………………………………………… 122
自己理解の意義と内容／自己理解の方法／キャリア関連ツール
第4節　最近の職業能力観 ………………………………………………………… 126
エンプロイアビリティ／コンピテンシー

第8章　障害の影響の理解　128
第1節　視覚・聴覚障害 …………………………………………………………… 128
視覚障害／聴覚障害
第2節　肢体不自由・高次脳機能障害・内部障害・難病 ……………………… 129
肢体不自由／高次脳機能障害／内部障害／難病
第3節　知的・発達障害 …………………………………………………………… 132
知的障害／発達障害
第4節　精神障害・てんかん ……………………………………………………… 136
精神障害／てんかん

第9章　職業と生活の理解　140
第1節　職業の捉え方 ……………………………………………………………… 140
職業の理解／職業情報の検索／産業・事業所等の理解／職業情報の分析
第2節　生活の捉え方 ……………………………………………………………… 145
就労と生活／生活状況の把握と対応／生活支援を行う際の留意点

第10章　自己理解・肯定感・障害開示・家族　　150

第1節　自己理解と障害の受容 ……………………………………………… 150
　　自己理解と障害／障害の受容

第2節　自己肯定感・有用感 ………………………………………………… 153
　　自己理解から自己有用感への展開／自己肯定感・有用感と障害受容／ストレング
　　スとリカバリー

第3節　障害の開示 …………………………………………………………… 156
　　開示・非開示の就業への影響／障害開示のメリット・デメリット／非開示の際の
　　対処

第4節　家族の関わり ………………………………………………………… 158
　　発達障害児（者）と家族の関わり／家族の障害受容

第11章　能力開発とキャリア教育　　162

第1節　能力開発の捉え方 …………………………………………………… 162
　　基本的な視点／障害と能力開発／能力開発の現場

第2節　職業準備性 …………………………………………………………… 165
　　定義と内容／職業準備性の育成／職業準備性の捉え方

第3節　キャリア教育 ………………………………………………………… 169
　　キャリア教育の意義／キャリア形成に必要な能力／キャリア教育プログラム

第12章　体系的カウンセリング　　176

第1節　体系的カウンセリングの基本 ……………………………………… 176
　　体系的アプローチ／カウンセラーの基本的な視点／実施のプロセス／体系的カウ
　　ンセリングの原理

第2節　実施の過程 …………………………………………………………… 179
　　「目標の設定」段階／「方法の実行」段階／「成果の確認」段階／「カウンセリン
　　グの終結」段階

第3節　実行段階の内容 ……………………………………………………… 185
　　「意思決定」の方法／「学習」の方法／「自己管理」の方法

第Ⅲ部　雇用環境調整の実際　　191

第13章　雇用・福祉施策と連携の強化　　192

第1節　労働関連法規 ………………………………………………………… 192
　　労働法の体系／労働法における「労働者」

第2節　労働条件の改善に関する法規制 …………………………………… 193

労働条件の原則と労働契約／賃金や労働条件／労働者の保護

第3節　障害者雇用促進法 ……………………………………………………… 195

障害者雇用率制度／障害者雇用納付金制度／差別禁止と合理的配慮／職業リハビリテーションの推進

第4節　障害者総合支援法 ……………………………………………………… 199

基本的理念と内容／就労系サービス

第5節　雇用・福祉施策等の連携の強化 ……………………………………… 203

福祉施策の課題／雇用政策の課題／雇用・福祉施策の連携／その他の連携の課題

第14章　障害者雇用の推進　　208

第1節　企業と企業文化 ………………………………………………………… 208

第2節　障害者雇用の利点と阻害要因 ………………………………………… 209

障害者雇用の利点／障害者雇用の阻害要因／障害者雇用の質の改善

第3節　障害者雇用の過程 ……………………………………………………… 212

社内体制の構築／募集と採用／受け入れ態勢とネットワーク

第4節　支援者の働きかけ ……………………………………………………… 215

障害者雇用条件からの企業分類／支援者の意識のズレ／企業の不安や逡巡／企業支援の留意点

第15章　人事労務管理と職場定着支援　　219

第1節　人事労務管理の体系 …………………………………………………… 219

第2節　職場における援助技術 ………………………………………………… 220

職域の開発と拡大／教育訓練／マネジメント／健康管理

第3節　移行と職場定着 ………………………………………………………… 226

移行の過程／職場定着の支援

第4節　権利擁護と合理的配慮 ………………………………………………… 229

権利擁護と虐待防止／合理的配慮

第16章　職場のメンタルヘルスと復職支援　　233

第1節　職場不適応 ……………………………………………………………… 233

ストレス／職場不適応／職場不適応への対策

第2節　メンタルヘルス・マネジメント ……………………………………… 237

メンタルヘルスケアの推進／具体的進め方／ストレスチェック制度の導入

第3節　復職への支援 …………………………………………………………… 241

職場復帰支援の流れ／リワークプログラム／留意すべき事項

第 17 章　組織内キャリア・復職・離転職・引退　　246

　第 1 節　障害者の組織内キャリア ……………………………………… 246
　　実態／組織内キャリア形成の視点

　第 2 節　復職・離転職とキャリア支援 ………………………………… 249
　　職場復帰への支援／離転職の要因／離職と再就職の支援

　第 3 節　働く場面からの引退 …………………………………………… 253
　　加齢への対応／引退への支援／ハッピーリタイアメント

第Ⅳ部　ネットワークと人材　　259

第 18 章　支援ネットワーク　　260

　第 1 節　ネットワークの意義と要件 …………………………………… 260
　　雇用就労支援に関わる社会的資源と人材／雇用就労支援ネットワークの重要性／
　　雇用就労支援ネットワークの基本的要件／対人ネットワークの類型

　第 2 節　ネットワークの構築と機能不全 ……………………………… 263
　　基盤となる立ち位置／ネットワーク構築の手順／ネットワークのシステム化／機
　　能不全と修復／他職種の専門家とのつきあい方

　第 3 節　社会的支え ……………………………………………………… 267
　　意味と構造／社会的支えの育成と衰退

第 19 章　専門職人材の育成と倫理　　271

　第 1 節　雇用就労支援専門職の育成 …………………………………… 271
　　雇用就労支援の専門職／人材育成のあり方／職場適応援助者のあり方

　第 2 節　専門職の資質と倫理 …………………………………………… 279
　　担当者の要件／倫理の原則とジレンマ／専門職の倫理規定

引用・参考文献　　286
索　　引　　296
おわりに　　300

序　章

1．リハビリテーションカウンセリング

（1）固有の領域

　アメリカ等の職業リハビリテーション専門職は、（職業）リハビリテーションカウンセラーと呼ばれます。リハビリテーションカウンセリングは、職業リハビリテーション活動の基礎となる知識と技術の体系に支えられているからです。

　リハビリテーションカウンセリングの定義からも、そのことは明らかです。例えば、「障害のある人の社会的な参加、中でも職業的な場面への参加を進めるために、環境条件に個人を適応させたり、個人と仕事の双方のニーズを調整するような支援をする専門的活動」とされています（Szymanski、1985）。

　また、「リハビリテーションカウンセラー認定委員会（Commission on Rehabilitation Counselor Certification、CRCC）」（2003）は、「リハビリテーションカウンセリングとは、身体障害、知的障害、発達障害、認知障害、情緒障害のある人の個人的な目標や職業及び自立生活における目標を、最も統合化された場で達成するために体系化された支援過程のことである」と定義しています。

　リハビリテーションカウンセリングには、医学やその関連分野、あるいは、心理学や社会福祉学や作業療法学とは異なる、固有の知識と技術の体系があります。それは、第1次の予防措置（公衆衛生や労働衛生分野）や第2次の予防措置（医学や治療的分野）とは異なり、これらの予防措置の終了後に残った障害の影響を最小限に留めて、それが職業的な自立を含む社会的不利にまで転移することを阻止する、第3次の予防措置とされているからです。職業リハビリテーションもまた、この第3次予防措置の視点に沿ったものとなります（Hershenson, 1998）。

　この場合、障害は個人内の制限と同じ強さをもって環境からの障壁によっても生じることから、その関心の焦点は、個人的要因と環境的要因の双方に対して、同等の重み付けを行うことになります。その学問的な基盤は人間発達学に置かれ、支援の対象は対象者自身とそれを取り巻く種々の環境の双方に向けられ、支援の仕方は双方の流通性の強化に向けられます。そのことを通して、個人と環境との対処（coping）を促進することが目的となり、その成果は、獲得した機能性がどこまで汎化するかによって特定されます。

　このように、リハビリテーションカウンセリング、あるいは職業リハビリテーションの専門性の特徴は、生態学的（ecological）な視点に立って、個人と環境に均等に焦点を当てた活動ということになります。

（2）学問的基盤

　職業リハビリテーションあるいはリハビリテーションカウンセリングの学問的基盤は、特に、米国において蓄積され、この分野における著名な図書は、長年にわたって版を重ねて今日に至っています。

　例えば、Parker, Szymanski, Patterson らによる「Rehabilitation Counseling: Basics and Beyond」は 1987 年の初版から 2012 年には第 5 版を重ね、Roessler と Rubin による「Case Management and Rehabilitation Counseling: Procedures and Techniques」は 1982 年の初版から 2017 年には第 5 版を重ね、Rubin と Roessler による「Foundations of the Vocational Rehabilitation Process」は 1987 年の初版から 2016 年には第 7 版を重ねてきています。

　これ等の最近の改訂版は、いずれもその理論的基盤としてサービスの対象となる障害のある個人に焦点を当て、その「個別キャリア（Personal career）」の育成に向けられています。支援の在り方は、就職時の職業的な選択に限定されるのではなくて、生涯におよぶキャリア発達の育成に向けられるべきであるとされています（Szymanski & Hershenson, 1998）。

　我が国では、1997（昭和 62）年の「障害者の雇用の促進等に関する法律」で障害者職業カウンセラーの厚生労働大臣認定講習が規定された時点で、同講習のテキストとして、職業リハビリテーションの体系的な教科書が初めて刊行されました。その内容は、米国のリハビリテーションカウンセラーの認定カリキュラムを基盤にしたものでした。同書はその後に改定を重ねるのですが、認定講習テキストのため非公開とされて今日に至っています。

　リハビリテーションカウンセリングを基盤に職業リハビリテーションを包括的に論じた図書は、松為と菊池による 2001 年の『職業リハビリテーション入門』（松為・菊池, 2001）が最初であるといえるでしょう。同書は 2006 年に『職業リハビリテーション学』（松為・菊池, 2006）として改定されました。その後、日本職業リハビリテーション学会では 2012 年に『職業リハビリテーションの基礎と実践』（日本職業リハビリテーション学会, 2012）を刊行しています。

　ですが、それ以降の一連の雇用施策の進展とともに、さまざまな障害者に対する施策や援助技術が急激に展開されてきた中で、職業リハビリテーションに関する概念や理論は、社会福祉や障害者政策に焦点が当てられてきた傾向にあります。

　そのため、本書は改めて、職業リハビリテーションの知識や技術の体系としてのリハビリテーションカウンセリングについて、その基盤となる理論と具体的な実践の知識や技術を、体系的にまとめることを意図しました。

2．本書の構成

　本書は、第Ⅰ部 理論的基盤、第Ⅱ部 個別支援の実際、第Ⅲ部 雇用環境調整の実際、第Ⅳ部 ネットワークと人材、の 4 部からなる全 19 章で構成され（図）、最後に各章の引用・参考文献が添付されています。

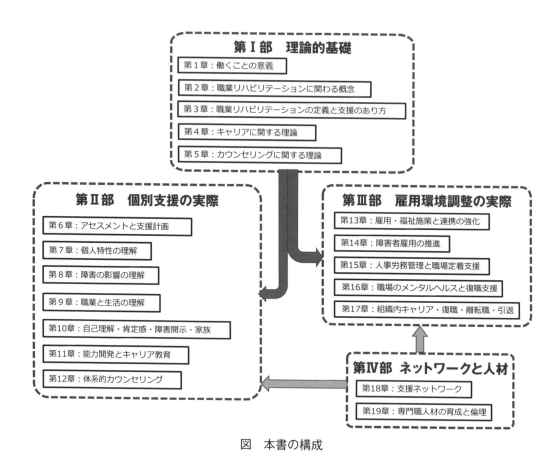

図　本書の構成

（1）理論的基盤

　職業リハビリテーションは、英語では Vocational Rehabilitation あるいは（vocational）Rehabilitation Counseling と標記されます。このことから、この分野におけるキイワードは、①「職業もしくは働くこと（Vocation）」、②「リハビリテーション（Rehabilitation）」、③「カウンセリング（Counseling）」、の3語になります。ですが、職業リハビリテーションの全体的なあり方を考える際には、これらに加えて、④職業リハビリテーション活動の直接的な対象者を捉える視点としての「障害の構造」と、⑤カウンセリングの理論的な基盤となっている「キャリア」、の2語も追加すべきでしょう。そこで、第Ⅰ部の理論的基盤では、この5つのキイワードを踏まえて、職業リハビリテーションの新たな定義を提唱します。

　第1章「働くことの意味」と第2章「職業リハビリテーションに関わる概念」を通して、この5つのキイワードの詳細な解説をします。それを踏まえたうえで第3章「職業リハビリテーションの定義と支援のあり方」では、生態学的な視点に立った新たな定義と支援モデルを紹介するとともに、就業支援の最近の展開も解説します。さらに、第4章「キャリアに関する理論」と第5章「カウンセリングに関する理論」では、リハビリテーションカウンセリングの基盤となるさまざまな理論を紹介します。

（2）個別支援の実際

　第3章で示すように、生態学的な視点に立った支援は、個人のニーズと（雇用）環境のニーズとの適合性を向上することに向けられます。そのための実際の活動では、①個人における能力の開発や活用を進めるカウンセリング的な支援と、②雇用環境における資源の調整や修正を進める雇用環境調整を併行的に進めることが不可欠になります。

　第Ⅱ部は、これらのうち、個別支援の実際について解説します。

　第6章「アセスメントと支援計画」では、アセスメントと支援計画について、第7章「個人特性の理解」と第8章「障害の影響の理解」では、個人特性の階層構造、自己理解、職業能力観などの把握の方法と理解の仕方とともに、就労支援に影響するさまざまな障害の特性について、それぞれ解説します。また、第9章「職業と生活の理解」では、就業生活の基盤となる職業や生活の捉え方を、第10章「自己理解・肯定感・障害開示・家族」では、障害を焦点とした自己理解と障害の受容、自己肯定感や有用感、障害の開示、家族の関わりについて解説します。これらを踏まえながら、第11章「能力開発とキャリア教育」では、職業準備性を含む能力開発とキャリア教育、第12章「体系的カウンセリング」では、キャリアカウンセリングにおける体系的アプローチの実施の過程について解説します。

（3）雇用環境調整の実際

　第Ⅲ部では、雇用環境側に焦点を当てて雇用環境調整の実際について解説します。

　第13章「雇用・福祉施策と連携の強化」では、労働法制の全体と障害者の雇用、就労に関わる施策と連携の強化について解説します。第14章では、障害者雇用の利点（阻害要因）やそれを展開させるプロセスについて解説します。また、第15章「人事労務管理と職場定着支援」、第16章「職場のメンタルヘルスと復職支援」、第17章「組織内キャリア・復職・離転職・引退」の各章を通して、障害者の人事労務管理上の課題となる、職場での援助技術、移行と職場定着、人権と合理的配慮、職場不適応、メンタルヘルス・マネジメント、復帰、組織内キャリア、復職・離転職、引退などについて解説します。

（4）ネットワークと人材

　職業リハビリテーションの支援の質は、地域ネットワークの構築からもたらされる「地域力」に応じて異なります。医療・教育・福祉・雇用等の各分野の連携による役割分担の下での長期的な支援を総合的に行うネットワークがあってこそ、切れ目のない支援システムを構築することが可能になります。また、そうした知見を踏まえた専門職人材の育成こそ、職業リハビリテーションの今後の重要な課題と言えるのです。

　そのため、第Ⅳ部では、支援ネットワークと人材育成について解説します。第18章「支援ネットワーク」では、ネットワークの意義、構築時の要件、構築、機能不全とともに、社会的支えについて解説します。また、第19章「専門職人材の育成と倫理」では、専門職の育成とその倫理規範について解説します。

（5）残された課題

　前述の職業リハビリテーションあるいはリハビリテーションカウンセリングに関する米国

の刊行物やCRCCの認定カリキュラムでは、職業リハビリテーションの歴史的経過と研究分野は、必ず掲載される内容となっています。

　ですが、本書は紙面の都合で掲載しませんでした。これらは、松為（2012）に詳細が記述されています。

第Ⅰ部
理論的基盤

第1章　働くことの意義

第2章　職業リハビリテーションに
　　　　関わる概念

第3章　職業リハビリテーションの
　　　　定義と支援のあり方

第4章　キャリアに関する理論

第5章　カウンセリングに関する理論

第 1 章　働くことの意義

　職業リハビリテーションを考える際の最初の重要なキイワードは、「働くこと」もしくは「職業」です。ここでは、その意義とともに多様な働き方について検討します。

第1節　働くことに関わる用語

1．労働観の移り変わり

　アレント（1994）は、人間の基本的活動を「労働（Labor）」「仕事（Work）」「活動（Action）」の3つに区分して、近代的な労働観について検討する手がかりを提示しています。それによれば、「労働」は、人間の生命維持に不可欠な最も自由の利かない生産活動であり、古代ギリシャ・ローマでは、奴隷が行うべき活動とされていました。「仕事」は、社会的な営みをする人間として道具を利用して人工的な世界を作り出す生産活動であり、「労働」よりも格が高くて公共的な有用性に導かれた職人的な活動とされました。さらに、「活動」は、物や事柄を媒介としないで言語を使って直接的に人と人との間に交わされる、人間の最も高度な活動とされました。

　ですが、「職業（Vocation）」という語は、これらとは異なる概念であるとされます。職業は、ある時期までは「労働」や「仕事」と必ずしも明確に区別されてきたわけではなく、その違いについての認識もあまりされてきませんでした。ですが次第に、職業は、社会的なニーズあるいは個人と社会との関わり方などに焦点をあてた概念とされてきました。「労働」は個人生活の維持に向けた活動に焦点があり、自分の働いた結果が社会にどう還元されるかは問われていません。これに対して、「職業」はそれとは反対に、自分の働いた成果が社会にどう還元されるかを強く意識した活動を示すものとして用いられたようです。その意味で、職業は個人と社会とを結びつける道筋となっています。

　広辞苑（第5版）では、「職業」は、「日常従事する業務。生計を立てるための仕事。生業。なりわい」とあります。また、「働く」という用語は、「動くこと、仕事をすること、活動すること」とされています。

　職業に該当する欧米の用語はさまざまで、occupation、vocation、work、calling、profession、labor、job、task、business、career、mission、trade（ウエブスターインターナショナル辞典、第3版）などがあります。それらの概念的な区分は表1－1のようになります。

　その他にも、labor は使役の概念が含まれ、job は賃仕事や職務について、task には義務として負わされた仕事や課題という意味があります。

　こうした意味から、Occupation や Vocation を翻訳した「職業」という言葉は、ある限定

表1－1　仕事に関わる多様な用語

> Work：なにかの目的に向けて意識的に努力を傾ける活動で、代価の有無は問わない。
> Occupation：Workの活動のうち、社会的分業のひとつとして社会制度のなかに組み込まれて従事し、生計を維持する活動。
> Vocation：Occupationに従事する人が、その活動に天職としての生きがいや価値性を見いだして、主観的で内面的な関わり方をするときの概念。
> Career：Occupationとしての活動がVocationとして自分との関わりを深めていく 連続的でダイナミックな過程。

> **OccupationやVocationを翻訳した日本語の「職業」という言葉は、ある限定された種類の労働に継続的に従事して収入を得る活動。**
>
> **社会や他者から制約を受けたり役割に応じた行動が強く求められる。**
>
> **他方で、VocationやCareerの意味に含まれているように、そうした活動を自分がどのように受け止めるかも非常に大切。**

された種類の労働に継続的に従事して収入を得る活動であり、社会や他者から制約を受けたり役割に応じた行動が強く求められます。他方で、Vocation や Career の意味に含まれているような、そうした活動を自分がどのように受け止めるかということも非常に大切になってきます。

2．雇用と就労

　障害者総合支援法をはじめとして、教育・福祉分野では、「就労」という言葉が一般的に用いられていますが、異なるいくつかの意味が混在しています。同法にある「就労移行支援事業」と「就労継続支援（Ａ型・Ｂ型）事業」では、前者が、雇用契約を結んで雇用関係にある「一般就労」への移行を意味し、後者には、雇用契約を締結しない「福祉的就労」が含まれています。つまり、「就労」には雇用契約を締結している場合と、そうでない場合の双方が混在しています。

　労働分野では、就業形態の分類に対応して、これらの用語を明確に使い分けています。労働関係法規が適用され、社会的制度のもとで保護された働き方をすることが保障されているのが「雇用」であり、それ以外の働き方はすべて「非雇用」です。そして、「自営業者」や「家族従業者」、また、福祉的就労に従事している人も形式としては「個人の自営業者」になるといったように、非雇用者にはさまざまな働き方が含まれています。

　また、「就労」は従来の福祉的就労を含む最も広義の働き方を示し、「雇用」は報酬や契約といった関係に限定された狭義の働き方を意味します。それゆえ、障害のある人の就労支援を行う場合には、大多数の労働者が位置づけられている「雇用労働」の保障やそれに向けた支援を目指すのか、それとも、雇用関係にはないものの何らかの生産的活動への従事（「就

労」）に向けた支援を目指すのか、を明確にすることが大切になるでしょう。

　職業リハビリテーション活動では、「雇用労働者」として社会参加することを目的にしながら「働くこと」に向けた広汎な支援を行うことになります。

第2節　働くことの意義

　働くことの意義そのものは、雇用関係の有無や場所に関わりなく、また、障害の有無を問わず、人の生活や生き方と密接に関わっています。

1．職業と働くこと
　日本国憲法では、第27条に「すべて国民は、勤労の権利を有し、義務を負ふ」とされています。また、国際的にも、世界人権宣言（1948年）の第23条1項で「すべて人は、勤労し、職業を自由に選択し、公正かつ有利な勤労条件を確保し、及び失業に対する保護を受ける権利を有する」とされ、その2項で「すべて人は、いかなる差別をも受けることなく、同等の勤労に対し、同等の報酬を受ける権利を有する」と宣言されています。このように、働くこと（勤労）はすべての人にとっての人権に関わる基本的な権利であるとともに義務でもあるとされ、これは世界の共通認識になっていることはいうまでもありません。

　では、働くことの意義とはどこにあるのでしょうか。これに関連して最もよく引用されるのが、尾高（1953）です。彼は、職業の「職」には「個性の発揮」と「連帯の実現」が含まれており、「職分」や「天職」に相当するといいます。これに対して、職業の「業」は、生計を維持することそのものを意味しており、「なりわい（生業）」に相当することを指摘しています。そのうえで、「職業」を定義して、「個性の発揮、連帯の実現及び生計の維持を目指す人間の継続的な行為」としました。つまり、①自己実現を目指したり能力を発揮する「個性の発揮」、②社会的役割や社会的分担を遂行する「連帯の実現」、そして、③収入によって衣食住の生活基盤を支える「生計の維持」が、職業の3要素であるとしています。

　これらの中では「連帯の実現」、明確に言い換えると「役割の実現」、が最も大切とされています。それは「生計の維持」と「個性の発揮」を統合する機能を果たしており、個人と社会とを結びつける絆であるとされます。このことは、人は生計（収入）が保障されれば、働くことを通して社会への参加欲求を満たして、自己実現の場や自己成長の場としての要素をより強く求めるということを示唆しています。ですから、職業は、人間にとって目的を伴う活動であり、生産や流通を含む産業的な活動を通して、社会の発展と存続に必要な役割の一端を個人的に分担させる機能を有しているということができます。

　ネフ（1990）は、働くことの意義には、次の4つの要素が含まれていることを指摘しています。その1つは、働くことは本質的に人間的な活動であるとするものです。人間以外の他の動物は、生存することそれ自体のために全エネルギーを費やしていますが、人だけが「働く」ということです。2つめは、働くことは、道具的な活動であるということです。働くこ

とは、遊びのようにそれ自体が最終目標となるのではなくて、何か他のことを生み出すための手段になっているということです。3つめは、働くことは自分という存在そのものを保持するものであるということです。それはまた、自分の人生を支えるものでもあります。4つめは、働くことは自然を改造することになります。働くことを通して、環境のある側面を改造するのです。

　これらをまとめると、働くことは、人間によって行われる道具的活動であり、その目的はわれわれの人生を継続的に維持することであり、われわれの環境のある種の特性を計画的に改造するように仕向けた活動ということでしょう。

　野中（1998）は、働くことで得られるものを、次の3つの側面から指摘しています。その1つは身体的な面です。働くことによる適度な活動は、エネルギーの発散が脳機能も含めた全身で生じる生命活動そのものですから、日常生活にリズムが生まれ、身体的な調整と体力の増強が伴うことになります。2つめは心理的な面です。活動すること自体に加えてそこで生産物が生み出されることで満足感が生じ、賞賛されることでさらに満足感が高まります。そのことによって、自分の役割や存在意義を確かめ、自尊心が満たされ、生きる喜びにつながるのです。3つめは社会的な面です。生産物が社会の中で認められ、その代価としての収入が得られます。加えて、社会の中で自分の位置づけが確認され、貴重な人間関係ができ、社会的な人格形成に至ることになります。このように、働くことは、生物・心理・社会的にさまざまな意義を持っていることになります。

2．働く動機

　働くことの意義を知るには、人が働くことを動機付けている背景を知ることも必要でしょう。そのため、人が行動を起こす背景となる欲求や価値観について検討してみます。

（1）マズローの欲求階層

　人の欲求と動機付け理論について最も知られているのが、欲求を「生理的欲求」「安全欲求」「連帯（所属）欲求」「自尊（承認）欲求」「自己実現欲求」の5段階の階層的な構造としてまとめたマズロー（1987）です。前者の2つは生物学的であるという点で低次元の欲求とされ、これらが満たされると、後者のより高次な欲求が生じると考えました。

　こうした階層的な欲求の類型は、衣食住の生活が最低限度の水準を超えている社会では必ずしも適用されるとはいえませんし、また、人は、欲求よりも自分の倫理観に従って行動する場合もあることも確かです。ですから、低い水準の欲求がより高度な欲求を誘発するということはいえませんし、また、高度な欲求が満たされると低次の欲求が消失するということもないでしょう。

　ですが、人間の欲求を端的に示したマズローの視点は、働くことへの動機付けを適切に理解させてくれます。たとえば、菊池（2009）は、①生理的欲求は収入で暮らしを維持すること、②安全欲求は、職場で働き収入を得ることで生活スタイルを維持できることや将来の見通しがつき安定すること、③連帯（所属）欲求は、職場に所属することでの帰属意識と連帯

による人間関係の維持、居場所があること、④自尊（承認）欲求は、職場での役割を通して他からの承認が得られ、自信や自尊へとつながること、⑤自己実現欲求は、各自がその人の素質や潜在能力を最大限に発揮できること、とまとめています。

（2）マコビーの価値動機

　マコビー（1989）は、人を動機付けるものを理解するには、行動に駆り立てる価値観を知ることが大切であるといいます。ここでいう価値観とは、狭い意味では値打ちがあり望ましいと考えられる最も重要な基準であり、広い意味では社会のさまざまな構成員が共有する知覚や思考あるいは欲求や行動パターンであるとしています。こうした概念を強調するために「価値動機」という用語を用いています。

　彼は、この価値動機を「生存」「関係性」「快感」「情報」「熟練」「遊び」「尊厳」「意味」の8つに分類しています。これらは階層的な意味合いはなく、それぞれの動機ごとに、低い（原始的あるいは幼稚である）あるいは高い（成熟あるいは発達している）かによって表されるとしています。そのうえで、仕事は、こうした価値動機が開発されて最も調和のとれた人格と目的意識を持つ人間になるための手段であるとしています。

　①「生存」は、生物学的な存続に向けた動機です。衣食住の確保、ストレスからの解放や危険の回避など、自己防衛や集団防衛などへの動機です。

　②「関係性」は、他者との結びつきへの欲求であり、配慮されたり保護される、あるいは他者から認知されたいという動機です。たとえば、職場での社交やチームの一員としての共通の価値観を持っていることは、仕事の上で最も満足感を味わうことになるでしょう。

　③「快感」は、不快なことや苦痛を避けて快感を得たいという動機です。食欲や性欲などの本能的な欲望、緊張からの開放、心身が調和された活動などがあります。

　④「情報」は、自分の価値観を満足させるような情報を得たいという動機です。人は、自分に有益な情報、つまり、自分の行動の特徴とそれが他者にどのように評価されているかについての情報を求めます。社会に順応するために先のことを知りたがり、成長するにつれて効果的に情報を集めて蓄え、それを踏まえて自分の環境に順応して望みを実現させることになります。

　⑤「熟練」は、生存や成功への希望をかなえるための能力に熟達しようとする動機です。世間に順応して、尊厳を保ちながら所有欲や権力を得てゆくために克己心を発展させてゆくことも含まれます。

　⑥「遊び」は、探求したり冒険あるいは実験や創造してみたいという動機です。世間に上手に対処したいという熟練動機とは関係しない自由な動機です。ですが、遊びの動機は仕事と結びついている側面があり、むしろ遊びとしての仕事を求めることもあります。仕事そのものや職場で新たなものを実験したり創造する機会があるほど、遊びの精神が生かされます。

　⑦「尊厳」は、尊敬を得たり自尊心や誠実さを高めたい動機です。人は、これらを通して自分を社会的に価値付けることで生産的な活動に向かうことができるとされます。

　⑧「意味」は、自分の経験や行動に、理由や価値を与えて意味付けたいという動機です。

自分の行動に他者と共通する意味を見出すことで、自分のアイデンティティが形成され、希望を得て成長に向かうとされます。

3．良い仕事

　それでは、どのような仕事であれば、「働く動機」は高まるのでしょうか。これに応える方法として、「良い仕事」とは何を意味するのか、また、その基準となるのはどのようなことかについて検討してみます。これは、働くことの価値的な面を知ることでもあります。

　第1に、シユーマッハー（1980）は、良い仕事の機能としては、①人がその最低限の生活を維持するために必要とされる生産財やサービスを創出すること、②自分の能力を活用して新たな開発をする機会が与えられていること、③他の人と同じ仕事に協働参加することなどを通して、人間の本来的な欲求である自己中心的な行動や性格傾向を克服できること、にあるとします。

　また、良い仕事をするために目標とすべきことは、①社会からさまざまなことを学ぶとともに、他者から直接的に教えを受けることを通して、社会の構成員であることに対する連帯感や幸福感を味わうこと、②身に付けた知識や技術を精査しながら、より優れているものを後世に伝承すること、③これらを達成することを条件にして、自我や好悪の感情を超えるとともに自己中心的な欲求をも超えること、などを指摘しております。

　谷内（2008）はこれらをまとめて、①人間が求めるべき絶対的価値として善にかなうこと、②他者との協働を通して自己中心主義から解放されること、③社会や人間に必要かつ有益な財やサービスを提供すること、そして、④主体的な能力開発を促して自己を完成させること、としています。

　第2に、杉村（1997）は、良い仕事を構成する条件として、次の10項目を指摘しています。①自分にとって意味のあるものとみなされる、②真剣で責任感のある態度が求められる、③生活に必要な要件を満たしてくれる、④他者との共同生活に貢献する、⑤より良い生き方と重なる、⑥仕事以外の活動との間で均衡の保たれた生活ができる、⑦活動の内容そのものが魅力的である、⑧活動を通して自分を成長させてくれる、⑨社会的に価値のある成果につながる、⑩自分から希求することで初めて得られる。

　これらの視点は、良い仕事とは、私たちが仕事をどのように自分の価値観に織り込んでいるか、あるいは、生活と折り合いをつけているかによって決まることを示唆しています。私たちの仕事に対する見方や姿勢そのものが、自分にとっての良い仕事であるかどうかを決めているのです。

　第3に、谷内（2008）は、杉村の知見に「職業の3要素」（尾高、1953）を加えて、良い仕事は、①「個性の発揮」②「役割の実現」③「生計の維持」から成り立つとともに、これらが全体的に均衡が保たれていることが大切であるとしています。①は「個人にとって望ましい」ことを意味し、自分の人生に意味を与え、自分自身の開発と自己充足の機会をもたらす活動であるとします。②は「人間的・社会的に望ましい」ことを意味し、人間や社会全体に

とって望ましいことに貢献する活動であるとします。③は「倫理的に望ましい」ことを意味し、個人の利害を超越した、人間としての普遍的かつ絶対的な価値観が反映されています。彼は、「天職（vocation）」と呼ぶに値するのは、これらの要素と、先の人間的・社会的に望ましい仕事とを併せたものであるとしています。

第3節　役割の遂行

　先に述べたように、尾高（1953）は職業の3要素のうち、「連帯の実現」すなわち「役割の実現」が最も大切であるとしています。

1．役割の実現
　働くことの意義を「役割の実現」という点から見ると、それは、①社会的な意義と、②個人的な意義、の2つの側面から捉えることができます（図1－1）。
　前者は、社会自体の存続や発展にとって必要不可欠な生産的な活動について、それを社会集団の構成員に割り当てて分業化することを意味します。社会を構成する個々人は、自分の意思と関わりなく、割り当てられた役割を遂行することが求められるのであり、そのためには、①生産に直結した技術や能力が求められる「職務」、②職務を提供する組織や集団への帰属や適応が求められる「職場」、③職場にあって職務を継続することが求められる「職業生活」、④職業生活を長期的に維持することが求められる「地域生活」、のそれぞれに適応して

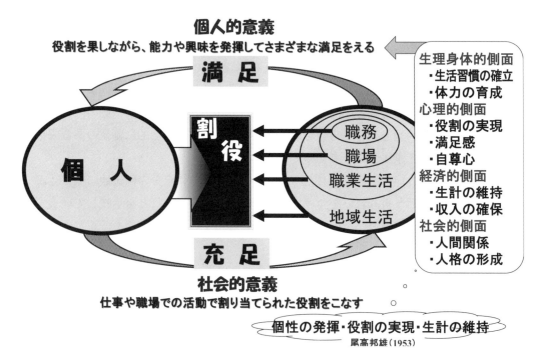

図1－1　働くことの意義と役割の実現

いくことが必要となります。こうした、さまざまな環境やそこに集う人間集団などから要請される役割ニーズに応えることが必要となります。

これに対して、後者は、個々人に割り当てられた役割を果たすことを通して、自分自身の能力や興味を発揮したり、仲間を作ったり、他の人からの賞賛を得たり、自分の存在を認めてもらい、自己有用感や達成感を味わうといった、さまざまな心理的な満足を得る源泉となっています。

このように、働くことは、①職務・職場・職業生活・地域生活などを遂行するうえで要求される「役割」に個人が応える（これを「充足」といいます）とともに、②そうした「役割」の遂行を通して個人はさまざまな「満足」を得ることになります。働くことの意義からすると、前者が社会的意義であり、後者が個人的意義ということになります。働くことは、こうした「役割」を媒介として、社会的な意義と個人的な意義が重なり合うと考えることができるでしょう。

2．役割と QOL

こうしたことから、「役割」という概念は、非常に大切であると考えています。そのため、これに焦点を当てて少し拡大して考えてみます。

人は、その所属する社会や時代の影響を受けながら、身近な家庭や学校あるいは職場などのさまざまな社会的な集団の人々との交わりを通して、その集団にとって必要とされるさまざまな役割を遂行しなければなりません。そうした中で、次第にその社会の構成員として成長を遂げることになります。これを「社会化の過程」ということもあります。成長発達とともに、役割は、家族や身近な人たちの間だけのごく私的なものから、次第に公的な役割が付け加わっていきます。

キールホフナー（2007）は、作業（行動）がどのように動機付けられ、パターン化され、遂行されるかを、意思、習慣化、遂行能力の３側面から総合的に見る「人間作業モデル」を提唱しています。その中で、役割は、①他の人と交流する内容のみならず作法や様式にも影響を及ぼし、②ある集団が期待する行動の範囲が明確に組み込まれており、③１日や１週間の生活リズムを形作ることを指摘しています。

また、Super（1984）は、人の生涯にわたる多様な役割とその相互関係を表した「ライフキャリアの虹」を提示しています（**第４章第１節：図４−１**）。役割を媒介として、人はそれを提供するさまざまな社会集団からの要請に応えるとともに、自分の欲求（ニーズ）を実現させていくことになります。つまり、個人が役割を遂行することは、自分の価値観や意思に裏付けられた目標達成行動であるとともに、社会からの要請に基づいた規制された行動でもあります。

「ライフキャリアの虹」で指摘されている「役割」はさまざまです。たとえば、学生、勤労者（職業人）、ボランティア、養育者、家庭生活維持者、友人、家族の一員、宗教信仰者、趣味人、組織参加者などを指摘しています。ですから、「社会化の過程」は、こうしたさまざま

な役割遂行を通して成し遂げられることでしょう。

その中でも、特に「職業人」としての役割を成し遂げることは、社会化に向けた最も有効な手段であると考えています。なぜなら、職業あるいは働くことは、単に個人本位の経済的あるいは精神的な報酬を得るための活動という受動的な側面ばかりでなく、社会的な役割として要請されている機能を積極的に引き受けて遂行するという能動的な側面もあるからです。

実際のところ、私たちは、職業に就くことによって、地域の共同体に加わってその社会的役割の一端を担うとともに、個性や能力を発揮する機会が与えられています。与えられた役割を遂行する中で高い能力や個性を発揮すればするほど、個人の満足感や幸福感が高まるばかりでなく、同時に、社会にとってもより望ましい結果をもたらすことになります。このように、働くことを通して自分が社会に役立っているという実感があると、自分は社会に貢献して価値ある存在だという自尊心を高め、有用な存在であるという自己効力感をもたらします。これは、自分自身が実感している「主観的QOL」を高めることになります。

3．職業的規範と倫理

「職業人としての役割」を獲得することは、個人が所属する職業社会や集団の一員としてなじむために、その集団で必要とされる行動や価値基準を見習って、それを自己のうちに内面化して自分のものとする過程です。たとえば、出勤時間を守り、決められた仕事を所定の手順で行うこと、「ムダ、ムリ、ムラ」をなくすよう考えて行動すること、などの多くの行動規範を習得し、あるいは、それぞれの職業倫理を遵守するようになることです。

こうした役割の遵守は、家庭や学校あるいは地域での生活を通じて、それぞれの社会や集団から求められる規律ある生活を送る中で、自然に教育されていきます。ですから、職業的な規範も他の社会的な規範と同じような学習過程をたどります。前述したさまざまな役割をこなしながら成長していくことを通して、来るべき職業人としての役割を担うための規範を学ぶ準備段階となっているのです。

このことは、職業倫理を身に付ける準備ともなっています。職業倫理は、「働くこと・仕事・職業の意味の追求と、職業や労働という行為に対する心構え・態度・行動基準などを含んだ社会倫理」とされます。職業人は、これが仕事に対するやりがい、名誉、信用などの基盤になっています。また、社会全体の信頼関係のもとにもなってきました。職業人としての役割を体得することは、それゆえ、職業倫理を内在化させることにもつながります（第19章第2節）。

八幡（2009）は、我が国では、旧来から、労働そのものについては尊重する気風が存在しているのですが、個人の能力や個性を発揮する場として考える観念は薄く、実際に職業を選択して従事する際には、むしろ、和を重視して他人と協調することが強調されてきたことを指摘しています。その上で、現代では、経済的にも豊かになり、職業観や価値観の多様化が進んできたこともあって、人々の底流には自我を生かしたいとの欲求がますます強まってい

ることから、企業もそれに応えようとする動きが強まっていることを指摘しています。

第4節　障害と働くことの意義

1．役割と障害

　障害のあることは、役割の遂行にどのような影響があるのでしょうか。「人間作業モデル」（キールホフナー、2008）を踏まえながら、障害が役割に及ぼす影響を、以下のようにまとめました。

　第1に、社会集団から与えられるさまざまな役割の実行に際して、それを妨害するように機能します。たとえば、青年期に精神障害を発症すると、学業の達成、余暇の活動、仕事の獲得や遂行などで、同年輩の障害のない人には生じない困難な課題が発生してしまいます。

　第2に、役割についての適切なモデルを得る機会や経験が少なくなります。そのため、役割の遂行を求める社会集団からの期待に、十分に応えることができなくなります。たとえば、知的障害のために地域活動が制限されて育てられると、成人になって求められる役割遂行の仕方を学習する機会が閉ざされがちになり、そのことが能力の向上を遅滞させてしまいます。

　第3に、他の人には自然で当たり前の役割であっても、それに応えられないと苦悩することになります。たとえば、外見からは見えない障害があると、障害のない人と同じ基準で役割を果たすことが求められることはごく自然なことです。そのため、自分の苦しみがなかなか理解してもらえないし、時には、仮病かと思われたりします。

　第4に、障害のない人よりも多くの時間とエネルギーを使わざるを得なくなることで、結果として、少ない数の役割しかできなくなってしまいます。たとえば、職業人であることを維持するために多くの時間とエネルギーを使うと、相対的にその他の役割を独力で維持することが困難になりがちです。

　第5に、十分な役割が与えられないために、自分は何者で何をなすべきかという自我同一性（アイデンティティとも言います）や人生の目的などを見失ってしまうことがあります。たとえば、失業で職業人としての役割を失うと、自殺、うつ、ストレス関連の身体的な健康問題、児童の虐待、薬物の乱用などに結びつきやすくなります。また、さほど重要でないと考える役割を担わされたり、親や配偶者の役割が以前よりも激減したと感じると、自尊心が失われて自我同一性が保てなくなることがあります。

　第6に、社会的な期待に応えられない代わりに、病者や逸脱した役割に追い込まれることがあります。発病すると、病者の役割に忠実になって医療関係者の援助と助言に従うことが強要されます。それは、全面的な受身の姿勢と服従のもとに、自分の生活の責任を他の人に委ねることを意味します。ですから、病者の役割に慣れることは、一般社会から求められる役割に復帰する際の逆効果になってしまいます。

　第7に、他の人たちが、自分を障害者としての役割に追い込むようになりがちです。必要以上に過剰な保護や手助けを受けたり、反対に、不当に低い期待しかされないことがあるか

らです。障害のある自分を認めることと引き換えに、こうした扱いを受け入れざるを得なくなってしまいます。

第8に、自己の生活を管理していくという、新たな役割が発生します。疾病に対する医学的な自己管理と健康の維持が新たに加わるとともに、社会福祉サービスを受けるのに伴う、事務処理、雑務、さらには支援者との人間関係の維持なども加わってきます。

2．障害と働くことの意義

こうした障害の影響は、職業人としての役割遂行にも大きな影を及ぼします。にも関わらず、障害のある人が職業的な役割を担うことは、どんな意味があるのでしょうか。つまり、障害のある人にとって働くことの意義はどこにあるのでしょうか。

働くことの意義そのものについては、本来的には、障害の有無とはまったく関わりのないことです。ですから、第2節で検討した一般的な働くことの意義は、障害の有無や種類を問わない全ての社会的弱者にも、等しく受け入れられるべきです。そのことを改めて確認したうえで、ここでは、障害のある人に固有の意義に焦点を当ててみます。

（1）障害者に固有の意義

働くことの意義がことさらに重要になるのが、精神障害の人の場合です。なぜなら、精神障害は、脳の認知情報処理の機能が通常とは異なることが判明したとしても、社会生活の中で生じたさまざまな苦悩が発症にいたる契機となっています。そのため、精神障害の人のリハビリテーションは、病に対する偏見が根強く残っている社会において、自分の役割を再び取り戻すことが目的となります。田中（2009）、江畑（2009）、野中（1998）の指摘を参考に、精神障害のある人に固有の働くことの意義をまとめると、次の通りです。

第1に、社会統合の促進に結びつきます。これは、精神障害に限らず、障害のある人すべてに当てはまることです。社会参加の制約を取り除くための最も強くて確かな方法は、社会経済的な活動に参加することでしょう。社会にとっても、所得税収入の増加と社会保障費の軽減につながる効果が得られますから、働く生活を勧めることは社会的な存在価値を高めることになります。

第2に、病的な精神機能からの回復があります。仕事は、集中力、記憶力、問題解決力、決断力を必要とします。ですから、適度の作業量であれば、心身機能の活動を促して総合的な認知能力の改善に有用であるとされます。また、計画に沿った日程や課題をこなすことが要求されるために、うつ気分、不安、精神病などの症状から気を紛らわせることができます。さらに、働くことでストレスと神経認知における脆弱性に対する防御となるために、再発の防止にも有効であるとされます。

第3に、身体的な健康を増進させます。作業することで、新陳代謝を増進して、食欲、便通、睡眠その他の体調が整っていき、気分を快適に維持することができます。また、生活全体のリズムを維持するのにも有効です。これらを通して身体的な健康が維持されると、感染症やその他の疾病に対する抵抗力を高めることになります。

　第 4 に、心理的な意義があります。基本的には、前述した、尾高（1953）の職業の 3 要素、谷内（2008）のまとめた良い仕事の要件、マズロー（1954）やマコビー（1989）の欲求や価値動機などで指摘したことが、そのまま当てはまります。障害があることで、逆にそれらに記述した各々のことがより強くまた深いものとなります。働くことを通して得られる、自己の尊厳、満足感、達成感、自信、責任感、勇気、未来への希望などは、障害のある人がそのQOL（生活の質）をさらに高めてゆくうえで不可欠なものでしょう。また、障害によって生じる役割遂行の否定的な側面の多くが解消されることでしょう。これらを通して、自分が価値ある存在としての自己効力感を高め、そのことによってリカバリーする可能性が高まるといえます。

（2）当事者の視点

　これらの専門家の指摘する視点に加えて、当事者自身が開示していることを知ることも大切です。江畑（2009）は当事者の声を紹介しています。

　それによれば、働くことの意義として、当事者から次の指摘がされたということです。①無職でいることは、職場のストレスに曝されるよりも精神保健に一層の悪影響を与える。それゆえ、人は働かなければならない。②市民としての責任であり、役割の一部でもある。③人生のすべてではないが、無職で貧乏よりもアメリカンドリームへの良い一歩となる。④考えるだけで行動しないよりも、早く仕事に就くほうがずっと良い。⑤仕事に就くことを遅らせても、より容易に仕事が見つかるとは限らない。⑥福祉的な援助で生きるよりも、仕事のほうが頼りになってストレスの少ない生き方をもたらす。⑦いろいろな人に出会って、社会的なネットワークを広げる有効な方法である。⑧精神保健医療福祉サービスの単なる消費者であること以上の立場を与えてくれる。⑨親密な人間関係や恋愛あるいは性的関係を発展させる機会を得ることになる。⑩日々の生活が単なる余暇ではなくて、さらに興味深くまた意義のある時間をもたらす。⑪仕事を実際にしていると、障害を持つことが気にならなくなる。

　当事者は「働くことは、市民としての権利であるとともに責任でもある」と話していることに注目して、江畑（2009）は、共生社会を実現していくには、本人自身が責任ある市民であることを自覚することの重要性を指摘しています。また、「無職であることは職場のストレスに曝されるよりも精神保健に悪い」との発言にも注目しています。なぜなら、その意味することは、「精神医療の従事者は、職場のストレスに耐えることができず再発のリスクが高まることを理由に、働きたいという本人の願いに十分な配慮をしないことを見直すべきである」と断言しているからです。

第 5 節　多様な働き方

1．多様な働き方の展開

　このように、たとえ障害があっても働くことは有意義なこと、むしろ、障害があるがゆえに、働くことの意義は障害のない人よりもさらに深いと言えるでしょう。そうしたこともあっ

て、障害のある人が通常の職場で働く機会を得るための支援方策がますます重視されてきています。

　国内では「障害者自立支援法」の施行とそれを改定した「障害者総合支援法」が展開されています。それによって、就労移行支援や就労継続支援などの事業がますます拡充してきています。これは、福祉的な就労から一般の労働市場への移行支援を推し進めることでもあり、障害のある人でも通常の職場で働くことが当然と見なされるような共生社会の実現に向けた展開でもあります。

　また、国際的には、2006年12月の国連総会で採択された「障害者権利条約」の第27条［労働及び雇用］で、障害のある人の労働権を認め、「開かれたインクルーシブでアクセシブルな労働市場及び労働環境において、障害のある人が自由に選択し又は引き受けた労働を通じて生計を立てる機会」を保障することが明記されました。

　こうした国内外の動向は、「すべての人々を孤独や孤立、排除や摩擦から援護し、健康で文化的な生活の実現につなげるよう、社会の構成員として包み支え合う」というソーシャル・インクルージョンの実現に向けて、障害の有無に関わらず、等しく開かれた労働市場に参入できるよう社会全体の施策の再編を促すものです。そのためには、働くことを望みながらもその機会がない障害のある人に、さまざまな働く場や環境を提供することが大切になります。また、一般労働者に準じた処遇が地域の中でなされて、「人間らしいまともな仕事」すなわちディーセント・ワークの理念（オレイリー，2008）が達成されることが望まれます。

　こうした、働く場を確保するため、次のようなさまざまな働き方が展開されています。

2．雇用の場の拡充
　障害者が雇用主との間で雇用契約を結んで雇用労働者として働く場が広がってきています。

　第1に、障害のある人が力を発揮できる職域が、サービス産業、伝統産業、第一次産業などの分野で広がっています。たとえば、サービス業では、コピーやメール配送などの補助的事務、データ入力と加工作業、商品管理の補助的事務、スーパーでの商品袋詰め・包装・商品補充・商品管理などや接客、クリーニング作業、外食産業での厨房作業の補助や接客、老人福祉施設等の介護補助、ビルメンテナンスの清掃作業、そして特に最近では、農福連携事業として農業分野に障害者の雇用が展開されています。

　第2に、障害のある人がその能力を最大限に発揮して職務成績が向上するように、雇用管理の仕方が工夫されています。障害のある本人の能力にあわせた職務の切り出しや改善や、作業を容易にするための治工具や機器の導入、技能の習熟に向けた教育訓練、職務の遂行状況に応じた適切な配置転換などです。特に、障害者雇用促進法の改正で、障害者雇用に際しての差別禁止と合理的配慮が義務付けられてからは、配属する職場、担当する職務や作業、指導の仕方などは、採用前や後の本人との話し合いを通して見極めていくことが重要となります。

　第 3 に、就業形態や勤務体制が多様化されてきています。たとえば、通勤が困難な人には、在宅で勤務したりサテライト・オフィスに通勤する方法が導入されています。また、フルタイムの勤務では職業生活の継続が困難な人には、短時間勤務やフレックスタイム制の導入も行われています。さらに、1 人分の仕事や労働時間を複数で共有化するグループ就労という方法も検討されています。

　さらに、従来から実施されてきた特例子会社や重度障害者雇用企業なども雇用拡大に直結しています。

3．福祉的就労の発展

　福祉的就労の場は、雇用が困難な場合や雇用への準備段階としての働く場ということができます。全体として生産性は高くないことから、事業の運営についてはさまざまな工夫が必要です。たとえば、施設の外に働く場を求め、しかもそれが地域起こしにつながるような取り組みがあります。そこでは、就労継続支援A型やB型の事業所が地域の地場産業やさまざまな社会資源と連携しながら、一般企業の敷地内に施設分場を運営したり、地域の人材を仕事遂行の援助者として育成したり、地域の遊休農地を借り上げて耕作したり、新規事業を施設の外で展開するといったことが考えられます。

　特に、労働と福祉に関わる複合的で包括的な施設を地域の生活圏の中に設けることによって、障害のある人の能力や特性に応じた就労の場と居住の場がセットで提供されます。それによって、障害のある人たち自身の生産性と生活の質を高めて社会的自立を推し進めることができるでしょう。

4．雇用と福祉的就労との相互移行

　障害のある人には、福祉的就労と一般雇用という 2 つの働く場がありますが、この双方の行ききが円滑にできるような仕組みになれば、障害のある人の働き方は大きく変わることでしょう。

　福祉的就労から雇用の場に円滑に移行できるようにするには、実際に雇用されている障害のある人の状況、職業生活を維持するための支援ネットワーク、そして雇用の促進に向けた各種の支援や助成金の制度などについてのさまざまな情報を、系統的に学習する機会が必要でしょう。また、企業の職場実習や体験学習の機会が提供される体制があると、障害のある人ばかりでなく、事業所にとっても、能力の確認、職場の配属、そして教育訓練の仕方などについて知る機会となります。

　他方で、雇用から福祉的就労に移行する人もいます。その多くは、職場での適応行動が困難になり、過剰なストレスや職務成績の低下などで退職を余儀なくされた結果でしょう。こうした場合、適応向上のための再訓練をして雇用の場に戻ることに再挑戦したり、それが困難な場合には、保護的でストレスの少ない環境の中で自分の能力を十分に発揮できるように、福祉的就労が重要な機能を果たすことになります。

雇用と福祉的就労の場が、こうした双方向性のある円滑な移行を可能にするような体制があると、障害のある本人や保護者が、将来的な見通しを持った人生設計を立てることも容易になります。特に、雇用後に離職を余儀なくされた時に再就職先や施設等の新たな行き場が確保できないのでは、という不安が強いと、雇用の場に参入しようとする動機そのものが減退してしまうからです。そうした不安を解消するうえでも、雇用と福祉的就労との相互移行ができる体制を確立することが必要になります。

5．社会的企業と労働者協同組合

　最近の新たな働き方として、「社会的企業」と「労働者協同組合」が注目されています。これは、労働市場から排除されやすい障害のある人やその他の社会的に不利な立場の人々に、新たな雇用の場を生み出して、効果的で効率的なサービスを提供することを目指した共同体です。

　社会的企業の明確な定義はされていません。中川（2008）は「コミュニティによって所有・管理される企業（事業体）を指す総称的で包括的な用語」としています。そのうえで、①コミュニティの質と、労働と生活の質の両立と向上を目指す社会的な目標を置いていること、②非営利企業であること、③参加と平等な権利を基礎とした協同組織であること、④地域の経済発展に関わる計画や戦略を実行すること、⑤経済的なエンパワーメントを地域に与える組織であること、⑥法律に準拠した組織であること、などを指摘しています。

　また、労働者協同組合の特徴は、意思のある人たちが協同で事業に出資（出資者）し、協同で経営を管理し（経営者）、併せて協同で生産やサービスを提供する（労働者）という「三位一体制」を担保するとともに、人と地域に役立つ働き方を保証するために、労働者同士の協同、利用者との協同、地域との協同の「三つの協同」を原則としています。これを担う組織を設立するための労働者協同組合法（2020）は、これらの原則に基づいて運営され、労働契約を締結して最低賃金を遵守することとしています（日本労働者協同組合連合会、2020）。

　福祉就労から一般就労（通常にいう労働のこと）への脱皮を目指す運動を進めてきた人たちは、出資をして就労や仕事起こしの局面に参加し、その就労組織の意思決定に参加する労働者協同組合の仕組みは、障害者の一般就労への自立的参加の足掛かりになると期待しています。

　ですが、それが達成されるためには、いくつかの課題があります。炭谷（2009）は、わが国において社会的企業を発展させるには、①今後の成長が見込める市場性のあるサービスや商品を生産すること、②従事する人の労働力としての特性を生かすこと、③行政や市民参加を巻き込んだネットワークによる社会的な支援体制を構築して、市場性のあるサービスや商品を展開すること、④働くことを通して共生社会の実現を目指すこうした活動に、国や地方自治体から事業運営資金への助成措置を行うこと、などを指摘しています。

第 2 章　職業リハビリテーションに関わる概念

働くことの意義に続いて、職業リハビリテーションの残りの4つのキイワード（リハビリテーション、カウンセリング、障害の構造、キャリア）について検討します。

第1節　リハビリテーションの概念

1．リハビリテーションの定義とあり方
（1）定義

　リハビリテーションという言葉は、その語源から「再び能力を回復する」「再び機能を身に付ける」あるいは「あるべき状態に達する」という意味があるとされます。このことから、失われた人間としての能力や尊厳などの回復という意味も含まれています。この言葉が専門用語として使われる場合、これまで、いくつかの定義がされてきました（砂原、1985）。

　たとえば、世界保健機関（WHO）は1969年に「医学的、社会的、教育的、職業的手段を組み合わせ、かつ相互に調整して訓練あるいは再訓練し、それにより障害をもつ者の機能的な能力を可能な最高レベルに達せしめること」としました。また、障害者インターナショナル（DPI）は1981年に「身体的、精神的、社会的に最も適した機能水準の達成を可能にすることで、各個人が自らの人生を変革していく手段の提供を目指し、かつ時間を限定したプロセス」と定義しています。

　この2つの定義の違いには、歴史的な変化が反映されています。最初は、障害のある人が職業的あるいは経済的な自立をすることを目標として、その可能性を追求する視点から定義されていました。ですが、重度の障害のある人々の自立生活のあり方について人々の感心が高まるにつれて、人間としての権利の回復や獲得に関しての理念が重視され始め、そのことが基盤になって新たな定義ができてきました。こうした変化が生じてきた背景には、従来のサービスではその効果が期待できない人はリハビリテーションの対象から除外されているという批判や、障害のある人自身が主導して始まった自立生活運動の高まりなどがあります。定義は、そうした流れの中で生じてきた障害者福祉に関する基本的理念の進展が反映されてきています。

　さらに、Banja（1990）はエンパワーメントの概念を踏まえて、「障害のある人をエンパワーメントすることによって、個人的には達成感をもたらし、社会的に意義があり、機能的にも有効となるような、外界との交互作用を個別に成し遂げるための、医学的・身体的・心理社会的・職業的な介入に関する全体的に統合されたプログラム」とします。これは、障害のある人はリハビリテーションサービスの消費者であるとともに、主体的に自己決定や問題解決

のできる力としてのエンパワーメントを育成してゆく活動ということが強調されています。また、「説明と同意」あるいは「十分に説明を受けた後の本人の承諾」であるインフォームドコンセントの概念も内包されているとみていいでしょう。

（2）あり方

　これらの定義の中で最もよく引用されるのが、1981年に障害者インターナショナルの提示したものです。なぜなら、「身体的、精神的、社会的に最も適した機能水準の達成を可能にすることで、各個人が自らの人生を変革していく手段の提供を目指し、かつ時間を限定したプロセス」という短文の中に、以下の4つの重要な概念が含まれているからです（松為, 2008）。

　第1は「身体的、精神的、社会的に」とあるように、リハビリテーションは医学分野に限るものではなく、教育や社会的分野に加えて職業的な分野も重要な構成要因であり、後述する総合リハビリテーションの視点に立つことが不可欠であることを示しています。

　第2は「最も適した機能水準の達成」とあるように、リハビリテーションの活動は、個人の諸能力とその置かれているさまざまな環境（職業や職場なども当然この中に含まれます）との関わりで「最適な機能水準」に向けて活動することを示しています。個人のさまざまな能力を障害者になる以前の状態にまで回復させるという意味での「最高の状態」を目指しているのではない、ということが重要です。

　第3は「各個人が自らの人生を変革していく」とあるように、個人の自主性あるいは自己決定性を重視し、自分の力で人生を変えていく意思を尊重することを示しています。言い換えると、支援は、サービスを受ける人の内的な力であるエンパワーメントを向上させることを目標としています。

　第4は「時間を限定したプロセス」とあるように、実行プログラムは始まりと終わりがある一連の過程であることを意味します。つまり、支援は、ケースマネジメントの視点に則して実行することが必要であるということです。また、プログラムを終了した時の評価結果を踏まえて、必要ならば、そこから新たなプログラムを展開することになります。それは、あたかも竹の節のように、必要に応じて、人生行路で実施プログラムを時系列的につなげていくことを示唆します。「生活の質（Quality of Life：QOL）」は、そうしたプログラム連鎖の行き着く先を示す概念といえるでしょう。

　こうした、リハビリテーション過程のつながりを通して生活の質の向上を目指そうとする場合、職場や家庭あるいは地域などのさまざまな環境と個人が、人生の経過の中でどのような関わり方をするかによってその成果が著しく異なることでしょう。しかも、関わり方は、それぞれの環境で求められる「役割」に個人がどのように応えるかによっても異なります。こうしたさまざまな役割が生涯にわたって布置されていることに焦点を当てた概念が、後述する「ライフキャリア」です。それゆえ、リハビリテーションのあり方を考えるうえで、キャリアの視点は不可欠となります。

２．リハビリテーションの領域

　リハビリテーションの対象となる人は、従来の身体障害、知的障害、精神障害などに加えて、発達障害、高次脳機能障害、難病などの人たちが浮上してきています。それに加えて、人口全体の高齢化に伴って、老化が主因となって障害が現れる人たちも増大する傾向にあります。さらに、交通事故や労働災害などによる受傷者も加わってきます。こうした支援の対象者の広がりについては、**第３章第２節**で述べます。リハビリテーションの対象となり得る人たちの増大と、そのニーズに応えるには、当然のことですが、さまざまな分野の人たちによる総合的な努力が必要になります。

　国際リハビリテーション協会（RI）は、1972 年に「リハビリテーションの将来指針」を示し、リハビリテーションサービスには、①医学的、②教育的、③社会的、④職業的、⑤心理的、そして⑥リハビリテーション工学の分野があるとされました。それらの中で主要なのが、「医学的」「教育的」「社会的」そして「職業的」リハビリテーションの４分野です（上田 1983、砂原 1985）。

　すなわち、「職業リハビリテーション」は、医学的、教育的、社会的リハビリテーションと並列して、リハビリテーションの主要な分野とされています。

（１）医学的リハビリテーション

　疾病を発見したり発生した直後から始まり、疾病そのものを治療したり、運動機能や言語機能を回復させる訓練、日常生活動作を向上させる訓練、義肢や補装具などの活用の訓練、さらには、機能を維持したり機能低下の進行を遅らせるための訓練などを行うとともに、合併症を予防したりその治療などを行います。

　医学的リハビリテーションでは、第３節で記述する「国際生活機能分類（ICF）」（図２-１）のいう心身機能の改善に焦点を当てがちで、医療関係者も患者本人も心身機能の改善の先に就業の機会が自ずから提供されると考える傾向にあります。ですが、職場では心身機能の他にもさまざまな資質が求められていることから、職業リハビリテーションの活動は、利用者の自己決定能力を中心とした職業準備性に焦点が当たります。

　そのため、「医療と職業」のギャップを埋めて、医療から雇用への移行を目的にした双方の連携を円滑に進めてゆくための専門職の研修や、システム作りが今後ますます必要となります。特に最近は、精神障害の人の雇用促進において重要になっています。

（２）教育的リハビリテーション

　教育的な手段や制度を通して、社会人や職業人として生活していくための準備的な学習を行います。児童・生徒を対象とした特別支援教育が最も中心的ですが、その他にも、成人の障害者に対する職業準備教育や障害理解などを進める心理家族教育、さらには、高等教育への支援なども含まれます。特に、特別支援教育の分野では、職業リハビリテーションとの連携が大切になります。

　2011 年に出された「今後の学校におけるキャリア教育・職業教育の在り方について」（中央教育審議会）では、学校から社会・職業への移行を円滑にするために学校教育は重要な役

割を担い、キャリア教育・職業教育の充実が必要だとされました。職業教育は、特別支援学校では高等部を中心にして、生徒、学校及び地域の実態等を考慮しながら、一人一人の課題に応じた具体的な場面を設定して、実際的な活動を通して総合的に学習する作業学習や現場実習が中心に行われています。キャリア教育は、特に、勤労観や職業観など、職業人としての基礎的・基本的な資質・能力の育成を目指します。児童生徒の発達段階をふまえながら、意欲をもつことや努力すること、そして、学ぶことの意義へとつなげる教育をします。

　これらを総合的に取り込んだ進路指導は、職業についての基本的な知識と技能、勤労を重んずる態度及び個性に応じて将来の進路を選択する能力を養うことが焦点となります。

（3）社会的リハビリテーション

　国際リハビリテーション協会（RI）は1986年に社会リハビリテーションを「社会生活力を高めることを目的としたプロセスである。社会生活力とはさまざまな社会状況の中で、障害者自らのニーズを充足することに向かって働く人間の能力であり、また最大限豊かに障害者自身が社会参加を実現する権利を行使させる自らの力でもある」と定義しています。「社会生活力」を高めることを目的に、環境への取り組み、社会の障壁の除去等は「機会均等」という概念に整理されています。そのため、社会リハビリテーションは障害者福祉に内包される概念であるとされます（奥野、1996）。

　「社会生活力」は、①障害者が自分の障害を正しく理解すること、②自分でできる活動の増大（リハビリテーションの活用によって）、③リハビリテーションによる自分の能力の向上とともに、残された障害はさまざまなサービスを権利として活用すること、④不足するサービスの整備・拡充の要求、⑤他者に支援を依頼できる、⑥地域や職場の人たちと良い人間関係の構築、⑦主体的で自主的に充実した生活の実施、⑧障害に対する市民の理解の深化、などがあります。

3．総合リハビリテーションと生活の質

　リハビリテーションの語源は「re（再び）＋ habilis（人としてふさわしい状態にする）」です。これは、単純な機能回復の話ではなく、「人としてふさわしい状態に再びなるために」実施されていくことの総称です。それゆえ、医学・教育・社会・職業の4領域を組織的かつ総合的に行う全体的な体系が「総合リハビリテーション・システム」です。

　「総合」とは、あらゆる種類や年齢の障害者を対象として、その生涯にわたる経過の流れに沿った一貫性のある支援でなければならないことを意味しております。また、「システム」として機能するということは、それぞれの実践場面のサービスが断片的に提供されるのではなくて、お互いに連携したサービスの手順が時間的な流れに沿って行われることを意味します。

　こうしたことが実践の現場で行われるためには、いずれの分野であっても、リハビリテーションの活動を通して目指すべき方向が共通していることが重要でしょう。そうした目標となる概念こそが「生活の質」（QOL）の向上です。

　「生活の質」の定義は幾つかありますが、個人が自分の人生を価値のあるものとして主体的

に生きるということが大切になります。そのため、障害があったとしても自分が満足する生き方をどのように支援するかが、リハビリテーションサービスの最も基本的な指針となります。職業リハビリテーションのサービスも、その意味では、障害のある人の「生活の質」の充実に向けた活動であることに変わりはありません。

　こうした理念のもとで展開されてきた「総合リハビリテーション」は、単に機能を回復したり軽減したり、あるいは仕事に就くというばかりでなく、障害をもちながらも、その状態に応じて、より良く社会に適応して他の市民と同じ普通の生活を営みたいと願い、それをかなえるための展開を進めるべきでしょう。

第2節　カウンセリング

1．カウンセリングの定義と過程

（1）定義

　カウンセリングの用語は、1900年前後に、アメリカ産業革命期の失業者に対するパーソンズ（Parsons）たちの活動に初めて用いられましたが、その後、研究と実践を踏まえた数多くの定義が提唱されてきました。

　ハーとクレイマー（Herr, E. L & Cramer, S. H）はこれらの定義の分析をもとに共通した要素を抽出して、次の定義を導き出しています（渡辺、2013）。

　「カウンセリングとは、心理学的な専門的援助過程である。そして、それは、①大部分が言語を通して行われる過程であり、②その過程の中で、カウンセリングの専門家であるカウンセラーと、何らかの課題や問題を解決すべく援助を求めているクライエントとがダイナミックに相互作用し、③カウンセラーはさまざまな援助行動を通して、④自分の行動に責任を持つクライエントが自分理解を深め、良い（積極的・建設的）意思決定という形で行動がとれるようになるのを援助する」としています。

　この定義には、すでに、カウンセリングの目的や特徴さらにカウンセリングの依拠する人間観が含まれていますが、端的にいうと、対象者の賢明な選択を促進して、その人の将来の発達を左右する選択を援助することであるとみることができます。

（2）カウンセリングの過程

　カウンセリングは、カウンセラーと対象者（クライエント）とが相互作用を通して作り出してゆく、相談場面の開始から終結に至る一連の流れ（プロセス：過程）です。これは、カウンセリングの理論と技法を、実際の相談場面で効果的に実施するための過程であり、対象者の状態に応じて適切な援助方針を持って、タイミングを計りながら技法を用いていきます。

　この過程を、カウンセラーの行動的な「プロセス」として捉えると、必要に応じてさまざまな情報を提供したり各種検査の実施あるいは作業実習などを活用します。カウンセラーは、それらの経験やそれに基づく対話を通して、対象者の自己理解や意思決定を支援して行動化につなげていきます。そして終了時には、これまでの全過程を要約して振り返り、カウンセ

リングの成果と対象者の意思決定を確認し合います。

　他方で、対象者の心理的経験を「プロセス」としてみると、V字型を経ることが指摘されています（渡辺、2016）。前半は、自分の「内面に向かう」過程です。自分自身や、直面している問題、解決すべき課題、理想や願望、さまざまな葛藤などの心理的側面を明確化するまでの心理的経過をたどります。後半は、内面から離れ「外界との関係へ」向かう過程です。解決すべき問題を客観的に見て現実社会に目を向け、行動目標の達成を目指した具体的な行動をとる過程です。

　また、特に、キャリアカウンセリングに限って言えば、「システマティック・カウンセリング・プロセス」があります。その原型ともいえる「体系的アプローチ」は、対象者が自己概念を確立するように学習する一連の過程を示したものであり、カウンセラーはそれを促進するように支援していきます。これについては、**第12章**の体系的カウンセリングで詳細に述べることとします。

2．リハビリテーションカウンセリングの領域
（1）始まりと定義

　パーソンズ（Parsons）の方法はウィリアムソン（Williamson）らに受け継がれ、第一次世界大戦の傷痍軍人のための職業復帰プログラムで重要な役割を担います。このプログラムの中で行われた相談事業が、アメリカの職業リハビリテーションカウンセリングの始まりとなり、さらには国際労働機関（ILO）の条約や勧告の文中にも反映されていきます。

　その意味で、リハビリテーションカウンセリングは、職業リハビリテーション活動の基礎となる知識と技術の体系です。その定義では、たとえば「障害のある人の社会的な参加、中でも職業的な場面への参加を進めるために、環境条件に個人を適応させたり、個人と仕事の双方のニーズを調整するような支援をする専門的活動」とされます（Szymanski、1985）。

　また、リハビリテーションカウンセラー認定委員会（CRCC、2010）は、リハビリテーションカウンセラーの役割について「身体的、精神的、認知的、情緒的な障害のある人が、最も統合された場面で、可能な限り、個性的でキャリアのある自立生活を目標とするよう支援する。権利擁護、心理的、職業的、社会的、行動的な介入を通して、コミュニケーション、目標設定、及び有益な成長や変化を遂げるように支援するカウンセリンの過程に従事する。アセスメント、診断、治療計画、カウンセリング、ケースマネジメント、権利擁護などのさまざまな技術や様式を活用して、物理的環境や心理行動的な障壁、処遇に関連したサービス、及びリハビリテーション技術の活用などの改善を行う」としています。ですから、社会参加を支援するための職業的な自立やキャリア形成への支援は、リハビリテーションカウンセリング活動の中核ともなっています。

（2）内容

　その内容は、医学やその関連分野あるいは心理学や社会福祉学や作業療法学などとは異なる固有の知識と技術の体系ということができます。それを示したのが**表2－1**です

表2－1　リハビリテーションカウンセリングの特徴

専門分野	医学(伝統的分野)	リハビリテーションカウンセリング	公衆衛生
サービス対象	患者	本人とその環境	地域
基礎科学	病理学	人間発達学	流行病学
介入の焦点	個人の内的状態	個人と環境	環境
介入の戦略	個人の病理的状況の回復	個人と環境との流通性の強化	環境危機の除去や制御
介入の目的	治療の供与	対処の促進	発生の予防
成果の特定	その時点での病気の特定	機能性の他分野への一般化	その時点での危機の特定
対象者の役割	一般的に受動的	能動的	介入の仕方によって変動
焦　　点	個　　人		環　　境

(Hershenson, 1990)。

　この表は、リハビリテーションカウンセリング（「職業リハビリテーション」に置き換えても良いでしょう）は、疾病や機能障害の発生についての予防や低減を目指す公衆衛生や労働衛生などの第1次予防、あるいは、発生した疾病や機能障害の影響についての阻止や制限を目指す医学と、それに類似した治療である第2次予防などとは異なる分野であることを明確にしています。つまり、第1次や2次の予防措置を終えた後に残った障害の影響を最小限に留めて、それが職業的な自立を含めた社会的自立と参加に対する障壁にならないようにする活動であり、その特徴を、医学や公衆衛生学と対比することで際立たせています。

　この表は、リハビリテーションカウンセリング（職業リハビリテーション）は、①その活動の基礎科学が「人間発達学」にあること、つまり、生涯に及ぶ発達的な視点こそが知識と技術を支える基礎であることを明確にしています。また、②サービスの対象は対象者自身とそれを取り巻く種々の環境の双方に向けられていること、③サービスの介入あるいは支援のあり方も個人と環境の関係性を強化することを目指すこと、④そのことを通して個人と環境との「対処」を促進すること、⑤その成果は獲得した機能がどこまで一般的な活用に転用（これを般化といいます）されているかによって評価され、⑥その成果を高めるにはサービスを受ける対象者が能動的に関与することが必要なこと、などを示しています（松為，2006a）。

　このように、リハビリテーションカウンセリング、そして職業リハビリテーションの専門性は、個人と環境の双方に均等に焦点を当てた活動にあることを明確にしています。

3．支援のあり方

　これを踏まえて、リハビリテーション支援を担うカンセラーの主な機能を示したのが

表2-2です（Hershenson、1998）。カウンセラーは、障害のある対象者とそれを取り巻くさまざまな環境や社会資源の双方に焦点を当てて支援をすることを基本としたうえで、次の機能を果たすことになります。

　第1に、障害のある対象者に対しては、①受障したことで低下した自己肯定感や有用感などの自己イメージを肯定的になるように「再統合化」すること、②受障したことで実現が困難となったそれまでの人生設計や目標を達成可能なものに「再組織化」すること、③受障によって低下した能力を組織的な教育や訓練で「復旧」したり、残存する諸能力を実際の環境で活用できるように訓練する「置換」などを行います。

　第2に、家族、学習環境、同僚などの集団、自立生活のための環境、仕事の環境、などを含めた自分を取り巻くさまざまな環境や社会資源を、対象者の状況や必要性に応じて構築し直す「再構造化」をしたり、適切な資源を選択してその活用の方法を調整する「資源調整」を行います。

　第3に、サービスを提供するための制度や実際の施策が対象者に届くように「ケースマネジメント」をしたり、自分自身の活動を評価してより有用な活動に向かうための「論評・評価」を行います。

　表2-2では、こうしたリハビリテーションカウンセリングのさまざまな支援を行うカウンセラーの機能を、①カウンセリング（Counseling）、②調整（Coordinating）、③相談（Consulting）、④ケースマネジメント（Case management）、⑤論評（Critique）、の「5つのC」として表しています。職業リハビリテーションの実践技術でも、リハビリテーション

表2-2　リハビリテーションカウンセリングの活動

支援・介入の対象	支援・介入の性質	カウンセラーの主要な機能
対象者		
パーソナリティ	再統合化	カウンセリング（Counseling）
目　　標	再組織化	カウンセリング（Counseling）
能　　力	復旧や置換	調整（Coordinating）
環　境		
家　　族	再構造化	相談（Consulting）
学習環境	再構造化	相談（Consulting）
同僚集団	再構造化	相談（Consulting）
自立生活環境	再構造化	相談（Consulting）
仕事環境	再構造化	相談（Consulting）
障害とリハビリテーションの視点	再構造化	相談（Consulting）
文化-政治-経済歴文脈	再構造化	相談（Consulting）
提供者		
リハビリテーションサービス提供機能	達成	ケースマネジメント（Case management）
リハビリテーションカウンセラー	改訂	論評・評価（Critique）

カウンセリングにおけるこれらの「５Ｃ」の支援・介入が基本となります。

第３節　障害の構造

　職業リハビリテーションで直接的な支援を受ける対象者を考える場合、障害の構造論のうえに立って考えることが望ましいと考えます。

１．国際障害分類（ICIDH）とその意義

　世界保健機関（WHO）が提案した「国際障害分類（ICIDH：International Classification of Impairments, Disabilities and Handicaps)」（1980 年）では、障害を次の３つの水準に区分したモデルを示しています。

　１つ目は、疾患（外傷を含む）から直接的に生じた器官や臓器の医学的な変調を捉える「機能・形態障害（Impairment）」です。身体的あるいは精神的な機能や形態の何らかの異常をいいます。２つ目は、地域や文化的な条件のもとでは一般的であると考えられる活動について、その実用性に制限があったり喪失した状態を捉える「能力低下（Disabilities）」です。日常的な生活場面から見て困っている点が能力低下ということになります。３つ目は、社会的な不利益を捉える「社会的不利（Handicaps）」です。その社会や時代の多くの人々に保障されている、生活水準、社会活動への参加、社会的評価などが保障されていない状態です。

　障害をこうした３つの水準に区分することは、実践の現場に対して、次のような重要な指摘をしたことになります（上田、1983）。

　第１は、障害の状況には、因果関係性があることを明確にしたことです。つまり、能力低下は機能・形態障害を契機として発生し、また、社会的不利は、能力低下と機能・形態障害の両方を契機として発生することを明確にしました。ですから、社会的不利の中でも大きな課題となる職業的な自立の困難さは、能力障害や機能障害が原因となって生じるということを示唆します。

　第２は、それぞれの障害の水準は、独立した側面があることを強調していることです。つまり、能力障害は機能障害によって完全に規制を受けるわけではなく、また、社会的不利も能力障害や機能障害に完全に規定されるものではないことを明確にしました。ですから、機能障害があったとしてもそれが能力障害にまで及ばないようにすること、また、能力障害や機能障害があったとしても、それを社会的不利にまで影響させないようにすることが可能であり、そこにこそ、リハビリテーション活動のポイントがあることを示唆しました。たとえば、機能障害で車椅子の生活を余儀なくされたとしても、そのことは仕事に就けない（社会的不利）理由にはなり得ないということです。そうした視点を明確にしたことが、この障害分類の大きな意義と言えます。

　第３は、障害のそれぞれの水準に対応して、異なるリハビリテーションのアプローチが効果的であることを明確にしたことです。つまり、機能・形態障害には医学分野を中心とする

「治療的な手法」が、能力障害には学習や訓練を中心とする「対処行動の開発」が、社会的不利には個人を取り巻くさまざまな環境に対する「環境の改善」が、それぞれの障害の側面を軽減したり除去するのに有用であることを示唆しました。

　第4は、リハビリテーションに従事する多職種の専門職が、障害に対する共通言語を得たことです。それによって、立場の違いを超えて障害の多面性についての共通の認識や理解をもたらすことを示唆しました。

　障害の水準をこのように捉えることは、同時に、リハビリテーションの基本的な指針とされる、「何を失ったかではなくて何が残されているかを出発点とする」につながります。障害を持ちながらの人生をより良く生きるには、機能障害や能力低下の失われた側面の回復に全てのエネルギーを費やすのではなくて、むしろ、残された側面を活用して能力低下や社会的不利を克服して豊かな人生を過ごすことが重要です。そのことを通して「生活の質」の向上を目指すことが大切です。

2．国際生活機能分類（ICF）

　「国際障害分類」の提起した実践的な意義は、リハビリテーションの思想に大きな影響を与え、いくつかの新しい概念モデルも提唱されてきました。こうした国際的な反響と論議を踏まえて、世界保健機関（WHO）は、2001 年に「国際生活機能分類（ICF：International Classification of Functioning, Disability and Health）」を提示し、その概念モデルとして

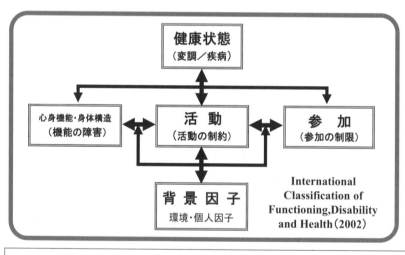

図2－1　国際生活機能分類（ICF）モデル

図2－1を発表しました。

　これは、人間の生活全体の機能（「生活機能」）を包括的に把握して、その多かれ少なかれ否定的な側面を「障害」とみなし、すべての人の健康状態のあり方は「心身機能・身体構造（function/structure）」「活動（activity）」「参加（participation）」のそれぞれの水準から捉えられ、「環境因子」や「個人因子」などの背景因子の影響を受けることを強調しています。

　ここで、①「心身機能・身体構造」は、身体器官系の生理・心理的機能や解剖学的な部分を意味しており、障害は、心身機能や身体構造上の問題を発生させることになります。②「活動」は、日常的な活動の課題や行動の遂行を意味しており、活動の制限を受けると、日常生活において機能することが困難となります。③「参加」は、生活全体への関わり方を意味しており、参加の制約を受けると生活全体のしづらさを経験することになります。④「環境因子」は、個人を取り巻く物理的・社会的・態度的な状況を意味しており、「個人因子」は、年齢・人種・性別・教育歴・経験などの人生や生活の個人的背景を意味しています。

　それゆえ、障害は、「機能・構造が変調したもの」「活動が制約されたもの」「参加が制限されたもの」であり、「環境因子」や「個人因子」などの条件によって障害のあり方が異なることを明らかにしました。ですから、先に示した、「国際障害分類」が実践の現場にもたらした重要な指摘は、この「国際生活機能分類」にもそのまま当てはまるといえます。

３．障害の捉え方

　これらの障害の構造論を踏まえると、職業リハビリテーション分野での「障害」の捉え方には、次の特徴があります（春名、2017）。

（１）障害と生きづらさ・健康

　国際生活機能分類（ICF）のモデル（図2－1）に従えば、私たちは、社会に暮らす際には誰であろうと、「心身機能・身体構造」「活動」「参加」で構成される「生活機能」を基盤にして「健康状態」が維持されていることになります。さまざまな生活機能は、「人が生きていく」ための基盤であり、そのことによって健康が維持されます。ですから、生活機能の停滞もしくは不調は「生きづらさ」を生じさせることになり、そのことが「不健康状態」をもたらしてしまいます。このことは、疾病等による「心身機能や身体構造」の不調に限りません。疾病等に起因しないで「活動」や「参加」領域が維持されず不利益を被る人もまた、「生きづらさ」や「不健康状態」になることを示しています。

　職業リハビリテーション分野では、こうした「生きづらさ」「不健康状態」を「障害」として捉えることが必要です。「生きづらさ」を解消して「健康状態」を取り戻す活動として職業リハビリテーションを捉えたいと思います。

　ここでいう「健康」とは、世界保健機関（WHO）が「完全な肉体的、精神的及び社会的福祉の状態であり、単に疾病又は病弱の存在しないことではない」と定義したことに即しています。つまり、疾病や病気からの回復だけではなく、さらにそこから一歩進んで、生きがいや満足感などの精神的な安寧・幸福感などの側面を強調するものです。その意味で「生活の

質（QOL）を追求していくことになります。

　このように、「障害」は、症状を総合して病名を診断してそれに対する治療を行うという、病因論に基づく「疾病」とは異なる概念なのです。

（2）職業生活と生活機能

　私たちが実際に行っている職業生活は、国際生活機能分類（ICF）のモデル（図2－1）に従えば、「活動と参加」に分類されるさまざまな状況から成り立っています。その一方で、職業場面は仕事に従事してそれを達成するためのさまざまな要件があります。そうした要件を満たさないと、私たちは職業に適合していくことが困難になります。つまり、「生活機能」の不調で職業場面の要件に適合することができないと、「生きづらさ」が職業場面における「障害」になってしまうことになります。

　そのため、職業リハビリテーションでは、疾病などによって「心身機能・身体構造」「活動」に支障があったとしても、職業場面から要請される要件に適合させるためにさまざまな対処を行います。

　実際の支援では、**第3章第2節の支援モデル（図3－2）**にある通り、個人を対象とした機能開発と、環境に対する資源開発の2つの戦略的な対応を行っています。

（3）社会モデルと職業リハビリテーション

　国際障害分類（ICIDH）から国際生活機能分類（ICF）に展開されていく過程で強調されたのは、「心身機能・身体構造」「活動」「参加」から構成される「生活機能」は、「健康状態」を規定するとともに、実は、これらは「環境因子」と「個人因子」で構成される「背景因子」の影響を強く受けるということです。

　こうした、特に「環境因子」が生活機能のさまざまな段階に深く関与していることを強調する視点は「社会モデル」と称され、疾病が因果的に「活動」や「参加」を規制することに焦点を当てた「医学モデル」とは根本的に異なる視点となっています。

　社会モデルでは、障害者が困難や能力低下を経験するのは「社会的バリア（障壁）」があるためだとします。これには、生活機能や障害に影響することが想定される「環境因子」として、物理的な環境だけでなく、人的な環境、また、差別や偏見等の状況、さらに、サービス、制度、政策等が含まれています。

　ただ、こうした環境因子は、阻害因子やバリアとして機能するばかりでなく、実際の状況の改善に向けて機能する促進因子としての効果も期待されます。環境因子がバリアとなるか促進因子となるかは、個別の機能障害や活動状況によっても異なるといえるでしょう。

　職業リハビリテーションの活動は、したがって、社会的バリアを除去していくことが不可欠となります。**第3章第2節の支援モデル（図3－2）**に従えば、環境に対する資源開発に向けた戦略的な対応であり、また、2013年に「障害者雇用促進法」の改正で規定された障害者雇用における差別禁止と合理的配慮も、こうした社会的バリアの除去に焦点を当てるものです。

　このように考えると、我が国の障害者雇用対策はこれまでどちらかと言えば「医学モデル」

に基づいて個人の障害の解消に焦点を当ててきたのですが、今後は、「社会モデル」も併用した総合的な施策が展開されていくことでしょう。

<h2 style="text-align:center">第4節　キャリア</h2>

キャリアの概念が重要なことは、リハビリテーションやカウンセリングとの関係からも明らかです。

1．言葉の多様性と共通概念

（1）キャリアの意味

「キャリア」の言葉には多様な解釈があります。特に、20世紀に入ってから複数の専門領域の研究対象となったことで、「キャリア」は研究領域によって焦点の当て方が異なってきました。1980年代後半の「キャリア」の概念をまとめた研究では、さまざまな「キャリア」の意味や概念は、①個人とそのキャリア発達に注目するカウンセリング心理学の観点と、②社会―組織的な文脈と組織の影響に注目する産業・組織心理学の観点の2つに分けられるとされました。

現在でも統一された定義はないとはいえ、「キャリア」は、「個人と職業との連続性・継続性、統合性」など関わりを意味するという点では共通した認識です。ただ、その連続性の原因やメカニズムを解釈する場合に、専門領域や理論的背景によって説明や強調点が異なります（渡辺、2014）。

（2）共通概念

こうした多義的な言葉を超えて共通した4つの概念があります（渡辺、2013）。

第1は、個別性・固有性ということです。役割や仕事、職業に向けた個人の働きかけに注目します。それは言い換えると、自己決定、自己選択、自立性、主体性などに焦点を当てることになります。これは、人間の尊厳と個別性を認める最も基盤となる価値観に通ずる姿勢から導き出される概念であり、キャリアの概念としては最も重要な要素といえます。

第2は、時間的な経過です。キャリアはある一時点の出来事や行為や静的状況や現象を意味するものではありません。時間的な流れや経過そのものを含んだ広い概念です。人は過去・現在・未来という時間的流れの中に生きる存在であることに焦点を当てます。現在の経験は、過去と未来につながっているという認識が大切になります。

第3は、空間的広がりです。人が行う活動や行為は、複数の空間的場面で同時並行して行われているのであり、しかも、それぞれの空間的場面も相互に関連するという視点です。人は仕事や遊びあるいは家族で担うさまざまな役割は相互にかつ密接に関係しており、しかも、それぞれの活動場面である職場や地域や家庭などの空間の場も密接につながっているという概念です。

第4は、人と複数の環境との相互作用です。キャリアは、職業や職務の概念を排除するも

のではなく、職業や職務、その他のいろいろな働きや役割に対する個人の働きかけ方に焦点を当てる概念です。個人に直接的に働きかけることに留まらないで、個人を取り巻く環境に間接的に働きかけることも含むでしょう。相互作用はそうした関係の中で生まれてきます。

2．ライフキャリアとワークキャリア
（1）キャリアの多義性

「キャリア」という言葉は、人の経歴や履歴あるいは専門的職業や仕事などに関連したさまざまな意味で用いられていますが、基本的には、あるコースに沿って前進や発達するという視点が込められています。狭義の意味では、職業生活と関連した職務内容や経歴、職業上の地位や役割などの長期にわたる仕事生活における歩みを表し、職業（仕事）生活を中心にすることについては「ワークキャリア」と呼ばれます。それに対し、広義の意味では、職業生活を含めたさらに広範な個人の人生とその生き方を表し、個人の強い意思が働く主観的なキャリアであることから「ライフキャリア」といわれます。これらは、キャリアに関わるさまざまな課題についての2つの方法論とも対応します。

ライフキャリアは、カウンセリング心理学の発展から展開した視点といえます（松為、2006b）。これは、職業的な能力を含む、個性のさまざまな側面の発達的な過程を重視しています。この場合のキャリアは、生涯に及ぶさまざまな「役割」や環境及び出来事との相互作用の連続的な過程として捉えています。そのため、「個人が成人生活を通じて発達するにつれて、仕事に関する活動は個人の発達を反映する」ものとされます（Vondracek & Kawasaki、1994）。こうしたライフキャリアの視点に立ってキャリア発達の体系をまとめたのがスーパー（Super、1990）です。

他方で、産業・組織心理学の展開が「ワークキャリア」の視点をもたらしたといえるでしょう。この場合のキャリアの意味は、「組織の中にあって、ある一定期間の間に個人が経験する職務内容、役割、地位、身分などの変化の系列」（若林・松原、1988）とされます。また、ワークキャリアの形成は、①仕事や組織や職務などの選択といった個人の活動に焦点を当てる「キャリア・プランニング」と、②採用・選別・人的配置・勤務評定・教育訓練などの組織側の活動に焦点を当てて、従業員の興味や能力が組織に適合するよう支援する「キャリア・マネジメント」が、相互に作用し合う過程によって行われると考えられています。ですから、組織の効率と個人の満足の双方を最大限にするために、組織と個人の要求をどのように調和させるかが重要となります。

（2）ワーク・ライフ・バランス

この両者のバランスが良い人生設計を目指していくのが「ワーク・ライフ・バランス」の視点です。

私たちの人生や生活では、仕事に従事する職業人としての役割だけを他のさまざまな役割から切り離すことはできません。このことは、仕事生活と非仕事生活との間には密接な相互作用があることを意味します。仕事生活において満足感や肯定的な感情をもつ場合は、非仕

事生活でも快の感情をもたらし、逆に、仕事生活において不満や否定的な感情をもつ場合は、非仕事生活においても快の感情は抱きにくいでしょう（谷内、2008）。

　人がそれぞれの職業領域で職業能力を高めて、キャリア・アップを実現していくことは価値のあることですし、個人にとっての生きがいにつながります。ですが、仕事生活だけに生きがいを求めてキャリア・アップを目指すことが人生における最終目標であるとはいえないでしょう。私たちの人生設計においては、ワークキャリアだけにとらわれることなく、ライフキャリアも視野に入れることが不可欠です。こうした「ワーク・ライフ・バランス」の視点は、「生活の質」の向上を目指す職業リハビリテーションにとっても重要になってきます。

3．キャリアと職業リハビリテーション

　キャリアの概念は、職業リハビリテーションを考える際の最も重要なキイワードです。

（1）職業リハビリテーションの基盤

　キャリアを「生涯を通して他者及び社会との関係の中で得られる諸経験の価値付け、意味付けで構築されながら個人それぞれが独自の生き方を構築し続ける過程」と捉えたサヴィカス（Savickas, M. L）の理論を踏まえると、それは、新たな技法やプログラムを導入することではなく、その概念を実践することがより重要となります（渡辺、2016）。

　それゆえ、「キャリア」の視点は職業リハビリテーションの基盤となる考え方であり、渡辺（2016）は実践の中で「キャリアの概念」を具現化するための視点を、①個人の尊厳を守ること、②人は時間と空間の中に生きること、③人は生涯発達し続けるという信念、の3つにまとめています。

　また、松為（2019）はキャリアの今日的な捉え方として、次の4つを指摘しています。

　第1は、現代のキャリア支援あるいは進路選択は、「汽車に乗せる」時代から「自動車を運転する」時代へと変わっているとします。既定の進路のレールに乗ってしまえば生涯を安心・安全で航行できるとされた時代ではなく、現在は、自分でエンジンをかけながら（動機付けながら）、道路を自分で探してゆく（自己決定してゆく）ことが求められています。

　第2は、キャリアの支援や教育では、①生きること（人生における多様な役割の理解と自主選択）、②働くこと（職業人としての役割を生きる）、③学ぶこと（情報の収集と統合化と自己決定）の3つを総合的に展開していくことが必要です。

　第3は、自己有用感から将来展望への展開です。特に学童期から青年期にかけてのキャリア教育では、①遊びや生活あるいは学びに対する充実感や達成感を満たすこと、②それを踏まえて、与えられた役割の中での自己有用感や肯定感を持つこと、③そのことを基盤にして、将来に向けた希望や展望を見出すこと、を段階的に展開することが望まれます。

　第4は、ワーク・ライフ・バランスの展開です。働くことを含めた人生設計を構築しながら、自分自身の「生活の質」（むしろ、「人生の質」といったほうがふさわしいでしょう）の向上を目指していきます。

（2）ライフキャリアとの関わり

ライフキャリアとの関わりから職業リハビリテーションのあり方を考える場合、次のことが指摘できます（松為，2006b）。

第1は、職業人として職業生活を継続するには、職場で要求される役割が遂行できなければならないことです。ですから、職業能力を把握して職場で求められている要件に応えることができるかどうか、を評価することは不可欠です。加えて、職場を離れた地域社会や家族集団の中での役割についても、どこまで機能しているかを把握することも必要となります。

第2に、発達の過程を通して、さまざまな役割行動の学習を積み重ねることが必要です。「ライフキャリアの虹」（第4章第1節：図4－1）から示唆されることは、幼少期から社会集団に応じたさまざまな役割をこなしながら成長することが、成人後に求められる役割を遂行できる基盤となっているということです。職場にふさわしい役割行動がとれるのは、そうした長期的な学習の成果があってこそであり、家族や学校や仲間などの集団の中にあって役割を果たすことの意味を学習してきたことの成果といえるでしょう。

第3に、「職業人」の役割は、子ども、市民、余暇人、配偶者、親などの生活に根ざしたさまざまな役割と密接につながっているため、たとえば、知的や精神の障害、あるいは発達障害の人の中には、仕事と生活の双方に向けた支援がなければ、職業人としての役割を維持することが困難な人もいます。その場合には、雇用（あるいは一般就労）支援と生活支援の双方を一体的に継続して提供されることが必要でしょう。

第4は、人は「役割」を通して社会とのつながりを得ていることを示しています。ですから、障害があったとしても社会の構成員として機能するには、必ずしも「職業人」である必要はないでしょう。重篤な障害があるためにこの役割遂行が非常に困難であるとすれば、「学生」や「家庭人」あるいは「余暇人」「市民」などの役割は、地域社会の中にあって人々から受け入れられる「居場所」となり得るということを示唆しています。

（3）ワークキャリアとの関わり

次に、ワークキャリアとの関わりから職業リハビリテーションのあり方を考える場合、次のことが示唆されます（松為，2010）。

組織の中で働き続けて職場定着をしていく中で、多くの人は、その職務の内容、組織内での役割、地位、身分などが変化して、組織内キャリアの形成に向かうことは明らかです。このことは、障害のある人にも、可能な限り検討されるべきでしょう。「障害があるために作業能力に習熟が見込めず、成績も上がらない。そのため、勤務年数が多くても地位や身分あるいは給料を上げることはできない」と言い切ることは早計のように思います。

企業や組織は、障害の有無に関わらずその従業員に対しては、採用・選別・人的配置・勤務評定・教育訓練などのさまざまな活動を通して、キャリア・マネジメントを十分に行うことが必要です。職業能力の向上がはかばかしくないとすれば、それは、障害のある個人の責任というよりは、組織の人材育成のあり方そのものを再検討することが望ましいと思います。また、組織内キャリアの形成については、ラインでの「地位・階層」の移動が困難な人でも、

技能の習熟に伴って、スタッフとして「職能・技術」の幅を広げたり、同一部門での「部内化・中心化」の移動が可能となるかもしれません。

　このように、キャリア・マネジメントを担う組織や企業の担当者は、障害のある人のワークキャリアの形成に向けた支援を担う人として、職業リハビリテーションの活動に関わっていることを理解しておくことが重要でしょう。

職業リハビリテーションの定義と支援のあり方

　第3章では、第1章と第2章で明らかにした職業リハビリテーションに関わる「働くことの意義」「リハビリテーション」「カウンセリング」「障害の構造」「キャリア」の5つのキイワードを踏まえながら、職業リハビリテーションの新たな定義と支援モデルを提唱します。次に、実際の支援の過程について、ケースマネジメントに準じて解説するとともに、それとは異なる新たな視点についても解説します。

第1節　定義の変遷

1．国際的な定義

　職業リハビリテーションの概念が誕生する以前に、すでに「職業評価を含む職業指導」「職業訓練」及び「職業紹介」は、実質的な活動として展開されていました。職業リハビリテーションの定義や概念は、こうした活動を包括したものとして構築されてきたといえるでしょう。従来からよく引用されてきた定義には、次のものがあります。

（1）障害者の職業リハビリテーションに関する勧告

　国際労働機関（ILO）が1955年に採択した第99号勧告では、「職業リハビリテーションとは、継続的かつ総合的リハビリテーション過程のうち、障害者が適当な職業の場を得、かつそれを継続することができるようにするための職業的サービス、たとえば、職業指導、職業訓練、及び選択的職業紹介を提供する部分をいう」とされています（ILO駐日事務所、2019）。

　これは、職業リハビリテーションは就業の場を得てそれを継続するためのサービスを行うものとし、具体的なサービスとして、職業指導、職業訓練、選択的職業紹介の3つがあるとしています。

（2）障害者の職業リハビリテーション及び雇用に関する条約

　同じくILOが1983年に採択した第159号条約は、同時に採択された「職業リハビリテーション及び雇用（障害者）勧告（第168号）」とともに、職業リハビリテーションの定義、目的、対象に関して、最も引用されています。同条約は、第1部定義及び適用範囲、第2部障害者のための職業リハビリテーション及び雇用に関する政策の原則、第3部障害者のための職業リハビリテーション及び雇用に関する事業の発展のための国内的な措置、第4部最終規定の4部から構成されています。

　職業リハビリテーションの定義は、その第1条で「職業リハビリテーションの目的は、障害者が適当な雇用（employment）に就き、これを継続し、かつ、その職業において向上することを可能にすること、並びに、それにより障害者の社会への統合または再統合を促進す

ることにある」とされています。

　これは、第99号勧告を踏まえながらも、雇用においては「向上すること」が追加され、障害のある人は単に適切な職場を得てそれを継続するだけではなく、昇進や待遇などにおいても十分に考慮されるべきであることを強調しています。また、雇用（employment）は、一般企業への雇用だけでなく、自営や保護的雇用も含めた幅広い概念を意味しています。

（3）国際基準からみた職業リハビリテーション

　国際労働機関（ILO）は1985年に、障害者の働くことの支援に関しての基本原則として、次の6つを提示しています。

　①障害者の身体的・精神的・職業的な能力と可能性について、明確な実態を把握すること（職業評価）

　②職業訓練や就職の可能性に関して障害者に助言すること（職業指導）

　③必要な適応訓練、心身機能の調整、または正規の職業訓練あるいは再訓練を提供すること（職業準備訓練と職業訓練）

　④適職を見つけるための援助をすること（職業紹介）

　⑤特別な配慮のもとで仕事を提供すること（保護雇用）

　⑥職場復帰が達成されるまでの追指導をすること（フォローアップ）

　第159号条約でも明らかなように、職業リハビリテーションの目的は、就業に結びつけるだけでなく、職場への定着に向けて長期的、継続的に行われるべきものとして認識されています。

2．障害者の雇用の促進等に関する法律

　我が国では、1960年に公布・施行された「身体障害者雇用促進法」を1987年に改正した「障害者の雇用の促進等に関する法律（以下「障害者雇用促進法」という）の第2条で、「職業リハビリテーションとは、障害者に対して職業指導、職業訓練、職業紹介その他この法律に定める措置を講じ、その職業生活における自立を図ることをいう」と定義されています。

　これは、第99号勧告を踏まえながら、その目指すところは「職業生活における自立」としています。また、第159号条約では障害者の社会への統合または再統合が目標とされているのですが、本法では「自立」という概念でその目的を掲げています。

第2節　新たな定義

1．新たな定義

　しかしながら、これらの一般的に引用されている定義は、第1章や第2章で検討してきた職業リハビリテーションに関わる重要なキイワードを踏まえると、物足りない側面があります。つまり、職業指導、職業訓練、職業紹介の3分野は、「働くこと」「カウンセリング」「キャリア」などの概念を包括しているものの、「リハビリテーション」や「障害の構造」などに含

まれる概念は十分に反映されていないからです。

　そのため、筆者は、以下のような新たな定義を提唱しています（松為、2008）。

　「生物・心理・社会的な障害のある人が、主体的に選択した仕事役割の継続を通して生活の質が向上するように、発達過程の全体を通して多面的に支援し、それにより社会への統合または再統合を促進する総合的な活動」

　この定義には、以下のことが含まれています。

①対象となる人を「生物・心理・社会的な障害のある人」としています。

②目的を「社会への統合または再統合の促進」としています。

③そのための主たる支援の方向を「主体的に選択した仕事役割の継続を通した生活の質の向上」としています。

④それを維持するための関連した内容を「発達過程の全体を通した多面的な支援」としています。

　それぞれの詳細は、以下の通りです。

２．解説
（１）対象となる人

　職業リハビリテーションサービスの対象となる個人を「生物・心理・社会的な障害のある人」と規定しました。

　これは、第2章第3節の「国際生活機能分類（ICF）」の意義で検討したように、対象となる個人は、心身機能・形態の受障によって活動の制限や参加の制約を受けてきた「障害者」に加えて、心身機能・形態の受障がなくても環境因子によって直接的に社会参加を妨げられている人たちも考慮する必要があると考えるからです。

　機能・形態障害によって活動の制限や参加の制約がある人（障害のある人）は生物・心理・社会的側面が相互に影響し合うことから、これを狭義の対象者と考えました。他方で、「生物・心理」的側面では問題がないものの「社会的」側面で問題が突出する人、言い換えると、機能・形態障害や活動の制限はないものの社会参加の制約を被っている人を広義の対象者と考えています。これには、生活保護者、低所得層、母子家庭の母親、引きこもりの若者、被差別部落出身者、ホームレス、刑余者、在日外国人などが該当します。

　このように職業リハビリテーションの対象者を拡大して理解する際の概念図を示したのが、図3－1です。

　①最も狭い範囲では、疾病の診断を受けて障害福祉サービスの対象になる人です。②次が、疾病の診断を受けても障害福祉サービスの対象にならない人であり、うつ病、難病、発達障害などの一部の人たちが該当します。③最も広い範囲では、疾病の診断はないが地域生活のしづらさを抱える人であり、前述した人たちも対象に含まれます。つまり、②と③のように、

図3－1　就労支援対象者の広がり

障害福祉サービスとは無縁の（と意識してきた）人たちも、新たな対象として考えていくことが求められています。

　そうなると、職業リハビリテーションの支援は、「障害があることを前提にした支援」ではなく、「障害のない社会生活や人生設計を出発点として、疾病や障害はそれにどのような影響を及ぼすのか、その影響を最小限もしくは解消するにはどのような包括的な支援が必要なのか」といった発想に変えてゆくことが必要でしょう。

（２）目的

　職業リハビリテーションの目的を、「障害者の社会への統合または再統合」にあるとしました。

　これは、国際労働機関（ILO）第159号条約をそのまま取り込んだものです。社会への統合または再統合に向けた活動は、さまざまな人がその能力を発揮しながら自立してともに社会参加して支え合うという「共生社会」の形成に向けた活動と共通します。

　職業リハビリテーションの活動は、働く場面に参入してそれを継続的に維持することを通して「生活の質（QOL）」の向上を図っていくのですが、その目指すべき理念は、社会との関わり方に向かうべきでしょう。その意味で、国際労働機関（ILO）第159号条約の視点を踏襲すべきだと考えています。

（３）支援の方向

　職業リハビリテーションの目的を達成するための主たる支援の方向を「主体的に選択した

仕事役割の継続」としました。

　これは、何よりも支援を受ける対象者本人が、働くことの意義（第1章）についての理解を深めたうえで、働くという選択肢を自分の意思で主体的に決定することが重要であると考えているからです。また、仕事役割は個人と職場の相互関係によって成り立つことを理解しておくことも必要です。そのため、仕事役割を継続するための支援は、必然的に個人と職場（それを包括したさまざまな環境要件）の双方に向けられることになります。さらに、ワークキャリアの視点を踏まえると、仕事役割の遂行に向けた組織内でのキャリア開発のための支援や配慮も必要になることを示しています。

　また、これを維持するには「発達過程の全体を通した多面的な支援」が必要であるとしました。

　「ライフキャリアの虹」（第4章第1節：図4－1）で示唆されるように、仕事役割をこなす「職業人」は、地域生活における「子ども」「市民」「余暇人」「配偶者」「親」などのさまざまな役割と密接に関連しています。それだけに、これらのさまざまな役割を相互に調整して「ワーク・ライフ・バランス」を保つことが大切になるでしょう。

　また、援助を受けながら職業的な役割を継続する多くの人は、居住地域での日常的な生活場面での役割にも支援を必要とし、しかもそれは、人生の長い期間を通して必要とされることでしょう。それゆえ、発達過程の全体を見通して、生活支援と職業人としての役割遂行のための支援を一体的に行うことが重要であることを示唆しました。

3．支援モデル

　この新たな定義を踏まえると、職業リハビリテーションの実際的な活動に際しての総合的な支援のあり方として、図3－2の支援モデルが想定できます。この内容の詳細は、以下の通りです（松為、2006a）。

（1）ニーズ

　第1節で紹介したさまざまな職業リハビリテーションの定義は、いずれも、サービス対象となる個人の側に焦点を当てています。ですが、働きたいというニーズを満たすには、そもそも働く場の存在が不可欠ですし、また、その場を提供する組織や集団は、生産性を高めるという固有のニーズがあることは自明のことです。

　ですから、実際の支援活動を考える上で最初に指摘しておかねばならないことは、ニーズは、支援を直接的に受ける個人の側のみならず、その対象者を取り巻く職務や職業あるいは職業生活を行う組織や集団の側にもある、ということです。この両側面のニーズがあることを認識しておくことが大切でしょう。

　他方で、組織や集団や環境の側のニーズは、実際の環境をどのように分類化するかによって異なることになります。図3－2の支援モデルでは、働くことの意義を踏まえて、①特定の仕事（職務）を遂行する場面、②職務遂行を行う職場の環境、③職業生活を維持するための環境、④職業生活を維持するための地域生活の環境、などに分類しております。仕事に就

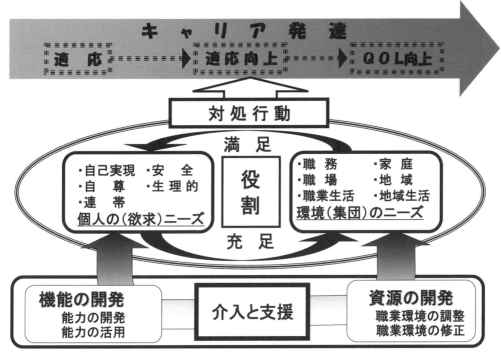

図3-2　職業リハビリテーション活動の支援モデル

いてそれを維持するには、こうした、さまざまな環境やそこに集う人間集団などから要請されるニーズに応えることが必要となります。

（2）役割

　そうした職場や地域のニーズは、そこに所属する個人に「役割」を果たすことを求めています。その「役割」の遂行を通して、人は職場や地域の社会集団の中に自己の居場所を得て、個人的ニーズを満たすことができます。ですから、第1章第3節の図1-1で示したように、「役割」は集団と個人の双方のニーズをつなぐものです。

　図3-2の支援モデルでも、双方の関係を「満足（satisfaction）」と「充足（satisfactoriness）」として表しました。「充足」は集団や環境のニーズに個人が応えることを、また、「満足」は個人のニーズに集団や環境が応えることを、それぞれ意味しております。同時にこのことは、働くことを「社会的な視点」からみた場合には「充足」を、「個人的な視点」からみた場合には「満足」をもたらすことを示しています。

（3）適応とその向上

　この双方のニーズの充足や満足を高めてゆくことを目指した実際の活動の方向が「対処（coping）行動」の確立です。これは、環境や集団のニーズから示される具体的な課題に対して、個人が積極的に反応しながら可能な限りそれに応える活動です。この場合の対処とは、与えられた課題の要求に対して、たとえどんな方法であろうと結果的に応えることができればそれでよしとするものです。これはリハビリテーションの定義（第2章第1節）でも言及

したように、個人と環境との相互関係は、「最高の」ではなくて「最適な」状態を築いて、それを維持することができれば十分と考えるからです。

「適応」は、こうした現実的な対処行動を通して、「満足」と「充足」の双方を高めていく過程です。それは、生活自体が特定の生活環境のもとでその機能を円滑に維持し続けている状態だからです。良い適応状態になるには、個人の行動が社会の規範や慣習に合致していることと、それによって個人の感情が安定していること、の双方が必要となります。

こうした適応は、短期間で達成されるものではありません。ですから、適応の向上は生涯にわたって続き、職業生活の全体を通して向上させていくことになります。それがキャリア発達であり、その行き着く先にあるのが「生活の質」の向上であるとしています。職業リハビリテーションの新たな定義では、こうした過程を通して最終的に目指す方向が「個人が社会へ統合または再統合される」ことを意味しています。

第3節　支援のあり方

1．支援の戦略

図3－2の支援モデルから示唆される基本的な支援戦略は、「満足」と「充足」の両側面からなるらせん階段を上りつつ、個人のニーズと環境（集団）のニーズの双方の適応的な関係を人生全体の過程を通して形成しながら、生活の質の向上を目指すということになります。

このらせん階段を効率的に上昇するには、個人に向けられる支援と環境に向けられる支援を並行して取り組むことが効果的なことはいうまでもありません。図の下段にある「機能の開発」と「資源の開発」はそのことを示しています。「機能の開発」と「資源の開発」は相互に補完的な関係にあり、「機能の開発」の限界を打ち破る可能性を秘めているのが「資源の開発」であり、また、「機能の開発」を一層進めることによって「資源の開発」における制限を乗り越えていくことも可能でしょう。

職業リハビリテーションの支援技術の体系は、このように、個人とその環境の双方に均等に焦点を当てて、「機能の開発」と「資源の開発」という2つの大きな支援技術の体系を駆使することが特徴です。医学的なリハビリテーションや特別支援教育などの教育的なリハビリテーションは、主に個人の側だけに焦点を当てた支援技術の体系とみることができるからです。

（1）機能の開発

個人側に向けられるサービスや支援である「機能の開発」は、さらに、「能力の開発」と「能力の活用」に分けることができます。前者は、まだ習得できていない職業的な能力を、教育や訓練によって新たに学習して発達させる支援です。また、後者は、すでに習得した能力であっても、それを実際の職場環境や職務の遂行に活用できるように能力の再構築をするための支援です。

たとえば、学校を卒業して初めて仕事に就いたり、長い期間を医療や福祉施設にいて働いた経験が乏しいといった場合には、働くことの意味や職業人としての役割行動の習得、ある

いは、職務の遂行に不可欠な知識や技術を学習したり訓練を重ねて習得しなければなりません。これが「能力の開発」に相当します。これに対して、職場の新規機材や技術の導入あるいは配置転換などでは、これまで習得してきた能力だけでは対応できないために、新たな事態に対応できるように自分の能力を再訓練して向上させねばなりません。これが「能力の活用」に相当します。

（２）資源の開発

　他方で、環境や集団の側に向けられるサービスや支援である「資源の開発」も、「職業環境の調整」と「職業環境の修正」に分けることができます。前者は、既存の社会資源を、個人の状況に応じて組み合わせたり調整して活用するような支援です。また、後者は、個人の必要性に応じて既存の社会資源そのものの内容や運用を改善していくような支援です。

　たとえば、働きたいと願う障害のある人のニーズに応えるには、能力や興味あるいは生活状況などに応じて、地域のさまざまな就労支援や生活支援機関のサービスを組み合わせて「調整」することが必要になります。他方で、ある事業所に就職することを目指しても、その作業環境や職務の内容が本人の能力に見合わないような時には、付帯的な仕事を新たに切り出して職務を作り出すといった「修正」を検討することが必要です。

２．支援の過程

　こうした支援戦略を実際に展開するための一連の過程（プロセス）は、一般的には、図３−３

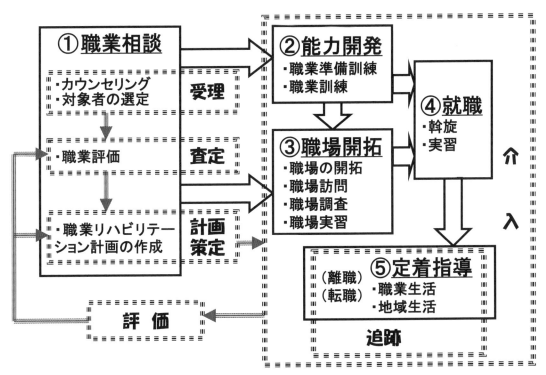

図３−３　職業リハビリテーション活動の流れ

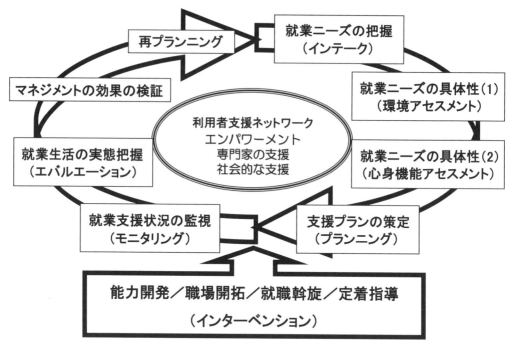

図3－4　就労支援におけるケースマネジメントの流れ

の太い枠組みと矢印で描いた流れになります（松為、2006a）。

　支援の流れは、基本的には、①職業相談から始まり、②能力開発や③職場開拓を経て、④就職に至ります。その後は、⑤職場や職業生活への定着指導をしますが、状況によっては、離・転職に対する支援も必要となることもあります。また、②能力開発と③職場開拓は並行して行われることも示しております。

　この一連の流れは、ケースマネジメントの流れ（プロセス）と重なります（図3－4）。就労支援のケースマネジメントは、「その従事者が、既存のあるいは新規に組み合わせて創り出した社会資源を利用しながら、当事者の"働きたい"ニーズを満たすのに必要なエンパワーメントを高めて、その実現に向けた自己決定を支援していくための手がかりを見つけ出す手法」、または「その従事者が、就業支援に係る既存のフォーマルな社会資源を知るとともに、インフォーマルな社会資源を組み合わせることで、地域の中にニーズを支え合う仕組みを作り出すための手法」（全国就業支援ネットワーク、2002）とされます。

　この過程を重ね合わせた結果が、図3－3の破線で示した「受理」「査定」「計画策定」「介入」「追跡」「評価」の一連の過程です。

　このように、職業リハビリテーション活動の過程はケースマネジメントの流れに即していることから、その用語に従って解説します。

（1）就業ニーズの把握（インテーク）

　最初の段階は、働くことに向けたニーズの把握です。そのために本人からいろいろなことを聞くことになります。主な内容は、①希望する職種や職場、給与等の就業条件、②これま

での職歴や学歴、あるいは支援を受けてきた状況、③現在も受けている支援の内容、④家族の意向や状況などです。

　ニーズを把握するには、表面的な本人の言い分に左右されないで真の要求を見極めることが大切です。そのためには、発言の背景を含めた生活上の制約の全体を見渡す必要があります。ですから、本人から直接話を聞くことに加えて、さまざまな場面から広く情報を収集することが求められます。たとえば、①保護者との懇談を通して家庭生活の状況、②福祉関係の機関から生活管理の状況、③離職した元の事業所から職務の遂行や人間関係の状況、④雇用・就業の支援機関が収集した職業能力、興味、価値観などの情報、⑤医療機関から身体・精神機能の状態、⑥公共職業安定所から求職活動の現状、などです。実際には、これらのすべてから情報を受け取ることは困難なことですが、本人のニーズを実現させていくうえで必要ならば、情報収集を試みることになります。

（2）就業ニーズの具体性（アセスメント）

　本人のニーズを知ったとしても、それがどれだけ自分の中で具体的されているかを明らかにすることが必要です。そのためには、本人の心身機能の特性と取り巻く環境条件の双方の状態を把握することになります。

　心身機能のアセスメントでは、①職業準備性を含めた基本的な職業能力、②心身機能の状態と活動の程度、③働くことへの姿勢や意欲、④それに向けて実際に活動した内容や達成の状況、などを明らかにします。多くの場合、面接や各種の検査を通してアセスメントをしますが、できるだけ具体的な情報を実際の場で収集することが望ましいでしょう。

　並行して、本人を取り巻く状況（環境）についてアセスメントをします。この中には、①不動産の有無や収入などの経済的な基盤の状態、②日常生活の状況や活動の範囲、③保護者等の意向、④ライフスタイルや将来的な人生設計、⑤地域の支援機関とのつながりや支援を受けている内容、なども含んでいます。これらは、本人からの聞き取りに加えて、家族・近親者・同僚・上司等、あるいは、サービス提供機関や担当者などからも情報を収集します。

（3）支援プランの作成（プランニング）

　ニーズを知り、それがどれだけ行動化されているかを把握したうえで、次に、その達成に向けたサービスを展開するための具体的な支援計画を立案します。支援計画には、①支援プログラムの全体を通して目指している長期的な目標、②長期目標を実現するために設けられた、実行可能で成功体験の得られる複数の短期目標、③短期目標を達成するための具体的な活動の内容・実施の期間・評価の基準、などが記述されていることが必要です。

　また、短期目標の達成に向けた実際の活動では、支援する側が担う課題と本人自身が達成目標に向けて担う課題を並行して記述します。この場合の支援する側には、さまざまな支援機関の人に加えて、家族・近隣・上司や同僚などの非専門家の人も含まれます。こうした人たちと目標達成に向けた責任を共有することを通して、本人自身も自立に向けたエンパワーメントを高めてゆくことが大切です。

　そのため、支援計画の作成に当たって行われる会議では、支援に直接的に関わる担当者だ

けが集まるのではありません。本人のアセスメント結果を共有して協働して実行していくために、必要ならば、本人自身や家族も参加することがあります。

（4）就業支援の実際の活動（インターベンション）

　作成された支援計画に基づいて、実際の支援を展開します。支援対象となる本人に向けた活動には、①能力開発、②職場開拓、③就職斡旋、④定着指導などが含まれます。

　能力開発では、職業人としての役割を果たすのに必要とされる要件の育成に焦点を当てた職業準備訓練や、職務を遂行するための直接的な技能を育成する職業訓練などを行います。

　職場開拓と就職斡旋では、事業主団体・公共職業安定所・広告・縁故・電話帳などのさまざまな情報媒体を活用して職場開拓を進めるとともに、就労支援を専門とする機関や組織を利用したり、障害者雇用促進法やその他の公的な資金による各種の事業や助成金制度を活用できるかどうかも検討します。また、職場を訪問して、事業主に支援内容を説明したり対象者と同伴面接をします。さらに、職場の許可を得たうえで、担当者自身が実際に作業を行ったり、職場の環境や作業場面の情報を収集したり、作業手順表やマニュアルなどを作成します。特に、職場実習を通して集中的な個別指導を行うこともあります。

　定着指導では、仕事や職場に適応して向上していくために、必要に応じて継続的な支援を行います。本人に向けられた直接的な指導や支援が中心となりますが、雇用主側の理解のもとに、職場の同僚などの理解を得るための働きかけ、職務を円滑に遂行するための具体的な支援や訓練、勤務条件の再調整、その他のさまざまな雇用管理面での配慮などについても支援します。

　他方で、本人の目指す職務や職場あるいは職業生活や地域生活が円滑に進められるように、本人を取り巻くさまざまな環境に対する支援（これを間接支援といいます）も、本人に向けた支援（これを直接支援といいます）と並行して行うことが必要です。

（5）就業支援状況の監視と実態把握（モニタリング／エバリュエーション）

　一連の支援活動の状況を継続的に監視して、支援計画による実行を確かなものにしていきます。そのためには、①本人の達成感、②家族や支援者の達成感、③支援機関のサービスの質、④事業所などでの実習の形式や雇用される可能性、⑤不測の事態が生じたときの対応やそれに対する準備、⑥雇用契約の条件の変更、⑦離職や転職、⑧支援機関の変更などといった、広範な状況について継続して注意を払い続けることになります。

　また、支援計画に基づく実行が、本人に有益で好ましい結果をもたらしたかどうかについて検証します。そのために、支援機関、支援者（家族や施設なども含みます）、雇用されている事業所などを対象に、上述したモニタリングの対象となる状況を評価します。さらに、一連の支援計画の実行の中では解決できなかった課題について整理します。これらの結果は、本人や他の支援者にフィードバックします。

（6）就業支援ケースマネジメントの特徴

　この一連の過程を実行する際には、次のことが大切になります（松為、2006b）。

　第1に、実際には、矢印に従って整然と各段階を進んでいくとは限りません。プランニン

グとアセスメントの間を何度も往復するとともに、インターベンションの中でも、職業準備訓練や職場開拓などは、プランニングやアセスメントと並行して行われることになります。

　第2に、事業所は、職業リハビリテーションを実施する地域の重要な社会資源です。そのため、地域にある事業所とはできるだけその内容を把握し、さまざまな方法を介して接触を保つようにします。特に、人事労務関係の担当者は、就職や定着指導などの過程を通して、障害のある人のワークキャリアの形成に向けた支援を担う人です。その意味では、職業リハビリテーション活動を行う関係者でもあります。

　第3に、働きたいというニーズは、個々人の人生に対する価値観や生き方とも密接に関連します。そのため、エバリュエーションの過程では、働くことを通して「より良い生活を営みたい」という願いがどこまで満たされているかに注目することが必要でしょう。

　第4に、就業支援の過程は、日常生活に対する支援と密接に結びついています。ですから、働くことに向けた支援は社会参加へのニーズに応える1つのステップでもあります。支援する人は、地域の中にあって本人の生活を成り立たせるための全体的なマネジメントの一部として機能していると考えることも必要でしょう。

第4節　就業支援の新たな展開

　図3－3で示した支援過程は、一般的には「職業準備性モデル」といわれます。職業評価で不足している能力部分を明らかにし、職業準備訓練もしくは職業訓練によって一定水準にまで能力を高めた後で、職業紹介を通して就職につなげるというモデルです。ですが、この方法とは異なる「援助付き雇用モデル」があります。

1．援助付き雇用モデル

　「援助付き雇用モデル」は、「プレイス－トレイン（place-then-train）」モデルといわれ、本人の意欲や希望を尊重して就職を優先させる方法です。これとは対比的に、図3－3の従来の手順である職業準備性モデルは「トレイン－プレイス（train-then-place）」モデルといわれ、心身機能や作業能力などの評価と準備訓練をした後に求職活動をして職業斡旋を受ける方法です（小川、2001）。

（1）ジョブコーチによる支援の過程

　このモデルでは、ジョブコーチと呼ばれる専門職員が就職前から就職後の職場適応に至るまで一貫した支援を行います。就職後も実際的な支援をしながら、本人の自立度が高まって職場の受け入れ体制も整うにつれて、徐々に職場での支援を減らしていくことになります。その一連の支援の過程は図3－5の通りです。

　このモデルに則した支援は、①これまで就職が難しかったり就職しても安定した継続が困難とされてきた重度障害の人を支援の対象とし、②フルタイムかパートタイムを問わず雇用契約に基づく仕事に従事することを条件とし、③障害のない従業員と日常的に接することの

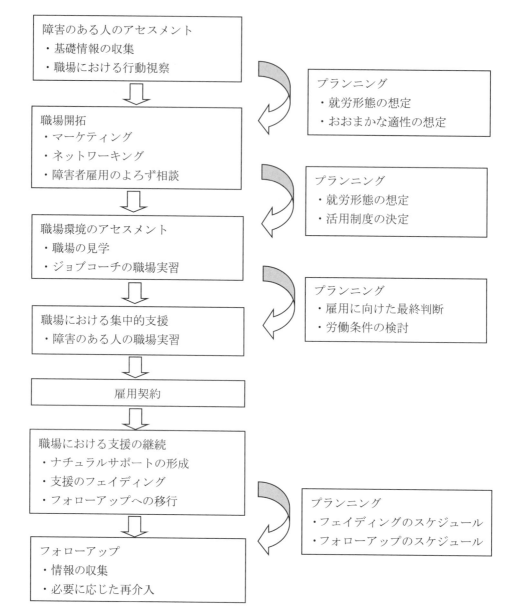

図3－5　ジョブコーチによる支援の過程

小川（2001）より改定

できる社会的に統合された職場環境にあって、④就職後の雇用期間中も継続的な支援を受けることができる、といったことがあります。

　米国では、ジョブコーチの従事者は仕事の内容に応じて、①アセスメント、職場開拓、職場における集中的支援、企業・家族・関係機関との調整などの、援助付き雇用モデルの過程の全般を担う雇用専門家と、②職場内での支援に限定して従事して、仕事の訓練のみに役割を限定するジョブトレーナー、③職場開拓だけを行う職場開拓専門員、通勤訓練だけを行う通勤訓練専門員、フォローアップだけを行うフォローアップ専門員などに分類されます

（小川、2006a）。

　また、その支援の範囲も、①職場内にあって障害のある人を直接的に支援することを中心としたジョブコーチモデルから、②直接的な支援については最小限にして、他の従業員が障害のある人への支援を深めてゆくことに焦点を当てるナチュラルサポート・モデルへ、さらには、③障害者雇用の進め方、職務再構成のアイデア、障害者の雇用管理の仕方、従業員研修のあり方などを、事業主や従業員に対して助言することが中心となるコンサルティング・モデル、へと多様化しているとされます（小川、2006b）。

　わが国では、2002年の「障害者の雇用の促進等に関する法律」の改正で「職場適応援助者（ジョブコーチ）支援事業」が始まりましたが、2005年度の改正を経て、現在では、次の3種類があります。

　①「配置型」：地域障害者職業センターに配置されています。就職等の困難性の高い障害者を重点的な支援対象として自ら支援を行う他、訪問型や企業在籍型のジョブコーチと連携して支援する場合もあります。

　②「訪問型」：障害者の就労支援を行う社会福祉法人等に雇用されています。養成研修を修了した者であって、必要な相当程度の経験及び能力を有する者が担当します。

　③「企業在籍型」：障害者を雇用する企業に雇用されています。養成研修を修了した者が担当します。

（2）個別就労支援プログラム（IPS）

　「個別就労支援プログラム」は「Individual Placement and Support：IPS」の訳語であり、1990年代前半の米国で、科学的に効果的であると証明された事実や根拠に基づいた就労支援のモデルです。特に、精神障害の人を対象にしており、就労することは治療的に有用であり、生活の自立度を高めて精神保健が提供するサービスへの依存を減らしていくとされるプログラムです。働くことを通して自立度が向上するにつれて、自尊心も高くなり、症状に対する理解が深まって適切に対処できるようになり、そのことが生活全般に満足感をもたらすとされます（ベッカー＆ドレイク、2004）。

　このプログラムは、基本原則として、①症状が重いことを理由に就労支援の対象外としない、②就労支援の専門家と医療保健の専門家でチームを作る、③仕事探しは本人の興味や好みに基づく、④保護的な就労ではなく一般雇用を目標とする、⑤生活保護や障害年金などの経済的な相談に関するサービスも提供する、⑥働きたいと本人が希望したら、迅速に就労支援サービスを提供する、⑦職業後のサポートは継続的に行う、といった特徴があります。

　このうちの⑥と⑦が「プレイス−トレイン（place-then-train）」モデルに準じています。その中核となる支援方法では、働きたいという本人の意思を最大限に尊重することから、短期間就業やパートの仕事であっても、一般雇用に就いて種々の仕事に従事することを優先します。そのことによって、仕事の内容や自らの適性を知り、自分のニーズを確認して仕事への関心が高まり、訓練で学んだことを実際の職場で直ちに活用して、環境の変化にも対応するはずであると考えています。また、これを実行する際には、ジョブコーチが重要な役割を果

たします。つまり、就職前から就職後まで一貫して本人に付き添い、雇用先を確保したうえで、その場所で作業能力や対人技能を習熟させながら職業的な発達を遂げさせる専門職の支援を受けるものです（香田、2006）。

　個別就労支援プログラムも、一応はケースマネジメントに則した支援の過程を踏みますが、本人の好みや長所に一層の注目をしてそれを信頼して強化するという、ストレングスの視点に基づいていることが特徴です。ですから、図３－４の過程の中でも、特に、アセスメントの段階で本人の「できること」に着目して重視することに特徴があります。

２．カスタマイズ就業
（１）理念と基準
　米国では、これまでの「職業準備性モデル」や「援助付き雇用モデル」の先を行く新たな就労支援モデルとなる可能性があるとされます（障害者職業総合センター、2007）。

　このモデルは、①障害のある人はすべて雇用が可能であることを共通認識とし、②ケースマネジメントは本人が主導し、③職業的キャリア支援を統合する視点に立ち、④地域の障害者福祉サービスとの関係を構築し、⑤企業を顧客とするマーケティングの視点から職場開拓や雇用依頼をし、⑥斡旋や紹介でなく直接的な個別支援を行い、⑦個別のニーズの対応を通して地域の変革に取り組む、ことを目指しています。

（２）モデルの特徴
　この就業モデルの特徴を従来の雇用モデルと比較すると、次のことが指摘できます（東明・春名、2007）。

　第１に、重度障害がある人への雇用支援であることです。「職業準備性モデル」は雇用可能性の評価を踏まえて異なる対応をし、「援助付き雇用モデル」は重度障害の人の雇用には一定の限界があるとされます。これに対して、新たな就労支援モデルは障害の重軽度を問わず、雇用を希望するすべての人はそれが可能と考えています。

　第２に、個別支援の仕方です。「職業準備性モデル」は専門家の判断が優先され、「援助付き雇用モデル」も非現実的な希望には沿いにくく、支援者が判断・決定をする場合もあります。これに対して、常に本人の希望をもとにして職種や働き方や支援方法を決めていき、たとえ非現実的と考えられる場合でも、夢を語ることを励ましながら、長期的にキャリアの実現を目指します。

　第３に、ストレングス（強み）の重視です。「職業準備性モデル」は、できないことを明確にしてその改善のための訓練や支援に焦点を当て、「援助付き雇用モデル」は、弱みに対する支援と強みに基づく職場開拓を並行させます。これに対して、個性としての強みを最優先させ、障害があっても働けるという肯定的なイメージを強調します。

　第４に、地域の統合です。「職業準備性モデル」は、施設や企業の障害者枠の中で障害による一定の限界があることは当然とされ、「援助付き雇用モデル」は、企業への働きかけの有効な手段は「お願いすること」と理解されがちです。これに対して、企業関係者との人脈を積

極的に築いてさまざまな情報を収集しつつ、企業に貢献できる人材であることを強調したマーケティング活動に焦点を当てます。

　第5に、事業主への支援です。「職業準備性モデル」は障害者雇用が企業の負担であるためさまざまな助成制度やサービスが必要と考え、「援助付き雇用モデル」は障害によって職業能力が低下していることを前提としています。これに対して、適切なマッチングをすれば、障害の内容や種類に関わらず、求職者は事業主の要望に完全に応えられる労働者になれると考え、また、職場内での効率的な対処方法の提供によって、結果として企業の利点につながるとします。

　第6に、関係機関の連携です。「職業準備性モデル」は労働・教育・福祉・医療の連携は移行支援が中心になり、「援助付き雇用モデル」は複雑な状況にある人は制度の谷間に取り残されやすい傾向にあります。これに対して、ワンストップサービスを徹底するとともに、地域のさまざまな社会資源と連携して制度やサービスあるいは資金を統合的に調整します。

第 4 章　キャリアに関する理論

　キャリアに関わる理論は数多く、また、それらの分類方法もいろいろありますが、ここでは、①基礎的理論、②内的志向性に焦点を当てた理論、③ 2000 年以降の新たな理論、に分類した労働政策研究・研修機構（2016）を軸に、職業リハビリテーションカウンセリングに重要と思われる主な理論を紹介します。

第 1 節　基礎的理論

1．スーパーの理論
（1）職業的自己概念

　スーパー（Super, D. E）はエリクソン（Erikson, E. H）などの生涯発達モデルをもとに、人生を①成長期、②探索期、③確立期、④維持期、⑤下降期または解放期の 5 段階からなるライフ・ステージに分類するとともに、人生上におけるさまざまな役割（ライフ・ロール）は密接な相互関係をもつことを示しました。彼は職業発達論の主軸となる命題を提示していますが、それらに示された基本的な考え方は次の 3 つに要約されます（Super、1990）。

　第 1 は、個人は多様な可能性をもっており、さまざまな職業に向かうことができるとされます。

　第 2 は、職業発達は、個人の全人的な発達の一つの側面であり、他の知的発達、情緒的発達、社会的発達などと同じく、発達の一般原則に従うとされます。

　第 3 は、職業的発達の中核となるのは、自己概念であるとします。職業的発達過程は自己概念を発達させ、それを職業や仕事を通して実現していくことを目指した漸進的、継続的、非可逆的なプロセスであり、かつ、妥協と統合の過程であるとします。

　自己概念とは人が自分自身の特徴について抱く概念であり、自分が主観的に形成してきた自己についての概念（主観的自己）と、他者からの客観的なフィードバックに基づいて自分が形成した自己についての概念（客観的自己）があります。それが肯定的に評価されると、積極的に行動するエネルギー源となって適応や成長を促して意欲的に挑戦する動機付けとなるのですが、否定的な評価だと、自尊感情が低下して消極的な行動になってしまうとされます。双方は経験を踏まえながら統合的に構築されていくのですが、自分の役割に社会が何を期待してどのような基準をもつかを認知するにつれ、修正されていきます。それゆえ、職業選択は自己概念を将来の職業的な進路に翻訳する過程であるともいえます。

　こうした理論を検証するための研究を重ね、従来の理論を統合して提示したのが、「ライフキャリアの虹」「ライフスパン」「ライフスペース」の考えです。

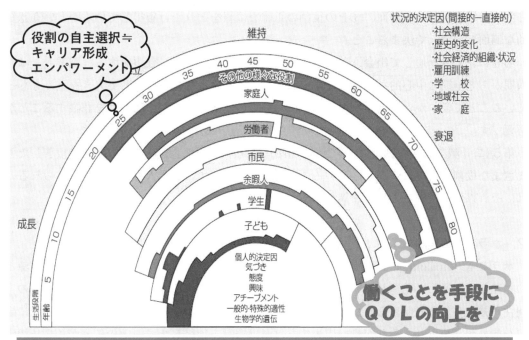

キャリア：生涯にわたる役割や環境及び出来事との相互作用

図４－１　ライフキャリアの虹

（２）ライフキャリアの虹

　人が生まれてから死ぬまでのライフキャリアの全体的な構成を、役割と時間軸の２次元で視覚的に描写したのが図４－１の「ライフキャリアの虹」です（Super、1984）。

　役割（ライフロール）は、①子ども、②学生、③余暇人（余暇を楽しむ）、④市民（地域活動など地域への貢献の役割）、⑤労働者、⑥配偶者（妻・夫）、⑦家庭人（自分の家庭を維持管理する役割）、⑧親、⑨年金生活者などがあります。これらは人生の５段階からなる時間軸（ライフステージ）の中で重複しながら相互に密接に関わり合っています。その関わりは、①役割への情緒的な関与からなる役割コミットメント、②役割に実際に費やした時間やエネルギーを示す役割参加、③役割の直接的・代理的な経験から獲得した役割知識、の３つの基準から決定されるとします。

　ライフキャリアの虹は、次のことを示唆しています（松為、2008）。

　第１に、人は人生におけるさまざまな役割が発達的な段階に応じて異なって配置されていること。また、それぞれの発達段階でこれらの役割に費やされる時間やエネルギーの大きさが異なること。

　第２に、こうした発達の全過程を通して、さまざまな役割にどのように主体的な関わり方をしたかによって個人のライフスタイルが構成されていくこと。

　第３に、それぞれの役割が自分にとってどれだけ重要であるかは、①その役割に対してどれだけ思いを込めているかという態度や情意的な側面、②実際にどれだけエネルギーを投入

したかという行動的な側面、③その役割の正確な情報をどれだけ獲得しているかという認知的な側面、の次元で決まること。

　第4に、人生を通して出会うさまざまな役割の中でも、特に、仕事をする「職業人」は成人期から老年期の中心的な役割となっており、それだけ人生全体に対して大きな重みをもっていること。ですから、ライフキャリアにおいての「働くこと」の大切さを認識することが必要です。

　第5に、「職業人」の役割は、子ども、市民、余暇人、配偶者、親などの生活に根ざしたさまざまな役割と密接につながっていることを示しています。職業人として働き続けられるのは、それ以外の役割との緊密な調整があってこそなのです。

2．ホランドの理論

　ホランド（Holland, J. L.）は、一人一人の固有のパーソナリティ（性格）は、人と環境との相互作用を通して発達していくことを示しました。「人」は、活動の選択や興味・関心の方向性が強められたり弱められたりしていく中で、好きな活動を続けることで、その活動に必要な能力が高められ、それが良い成果をあげれば報酬を獲得します。そのことがさらに活動を高め、結果的には人は特定の活動に興味・関心をもち、独自の行動傾向を作り上げるとします。他方で、「環境」からの影響も大きく、親や教師や友人などとの関係を通して、特有のパーソナリティが形成されていくことを指摘しました（ホランド、2013）。

　こうした人と環境の相互作用を経て形成されるパーソナリティは、①現実的、②研究的、③芸術的、④社会的、⑤企業的、⑥慣習的の6つのタイプによって説明できるとします。また、この6つのタイプを正六角形に配置すると、対角線上には相反するタイプが、また両隣には比較的親和性の高いタイプが並びます。と同時に、職業の特徴とそれに従事する人に求められる特性についても、この6つの要素によって説明が可能であることを示しました。

　それゆえ、個人のパーソナリティのタイプを特定できれば、自ずとそれに適合した職業も見出すことができるとされます。そこで、興味や関心から6つのパーソナリティタイプを踏まえた職業興味検査が開発されています。

　現在では、職業についてもキャリア・クラスターと呼ばれる「データ」「アイデア」「ヒト」「モノ」の4つの軸に基づいて、①技術、②サイエンス、③芸術、④ソーシャル・サービス、⑤管理的ビジネス、⑥ルーティン的ビジネスの6つに分類され、それぞれのパーソナリティタイプに対応した職業・職種を関連させた検査へと発展しています。

3．意思決定理論
（1）意思決定の特徴

　意思決定は「複数の選択可能性から、目的をもってある1つの選択肢を決定する心的過程を伴う行為」を意味します。問題解決につながる有効性と利益の増大の双方のメリットが提供される選択肢を選ぶことが、正しくて適切な意思決定となります。キャリアに関する理論

として意思決定を捉える場合、キャリアは仕事に関する意思決定の連鎖であるとみなしています。

　人々のキャリア形成の過程にはさまざまなレベルの意思決定が含まれており、ある意思決定によって得られた何らかの結果が、次の意思決定のきっかけとなります。この連続的な過程が時間的経過とともに展開されてゆく中で、個人のキャリアの方向性や履歴が決定づけられることになります。主な理論では、ヴルーム（Vroom, V. H）の「期待理論」、ジェラッド（Gelatt, H. B）の「連続的意思決定モデル」の他にも、ヒルトン（Hilton, T. L）、ティードマン＆オハラ（Tiedemam, D. V. & O'Hara, R. P）などがありますが、これらに共通する意思決定のプロセスは、次のことが指摘できます。

　第1に、人は、職業を選択する際にさまざまな期待をもち、最大の利益と最小の損失となるような行動をするとされます。この場合の利益や損失は経済的なものに限らず、個人の価値観によってその内容と程度が異なります。

　第2に、仕事に対する期待や希望は個人と仕事の関わりの中で変わっていくものであり、職業選択の鍵になるのはキャリアに関して何が達成できると考えるかという意識であるとされます。そのため、選択肢は一連の行動の流れの文脈で理解され、その過程でいろいろな出来事が起こるとみなしています。

　第3に、人はある選択肢を選ぶ場合、それによって期待される結果と同時に危険性と不確実性をも予測したうえで合理的に選択をします。個人が知っている情報は、その正確性や適時性と使い方の両面から意思決定に影響を及ぼすとされます。

（2）ジェラットの理論

　連続的意思決定理論を提唱したジェラット（Gelatt, H. B）は、意思決定は、①目的や目標を明確化する段階、②さまざまな情報を収集する段階、③情報の結果をもとに「予測システム」が働く段階、④各々の結果を評価する「価値システム」が働く段階、⑤選択基準に照らしながら特定の選択肢を決定していく「基準システム」が働く段階、へと続いていくとしています。

　また、意思決定には「暫定決定」と「最終決定」があります。前者は、情報収集と意思決定がサイクルを構成し、この繰り返しによって最終決定が導かれます。後者もサイクルを構成することがありますが、それは決定された結果が最終決定の変更を迫るような新しい情報をもたらす場合であるとしています（図4−2）。

　このモデルでは、実際の行動の選択に至るまでに次の3つの方略があるとしています（松為、2006）。

　第1が、予測システムです。これは、複数の選択可能な方向について、それから生じる結果やその生起する確率などを資料に基づいて、客観的な自己評価と選択肢がマッチングするかを予測します。

　第2が、価値システムです。それぞれの選択肢ごとに予測した結果についての望ましさの程度を個人の価値基準（価値観）に照らし合わせます。予測した結果が価値観・興味・関心

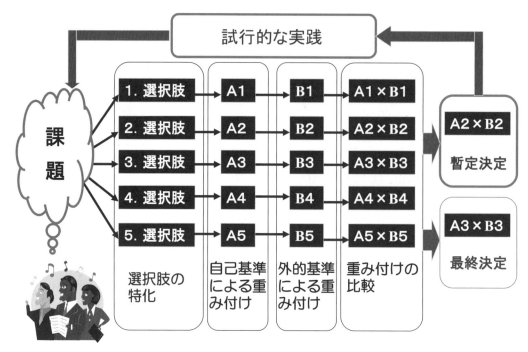

図4-2　意思決定の過程

に合っているかについて評価します。

　第3が、基準システムです。意思決定の目的や目標に基づいて構成される評価基準に照らして、目的に合う選択肢を選びます。

　こうした過程が連鎖的に繰り返されること、予測される結果は内的基準（自分自身の価値観）と外的基準（目的に基づく基準）の双方から評価されること、選択肢の設定や評価基準に資料やデータが重視されること、などが特徴です。

第2節　内的志向性に焦点化した理論

1．バンデューラの理論
（1）自己効力感

　バンデューラ（Bandura, A）の提唱した自己効力感とは、価値ある目標に向かって自分は業務を遂行できると信じ、自分ならできるはずという自信に満ちた感覚です。これが高いと自信に満ちあふれて積極的に努力でき、その結果として目標が達成しやすくなります。反対に、低いとネガティブな考えに陥りがちで、そのことが目標達成に不利益をもたらすとされます。

　自己効力感を規定する要素は次の4つであり、これらを意識していけば自己効力感は高めやすくなるとされます（労働政策研究・研修機構、2016）。

　第1は直接的な達成経験です。目標を達成したり何かをやり遂げるなど、自分が直接的に

成功体験をすることが重要です。自己効力感の形成に際して最も強い影響を及ぼします。

　第2は代理経験（モデリング）です。他人の成功体験を見て、成功を疑似体験することを意味します。代理経験を与えてくれるのは、自分と似た立場の実在の人物（モデル）に限らず、映画や漫画の主人公が努力の末に勝利をつかんだ姿を目にして勇気づけられるのも代理経験です。

　第3は言語的説得です。ある行動が他者から繰り返し認められ励まされると、その行動に対する自己効力感が高まります。ほめられ認められる経験を契機に行動を起こし、それを達成することで自己効力感が向上していきます。

　第4は生理的・情動的な喚起です。体調を整えたり気分を盛り上げたりすることで自己効力感が高まります。逆に寝不足や失恋といった時には、ふだんは前向きな人でも落ち込んでしまいます。

（2）社会的学習理論

　彼の提唱した自己効力感は社会的学習理論を踏まえています。これは、人間は、直接の経験からだけでなく、他者（社会環境）を見て真似ることによっても学習するという視点です（労働政策研究・研修機構、2016）。

　この場合、人間の行動を決定する要因には次の3つがあります。

　第1は、先行要因です。これは、行動を起こす前の条件をいい、体調ややる気などの生理・情動反応と結果の予期機能があります。予期機能は目標達成に不可欠であり、自分の能力に対する予測（効力予期）と環境など外的な要因への予測（結果予期）に分類されます。このうちの効力予期が、自己効力感という概念に結びつきます。

　第2は、結果要因です。行動の結果から学習したものであり、自分が過去に成功した時の喜びを再現したいといったことです。自分の直接的な経験だけでなく、他人の成功をみるなどの間接的な経験も作用します（代理強化）。

　第3は、認知的要因です。ある行動に対してどのような捉え方（認知）をしているかという点です。

　この3つの要因は、相互に複雑に関連して影響を及ぼし合いながら、私たちの意思決定に影響を与えていきます。

2．自己決定理論

　動機づけは、自分以外のもので動機づけられる「外発的動機づけ」と、自分自身がやる気になる「内発的動機づけ」があります。内発的動機づけのほうが高いパフォーマンスや学習効果が得られるのですが、外発的動機づけのほうが導入しやすいとされています。そのため、外発的動機づけから始めて、次第に内発的動機づけを促すように展開させるのが「自己決定理論」です（労働政策研究・研修機構、2016）。

　自己決定理論の根幹となっている欲求には、①自分の能力とそれを証明したいと欲求する「有能性」、②周囲との関係構築に対する欲求としての「関係性」、③自分の行動は自分で決め

たいと欲求する「自律性」の3つがあります。これらが満たされていくことで、内発的動機づけや心理的適応が促進されていきます。中でも、「自律性」が最も重要であり、これを損なわないように「有能さ」や「関係性」を高める外的報酬が与えられる（たとえば、ほめ言葉など）と、内発的動機づけが阻害されることが起こりません。

こうした外発的動機づけから内発的動機づけに至る過程は、次の5段階で構成されるとします。

第1段階は、「外的調整」です。これは、完全に外発的動機づけだけの状態で、「言われたからやる」以上でも以下でもない段階です。

第2段階は「取り入れ」です。「〜しなければ…」という義務感で行動し、外的価値を自分に取り込もうとします。ノルマ意識が芽生えるとともに、自身の評価に対するプライドや他者との関係性も考慮します。それでも、周囲の丁寧なサポートがまだ必要な段階で、自己決定性も低い方に分類されます。

第3段階は「同一化」です。その行動の必要性を十分に認識して、自分のものとして認識します。自分にとって就職が価値のあるものだという認識が伴うため、より積極的に行動でき、また成果も期待できます。

第4段階が「統合」です。自身の目的や欲求とその行動の価値が一致してきて、相当に積極的な行動が期待できます。自分自身の価値観により深く根づいた行動になってきます。

第5段階が「内発的動機づけ」です。その行動自体にやりがいを感じ、楽しんで行動します。その結果、高いパフォーマンスや学習効果が期待できます。

これらは「自律性」を高めながら段階が進むことを示しています。また、自律性の程度は自己決定性に対応しており、後の段階に進むほど自己決定性が高くなるとされます。さらに、こうした自己決定性の程度は、動機づけのための良質なエネルギーであるかどうかを左右するばかりでなく、活動中の気分や健康度にまで影響を与えることになります。

ですから、「外的調整」や「取り入れ」の活動では、小さな失敗でも傷つきやすく、心身の不調につながりやすいといえます。長期にわたって動機づけを維持するには、心身の健康度を適度に保つ「統合」や「内発的動機づけ」をもてるように支援することが大切だということです。

3．認知的情報処理理論

認知的情報処理理論は、意思決定に際しての認知的な情報処理の過程に着目した理論で、ピーターソン（Peterson, W. G）らによって提唱されました（労働政策研究・研修機構、2016）。

個人が一貫した判断によって合理的な進路決定をするには、自分が進路決定過程のどの段階にあり、選択や決定に際しての知識や情報の程度を知り、それらの情報を有効に使用してどのように将来を予測するのが適切か、といった一連の過程を認識できることが大切です。自分自身の状況を把握して振り返りながら計画を立て直していく過程、それ自体についてのメタ認知的な知識が大きな役割を果たします。

　進路の決定では、最初に自己理解と職業理解をしたうえで、次の5段階の過程を常にチェックすることで、最適な結果を導くことができるとします。

　第1段階は「伝達」です。自分自身の進路決定の状況を把握します。そのためには、それに関わる情報を見える化します。進路決定の状況が把握できる評価ツールを活用しながら、本人が主観的に捉えている情報を明らかにします。

　第2段階は「分析」です。自分の問題について分析してその現実を同定します。「実際に行動をしてみてどうだったか」という経験の振り返りと分析を促し、その都度その時点での問題を定めることを繰り返しながら、課題を明確化していきます。

　第3段階は「統合」です。自分の問題をさらに明確にして、実行可能な選択肢を挙げていきます。自分では気付かなかった部分について相談を通して教わりながら、自分にできることを明確にしていきます。

　第4段階は「価値」です。個人の価値に従って選択肢のどれが良いかを評価します。次第にメタ認知機能が働いてきていますから、折に触れて個人の価値観についても振り返りながら明確にしていきます。

　第5段階は「実行」です。選択肢をどのように実行するかを考えます。その際には、過去の経験を適切に振り返りながら、「うまくいった方法」や「自分の納得した方法」、あるいは「失敗した方法」や「後悔してしまった方法」を踏まえて、プランを考えていきます。

　この理論では、「自分」と「職業（選択肢）」についてよく知ることが重要であるとしたうえで、自分がどのように意思決定しているのかについて知り、自分の意思決定について考えることによって、自分の認知の過程を知って、その後の行動を計画・実行できるようにします。常に目標に照らしながら、自分が今とっている行動はこのままでいいのか、変えるとすればいつどのように変えるのか、自分の力でとれる手段は何かといったことを考えるメタ認知の能力を十分に機能させることが、「自分らしい」主体的な選択につながるとします。

第3節　最近のキャリア理論

1．プランド・ハップンスタンス理論

　クルンボルツ（Krumboltz, J. D）が提唱し「計画された偶発性理論」と訳されます。これは、「人生は、目標への手段でなく、生涯にわたって試行錯誤する学習過程である」という視点から、実際に行動することが重要であるとします。特に、個人のキャリア形成は予期せぬ偶発的な出来事に大きく影響されるため、その偶然に対して最善を尽くして、より積極的な対応を積み重ねることでステップアップできると考えるのです（労働政策研究・研修機構、2016）。

　これまでのキャリア論あるいは意思決定論では、自分の興味や適性・能力・周囲の環境などを合理的に分析すれば、目指すべき目標やそこへ至る道筋までも明確になると考えられてきました。ですが、実際にはそうしたアプローチは必ずしも有効とは限らず、変化の激しい

現代にあっては、あらかじめ計画したキャリアに固執することのほうが非現実的であると指摘します。

　そのため、「計画された偶発性理論」では、個人のキャリア形成は、予期しない出来事や偶然の出会いによって決定されると考えるのです。その場合に重要なのは、遭遇した偶然の機会を個人の主体的な努力によって最大限に活用することです。むしろ、予期しない出来事を自ら創り出すような積極的な行動をしたり、偶然を意図的・計画的にステップアップの機会へと変えていくべきだとします。このために、必要な行動指針として、次の5つが指摘されています。

　第1が「好奇心」です。新たな学びや体験の機会を探求する好奇心であり、たえず新しい学習の機会を模索し続けます。

　第2が「持続性」です。自分が頑張ると決めたキャリアを途中で投げ出さないで、失敗に屈することなく努力し続けます。

　第3が「柔軟性」です。問題状況に合わせて、こだわりを捨てて、信念、概念、態度、行動を柔軟に変えていきます。

　第4が「楽観性」です。楽観的に構えることで次のチャンスがつかみやすくなり、新しい機会は必ず実現し可能になるとポジティブに考えます。

　第5が「冒険心」です。リスクや不安を恐れずに実際の行動を起こすことで、キャリア形成の取っ掛りが作りやすくなるために、結果が不確実でもリスクを取って行動を起こします。

2. キャリア構築理論

　社会のグローバル化が進む変化の激しいキャリア環境に適合するように、従来のキャリア発達理論に、意味づけや解釈や物語性などの概念を重視するのが、サヴィカス（Savickas, M. L.）の「キャリア構築理論」です。構成主義の視点とナラティブ・アプローチの手法を取り込んで、「人は職業行動と職業経験に意味を付与することを通して、自らのキャリアを構成する」と考えます。この場合、次の3つの概念が重要であるとされています（労働政策研究・研修機構、2016）。

　第1は職業的パーソナリティです。これは、キャリアに関連する能力・ニーズ・価値観・関心であり、人と環境がどこまで適合するかを示す手がかりになります。この適合性は、個人の解釈や理解に依存して主観的であり、容易に変化させることのできる動的なものとして捉えられています。

　第2はキャリア適合性です。これは、職業的な発達課題や移行あるいは個人的トラウマに対処するための準備性（レディネス）や資源です。人と環境の適合性で重要なことは、それぞれの詳細な情報よりもむしろ、双方の関係性そのものであるとします。キャリアの形成は、この関係性を意味づけたり解釈を継続的に変化させながら、次第に双方を接近させていく過程であるとします。ですから、従来の年代別のキャリア発達課題については、それを個人側から独自に解釈しながら対処していくことが重要であるとします。

　第3はライフテーマです。これは、なぜその仕事で働くのかという職業行動に意味を与えるものであり、解決すべき問題や到達することが必要な価値をいいます。そのため、個人の関心はどこにあるかが重要で、その関心事に対するアクションを仕事の場面を通して行うのが職業であるとされます。

　なお、キャリア構築理論は、社会や他者との関わりを通してキャリアが構築されるとします。そのため、支援者の中心的な役割は、個人がライフテーマをみつけるのを支援し、そのテーマを仕事の世界で活かす道を協働して考えるということになります。

3．生態学的モデル

（1）概要

　障害のある人のキャリア発達のあり方に焦点を当てて、個人と環境との相互作用を示したのが、「生態学的モデル」です（Szymanski & Hershenson、2005）。これは、キャリア発達の成果は、①個人要因、②状況要因、③媒介要因、④環境要因などのさまざまな要因が、相互作用をしながら影響して生じるのであり、成果は、個人的な満足感や職務遂行の充足感の高まりや、実際の生産性の向上などに表れるとされます。

　「個人要因」は、社会経済的な状況・家族・教育・法制度・財政状況などの外的な「状況要因」によって影響されます。これらの要因と「環境要因」との相互関係のあり方は「媒介要因」によって規定されるとしています。なお、「媒介要因」としては、①自己概念、自己効力感、課題遂行技能、キャリア成熟度、障害への適応などの「個人的な媒介要因」、②文化、宗教的信念、社会の偏見やステレオタイプ、制限条項などの「社会的な媒介要因」、③個人－環境の相互関係に効果的な作用を及ぼす「環境的な媒介要因」、の3つがあるとしています。

（2）職業行動の生態学モデル

　このモデルをもとに、障害のある人の職業行動を説明したのが、図4－3です。

　これは、職業行動は、①個人的及び社会的な「文脈」、②さまざまな属性的な条件としての「個人」、③個人と環境との相互作用に影響を及ぼす「調整」、④物理的に限らない個人的あるいは文化的なさまざまな「環境」、⑤仕事を介して得られる満足や充足などの「成果」、の5つの要件が相互にダイナミックに絡み合いながら決定されることを示しています。

　また、それらの構成要件は、図の左側に示すように、Ⅰ意思決定、Ⅱ発達、Ⅲ配置、Ⅳ社会化、Ⅴ適合、Ⅵ機会、Ⅶ労働市場の影響を受けます。

　Ⅰ「意思決定」は自分のキャリアと関連づけながら個人の生き方を明確にする過程、Ⅱ「発達」は時間経過とともに個人のさまざまな特性が環境条件と相互に影響し合って系統的に変化していく過程、Ⅲ「配置」は親・教師・カウンセラー・上司などが本人をある特定の方向に導いていく過程、Ⅳ「社会化」は仕事や生活場面で要求される役割を学習して社会的な存在として変化を遂げる過程、Ⅴ「適合」は個人と環境との間で適合や不適合になっていく過程、Ⅵ「機会」は予見できなかった事故や出来事の発生、Ⅶ「労働市場」は個体や組織体に影響する社会経済的な背景、をそれぞれ意味しています。こうした多面的な影響が複雑に絡

み合って、職業行動が規定されているというものです。

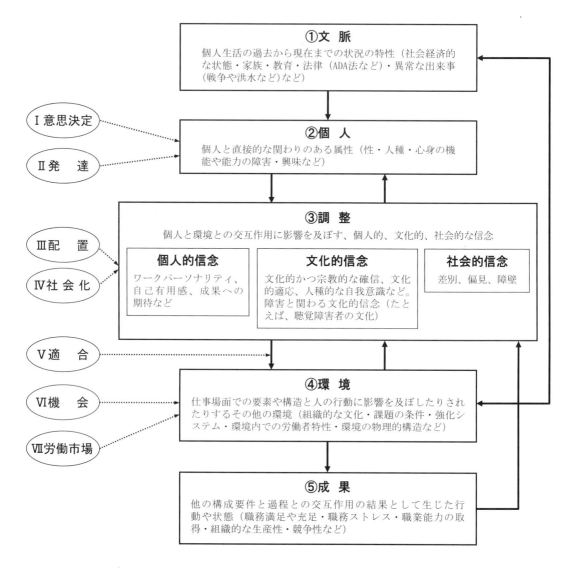

（Parker,RM, Szymanski,E.M & Patterson,J.B(.2005)　FIG8.1を改変）

図4-3　障害のある人の職業行動－生態学的モデル－

第4節　組織内キャリア論

1．シャインの理論

　シャイン（Schein, E. H）は、キャリアを捉えるときに「外的キャリア」と「内的キャリア」の2つの軸から考えます。外的キャリアは、人が経験した仕事の内容や業務、組織内での地位などを意味し、内的キャリアは、職業生活における歩みや動きに対する自分なりの意味づけです。

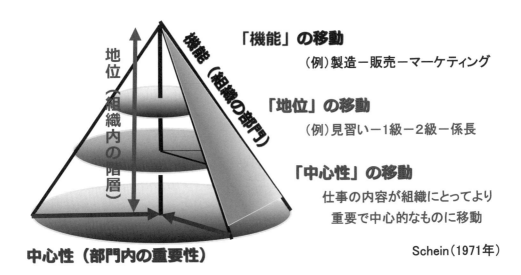

図4－4　組織内キャリアの構造「キャリアコーン」（松為 2006 の改定）

（1）キャリアコーン

　外的キャリアは、仕事の内容や業務や組織内での地位などの関係を示したキャリアコーンの3方向で形成されることを示しています。これは、図4－4に示すように、①職能・技術、②地位・階層、③部内化・中心性、の3つの軸から成り立っており、組織内キャリアの開発や形成の過程で課題となるのは、こうした異なるキャリアの軸間を移動する段階で生じます（シャイン、1991）。

　第1の「職能・技術」におけるキャリア開発では、組織内のヨコの移動を意味します。たとえば、ゼネラリストを目指す人は部署の移動を通して幅広い職能を経験するでしょうし、スペシャリストを目指す人は特定の分野の職業能力を深めていくことになります。

　第2の「地位・階層」におけるキャリア開発では、組織内のタテの移動を意味します。昇進や昇給を達成しながら組織内での階層を上って地位を高めていくことになります。

　第3の「部内化・中心性」におけるキャリア開発では、組織の中核的な部分あるいは核自体へと向かう移動を意味します。専門性や技能を高めて周囲からの信頼を受けながら影響力のあるポジションに就いたり部門のリーダーシップを発揮することになります。

　また、これと並行して組織内のキャリア発達の過程である組織的社会化を、8段階にまとめています。これらは、初期の①「成長・空想・探索」から②「仕事世界への参入」を経て、就職後は③「初期キャリア」、④「中期キャリア」、⑤「中期キャリア危機」、⑥「後期キャリア」の各段階をたどり、定年退職への準備としての⑦「下降と離脱」、そして組織内キャリアの終わりとしての⑧「退職」の段階に至るというものです。

（2）キャリアアンカー

　他方で、内的キャリアは外的キャリアの基礎となるものであり、個人の生きがいや働きがいといった自分の動機づけの源泉となって、自分らしいキャリアを実現するための手がかりとなります。シャインは、キャリアにおける個人ニーズを明確にしてキャリアの方向性を規定するキャリアアンカーの概念を提唱しています（シャイン、2009）。

　キャリアアンカーは個人が選択を迫られたときに、その人が最も放棄したくない欲求、価値観、能力（才能）のことで、その個人の自己像の中心を示すものです。個人のキャリアを船にたとえた場合、それをつなぎ止める錨（いかり）としての働きをするもので、組織内キャリアを積極的に育成していく際の基準となる条件です。シャインはこれを、①専門・職種別コンピタンス、②全般管理コンピタンス、③自律・独立、④保障・安定、⑤起業家的創造性、⑥奉仕・社会貢献、⑦純粋な挑戦、⑧生活様式の8つのカテゴリに分類しています。

　人はさまざまな場面に応じて組織内での自分の立ち位置を変えますが、それに伴って仕事の満足度、生活、役割などが変わります。状況が変わっていく中でもキャリアを継続させてつないでいるのがキャリアアンカーということになります。

２．シュロスバーグの理論

　従来のキャリア発達理論は、ある年齢段階には固有の発達課題があり、それを順次乗り越えていくことを前提としていました。ですが、シュロスバーグ（Schlossbarg, N. K）は、人生をさまざまな「転機（トランジション）」の連続として捉えます。キャリアはさまざまな転機を乗り越える努力と工夫を通して形成されるのであり、そのため、転機に際してはそれを見定めて自身の内的資源を点検した上で対処することが重要であるとします（労働政策研究・研修機構、2016）。

　転機（トランジション）には、①就職・転職・失業・引越・結婚・出産・病気・親族の死などのように、予期あるいは期待したことが起きる「イベント型」と、②希望した会社に就職できない、昇進できない、結婚できない、子どもができないなどのように、予期し期待したことが起きない「ノンイベント型」の、2つのタイプがあります。また、転機のプロセスは、①始まり（喪失や否認）、②最中（空虚と混乱）、③終わり（嘆き、受容）に分けられるとします。

　直面した転機を乗り越えるには、①転機の見定め、②資源の点検、③受け止め、の各ステップをたどることが必要だとします。また、資源の点検段階では、次に示す個人の内的資源のそれぞれを精査することが望ましいとされます。

　第1は「状況」です。状況が発生した原因、社会的に予測可能だったか、いつまで続くのか、過去に同じ経験をしたか、その時の気持ちや状態、現在のストレス状況、状況に対する認知の仕方、などを点検します。

　第2は「自己」です。仕事の重要性、地位・給与等への興味、仕事とその他の生活とのバランス、変化への対応の仕方、新しい挑戦への自信、人生にどのような意義をもっているか、

などを点検します。

第3は「周囲の支援」です。良い人間関係、自分に期待して応援してくれる人、仕事を探す方法、経済面などの実質的支援、相談できるキイパーソンとその支援、などを点検します。

第4は「戦略」です。職探しや職業訓練などの実行、転機に対する新たな意味づけ、リラクゼーションや運動等によるストレス解消、などを点検します。

転換期を乗り越えるには、これらを点検した上で具体的な戦略を立てます。そのためには、豊富な選択肢を用意するとともに、自分自身に対する理解を深めて主体的に取り組むことが重要になります。

第5節　障害者のキャリア発達

1．キャリア発達への障害の影響

キャリアの形成と個人のカウンセリングに関しての理論や視点は、前述したように、数多くあります。ですが、障害のある人の特性や知見を踏まえた知見はごくわずかしかありません。その背景には、障害のある人は、①就職に際して障害の影響があまりにも大きいためにキャリア発達の視点を必要としない、②キャリア行動は能力や価値観やパーソナリティではなくて障害そのものの特性で決定される、③キャリアの選択肢が極めて限られている、④キャリア発達は遅れているか停滞している、⑤偶発的な機会の影響を受けやすい、といった考えが根拠もなく信じられてきたからです（松為、1994）。

ですが、実際には、障害のある人たちのキャリアは障害のない人たちと比較しても、異質な側面よりも類似することの方が大きいことから、1990年代の後半になると、障害のある人のキャリア発達と職業適応に関する関心が急速に高まってきました。といっても、従来のキャリア発達論をそのまま障害のある人に援用するには、いくつかの課題があります。どのような制約や二次的な障害を派生するのかについて、いくつかの文献をまとめました（松為、2006）。

（1）初期経験の制約

新生児や乳幼児の頃に疾病などで障害を受けると、移動の可能性が著しく減少して制限を受け、発育の過程で精緻化される感覚や記憶能力に機能的な障害が残るため、長期間の入院や医療的な保護の下に置かれてしまうことになります。このことが、多くの場合、障害のない人よりもさまざまな経験の機会が制約された中で成長することを余儀なくされてしまいます。

たとえば聴覚障害になった人の場合には、青年期までの発達段階が、同世代の人よりも遅れる傾向にあるといわれます。その原因として、幼児期でのさまざまな情報収集を困難にさせるコミュニケーション上の障害があること、聴覚障害の人に対する教育的なサービス対策の遅れがあること、学習の機会が制限されてしまうことなどがあるようです。

また、その他の障害のある人についても、一般的に、職業的な成熟が遅れがちであり、低

い社会経済的な地位の職業に甘んじてしまい、職業興味に一貫した傾向があったり特定分野に集まりがちで、職業的な情報の範囲が狭くなってしまうと指摘される場合もあります。

さらに、乳幼児や児童の頃に達成されていて当然とされる発達的な課題が未経験のままで成長するために、自分の性格や人格の特性とかけ離れすぎた職業選択に向かったり、職業人としての自己を確立できなかったりして、キャリア発達の「探索」期で仕事への不適応を引き起こす傾向が強まるとされます。

このように、乳幼児や児童・学齢期で体験する初期的な経験が制約されると、①意思決定に参加する機会、②働く人としての自己を理解する機会、③自分の能力を検証する機会などが不十分なままに成長し、そのことが、将来のキャリア発達のあり方を規制するとされます。ですから、発達の早い時期からさまざまな役割の遂行や職業的な発達課題に出会う体験を重ねながら、意識的に経験知を拡大させていく取り組みが必要になります。

（2）意思決定能力

キャリアの発達は、職業的な発達課題に対する成功や失敗の経験を取り込んでいく一連の学習過程です。この場合、発達の遅れは、意思決定能力の遅滞が反映されていると考えます。人生の初期に疾病などで障害を受けるとさまざまな生活経験が制約され、そのことが発達の過程で出会う達成すべき発達課題にうまく対応できない原因となります。そのため、失敗を繰り返すことになり、そうした失敗経験の積み重ねが、将来に向けた意思決定を回避する行動を生みだしてしまいます。また、失敗を避けたいと思うあまりに、新しく出合う課題から目をそらし、また、気づいてもそれに対処できるだけの意思や能力が備わっていないため、こうしたことの繰り返しが、やがては、キャリア発達の遅れを増幅していくというものです。

意思決定の能力は、人生の過程で得られるさまざまな知識や技能が学習を通して量的に拡大し、価値観や態度が質的に変化を遂げていく中で育っていきます。ですから、疾病による障害のある人の意思決定能力に遅れや停滞がみられるとすれば、その原因は、意思決定そのものの成功経験が不足していたり、親が過保護で過剰防衛的な囲い込みをしていたり、本人自身の依存的な傾向などによって、社会的に未成熟な状態に留まっているからでしょう。この他にも意思決定能力の遅れや停滞の原因として、情報収集の不十分さや不適切さ、意思決定の許されない状況に置かれていること、意思決定の能力がないこと、優柔不断な性格であることなども指摘されています。

（3）自己概念と障害

疾病によって受けた障害に対して、まわりの人たちの態度やステレオタイプな受け取り方によっても、キャリア発達の遅れや停滞が生じることが指摘されています。たとえば、障害のあることを理由にして高いキャリアを期待しない家族や学校あるいは職場などの社会的環境、障害に対する社会の偏見に基づく排他的な風土、個人の能力や特性に注目しないで障害に対するステレオタイプな断定をする人が身近にいる、といった場合です。

そうしたことがあると、障害のある本人にさまざまな体験をする機会が与えられなくなってしまいます。そのことが結果的に、自分は貧弱で低い能力なのだと勝手に規定したり、非

現実的な職業を志望したり選択してしまうことになります。また、同じ障害のある先輩や同僚が、社会的に低い地位に留まっていたり評価の低い役割に従事している状況を見て、自分もその人たちと同じだと受け止めてしまったり、職業の選択や訓練そして処遇の可能性を自分で狭めていってしまう傾向にあるようです。

２．障害の全体的な影響

　こうした、障害のある人のキャリア発達の全体的な特徴は、次のようにまとめることができます（Goldberg、1992）。

　第1に、障害があったとしても、以前に形成された職業的な目標や興味あるいは価値観に基づいて、職業を選択する傾向が認められます。たとえば、就職した後に脊髄損傷、心臓疾患、がん、腎臓疾患などを発症した人は、再就職にあたって、発症前と全く異なる職業群を希望したり選択することはほとんどありません。また、成人後に獲得した目標と著しく異なる職業的な目標を選択することも少ないということです。さらに、障害が原因となって将来的な職業計画を変更したり軌道修正をしなければならない事態に至った時でも、発症前の仕事と同じかあるいは類似した職業群を続けたいと願う傾向があります。

　第2に、職業選択に際しては、さまざまな障害の影響があるとされます。たとえば、①新生児や乳幼児の頃に疾病などで障害を受けた人は、両親の希望やその社会的な地位によって規定される傾向がある、②外見から障害の状況や程度が判断されやすいと、社会的な差別によって職業選択への影響を受けることが多い、③知的障害があると職業選択を現実に即して考えることが困難である、④新生児や乳幼児の頃から障害による社会的な偏見にさらされてくると、否定的な障害者像を自己イメージの中に取り込んでしまい、適切な職業選択ができなくなる、などです。

　第3に、就職後においても、障害の影響はさまざまに指摘されています。たとえば、①職業を選択した後の自己概念の形成は、仕事への動機づけの程度、能力障害に対しての現実的な対処の仕方、過去の職業経歴とその内容、病院や施設への入院（所）や治療回数などさまざまな要因の影響を受ける、②職場定着に対する影響は、障害の重篤さよりも、職務の遂行と直接的に関連しない対人関係の能力のほうが大きい、③雇用主の差別や偏見的な行動や態度は、職業選択よりも就職後の職場適応を妨げるほうにより強く影響する、④障害のある人は、差別や偏見によって職業選択が制約されたと感じる職場に出合うと、その雇用主を選ばない、などです。

　第4に、リハビリテーションサービスやプログラムの実施を通して、将来に肯定的な見通しをもつことが職業復帰の成功を導く可能性を高めるとされます。そうした見通しが形成されるのは、①仕事への復帰に向けた動機づけが形成され、②自分の能力や身体的制約に対して過大・過小評価ではなく現実的な評価を受け入れ、③将来の回復とリハビリテーションに対する楽観的な視点をもつこと、などによるとされます。

第6節　職業適応と復職モデル

　職業適応は、一般的には、キャリア発達とは異なる理論ですが、障害があると多くの場合、職場適応に向けた継続的な支援を必要とします。それゆえ、障害のある人のキャリア発達を考えるには、職業適応の過程とあわせて検討することが必要となります（松為、2006）。

1．職業適応の理論

　障害のある人に焦点を当てた職業適応の理論としては、2つあります。

　1つ目は、個人の特性と職業の条件をマッチングさせることの重要性を説いた「特性－因子論」を発展させて、障害のある人の職業適応に焦点を当てたミネソタ理論です（Dawis, R. V & Lofquist, L. M、1984）。これは、個人側の特性を、仕事に対する「欲求の内容」と実際の「作業遂行能力」の2つの側面で示し、また、仕事側の特性も、個人の欲求を「強化する条件」と職務を遂行するための「基本的能力要件」の2つの側面で示します。そのうえで、職業適応の程度はこの個人側と職務側のそれぞれの条件ごとの対応がどの程度あるか、によって決まるとしています。つまり、個人側の「欲求の内容」と仕事側の「強化する条件」が適合する程度と、個人側の「作業遂行能力」と職務側の「基本的能力要件」が適合する程度、の2つの対応のあり方によって職業適応の程度が定まるというものです。これらの適合の程度については、それぞれ「満足度」と「充足度」の尺度によって測定することができます。

　2つ目は、障害を受けてから適応に至るまでの過程を、特に個人側の要因に焦点を当てたハーシェンソン（Hershenson, D. B.）の理論です（Hershenson、1990）。これは、個人特性を、①パーソナリティ、対人関係、課題遂行などの諸側面における「特性と技能」、②身体イメージ、自己の価値性、知覚している自己有用性などについての「自己イメージ」、③人生における種々の「目標」の3つの側面で捉えます。そのうえで、障害の発生による影響は、最初に「特性と技能」の低下をもたらし、そのことが、「自己イメージ」と「目標」の変更を余儀なくさせてしまうとします。また、「特性と技能」と「自己イメージ」がどれだけ低下したかによって社会的不利の程度が決まることも指摘しています。そのため、「自己イメージ」が発達して成熟しているほど、「特性と技能」の損失に耐えて社会的不利の影響も少なくなるとしています。

2．職業適応モデルの展開

（1）就職後障害者の復職過程モデル

　ハーシェンソンの適応モデルを踏まえて、就職後に障害を被った人の復職過程に焦点を当てた図4－5のモデルが提唱されています（松為、2004）。これは、職場復帰に向けた支援の全体を、「個人の特性」「職場環境」「社会復帰システム」の3つの側面から捉え、障害の影響とそこから回復するための視点を示唆するものです。特に、「うつ」の人の社会復帰プログラ

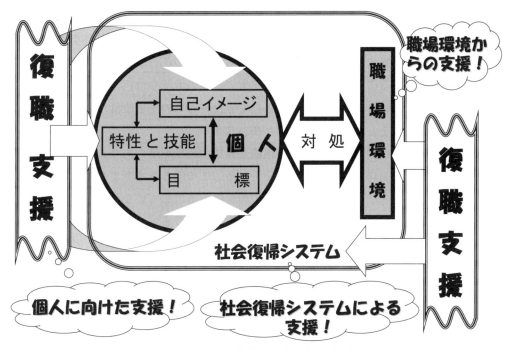

図4－5　就職後障害者の復職支援

ムを実施する際の一つの考え方として提唱されています。

　この図では、「個人特性」を、①仕事や社会生活をするうえで不可欠な、さまざまな課題の遂行能力やコミュニケーション能力などの「特性と技能」、②自分自身の価値や有用性などについて自分が抱いている「自己イメージ」、③人生や仕事に対する将来的な「目標」、の3つの領域で捉えています。これらは、子どもから成人になる過程で発達的に変化していくものですが、同時に、相互に密接に絡み合っています。ですから、成長とともに学習して習熟する「特性や技能」の変化は、「自己イメージ」や「目標」を同時に変化させていくことになります。たとえば、仕事に就き、職場の要求する事柄をこなせるようになるにつれて、自分は有用で価値のある人材であると自覚し、それに伴って自分の将来の「目標」も上昇志向になったりするでしょう。

　また、「職場の環境」は、仕事を行う場面での、機器や設備、技術や知識、そして上司や同僚との人間関係などをいいます。さらに、「社会復帰システム」とは、復職を円滑に進めるための、個人と職場をつなぐさまざまな社会的な支援をいいます。

（2）障害の影響

　それゆえ、障害を受けた人が復職を目指そうとすると、次のことが課題となることが示唆されます。

　第1に、「個人の特性」に及ぼす影響です。障害の影響が最も直接的で目に見える変化は、「特性と技能」の低下です。発症により前には難なくできた仕事や生活での活動が困難になり、思うようにできなくなってしまいます。ですが、発症の影響はそれだけに留まりません。

自分がそれまで抱いていた「自己イメージ」も変更せざるを得なくなり、職務の遂行能力に対する自信や職業人としての自負心が低下します。反対に、機能の回復を過度に楽観して職務遂行の能力を過大評価することもあります。さらに、このことが人生や仕事に対する「目標」までも変更を強いることになってしまいます。能力の低下や自己イメージの変化は、それまでの職業生活や家庭生活を通して形成されてきた、将来の生活設計や人生に関するさまざまな「目標」の変更をも余儀なくさせてしまいます。

　第2に、「職場環境」に関する課題です。復職を目指す職場環境のあり方が大切です。職場の人事労務の担当者や上司・同僚が、障害を受けることで陥るさまざまな困難について適切に理解していない、本人や家族と事業所とが情報交換を密にしていない、事業所が適切な復職プログラムを提供しない、などの課題が生じることがあります。

　第3に、「社会復帰システム」に関する課題です。社会復帰に向けた地域での支援体制が大切になります。通院や入院治療の段階から職場に復帰するまでの一連の過程は、本人や家族、医療機関、事業所だけの狭い枠の中だけで展開されます。就職後に障害を被った人の場合、それ以前には、就労支援の専門家を含むその他の広汎な社会資源を活用する機会は、ほとんどなかったからです。

（3）職場復帰に向けた支援

　こうした課題の整理を踏まえると、職場復帰に向けた対処としては、①個人の特性に焦点を当てた支援、②受け入れ事業所の職場環境における支援、③社会復帰システムの活用による支援、の3つの方法があります。

　第1の個人特性に焦点を当てた支援では、①発症してからできるだけ早い時期に治療を開始して「特性と技能」の回復を図るとともに、復職に焦点を当てた訓練を始める見通しを早くもつこと、②回復の可能性を信じて見通しを立てるとともに、現在の実際の能力を見据えてそれを受け入れる肯定的な「自己イメージ」を創造すること、③これまでの人生設計を修正して新たな「目標」を再構築すること、④実際の職場を活用して訓練を進めること、などが大切です。

　第2の受け入れ事業所の職場環境における支援では、①本人の希望を尊重してより広い職務から復職可能性を探ること、②職場の上司や同僚の理解や人間関係面でのソフト面での受け入れ準備を進めること、③勤務条件の緩和や「おためし出勤」を考慮すること、④再発予防を含めた健康管理のための社内体制を整備すること、⑤配置や職種の転換を考慮すること、などがあります。

　第3の社会復帰システムの活用による支援では、①医療機関と職業リハビリテーション関係機関との連携を進めること、②発症後のできるだけ早い段階から具体的な復職計画を作成すること、③企業で蓄積されたノウハウだけでは対応が困難な場合には、他の専門機関の協力を受けること、などが大切になります。

第 5 章　カウンセリングに関する理論

　キャリアカウンセリングに関わる理論について、労働政策研究・研修機構（2016）の分類を踏まえながら、カウンセリングの基礎及び最新理論のいくつかを紹介します。

第1節　カウンセリングの基礎

1．定義と基本要素

　カウンセリングの定義は、カウンセリングの過程や内容・技法・成果などのどこに焦点を当てるかによって異なります。

　それらの中で、ハーとクレーマー（Herr, E. R. & Cramer, S. H.）は、キャリアカウンセリングを、「大部分が言語を介して行われる専門的な過程であり、カウンセラーと相談者（クライアント）がダイナミックに相互作用し、カウンセラーの種々の援助的活動によって、自己の行為に責任を持つ相談者が、自己理解を深めて＜良い＞意思決定をするという行動が取れるように援助する」と定義しています（渡辺、2002）。

　これは、カウンセリングの基本的要素として次の4つを指摘するものです。

　第1に、言語を介して行われる専門的な過程です。

　カウンセリングは言語を主要な媒介手段として目標達成を目指します。そのためには、相談者側に言語的表現能力があり自己の考えや行動や感情などを言葉で表現できることを前提としています。それが困難な人の場合には、カウンセラーは、実習や疑似体験を通して、興味や関心や能力の理解を進めます。また、カウンセラーは、専門職としての倫理を厳守して、相談者の個人秘密を厳守するとともに、必要に応じて他の専門職に依頼することが必要です。

　さらに、カウンセリングの活動は、①目標を目指して継続的に進展する方向性があり、②開始と終了があり、③体系的に統制された一連の活動から成り立っていることが条件となります。具体的な目標を志向してその達成とともに終了する活動ということです。

　第2に、カウンセラーと相談者（クライアント）は、ダイナミックな相互作用をします。

　相互作用とは、双方の人間関係そのものではなく、それを通して行われる活動の質をいいます。ダイナミックな関係とは、この双方の人間関係が、カウンセリングの過程とともに相互に影響し合いながら変化することであり、そのためには、カウンセラーと相談者は責任を分担することになります。カウンセラーは、相談者との間に信頼に満ちた温かい人間関係を形成して相談者の意思決定に有効な援助行動を提供する責任があります。他方で、相談者は、自分自身を変化させたり問題解決をする意欲をもち、意思決定をするとともにその決定を実行に移す責任があります。

第3に、カウンセラーはさまざまな援助的活動をします。

カウンセラーの援助活動は、相談者の自己理解と意思決定に有効とみなされる専門的な行動です。それは、さまざまなカウンセリング技法を駆使するのではなく、相談者の状態や真の問題に応じた適切な援助活動を取ることができることを意味します。そのためには、カウンセラーには柔軟に物事を捉える能力が求められ、早計な結論をくださないことが大切です。

第4に、相談者（クライアント）が自己理解を深めて、「良い」意思決定の行動が取れるようにします。

これは、カウンセリングの目的でもあります。自己理解を深めるというのは、自己の興味や関心、価値観や理想などに気付くだけでなく、自己を取り囲むさまざまな環境への理解も深めて、自己を職業や教育の世界の現実に関連させて理解することを意味します。また、意思決定の行動は、複数の選択肢から1つを選び、その選択に従って行動することです。ですが、キャリアカウンセリングの意思決定では、職業や進路の決定に留まらず、生き方に関わるさまざまな選択も含まれており、進路の決定はその1つになります。

2．人間関係の樹立

カウンセリングを成功に導く最も基本となるのは、温かい信頼に満ちた人間関係の質の形成であり、これが、カウンセリングの中核となります。人間関係の質とは、相談者が自由に自己を表現し、自己の問題を吟味し、自分で意思決定していけるような、温かく信頼に満ちた、恐れや不安を抱かずに済む、相談者の自立を助けるような雰囲気をもつ関係をいいます。

ロジャーズ（Rogers）は、これを成立させるための基本的態度として次の3つを指摘しています（渡辺、2002）。

第1は「積極的関心」です。これは、相談者をあるがままに受け入れて認識することです。人は誰でも、異なった生き方や考え方あるいは感じ方をするという事実を認める姿勢であり、「無条件の積極的関心」あるいは「非所有的温かさ」とも表現されます。

第2は「共感的理解」です。これは、相談者が伝えようとする意味をできるだけ正確に捉えようとする態度です。正確に理解するとは、相手の感じていること、考えていること、望んでいることを、相手の観点に立って感じることを意味します。

第3は「自己一致」です。これは、カウンセラー自身が、何かの役割を演じたり外見を装うことなく、ありのままの姿でいることを意味します。自分の内面に起こる種々の感情や考えを意識することであり、カウンセラー自身が自分の真の状態を認めることになります。ただし、そのことは、相談者に告げる必要はありません。

3．言語的コミュニケーション
（1）質問と応答

カウンセリングは、言語を主要な手段とした活動ですから、相談者が表現したいことや話したいことを安心して表現できるように援助し、相談者が、自分のことをわかってくれたと

感じられるような対話をすることが必要です。そのため、相談者の知的水準、情緒的状態、問題内容、年齢、性差、背景など、さらには、カウンセリング過程の進行状態に合わせて、その時の状況に最も適した言葉や話し方を選ぶことが必要です。

　質問は、カウンセリングの過程で重要な役割を果たすため、その方法には配慮が必要です。質問には、①はい／いいえだけでは答えがすまない「開かれた質問」と、②はい／いいえなど数語で返答ができる「閉ざされた質問」があります。これらをうまく組み合わせることで、対話は円滑に流れますから、カウンセリングの場面やその展開に応じて、それぞれの質問を使い分けることが必要です。

　また、相談者が話した内容に対して適切に応答したり必要に応じて内容をまとめたり確認することで、コミュニケーションを高めていくことも必要です。この方法には、次の5つがあります。

　第1は、最小限の励ましです。相談者がどのような感情や態度を表現しても、それに「相づち」を打ちながら受容します。これは相談者側からすると、十分に自分の話を聞いて関心を向けてくれているか、あるいは事務的に聞き流されているかを感じる重要な応答になります。

　第2に、繰り返しです。相談者の言ったことをそのままを反復する「おうむ返し」をします。相談者はこれによって、カウンセラーは積極的に傾聴して共感的に理解しようしていると感じるようになります。また、相談者が不安がっていたり話につまったときには、支持的な役割も果たします。

　第3に、確認です。話し手の曖昧な話をできるだけ具体的にしていきます。たとえば、場面を特定していくことで、相談者自身も曖昧だった内容が明確になって整理されていきます。

　第4に、明確化です。相談者が自分の感情をうまく表現できなかったり気付いていないときに、カウンセラーがそれを汲み取って、言葉に表して表現します。相談者の感情を言語化することによって、相談者は自分自身の感情に気付いて自己理解を深めることになります。

　第5に、要約です。カウンセラーが、相談者の話の要点をまとめて自分が理解した内容を相手に伝え返します。そうするためには、カウンセラーが理解した内容と相談者の理解してもらいたいと思っている内容が一致しているかどうかを、お互いに確認していくことになります。こうすることで、相談者自身は、自分の話したいことを再確認できて問題を明確化することになります。

（2）情報や心理検査結果の取り扱い

　さまざまなカウンセリング場面の中でも、特に、職業（進路）相談は、進路や職業に関する情報や適性検査や興味検査などの結果を用いる機会が多いといえます。ですが、これらを活用することは、簡単ではありません。適切な場面で適切な情報を適切な方法で用いることが重要となります。

　特に、相談者が、情報や心理検査の結果をどのように理解するかについて把握しておくことが重要です。検査結果を絶対視しているか、検査結果のままに行動しようとするか、ある

いは、真実を知られるのを恐れて無視しようとするのかなどについて注意深く把握することが必要です。

4．非言語的コミュニケーション
（1）沈黙の扱い

　相談者の沈黙は、話している場合と同様にさまざまなことを伝えています。そのため、その扱いには注意が必要です。沈黙の背景の違いに応じて、次のような対応が望ましいといえます。

　①自分の考えをまとめたり言葉を探索している様子の場合には、相談者が話し始めるまで待ちます。

　②何を話せばよいかわからなくなって混乱していたり、提供する情報の意味が理解できない様子の場合には、カウンセラーから話しかけて内容を整理して混乱を解消するようにします。

　③話が一段落して次に進行するのを待っている様子の場合には、相談者の気持ちを理解したことを伝えたうえで、次の段階に話を進めて行きます。

　④カウンセラーに反感や失望を抱いている様子の場合には、沈黙の意味を尋ねることはしないで、相談者の気持ちを受け入れて理解するようにします。

　⑤恥ずかしさや困惑を抱いている様子の場合には、無理に話しを促さないで、不安感を取り除くことを優先します。そのために、たとえば自分の役割や相談のことを話します。

　沈黙が何を意味するかは、それまでのコミュニケーションの経過や相談者の感情の流れや変化、沈黙時の表情や姿勢から推測することになります。たとえ、沈黙の意味を正確に把握することができなくても、カウンセラーは自分の理解したことを言葉で伝えて、自分の理解の仕方を確認してみることが必要です。それは、相談者の沈黙という非言語的コミュニケーションを言語化してコミュニケートすることになります。

（2）関わり行動

　コミュニケーションの場面では、感情や好意の伝達は、言語による伝達よりも非言語的な情報のほうが強いインパクトを与えるとされています。そのため、カウンセリングは単なる技術ではなくて、言葉を発する以前の要因が常に重要になってきます。

　こうした非言語的な情報あるいは「関わり行動」は、カウンセラー自身が自分の行動に敏感であるとともに、相談者のこうした行動にも敏感になることが必要です。

　上手な関わり行動には、正面に向き合って体を楽にしている、背筋を起こしている、目は優しく見つめている、笑顔が見られる、大事なところはうなずくなどがあります。反対に、下手な関わり行動には、ほとんど顔を見ない、固く腕を組む、頬づえをつく、眉をしかめる、メモばかり見ている、そっぽを向く、高い声で早口にしゃべる、などがあります。

　こうした上手な関わり行動によって、相談者との間で良好な信頼関係（ラポール）を形成できるようになります。カウンセリング過程の最初の段階である「インテーク」時に、相談

者との間でどれだけ確かな「ラポール」を築くかによって、その後のカウンセリングの進展が大いに左右されます。

　カウンセラーが相談者との間にふさわしい「ラポール」を築くことができてこそ、コミュニケーションの質が上がり、互いの問題解決に向けた同盟関係が強くなります。それがあると、カウンセリング終結時に好ましい結果を期待することができるでしょう。

　そのため、親しみのもてる場の雰囲気やラポールをどのように形成するかは重要な課題であり、その中核となるのが「関わり行動」なのです。

第2節　証拠に基づくカウンセリング理論

1．応用行動分析

（1）行動分析学

　応用行動分析の基礎となるのが行動分析学です。ここで意味する「行動」は、私たちが日常的に使う行動とは異なり、「有機体（生活体）が行うすべてのこと」をいいます。つまり、外部から観察される身体動作としての行動だけではなく、行動主体となる有機体だけにしか観察されない、その人特有の考えたり、感じたりするようなことも含まれます。そのため、人間の思考や認知も行動としてみなすことで、それらを変容させることが可能であるとします（長尾、2014）。

　方法論としては、「環境」を独立変数として操作して従属変数である「行動」がどこまで変化したかを記述することによって、行動の原理や法則を導き出していきます。この操作的な方法によって行動を予測し制御することが可能になります。そのため、人間や動物のさまざまな問題行動の解決に応用されて、応用行動分析となっていきました。

（2）行動の理解

　私たちの「行動」は、まわりの環境にある刺激を手がかり（きっかけやヒント）として引き起こされます。こうした行動を引き起こす働きをもつ刺激を「先行刺激」といいます。一方、行動を起こした「結果」として環境から応答（フィードバック）が与えられます。これを「後続刺激」といいます。この「先行刺激」、実際の「行動」、それによって生じる「結果」（後続刺激）の3者の関係を「三項随伴性」といいます。

　「行動」を引き起こす先行刺激は、自分の身体の外から来る場合と、内部から来る場合があります。また、後続刺激（結果）には、行動を増やす働きをする「強化刺激」と、行動を減らす働きをする「嫌悪刺激」があります。さらに、環境からの応答がないと行動は減衰していきますが、これを「消去」といいます。

　また、さまざまな問題行動のうち、それを増大／減少させたい対象となる場合には「ターゲット行動（標的行動）」といいます。一般的には、学習のターゲットとなる行動は、「できない行動」や「苦手な行動」ではなくて、「できる行動」や「得意な行動」に焦点を当てることになります。

（3）行動への働きかけ

　こうした「行動」への実際の働きかけは、①先行刺激からする場合と、②後続刺激からする場合、の2つの方法があります（山本・池田、2007）。

　先行刺激から行動への働きかけは、誤りを出さない良い学習を進めることを目的に、次の3つの方法で行います。

　第1に「プロンプト・フェイディング法」です。カウンセラーは相談者にさまざまな手がかり刺激（プロンプト）を与えて、相談者から良い行動を確実に引き出すようにしていきます。その後で、プロンプトを徐々に減らしていくことで、介助や手がかりがなくても相談者の行動が円滑に行えるようにしていきます。

　第2に「時間遅延法」です。カウンセラーは短い時間（5秒～10秒）だけわざと働きかけをしないで、相談者が自分でターゲット行動を自発的に行うのを待ちます。その時間内に自発的な行動がなかった場合だけ、プロンプトを与えるようにします。

　第3に「ポジティブルール」です。カウンセラーは、行動の規範となるルールを相談者に明確に認識させたうえで実際に行動させます。提供されるルールは、強化刺激となって行動の改善が得られるような項目になっています。これによって、相談者が行動の結果に関して肯定的な見通しを立てられるようにします。

　他方で、後続刺激からの行動への働きかけは、強化刺激を活用して適切な行動を増やすことを目的に、次の3つの方法で行います。

　第1に「多様な後続刺激の提供」です。カウンセラーは、相談者の行動の結果についてさまざまな賞賛を与えるなどの強化刺激を提供して、できる行動や得意な行動を増やしていきます。そうすると、結果的に問題行動はなくなっていきます。

　第2に「強化刺激の与え方の工夫」です。相談者の良い行動を増やす働きをする「強化刺激」の効果を高めるために、カウンセラーは、①行動の直後に与える「即時性」、②できるだけ多くの種類の強化刺激を用いる「多様性」、③強化刺激そのものをはっきりとした明瞭な形で示す「明示性」、④良い行動の内容を具体的にほめる「具体性」、⑤適切な行動と直接関連した強化刺激を用いる「関連性」、などの方法を駆使します。

　第3に「内在的強化刺激への移行」です。カウンセラーは、初めは十分にほめていろいろな種類の強化刺激を十分に与えていきます。その後、徐々に強化刺激を減らしていき、相談者が、強化刺激がなくても行動が維持されるように仕向けます。行動することそれ自体が、内在化された強化刺激として働くようにするのです。

2．認知行動的アプローチ
（1）認知行動療法

　認知行動論的アプローチの基盤となる認知行動療法は、行動的技法と認知的技法を効果的に組み合わせた心理療法です。基本的な考え方は、個人の問題をアセスメントして、個人と環境との相互作用について把握し、そのうえで、ある場面で浮かぶ考えやイメージである「認

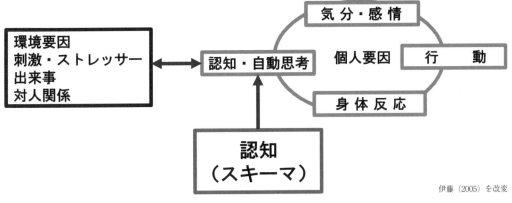

伊藤（2005）を改変

図5－1　認知行動療法の基本モデル

知」と客観的に把握できる実際の「行動」の双方を変化させるように介入（支援）することによって、問題を解消していきます。

　この方法で特徴的なのは、カウンセラーは、相談者の話を聞きながら理解できない部分についての質問を重ねていき、その過程を通して、相談者が自分自身の認識の仕方に気付くように仕向けることです（ソクラテス式質問法といいます）。カウンセラーと相談者は、問題解決に向けて積極的なコミュニケーションをすることで、相談者自身が自分の問題を正しく理解して的確な対処の方法を体得していくようにします。

　このアプローチの基本モデルは図5－1に示した通りです。ストレス源となるさまざまな環境要因（状況）は、個人の「認知・自動思考」「気分・感情」「行動」「身体反応」のそれぞれに作用するとともに、その反応は相互に作用します。また、環境要因（状況）と個人要因もまた相互に作用します。さらに、認知には「自動思考」と「スキーマ」があります（伊藤、2005）。

　「自動思考」は、浅いレベルの認知であり、その場の状況や相手などに応じてふと浮かんでくるものです。これに対して、「スキーマ」は、より深いレベルの認知であり、思考全般に影響を及ぼす価値・信念体系を意味しています。また、スキーマを活性化させることで自動思考が生じるとされます。

　こうしたことから、人の思考を変えて認知の歪みを是正するには、自動思考レベルの認知を変えるよう対応することが不可欠ですが、歪みが強固な場合には、スキーマそれ自体を変えることが必要になります。

（2）自動思考

　自動思考は、日常のさまざまな出来事に対して日々生じていきますが、どのような自動思考をもつかは個人差あるいは傾向（癖）があります。たとえば、いやな気分につながるような認知や思考の歪みには、①完璧でなければ意味がないと考えてしまう「全か無かの思考」、②自分が関連していることで悪い出来事が起きたときに自分を責めてしまう「自責思考」、③将来悪いことが起こると確信をもって予測してしまう「破局化思考」、④自分や他人や世界は

こうあるべきだと過剰な期待をもってしまう「"べき"思考」などです。

　こうした自動思考の内容を振り返ってより適切なものへと変容させていくには、「自動思考の根拠」を検討することが重要です。自動思考は瞬間的な印象に強く影響を受けた浅い思考であり、いろいろな視点から吟味されたものとは言い難いところがあります。それゆえ、落ち着いて時間をかけ、根拠について考えることが重要です。前述のソクラテス式質問法は認知や思考の歪みの是正に有効なのです。

（3）認知行動療法の原則

　認知行動的アプローチの基盤となっている認知行動療法には、次の6つの基本原則があります（長尾、2014）。

　第1は、関係性です。カウンセラーは対象者との信頼関係とともに、対等な問題解決チームを形成しながら協力関係を築き面接を進めていきます。

　第2は、認知行動療法の基本モデルを理解することです。図5－1の認知行動療法の基本モデルに基づいて、相談者は自分の問題を循環的に整理して理解したうえで、その悪循環の解消に向けて「認知」と「行動」の双方から直接的な対処をします。こうした体験を繰り返すことで、さまざまな認知的、行動的な対処法を獲得して、自助（セルフヘルプ）の力量やストレス耐性を向上させ、予防的な力を発揮できるようにしていきます。

　第3は、問題解決的な思考で進めていくことです。原因を追究するのではなく、「今、ここにある」問題に焦点を当て、どのような要因がその問題を引き起こしているのかを分析して理解します。そのうえで、現実的な目標を立てて、それを達成することで問題の解決を目指します。

　第4は、心理教育と再発予防の視点です。心理教育は、認知行動療法について教育するとともに、相談者自身が抱える問題を「知識」として理解することによって、それを解決するための方法を習得することが目的です。さらに、対象者自身の内在する資源に働きかけて、自分で対処できる力を引き出していくことで、再発の予防をしていきます。

　第5は、構造化です。カウンセリングの一連の流れ（アセスメント→問題の同定→目標設定→実践→検証→維持と般化）をカウンセラーが説明することで、相談者には、毎回の面接がそのどの部分に焦点を当てているかを理解してもらいます。

　第6は、外在化です。面接の中で、話し合った内容を文章や図を使って「見える化」します。

　こうした原則を通して、認知行動的アプローチでは、①「マイナス思考」を「プラス思考」に修正することを目指すのではなく、思考の柔らかさやレパートリーの多様性を取り戻す、②新しい思考を「指導」するのではなく、相談者本人が、今までとは違うものの見方や考え方を探索できるような支援をする、③新しい思考とともに生じる感情や行動の変化を経験して、その思考が及ぼす影響を自分の体験を通じて学ぶ、④状況に応じて生じるさまざまな思考について、自分で修正や選択ができるよう、自分の思考や行動そのものを客観的に捉える力を育む、などの方法を活用します（労働政策研究・研修機構、2016）。

　また、面接場面で探索して得られた新たな考えや取り組みは、実際の生活場面の中でも試してみることが必要です。その結果から得られた体験を自分で観察し、いつもとは違った気分や結末を味わうようにします。

3．ソーシャルスキルトレーニング

（1）定義と内容

　社会の中で暮らしていくためのソーシャルスキル（社会生活技能）の技術を向上させることで具体的で実際的な解決や向上を目指す、認知行動療法と社会的学習理論に基づいたアプローチです。

　ソーシャルスキルでは、社会で人と関わるときに生じるコミュニケーションはもちろんのこと、日常生活を営むうえでの生活スキルも扱うことがあります。また、そのトレーニングは、「できること」を増やしてより生活しやすくなることを目的としています。対人的相互作用の流れを踏まえると、次の3つの代表的なスキルがあります（労働政策研究・研修機構、2016）。

　第1に、相手の思いを的確に受け止めるために必要な「聴くスキル」です。「聴く」とは単に相手の話を「聞く」のではなく、相手の話に関心を示して理解したことを相手に伝えることが重要となります。一般的に、これを学ぶ機会はほとんどないことから、訓練をして初めて獲得できます。

　第2に、自分の思いを相手に伝えるために必要な「自己主張スキル」です。「自己主張」とは、自分の考えを一方的に強く言い張るといった攻撃的な反応をするのではなく、相手の立場や状況なども尊重し、感情をコントロールしながら自分の考えや感じていることを率直に表現することです。

　第3に、対人葛藤を解決するために必要な「対人葛藤処理スキル」です。考えも価値観も異なる者同士が相互に関係を築いていく上でさまざまな葛藤が生じるのは当然です。だからこそ、対人葛藤から逃れようとするのではなく、その対処法を知り、具体的な方法を身に付けることが重要となります。

　ソーシャルスキルトレーニングは、社会生活を営むうえでの自分の困りごとの解決に役立つのですが、困りごとやその原因は一人一人で違うため、その対処方法も自ずと違ってきます。そのため、個別的な自分なりの対処法を見つけていきます。

（2）学習の原理

　ソーシャルスキルの獲得は、次の4つの学習原理に基づいています（労働政策研究・研修機構、2016）。

　第1が「言語的教示」です。家族、友人・知人、同僚・先輩・上司などから注意されながら学習していきます。たとえば、対人場面での具体的な振る舞い方、対人関係の中で機能しているマナーやエチケットなどのルール、不適切な行動改善のための言葉使い、などです。

　第2が「オペラント条件づけ」です。生体が起こした行動の結果そのものが、新たな行動

の変化を促すという学習過程です。ある行動で肯定的な結果がもたらされると、再びそうした肯定的結果を得ようとして同じ行動を繰り返します。反対に、否定的な結果であれば、その行動は起こらなくなります。このように、自分がとった行動の結果から学んでいきます。

　第3が「モデリング」です。他者の対人反応や行動を観察して学習することをいいます。肯定的な結果をみてその反応や行動を「まね」してみようとし、否定的な結果になれば抑制しようとします。自分と類似している人を対象とするほど、この効果は高まるとされます。

　第4が「リハーサル」です。記憶の定着を図るために、短期記憶内に貯蔵された情報を反復して想起する学習です。頭の中で知識を言語的に反復する言語リハーサルや、実際の行動を繰り返しながら練習する行動リハーサルによって獲得していきます。

（3）標準的な方法

　訓練方法は、ソーシャルスキルの認知的側面か行動的側面のどちらを対象とするかで異なるのですが、一般的には次のステップで展開します（前田、2006）。

　第1ステップは導入です。訓練全体の流れ・仕組み・手順・必要性・期待される効果などを説明して、相談者を動機づけます。

　第2ステップは教示です。標的となる行動が相談者にどれほど不足し、それによってどのような対人的な問題を起こしているかを気付かせます。そのうえで、これを獲得していく方法を説明します。

　第3ステップはモデリングです。標的となる行動の技能を写真やビデオなどの手本で示し、相談者はそれを観察しながら模倣します。

　第4ステップはリハーサルです。標的となる行動の実行順序や対人関係に関する知識を口頭で反復させ（言語リハーサル）て記憶の定着を図ります。また、実際の行動として反復させ（行動リハーサル）て習慣化を図ります。

　第5ステップはフィードバックです。これまでの段階を通して相談者の反応が適切であれば肯定的なフィードバックをし、不適切であれば修正を加えます。

　第6ステップは般化です。トレーニングしたスキルを、実生活でも積極的に活用（般化）するように促します。

第3節　集団・コミュニティ対応の理論

1．コミュニティアプローチ

（1）コミュニティ心理学とソーシャルサポート

　コミュニティアプローチの基盤となっているコミュニティ心理学では、個人と環境との関係が良くない不適応の状態は、個人を取り巻く家族・友人・地域社会・共同体などの環境側の問題であると捉え、総体的な対処をすることが必要だとします。また、地域社会全体の環境を改善することで、個人の精神的・心理的問題の予防を目指します。これが、コミュニティアプローチであり、この中には、危機介入、コンサルテーション、ソーシャルサポート、ネッ

トワーキングなどがあります。

　ソーシャルサポートは、コミュニティアプローチの1つの方法とされます。キャプラン（Caplan, G.）は、これを、「ある人を取り巻く、家族、友人、地域社会、専門家、同僚などから受けるさまざまな有形・無形の援助」としています（植村・他、2012）。他者から得られる有形・無形の支援は、心身両面に良好な影響を及ぼすことから、ソーシャルサポートを増大させるための社会活動を重視します。

（2）ソーシャルサポートの種類と効果

　人々の心身の健康との関連に焦点を当てると、ソーシャルサポートは、大きく次の2つに分類されます。また、双方とも、それが誰によって提供されるかによって効果が異なります。

　第1は「道具的サポート」です。困っていることに直接的な支援をします。ストレスの原因となっている事柄に対処（コーピング）するための資源やそれに関する情報を提供し、支援します。これを担うのが専門家です。

　第2は「情緒的サポート」です。気持ちをなだめたり落ち着かせるような支援です。家族や友人など、親密な他者から提供されることが望ましいでしょう。これが効果をもつか否かは、サポートの受け手がどこまでこれを必要としているかによって決まります。

　また、ソーシャルサポートが人々の健康に及ぼす影響としては、次の2つのことが考えられています。

　第1は「直接効果」です。ストレスの高低に関わらず、ソーシャルサポートを多く受けているほど精神的健康度が高いとされます。

　第2は「緩衝効果（緩和効果）」です。ストレスがその人の処理能力を超えた時に及ぼす効果です。ストレスが低いときはソーシャルサポートの多寡によって精神的な健康度に差は出ないのですが、高くなるとソーシャルサポートを多く受けているほど精神的な健康度が保たれます。

（3）ソーシャルサポートの構造

　心身の健康に影響を及ぼすストレスの発生から始まって、それに対処するまでの一連の経過を踏まえると、ソーシャルサポートは次の2つに分類できます（植村・他、2012）。

　第1が「知覚されたサポート」です。ストレスが生じたときに、それが自分の健康にとって脅威となるかどうかを評価します。そこで、サポートを受けられると知覚すれば、ストレスは減少するし、ストレスが大きくて脅威的だと知覚すれば、それに対処できるかどうかを評価します。

　第2が「実行されたサポート」です。実際のストレスに対処するサポートです。これが効力を発揮すればストレスは抑制されて適応に至ることになります。ですが、効力がないと、ストレス反応としての不適応が生じることになります。

　なお、ソーシャルサポートの効果には限界があります。ストレスの原因となる事柄があまりにも強い場合には、いかに良好な対人関係をもっていようとも、ストレスの緩和には影響を及ぼしません。また、人によっては、サポートを授受する関係は、同時に葛藤を含むこと

も少なくありません。

２．グループ・ファシリテーション
（１）グループワークの目的

　グループワークでは、参加するメンバーが意図的なグループ経験を通じて社会の中で機能する力を高めたり、個人・集団・地域社会のさまざまな問題に効果的に対処できるよう、人々を支援します。その目的には、①互いに共感し合って生活上の困難に対処するように個人の力を伸ばす「サポート」の強化、②学習や技能の発達を促す「教育」の強化、③メンバーの気付き・洞察・成長・発展を促す「成長」の促進、④対人的な行動パターンの変化を促す「治療」の促進、⑤対人的なコミュニケーション技術を発達させる「社会化」の促進などがあります（内閣府、2007）。

（２）ファシリテーターの位置づけ

　グループワークの機能は、①仕事・課題・話題など、グループでの話し合いの内容そのものを意味する「コンテント」と、②メンバー間で展開されるコミュニケーションそれ自体のあり方を意味する「プロセス」、の２つがあります（労働政策研究・研修機構、2016）。コンテントの質を高めるには、メンバー相互の関係や気持ちや意図などが影響するプロセスに目を向け、そのことを知って積極的に働きかけていくことが必要です。

　ファシリテーターは、こうしたグループワークの目的を達成するようにメンバーを支援する人です。ですから、ファシリテーターの役割は、①メンバーを学習活動に参加させて対話を通じて「コンテント」を学ばせための「参加・対話」の促進とともに、②メンバーが学びの過程で生じる感情や相互関係性の変化に注目する「プロセス・関係性」についても注意を向けることになります。

　ファシリテーターは脇役であり、主役は援助を受ける個人やグループであることを十分に認識していることが必要です。また、メンバーには、情報提供や専門的介入を行うとともに、全員の信頼を得られるように努め、常に中立的な態度を保ち、グループワークを公正に進行するためのリーダーシップを発揮することが求められます。

　ファシリテーターがメンバーと関わる際の基本的な考え方は、第１節で述べたカウンセリングの基礎的理論に示した通りです。

第４節　その他のカウンセリング論

１．解決志向カウンセリング
（１）基本的視点

　解決志向アプローチの特徴は、「問題やその原因、改善すべき点」を追究するのではなく、解決に役に立つ「リソース＝資源や資質（能力、強さ、可能性等）」に焦点を当て、それを有効に活用することにあります。対象者の抱える問題よりも、元々もっているリソースに注目

し、それらを活かして、より良い状態や望ましい自分（解決像）を明確にし、それに接近していくための具体的な行動を獲得することに取り組んでいきます（日本臨床心理士会HP、2020）。

　カウンセラーが解決志向アプローチを展開させる際の基本的な考え方としては、次の8つがあります（労働政策研究・研修機構、2016）。①変化は絶えず生じており、また起こるべくして起こる、②変化は多くの源泉と方向から生じる、③小さな変化が大きな変化につながる、④具体的な解決を積み上げていくほうが問題自体の解消よりも効果的である、⑤実際の解決方法を知るほうが問題の原因を把握することよりも役立つ、⑥問題のパターンと具体的な解決を積み上げる活動との間には明確な関連はない、⑦理論や規範にとらわれない、⑧対象者はすでに自分の問題を解決するためのリソースを所持している。

（2）効果

　解決志向アプローチの方法には、次の2つの効果が期待されます。

　第1は「自信や動機づけ」の向上です。対象者自身のリソース（資源や資質）を明らかにすることを目的に、「できていること」「頑張れている部分」「うまくいっている状況」「助けになるモノや人」などの質問を重ねていきます。その過程で、対象者の自信の強化や動機づけの向上が期待できます。

　第2が「短い時間」による施行です。実際の行動として「とりあえずできること」や「できそうなこと」というスモールステップから取り組むことで、対象者の負担を少なくします。

　このように、原因の追究をせず、未来の解決像を構築していく点に特徴があり、結果として短期間で望ましい変化が得られるとされています。

（3）流れ

　実際のカウンセリングの流れは、次の5つのステップになります（労働政策研究・研修機構、2016）。

　第1ステップは、対象者の問題意識や不満の表明をもとに、解決に向けた対応を進めます。①対象者が問題や不満を表明しなかったり解決への期待を抱いていない場合には、カウンセラーは、生活面でうまくいっていることに多くのポジティブなフィードバックを行って、対象者の状況を理解したことを伝えます。②対象者が自分1人では不満や問題を解決できないと感じている場合には、カウンセラーは、その不満に共感した上で、対象者自身がモデルとする人や状況に変わるための目標や見通しについて考えてもらいます。③対象者が自分の不満や問題の解決に積極的に取り組む必要があると考えている場合には、カウンセラーは、具体的な行動目標を組み立てて実行させていきます。

　第2ステップは、相談者の望んでいることを確認します。目標がどこまで明確かつ重要だと本人が認識しているかは、相談者自身が目的に向けた具体的な行動や実行計画があるかどうか、また、現在の状況を踏まえた現実的で達成可能な内容かどうか、などで異なります。

　第3ステップは、質問を通じて、相談者が解決に向かうように援助します。それには、①「もしも〜」といった質問を通して「解決像」を明らかにする、②「リソース探し」の質問に

よって自分自身のリソース・強み・成功している点を探していく、③「とりあえず～」といった「できること」「やれそうなこと」を探して実践してみる、といったことがあります。

　第4ステップでは、面接の終了に際して、相談者にさまざまな方法でフィードバックをします。その中には、①相談者の行動に対して専門家として賛意を表する慰労、②課題の意味や意義の再確認、③宿題としての課題の提示、などがあります。

　最後の第5ステップは、課題の進展の状況の確認です。

２．ポジティブ心理学
（１）ウェルビーイングと個人の強み

　ポジティブ心理学は、私たち一人一人の人生や、私たちの属する組織や社会のあり方が、本来あるべき正しい方向に向かう状態に注目し、そのような状態を構成する諸要素について科学的に検証・実証を試みる心理学の領域とされます（日本ポジティブ心理学協会HP）。ですが、実際には、学際的アプローチを視野に入れた包括的用語であり、持続的な幸せが重要であるとした「ウェルビーイング（良い状態）」の理論へと展開していきました。

　ウェルビーイングを高めるための「個人の強み」とされる項目には、次の7つがあります（前野、2017）。

　第1が「主観的ウェルビーイング」です。【主観的ウェルビーイング＝人生の満足度＋高いポジティブ感情＋低いポジティブ感情】とされます。つまり、主観的な幸せや精神の健全な状態は、人生の満足度を決める理想と現実のギャップを埋め合わせながら、ポジティブ感情を増やし、ネガティブ感情を減らすことで得られるという考え方です。

　第2が「幸せの公式」です。【幸せ＝幸せの設定値＋環境や状況＋統制された行動や活動】とされます。幸せは、「遺伝」と「環境」と「自分の意思による行動」で決まることを示しています。自分の意図的な行動や活動によって、幸福度を統制できる可能性が高いということを示しており、これを活用していこうというのがポジティブ心理学です。

　第3が「フロー体験」です。時間を忘れるほど何かに没頭している状態のことをいい、活動に没入することで体験する至高の感覚です。高い自己コントロール感やそれ自体への喜びの感覚です。

　第4が「楽観主義」です。不運に見舞われても、それは一時的なものでその原因もこの場合に限られている、と楽観的に考えて気分をいい状態にしておくことが大切とされます。

　第5は「レジリエンス」です。回復力・復元力を意味し、ネガティブな出来事から回復して環境や状況に適応して生き延びる力です。「困った状況」の結果で生じた「ネガティブな感情や行動」を確認した後、その感情や行動はどのような「思い込み」から発生したのかをみつけたうえで、その思い込みを論理的・合理的に「反論」して、ネガティブ感情や行動をポジティブに変化させる「効果」を確認するという段階を踏むことが提唱されています。

　第6は「個性としての強み」です。人生の充実度や満足度を高める自分の「強み」には、次の6つがあるとされます。①創造性・好奇心・向学心・柔軟性・大局観などからなる「知

恵や知識」、②勇敢さ・忍耐力・正直・誠実さ・熱意などからなる「勇気」、③親切心・愛情・社会的知性などからなる「人間性」、④チームワーク・公平さ・リーダーシップなどからなる「正義」、⑤寛容や慈悲・慎みや謙虚・慎重・自己統制などからなる「節制」、⑥審美眼・感謝・希望・ユーモア・スピリチュアリティなどからなる「超越性」です。

第7は「心的外傷後の成長」です。つらい体験と向き合った苦悩と闘いの中から、新たな成長を遂げるとする考え方です。トラウマや事故やけが、不治の病の告知、大切な人との死別や自然災害などの体験をもとに、人はこれまでの人間関係を見直して、生きていることへの感謝の気持ちと仕事や人生に対する価値観を見出していきます。

（2）ジョブクラフティング

ジョブクラフティングとは、仕事にやりがいを見出すための工夫をすることです。現在あるいは今後に就く仕事で、個人の強みを発達・発現するための具体的な方法を考える枠組みであり、次の3つの方法があります（労働政策研究・研修機構、2016）。

第1は、人との交流の質や量を見直し、仕事に関係する人との関係性を変えたり範囲を広げたりすることです。上司・同僚・顧客などとの関係を親密にしたり対立から協力関係へと変えたり、また、違う部署の人とも連絡を取り合ったりすることなどがあります。

第2は、仕事の意味や意義を広げることです。仕事がもつ機能を、社会や他者に対して貢献している意味や意義にまで拡大して考えていきます。

第3は、仕事のやり方と範囲を見直すことです。自分の裁量の範囲で、自分の仕事の価値を高めたり、やりがいがもてるように仕事の仕方や範囲を少し変えてみることです。

3．ナラティブ・アプローチ
（1）原理

ナラティブ・アプローチは、相手の語る「物語（ナラティブ）」を通して解決法を見出していく方法です。さまざまな人間の社会的活動は、現実的には主に言語を媒介として構成されているのであり、相談者の抱える心理的な問題やキャリアも言語で構成された「物語」に過ぎないとします。そのため、物語（ナラティブ）それ自体を変化させることで、現実的な問題やキャリアに関わる課題も変化させることができるとします。

こうした視点に従って、カウンセラーは対象者に対して、その性格や能力を把握するのではなく、社会との関わりの中で自分をどのように意味づけて構築しているのかを探索していきます。問題は、対象者の中ではなくて対象者によって語られた「筋立て」の中にあると捉えます。対象者が現在抱いている自分の物語を、より望ましい物語へと書き換える「共著者」の役割を担うことになります（渡部、2015）。

（2）実践

実際の手順は次の通りです（荒井、2014）。

最初の第1ステップは、ドミナントストーリーを聞くことです。ドミナントストーリーとは、悩んでいる人が思い込んで支配されている物語（ドミナント）のことです。しかし、こ

れはあくまでも本人が信じている「物語」ですから、全く違う「別の物語（オルタナティブストーリー）」に置き換えることも可能です。こうした置き換えを最終目標に、まずは悩んでいる人の話を予断を交えずに聞くことで、その思い込みやこだわりを知ります。

第2ステップは、問題の外在化です。悩んでいる人が自分の問題を客観視できるようにすることです。そこで、問題に対して「名前をつけてもらう」などをすることにより、問題を外在化させます。

第3ステップは、反省的な質問をします。これは、悩んでいる人が抱える問題に「誰が、どんな出来事が、どんな経験が」関わっているのかを質問して、一緒に考えることです。

第4ステップは、例外的な結果を見出すことです。質問に応答していく過程で、ドミナントストーリーの流れからすると「例外的なこと」を見つけていきます。

第5ステップは、オルタナティブストーリーを構築していきます。例外的な結果が見つかったら、それに関する質問を重ねて深めていきながら補強していきます。それによって、本人の気付きを深めていきます。

ナラティブ・アプローチは、相談者の問題点をあえて見ないようにします。価値観が多様化している現代にあっては、その人にとって最も良い解決策が何なのかどうかは、本人にしかわかりません。そのため、カウンセラーは、専門性を手放して相談者にとっての「最善」を引き出すようにします。

第Ⅱ部
個別支援の実際

第6章　アセスメントと支援計画
第7章　個人特性の理解
第8章　障害の影響の理解
第9章　職業と生活の理解
第10章　自己理解・肯定感・障害開示・
　　　　家族
第11章　能力開発とキャリア教育
第12章　体系的カウンセリング

第 6 章　アセスメントと支援計画

　職業リハビリテーションの支援は、第3章で示したように、個人とそれを取り巻く環境（職業）の双方に焦点を当て、その交互作用を促進させて適応向上を図りつつ、それを継続させることにあります。そのため、第6章から12章では、個人に焦点を当てたカウンセリングの実際について考えていきます。

　ここでは、職業リハビリテーションの一連の過程で最も重要になるアセスメントとプランニングの基本的な考え方について検討します。

第1節　アセスメントと情報

1．インテーク

　アセスメントに先行して、通常の過程ではインテークがあります。

　インテークは、相談者の抱える問題とその主訴の背景を明らかにするために、カウンセラーが積極的に働きかける初対面での面接です。その目的は、①以後の支援策を検討するための基礎となる情報の収集、②非言語的な態度や行動における情報の収集、③相談者の不安の除去と良好な人間関係の構築、などです。

　このため、カウンセラーは、相談者が安心して落ち着いて話すことができ、プライバシー

表6－1　インテーク時に把握する情報

就業ニーズの把握
1．対象者の状況・主訴（目的・意思） 　2．対象者の希望（就業条件・生活状況・職種・職場） 　3．過去の支援状況・結果（学歴・職歴・生活歴） 　4．進行中の支援内容（引き継ぎ機関からの情報） 　5．家庭状況 　6．居住地域・地域福祉の状況

就職ニーズの具体性の把握
1．家庭生活（保護者懇談等から） 　2．生活管理（区福祉施設・機関から） 　3．事業所による職業能力の評価（就労経験のある場合、その事業所から） 　4．基本的職業への志向性（サービス提供機関から） 　5．心身機能の状態（医療機関等から） 　6．クライアント自身による就業活動の現状（公共職業安定所、関連機関等から）

の守られる場所や雰囲気を設定します。相談者が話すことに躊躇しないように、カウンセリングの基礎（**第5章第1節**）を踏まえた対応をします。

インテークでは、**表6-1**の情報を収集します。

表からも明らかなように、ニーズの把握が中心になりますが、その際には次のことに留意することが必要です。

①言い分に左右されない。相談者の言葉に惑わされないで、真の要求を見極める感性が重要となります。

②生活の全体を見渡す。発言内容にとらわれ過ぎず、背景を含めた生活上の制約の全体を常に見渡すことが大切です。

③家族の意見を聞く。家族からも本人ニーズを聴取して確認します。家族が本人ニーズを犠牲にしているかについても見極めます。

④ニーズ対応の優先順位を決定する。即座に対応するニーズと時間経過をみながら対応するニーズを区分します。

⑤ニーズ状況の視覚的な表示を工夫する。複数のニーズについて、一覧表にしたり、全体構造を明らかにした表示を行い、常に対象者を把握できるようにしておきます。

2．アセスメントの型と情報
（1）アセスメントの目的と類型

アセスメントは、就業ニーズの具体性を明らかにして、支援プランの作成につなげることが目的です（**第3章第3節**）。基本的には、現状だけでなく将来の予測を含めた評価を心がけ、個人と環境の双方の側面を評価し、対象者本人と支援者との協同作業として実施するようにします。具体的には、**表6-1**のニーズを踏まえながら、必要なサービスや支援を見定める過程です。そのため、対象者自身のニーズの領域を把握し、そのニーズに対象者自身がどこまで満足しているのかを明らかにしていきます。

ですが実際には、対象者はニーズそのものをどこまで自覚しているか不明なことが少なからずあります。そのため、アセスメントは、対象者が職業に対するニーズをどれだけ明確化しているかによって、その進め方が大きく違ってきます。**図6-1**は、それをまとめたものです（松為，1994，2006）。

この図は、アセスメントの実施は、「目標達成志向型」と「問題発見志向型」の2つの型を両極とする範囲にあることを示しています。「目標達成志向型」は、目標が比較的明確になっている時に用いる方法です。職業リハビリテーションでは、就職あるいは特定の職種や事業所に到達するために下位目標を設けて、そこに向けた教育や指導や訓練の方法を明確にすることに焦点を当てます。特定の仕事や職場に就職して適応する際に求められる能力や諸条件を踏まえたアセスメントをすればいいし、その達成に向けた学習を目指せばよいということです。

他方の「問題発見志向型」は、ニーズや目標が明確に定まっていない場合です。自分のニー

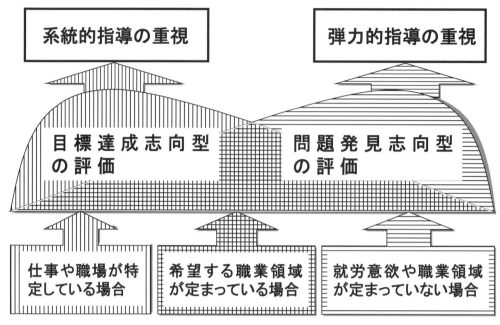

図6−1　目標や問題の所在と評価の型

ズを自覚できていない、何が問題か明確にできない場合には、働くことに対する考えやそれに向かう方向そのものを明確にすることが必要になります。そのため、アセスメントの焦点は、課題は何かを発見してその解決方法を探しあて、それに対応することになります。この場合の典型的な流れが、「体系的カウンセリング」（第12章）です。

（2）問題状況と評価の型

　どちらの型に基づいたアセスメントをするかは、対象者の働くことへの意識や将来への見通しの程度によって異なり、また、実際の職業リハビリテーションサービスや援助の提供内容も異なってきます。また、同じ対象者でも、最初に問題発見型を踏まえて実際のサービスを受けた後で、就労意欲が定まって今度は、目標達成志向型に移行するということもあります。図6−1は、そうした状況を次の3つに分類しています。

　第1は、特定の職種や事業所を希望している場合です。これは目標達成志向型のアセスメントが中心となります。その過程で、実行可能な段階的な指導目標とその達成に向けた具体的な方法を明らかにします。ですが、たとえ明確な希望を表明していたとしても、その選択が妥当かどうかを本人に確認したい、遂行できる自信が希薄にみえる、選択が妥当であるとは判断されない、といった場合もあります。そうしたことを確かめるためのアセスメントも必要です。

　第2は、職業的な選択や方向性についての希望が明確な場合です。とはいっても、本人がどんなに興味や自信をもっていても、実際にその仕事ができるとは限りませんから、職務の遂行に必要とされる条件からみた時に、希望する仕事が適切かどうかをアセスメントすることが必要となります。この場合には、目標達成志向型とともに、職業環境の条件をも考慮し

た問題発見志向型の視点も必要となります。

　第3は、就職への意識や希望する職業領域も明確でない場合です。体系的カウンセリング（第12章）を通して、系統的に自己理解と職業理解を深めることが必要です。

（3）評価の型と情報やサービス

　アセスメントの型の違いによって、それに必要な情報も異なります。目標達成志向型では、職場の環境に関する情報を詳しく知ることが必要となります。これに対して、問題発見志向型に近くなるほど、対象者本人の特性に関する情報を広汎に把握し、また、本人が居住する地域の生活環境や職業そのものについても幅広い情報を集めることが必要になります。

　また、型の違いは、実際のサービス内容にも影響します。目標達成志向型では、目標の達成に向けた現実的な方策を明らかにします。その場合の基本的な視点は、職業リハビリテーション活動の支援モデル（第3章第2節：図3－2）に示したように、個人に対する「能力の開発」や「能力の活用」と、環境条件に対する「職業環境の調整」や「職業環境の修正」の双方から、具体的で実践可能な方法を明らかにします。

　他方で、問題発見志向型では、体系的（雇用）カウンセリングの流れ（第12章第1節：図12－1）を踏まえた、問題の発見と行動変容を促す学習の過程が大切になります。この場合には、個人に向けられた「技能発達」の側面に焦点を当てることになるでしょう。

3．情報の収集と注意
（1）情報の種類

　いずれの型に焦点を当てたアセスメントであっても、職業リハビリテーションの次の過程

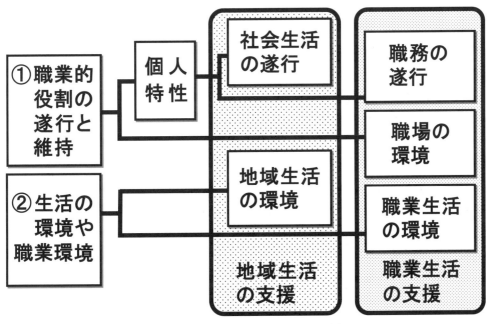

図6－2　サービス提供に必要な情報

となる支援計画を作成するには、幅広い情報を収集してそれを総合的に捉えて職業への方向づけをします。そうした多様な情報の範囲を示したのが図6-2です（松為、1994, 2006）。

　これは、サービスに必要な情報を、①職業的役割の遂行と維持に関する領域と、②生活環境や職業環境に関する領域、の2つに区分しています。前者は、人が一定の職業領域の中で職務を遂行したりそれを維持して適応するために必要な情報であり、「個人特性」と「職場の環境」で構成され、さらに個人特性そのものには「社会生活の遂行」と「職務の遂行」の2つの要素があります。後者は、地域での生活を維持しながら職業生活を進めるために検討すべき情報です。これも「地域生活の環境」と「職業生活の環境」の2つで構成されます。また、これらの情報は、「地域生活の支援」の領域（「社会生活の遂行」と「地域生活の環境」から構成）と、「職業生活の支援」の領域（「職務の遂行」「職場の環境」「職業生活の環境」から構成）の2つに分類することもできます。

　このことは、ある職場で仕事に就いて適応的な職業生活を維持するための支援は、地域の中にあって社会生活を維持するための支援と不可分の関係にあることを意味します。ですから、サービスの提供に必要な情報も、そうした視点から収集することが必要です。

（2）情報収集の方法

　このように、リハビリテーション計画を作成するためのアセスメントは、非常に広い範囲の情報が必要です。そのため、それらを収集する方法も、図6-3に示すように、実にさまざまです。

　大別すると、①面接、②関係機関の記録や資料、③検査や測定、④職場環境の情報や資料、⑤職場環境の観察や調査、⑥社会生活環境や職業生活環境の情報や資料などがあります。実

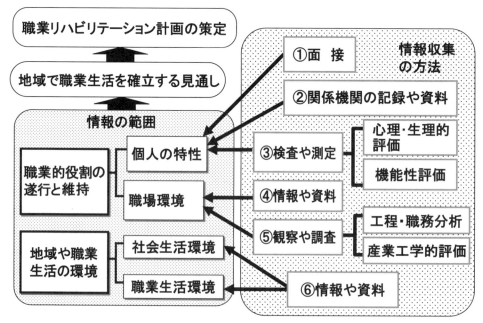

図6-3　必要な情報の収集方法

際に情報を収集するには、対象者本人に対する聞き取りや各種検査に限らず、本人を取り巻く家族等の社会的ネットワーク、現在や以前のサービス提供者や機関との接触、その他の対象者を取り巻く環境の直接的な観察などの多面的な方法を駆使することが必要です。後述の**第7章**では個人特性の理解に関わる情報、**第9章**では職業や地域生活に関わる情報について、詳細に検討します。

（3）実施上の注意

　特に対象者の能力等の情報を収集する際には、次のことに注意します（野中・加瀬、1994）。①アセスメントは目標とする生活場面で行う、②疾病等の状況から運動や認知能力と改善の見通しを推測する、③日常生活動作（ADL）は「できる ADL」と「している ADL」の両方をアセスメントする、④可能な限り具体的な言動をもとに行う、⑤動機づけが保たれる実際の生活場面で行う、⑥不安や心配を除去したうえで行う、⑦問題行動や症状は支援の対象として捉える、⑧過去や現在の生活歴をもとに行動様式や特徴を推測する、⑨能力は変化することを前提にして定期的に見直す、などです。

　また、対象者を取り巻く環境の情報を収集する際には、次のことを知るようにします（松為、2019）。①同居家族の支援力とその限界、②親族の支援力とその限界、③近隣の人々の支援力とその限界、④地域社会の医療・保健・教育・雇用・福祉の現状や特徴、⑤友人や知人からの支援の可能性、⑥地域の専門家の現状とこれまでの支援の経過、⑦活用できる支援制度、⑧利用できる情報ネットワーク、などです。

4．ストレングスの視点

　アセスメントに関して最近の知見で重要なことは、精神障害者リハビリテーションの分野から強い示唆を受けているストレングスの視点です。これは、プランニングの過程でも、同じ視点に立つことが強く求められています。

（1）ストレングスモデル

　ストレングスモデルは、特に精神障害者リハビリテーション分野で強調されてきた、成長を促進する背景や要因となるストレングス（強み）を活用して生活を支援する方法です（ラップ＆ゴスチャ、2014）。ストレングスは、個人ストレングスと環境ストレングスに分類されています。

　個人ストレングスは、「熱望」「能力」「自信」の3つの要素があり、生活がうまくいっている人は、①目標と夢がある、②願いを達成するために自らのストレングスを用いている、③目標に向かって次の段階に移る自信をもっている、としています。また、これらの要素の関係を「熱望×能力×自信＝見込みと可能性」として、3要素のどれかがゼロであれば計算結果もゼロとなり、可能性はまったくないと考えます。

　環境ストレングスも、「資源」「社会関係」「機会」の3つの要素があり、生活がうまくいっている人は、①自らの目標を達成するために必要な資源を得る方法をもっている、②少なくとも一人との意味ある関係をもっている、③自らの目標に対して適切な機会を得る方法を

もっている、としています。また、これらの要素の関係は、地域社会にある資源のほうが正しい行動を生みやすく、より多くの人材・資源・機会を得ることが可能になるとしています。

精神障害リハビリテーション分野で新たな実践モデルとなっているストレングスの視点は、ケースマネジメントに即した職業リハビリテーション活動の流れ（第3章第3節：図3-3）でも不可欠となります。

（2）アセスメントにおけるストレングスの視点

個人特性を理解するための従来の方法（第7章）のほとんどは、障害の特性（それによる個人能力の欠陥）に焦点を当てています。これらの方法の利点は当然あるのですが、他方で、得られた結果の理解やそれに基づいた実際の改善の提案では、ストレングスモデルの視点を十分に考慮して良いと思われます。

このモデルでは、「職業生活を充足あるいは満足させる」ためには、①目標と夢、②それを達成する自らのストレングス、③目標に向かって進める自信、があることが大切であり、それがあってこそ、「見込みと可能性」が生まれるとしています。

また、環境要因のアセスメントでは、①目標達成に必要な資源を得る方法、②他の人との意味ある関係、③目標達成のための適切な機会を得る方法、をもっているか否かの確認が不可欠であるということになります。

これらの視点は、さまざまな個人特性の理解に向けた方法の結果を理解するうえで考慮すべきですし、また、それをプランニングにどのように取り込むかを考えることが望まれます。

第2節　プランニング

アセスメントに続く職業リハビリテーションの就労支援の流れが、支援計画の作成（プランニング）です。

1．プログラムの使命と基本的視点
（1）プログラムの使命

支援計画の作成に際して重要なことは、プログラムの使命を明確にすることです。これは、プログラムの全体的な方向性と目標を提示することになります。精神科領域では、職業リハビリテーションプログラムは、「クライアントが自分で選択した環境の中で機能的に活動できる能力を促進して、リハビリテーション介入を必要最小限にすること」とされます。これは、次の4つのことが使命であることを明記しています（アンソニー他、1990）。

第1に「機能性」です。プログラムの方向性は、対象者の症状や疾病の軽減ではなくて、機能性に焦点を絞って構成し、実際の作業と関わりのある諸能力の開発に向けることになります。

第2に「選択決定」です。プログラムは、対象者自身の選択的決定が重要であるとされます。リハビリテーション過程では、自分が選択した作業環境で成功と満足を得るために援助

を受ける権利を有しています。

第3に「環境の特定化」です。プログラムは、個人の機能的な側面を特定の環境場面から要請されることと関連づけて設計することが重要であるとされます。

第4に「自立性」です。プログラムは、対象者を濃密な支援の提供される環境（福祉的作業など）に閉じ込めるのではなく、いろいろな出会いや機会を通してその職業的自立を増大させることが使命であることが強調されます。

このように、対象者の機能性を少しでも高めるとともに、それとは対比的に専門的な支援を減少させていくことが目標とされます。

（2）計画策定の基本的視点

実施プログラムは、図6-4の左側に示すように、「評価」「計画」「介入」からなる全体的な体系の中で組み立てられることが基本です。また、職業リハビリテーション活動の支援モデル（第3章第2節：図3-2）で示した、個人側に向けられた「技能の発達」と「技能の活用」、及び、環境側に向けられた「資源の調整」と「資源の修正」の両側面から立案することを示しています（松為・菊池、2006）。

この一連の体系を反映させるためのプランニングの策定では、次のことを明確にしておくことが必要です。

第1が、活動の内容です。これには、①対象者が自分で目標を設定する機会、②希望したり興味のある仕事を自己理解する機会、③職場の環境から要請される内容とそれに対処する具体的な支援、④必要に応じて職業準備訓練や職務技能の習熟訓練の実施、などが含まれま

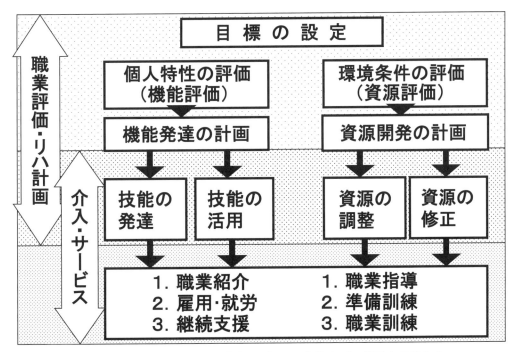

図6-4 職業評価とリハビリテーション介入のプログラムの考え方

107

す。支援プログラムは、対象者本人のニーズに応じてこうした活動が選択できるように、柔軟な構造となっていることが必要です。

さらにこれらに加えて、⑤現在の技能が職業環境の中で適切に活用でき、⑥必要な社会資源は対象者が自主的に獲得できるようにする、といった支援の仕方についても触れておくことが望ましいでしょう。

第2が、実施経過の管理です。計画を実行する際には、その進行状況を確認して到達目標にどこまで接近しているかを知ることが必要です。そのため、計画の中に、段階的な到達目標とそこに到るまでの時間や水準を明記しておくことが必要です。また、実行に伴う経過記録は、関係する担当者が情報を共有できるようにしておきます。

第3が、支援者の役割です。支援計画は、一人の支援者で対象者のニーズすべてに応えることはほとんど無く、複数の支援者が連携することで初めて継続性を保つことになります。そのため、連携する担当者の役割の範囲と内容について明確にしておくことが必要です。これはまた、支援ネットワーク（**第18章**）の構成と活用が大切であることを示唆します。計画の作成に際しては、こうしたネットワークの活用について十分に考慮することが大切です。

2．支援計画の作成

支援計画を作成する場合には、図6−4に示した「技能の発達」と「技能の活用」及び、「資源の調整」と「資源の修正」のそれぞれの側面について、①支援計画の全体目標と対応した具体的な課題、②実現可能な具体的な実施計画や手段、③実施に要する期間などを明確に記述します。そのうえで、目標に到達するためのさまざまなサービスについて、それらの優先順位を決定します。これらを踏まえた計画を文書化し、対象者本人の同意を得たうえで「支援計画書」を作成します（松為・菊池、2006）。

具体的な計画書の例として、図6−5があります（松為、2019）。それぞれの項目には、次のことを記述します。

①　「本人のニーズ」には、近未来の対象者の希望を明記します。支援を受ける本人が表明している夢や目標を尊重した内容とすることが望ましいでしょう。

②　「支援目標」には、対象者の包括的なニーズ達成に向けた道程の1つとして、実際に支援する目標を明記します。これは、中長期的な見通しに立った支援サービスの基本的な方向であり、本人が表明している夢や目標を現実的なものとするための具体的な内容になります。

③　「個別目標」には、支援目標を実現するための、実現可能な具体的な複数の目標を明記し、それらを実行するための優先順位も明らかにします。この例では、通勤の安定性の確保と作業遂行の確実性の向上を達成するために、それぞれについて2項目の個別目標を明らかにするとともに、それらの優先順位を記述しています。

④　「実施内容（役割分担）」には、個別目標ごとに、それを実行する人の役割分担の内容を明記します。役割を担う人は、対象者本人、支援者（支援を提供する施設や機関の担

支　援　計　画　書

作成日：令和〇〇年〇月〇日

本人のニーズ　：今の企業で継続して働きたい
支援目標　：通勤の安定性の確保と、作業遂行の確実性の向上

優先順位	個別目標	実施内容（役割分担）			実施期限	本人の期待される変化
		本人	支援者	その他		
	通勤の安定性の確保					
①	1. 起床と準備	目覚まし時計を用いて一人で起床できる		（家族）予定時間が過ぎたら起こす	3日	目覚まし時計を活用して一人で起床できる
②	2. 通勤事故の対処	突発事態のときに上司・家族に連絡できる	（JC）上司と共同で緊急連絡の仕方を訓練する	（上司）緊急時の連絡方法・手順のカード作成	3日	緊急時の連絡が一人でできる
②		異なる通勤経路を知っておく	（JC）家族と共同で予備の通勤経路で通勤してみる	（家族）予備の通勤経路のカード作成	3日	異なる通勤経路が体験できる
	作業遂行の確実性の向上					
③	1. 作業の手順を厳密に守る	作業手順カードの活用の仕方を知る	（JC）課題分析に基づいた作業手順のカード作成		1日	カードの活用による作業手順の習慣化
③			（JC）カード活用による作業手順の確認訓練	（上司）JCと共同して作業手順の確認訓練	14日	
④	2. わからない場合は人に聞く	聞きたいことをメモにまとめる	（JC）メモ活用の利点と仕方について指導	（家族）メモを活用する場面を多く設定して訓練する	5日	自分でメモにまとめることができる
④		メモに従って聞く		（家族）メモを活用する場面を多く設定して訓練する（上司）メモを活用する場面を多く設定して訓練する	14日	メモに従って要点を絞って聞くことができる

署名：本人　　〇〇　信彦
計画作成者　△△　宏子

図6－5　支援計画書の例

当者や専門家）、その他（家族や親族、地域や近隣の人、職場の上司や同僚、ボランティアなど）の3者です。役割の内容は、地域で活用できるさまざまな社会資源に準拠しながら具体的に記述します。この例では、本人の役割分担と並行して、家族、専門家（JCすなわちジョブコーチ）そして職場の上司の、個別目標の内容に応じた役割が明記されています。

⑤　「実施期限」と「本人の期待される変化」には、個別目標を達成するまでの実施期限と、それが達成された場合に想定される対象者本人の変化を明記します。計画を実行した際には、この双方の記述に従って、実施期限の終了時点における個別目標の達成状況をアセスメントすることになります。

⑥　「署名」には、必ず計画の作成責任のある支援者とともに、支援を受ける対象者本人の署名をします。支援計画書は支援者と本人との間で交わされる支援サービスの契約であるとともに、本人自身が支援計画書にある役割分担の遂行に強い責任を伴うことを自覚させる意味があります。

なお、複数の個別目標のすべてを達成するような計画は、現実には困難なことも多くあります。たとえば、①支援目標の達成に向けた個別目標の量が多くて一度に対応できない、②実際に支援するサービス資源が不足している、③本人の希望するニーズが家族や支援者の認識と大きなズレがある、などの場合です。そのため、個別目標に優先順位をつけるとともに、その計画に基づいた一連の就業支援を修了した時点で、改めて、積み残された個別計画を実行するという手順が必要になります。

3．計画作成の留意点

「支援計画書」の作成に際しては、次のことに留意する必要があります（松為、2001, 2006）。

第1に、支援を受ける対象者本人の積極的な参加を促して、その意思や意見を尊重して、本人の力を「エンパワーメント」していきます。

第2に、支援の具体的な方法を考える際には、現状の社会資源を固定的に考えないことが必要です。そのうえで、①既存のサービスで活用できるもの、②多少の過重負担がかかっても期待できるサービス、③短期的に改善や事業化できそうなサービス、④社会資源の開発につなげるべき中長期的なサービスの順序で、地域の社会資源が提供できそうなサービスをリストアップしておくことが望ましいでしょう。

第3に、体験実習の機会を積極的に取り込んだプログラムを組み立てることが重要です。対象者本人の働きたいという意思とは裏腹に親は無理をさせたくないと考えている場合、本人自身に不安があって就業に踏み切れない場合などには、支援計画の中に体験実習プログラムを導入することが大切です。

第4に、対象者本人の意向を最優先した支援計画を作成しますが、将来展望そのものが描けない場合には、体系的カウンセリング（**第12章**）を踏まえた支援計画が必要です。そのうえで、実際に実習や訓練をしていく中で、新たに支援計画を作り直すことが望ましいでしょう。

第5に、支援計画は単なる支援サービスの割り振りにならないように注意することが必要です。対象者のニーズを満たすために作成する計画ですから、必要ならば、地域社会資源の新たな開拓も計画に盛り込むことが必要になります。

4．支援担当者会議と支援の責任者

障害のある本人に対する多様な情報を共有し、支援計画を立てて協働して実行していくための支援担当者会議は、ケースマネジメント会議と同じ機能をもちます（コリガン、2002/野中・加瀬、1994）。

そのため、この会議の運営にあたる支援計画の策定と実行の責任者は、①他の支援担当者もいろいろな視点から支援の内容を発想できるように支援し、②場合に応じて障害のある本人や家族も会議に参加するように手配し、③会議に参加した全員が計画の策定に積極的に関わるように支援します。そうしたことを通して、実際の支援でも会議の参加者が主体的に実行するように促すことが必要となります。支援する担当者のチームワークの成否が支援成果を左右することを十分に認識しておかねばなりません。

また、支援の責任者は、支援サービスを実際に提供する社会資源の調整と開拓も重要な使命となります。サービス提供の中心的な役割を担うのは基本的には公的な機関や組織ですが、それらの社会資源が不足していたり地域にない場合には、非営利・営利の組織が提供する支援サービスを活用したり、ボランティア、親族、友人、近隣の人々等による私的な支援を活用することも必要となります。さらには、障害のある人のニーズに応じた十分なサービスが

地域になかったり不足する場合には、新たなサービス提供者を確保したり既存の社会資源を有効に活用することで、社会資源の開発や人的資源の育成にも乗り出すことが必要です。

第 7 章　個人特性の理解

個人特性の理解は、支援者からみると「支援のための個人理解」であり、支援を受ける対象者からすると「自身の自己理解」に相当します。それぞれの視点から個人特性を理解する方法について解説します。

第1節　個人特性の階層構造

1. ワークパーソナリティ

職業リハビリテーション分野では、自己理解の対象となる自分自身の全体像（個人特性）を、ワークパーソナリティと表現しています。これは、「個人が職業生活の生産活動で示す特徴的なパターンで構成され、職業に対する態度や価値観や動機や種々の能力などと結びつく、職場で効果的に機能するために必要不可欠な行動である。特に、職業人としての役割をその他の社会的な種々の役割と区分するための一群の特徴」（Gellman & Soloff、1976）とされます。

その特徴は、①職業生活に必要なさまざまな条件を緊張や葛藤を伴わずに対処でき、②職場での役割は家庭や学校とは異なることを了解しており、③所属する職業集団の人々と同じ外見や行動ができ、④対人関係で公私の区別ができ、⑤指導や監督に適切に従属し、⑥同僚を受け入れ、⑦職場に固有の習慣や規範に順応できる、などです（Neff、1985）。

また、幼児期から青年期の過程で、次第に生産場面と関係の深いさまざまな経験を蓄積しながら成長し、就職後も生産活動にふさわしい行動規範に適合するように発達の方向性が強制されていきます。ですから、キャリア発達論は職業リハビリテーションの中核的な理論となります。

ワークパーソナリティの全体像を能力特性の階層的構造として捉えることは以前から行われていました（Gellman & Soloff、1976 / Neff、1985 / 西川、1988）。それらを踏まえたのが図7－1です（松為、1994）。

これは、個人特性の全体を4層からなる階層構造としています。最上段は、特定の仕事（職務）の遂行に要求される「職務の遂行」に関わる分野、2段目は、仕事の内容や種類に関わりなく職業人としての役割の遂行に要求される「職業生活の遂行」に関わる分野、3段目は、地域で生活を維持するのに必要な「日常生活の遂行」に関わる分野、最下段は、疾病を自己管理して健康の維持に配慮する「疾病・障害の管理」に関わる分野です。

また、「疾病・障害の管理」と「日常生活の遂行」は、地域で日常生活を営むうえで不可欠なことから「社会生活の準備性」を高める要件です。さらに、これに「職業生活の遂行」の

分野を加えると「職業生活の準備性」を高める要件となります。なお、これらの要件が学習を通して獲得されたり発達的な変化を遂げる順序は、階層の基盤となっている部分から始まって、次第に上層の能力に至ることを想定しています。

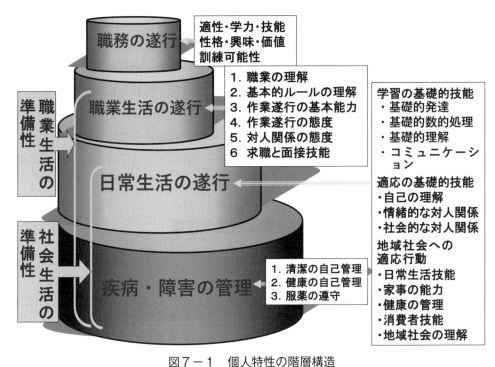

図7－1　個人特性の階層構造

2．階層構造の意義

　障害のある人の個人特性を階層構造として捉え、その確立は発達過程を通して時系列的に育成されるとする視点は、次のさまざまなことを示唆します。

　第1に、職業準備性を考える際の基本構造となります。障害者職業センターでは、これを踏まえて、職業準備性の要件を「職業準備性のピラミッド」としています（第11章第2節）。

　第2に、階層構造を確立するには、系統的で持続的な学習が必要になります。階層構造を左斜め上から押しつぶして時系列的に配置し、それに発達段階を重ね合わせると、階層構造は、幼少期からの長期的な発達の過程で、次第に下層部から上層部が構築されていきます。ですから、この階層構造はキャリア教育の基盤となるものです（第11章第2節：図11－2）。

　第3に、雇用する事業所側と人材を送り出す医療・教育・福祉側との間には、支援の視点にギャップが生じがちです。事業所（企業）は、生産性に直結する「職務の遂行」能力の育成に向けた訓練や研修をしますが、それ以下の「職業生活の遂行」「日常生活の遂行」「疾病・障害の管理」などの能力は、入職以前に確立していることを（暗黙の）前提としています。他方で、労働市場に人材を供給する側は、これらの社会生活や職業準備性に関わる能力の向上に焦点を当てた訓練を行います。

医療・教育・福祉・雇用の異なる分野間で生じがちなこうしたギャップを埋めることが、切れ目のない支援システムを構築するうえで重要になります。

第4に、就業の継続と職場定着に向けた支援では、働く場と生活の場の双方を一体的に支援することが不可欠です。社会生活の準備性に関わる「疾病・障害の管理」や「日常生活の遂行」は、地域生活を営む基本的な要件ですから、これらが不十分または不安定な状態で仕事に就いた場合には、地域生活を支援する体制が不可欠となります。

第5に、地域での支援ネットワークの構築が大切になります。雇用する事業所側には「職務の遂行」を育成し維持するためのノウハウが、また、医療・教育・福祉分野の側には「職業生活の遂行」「日常生活の遂行」「疾病・障害の管理」に関するノウハウが、それぞれに構築されています。ですから、障害のある人が就職して働き続けることを支えるには、これらの連携が不可欠になります。そのためには、個々のニーズに対応して長期的な支援を総合的に行うことのできる地域ネットワークの構築が必要です。

第2節　個人特性の把握

1．把握の方法

（1）全体構造

　個人特性のさまざまな側面を示した**図7－1**の情報を実際に把握する方法は、**表7－1**のように整理できます（松為、1994）。このどれかの単独の結果だけでは、個性の全体像を理解することはできません。いろいろな方法で得られた結果を総合的に解釈することが重要です。

　これらの方法のうち、面接・関係機関からの資料収集は、対象者を総合的に捉えるのに役

表7－1　個人特性を把握する方法

面接・関係機関からの情報収集		
1．病　　　歴	医学的症状・診断と障害の特性など	
2．職　　　歴	社内の身分・給与・仕事の内容・勤務形態など	
3．教　育　歴	学習態度や校内生活・成績・就学状況	
4．家　族　歴	家族構成・家族の支援・家庭内での立場・独立の可否など	
5．地　域　生　活	クラブ活動・地域での役割・地域活動など	
検査や測定による資料収集		
心理・生理的評価測定法	1．能力特性の把握	・適性検査・知能検査・個別性能検査・運動性能検査
	2．性格興味の把握	・性格検査・職業興味検査・その他（価値観検査など）
機能的評価測定法	1．作業遂行の把握	・ワークサンプル法・場面設定法・職務試行法
	2．行動特性の把握	・医学的評定尺度・社会適応評定尺度・職業適応評定尺度・産業工学的評定尺度

立ち、検査や測定では把握できない情報を得ることができます。

　他方で、検査や測定による資料収集では、客観的で信頼性や妥当性のある情報を得ることができ、①心理学的あるいは運動生理的な側面を把握する「心理・生理的評価測定法」と、②作業遂行や行動特性などを主に把握する「機能性評価測定法」の２つの領域があります。

（２）面接・関係機関からの資料収集

　対象者本人との面談や支援する関係機関・組織から収集する情報の内容は、インテーク時に把握する情報（第６章第１節：表６－１）と同じですが、少し詳細にみていきます。

　基本的には、①本人の希望や置かれている状況を明らかにし、②家族の職業的自立に対する心構えや態度も明確にし、③本人の職業的自立に際しての課題を整理し、④情報収集に必要と考えられる各種の評価測定法を特定する、ことが目的となります。

　面接は、対面することで対象者の態度や行動を直接的に観察できる利点があります。できるだけ対象者自身から聴取しますが、発症原因や治療歴などが必要な場合には家族等から情報を得ることもあります。なお、関係機関や組織から情報を収集する場合は、本人の同意を得ることが必要です。特に、主治医の意見書は、医療的ケアの必要性や状態像の確認、現状で就職や復職を目指すことが適切かの判断、職場で配慮すべき内容の確認などをするうえでも必要です。

　他方で、面接で得られる情報は、支援者の主観や価値観に影響されやすいことがあります。聴取する項目をチェックリスト化したうえで、関係機関からの情報も踏まえて総合的に検討することが求められます。

２．検査や測定による資料収集

（１）心理・生理学的評価測定

　表７－１に示した障害のある人の（障害の特性を含む）さまざまな能力を把握するための心理・生理学的な評価方法は、非常に広範囲です。障害者職業センターで活用されている主なものとして、表７－２があります（松為、1994）。

　検査や測定の方法には、能力特性を把握する分野と性格や興味を把握する分野の２つがあります。これらを実施する際には、①検査の限界を十分に認識して目的と対象に応じた妥当性・信頼性の高いものを選定し、②対象者にあらかじめ検査の目的を十分に理解させ、③手引きに定められた条件を遵守し、④結果の解釈は対象者の１つの側面を表しているに過ぎないので拡大解釈しないことに注意し、⑤結果のフィードバックを通して対象者の自己理解と発達を促すこと、などが必要です。

　なお、表７－２の検査や測定法のいくつか（たとえば、「厚生労働省編一般職業適性検査」）は、障害のない人を対象として標準化されたものです。これを障害のある人に活用することは可能ですが、その場合には、次のことに注意が必要です。

　第１に、心理検査は抽象性が高いことから、障害のある人の中には、実務場面の職業能力と関連づけて検査で尋ねられている内容自体を理解することが苦手な場合があります。

表7－2　心理・生理学的評価法

検査・測定の種類			例　示
能力特性の把握	1．適性検査	一般職業適性検査	・厚生労働省編一般職業適性検査（改訂新版、事業所用）
		特殊職業適性検査	・TK式SACD進路適性自己診断検査・事務職適性検査（CA型）・プログラマー適性検査（PA型）など
	2．知能検査		・WAIS・WISC・WISC-R・鈴木ビネー式知能検査等
	3．個別性能検査		・労働省編特殊性能検査（SAT）・大小分類検査・タッピング検査・棒さし検査・ひもかけ検査など
	4．運動生理機能測定	体格や力量測定	・身長計・体重計・マルチン式人体測定器・握力計・背筋力計など
		運動機能測定	・昇降踏み台・垂直跳び測定器・全身反応測定器
		生理機能測定	・肺活量計・脈拍計・血圧計
		視聴覚機能測定	・視力計・視野計・色覚検査表・聴力計
		手指機能測定	・手指機能計測器
性格や興味の把握	1．性格検査	作業検査法	・内田クレペリン精神検査
		質問紙法	・YG性格検査・日本版MMPIなど
	2．興味検査		・新版職業レディネス・テスト・SG式興味検査（Q版）・VPI職業興味検査など
	3．その他		・SG式価値態度検査・SDSキャリア自己診断テスト・自己進路探索SEECなど

　第2に、そのため、検査結果からの予測的妥当性は必ずしも高いとはいえません。その理由としては、①疾患や障害が重くなるほど個人差の異質性が大きく、②障害のない人には習得していて当然とされる能力が身に付いておらず、障害のある人の雇用や職場適応で問題となり、③個人差が著しいために職場や事業所の環境調整も個別的に対応せざるを得ず、④検査用具と現実作業との関連性が意識されにくい、などがあります。

　第3に、実際の訓練や指導プログラムを作成したり、職業分野の探索や適応指導に活用できるような、具体的で実用的な結果を読み取ることが困難です。

　心理学的な検査や測定法は障害のある人には役立たないということはないのですが、検査結果の活用に際しては、検査自体は何を測定しようとしているのか、障害者がその検査を実施する際の障害固有の制約は何か、などを十分に了解したうえで結果を理解することが大切です。

（2）作業遂行の把握

　表7－1に示した個人特性を把握するための機能的評価測定法には、表7－3の方法があります。

　このうち、作業遂行に焦点を当てた評価法としては、「ワークサンプル法」「場面設定法」「職務試行法」があります。これらは、最初から障害のある人を対象に開発されてきた評価測定法です。

　第1のワークサンプル法は、「実際の職務、あるいは職業群で使われていると同じもしくは

表7－3　機能的評価測定法

検査・測定の種類			例　示
作業遂行の把握	1．ワークサンプル法		・ワークサンプル幕張版（MWS：障害者職業総合センター方式ワークサンプル法）
	2．場面設定法		
	3．職務試行法		
行動特性の把握	1．医学的分野	身体的機能	・徒手筋力テスト・関節可動域測定など
		精神的機能	・失行／失認テスト・簡易精神症状評価尺度（BPRS）・陽性・陰性症状評価尺度（PANSS）・ハミルトンうつ病評価尺度（HAM- D）
		日常生活動作	・BarthelIndex（バーセルインデックス）・DASC-21（ダスク21）など
	2．社会適応		・適応行動尺度（ABS）・自記式社会適応度評価尺度（SASS-J）・精神医学的能力評価面接基準（DAS）など
	3．職業準備性（適応）		・障害者用就職レディネス・チェックリスト（ERCD）・就労移行支援のためのチェックリスト・就労支援のためのチェックリスト・幕張ストレス疲労アセスメントシート（MSFAS）など
	4．産業工学的分野		・工程解析技法など

　類似した課業、材料、及び道具を用いて行う作業活動で、個人の職業適性、作業者の性格、及び職業興味を評価するために使われる」（吉光、2006）とされます。作業技能面の評価を客観的に行うとともに、行動観察を通して対人関係や社会的技能も評価します。

　この方法は、①特定の職業に対しての評価を行う「職務標本式」と、②多くの職業に含まれる個人の能力特性を評価する「職業特性式」に二分されます。後者の方式では、①言語的な理解力が少ない場合にも実施でき、②作業に関連した行動を観察でき、③職業に関する興味も把握でき、④結果のフィードバックがすぐにでき、⑤類似の職業への応用性が高く、⑥場面設定評価よりコンパクトに実施できる、といった利点があります（松為、1994）。

　「ワークサンプル幕張版（MWS）」は、障害者職業総合センターで開発された支援ツールである「職場適応促進のためのトータルパッケージ」（高齢・障害・求職者雇用支援機構、2011）の中核となるもので、OA作業、事務作業、実務作業の３つの作業領域（全13種）のワークサンプルで構成されています。また、①作業の疑似体験や職業上の課題を把握する初期評価を比較的短時間で体験できる「簡易版」と、②評価に加えて、作業遂行力の向上や障害の補完手段の活用、作業ストレス・疲労等のセルフマネジメントスキルの獲得を目指して反復して実施できる「訓練版」があります。

　第２の場面設定法は、「実際の職場に似せながらも統制された作業環境で作業をさせることで、行動や能力及び制約を体系的に観察する評価方法」（吉光、2006）とされます。模擬的な再現の中心となるのは、職場に固有な規律や習慣や対人関係などであり、そうした状況の中での適応性を判断することに評価の焦点があります。

　この方法は、①実際の職場を構造化・統制化した模擬的な場面として再現するために妥当

性が高い結果が得られ、②実務に近似した環境の中での作業遂行状況や対人行動が観察でき、③作業に関わる一貫した行動様式を評価することができます。ですが、①膨大な費用と場所の確保が必要となり、②職業評価に未熟な者が行うと結果の信頼性が低下し、③提供される作業は単純作業に限定されがちなこと、などに問題があるとされます（松為、1994）。

第3の職務試行法は、実際の仕事や作業を評価場面として利用する手法です。これは、対象者自身の職場実習の意味合いもあって、体験を通しての自己評価や職業適合性（マッチング）の評価として活用されます。ただし、実際の企業現場での実務作業を利用しての評価ですから、環境の統制や介入的な支援が困難だったり、上司や従業員による評価基準が一定でないなどの課題もあります。それに対処するには、チェックリストの活用が効果的ですが、それでも、職場環境や作業内容の変化で評価が変わる可能性が出てきますから、特定の職場環境下での結果として解釈することが必要です。

（3）行動特性の把握

表7－3の機能的評価測定法の内で、行動特性を把握する方法には、さまざまな評定尺度があります。そのほとんどは、観察対象となる行動項目を羅列して、それに対する段階的な評価をするチェックリストです。

第1の医学的分野は、診断ツールとして活用されています。障害分野に応じた多様な尺度が開発されていますが、身体的機能あるいは精神的機能に焦点を当てたものがあります。

また、日常生活動作（ADL）の尺度には、①移動・食事・更衣などの身辺自立のための「基本的日常生活動作」と、②掃除や料理などの家事や交通機関の利用、コミュニケーション、服薬管理、金銭管理などのように基本的日常生活動作よりも複雑な「手段的日常生活動作」があります。

第2の社会適応の分野は、個人特性の階層構造（図7－1）のうち「疾病・障害の管理」や「日常生活の遂行」に焦点を当てて、職業生活の遂行を含む社会人としての適応可能性とその程度を広範に捉える項目で構成されています。

第3の職業準備性（適応）の分野では、職業生活や職場への適応に必要な要件が項目として網羅されています。図7－1の階層構造では「職業生活の遂行」に該当する項目で構成されています。

第4の産業工学的分野では、職場の物理的・技術的・組織的な環境を分析する項目と同じ内容で個人の特性をチェックします。そのため、職場で要請されている基準に対して個人特性が適合するかどうか、また、適合しない場合には環境条件をどのように改善するべきか、といったことに焦点を当てることができます。

（4）行動観察

機能的評価測定法に含まれる作業遂行や行動特性を把握するには、作業場面を含むさまざまな場面において、対象者の動作・言葉・表情・態度などの行動観察が不可欠です。また、行動観察をもとにした評価は、面接・調査や心理的・生理的検査の実施中でも必要です。出現するさまざまな行動を注意深く観察することで、検査の数値結果からは得られない隠れた

ニーズや障害の特性を把握することができるからです。

　ただし、行動観察の記録は、その時の状況が他者に想起できるよう事実を具体的に記述し、また、観察者自身のステレオタイプな視点が入り込まないように注意しなければなりません。たとえば、外見や態度あるいは関係機関から得られた事前情報などから先入観を抱いてしまい、それに合致する行動だけを特記したり、事前学習した知識に捉われ過ぎたりしないようにします。

3．汎用的チェックリスト

　表7-3の機能的評価測定法の中でも、特に、職業準備性（適応）を把握するチェックリストは、医療・教育・福祉・雇用の異なる分野の専門職が、働くことの意義や職業準備性に関しての価値基準と情報を共有しやすい評価法です。そのため、これらの分野が連携して切れ目のない就業支援プログラムを策定する場合の、有力なアセスメントツールとして活用できます。

　チェックリストは、就業支援機関の特性に応じて実践的な内容を盛り込みながら、多種多様なものが作成されています。それらの中で、すべての障害種に適応でき、かつ、医療・教育・福祉・雇用のどの分野でも共有できる情報源となり得るものに焦点を当てて解説します。

（1）障害者用就職レディネス・チェックリスト（ERCD）

　全障害種を対象に、実証的研究を踏まえて職業準備性の全体像をチェックリスト化した最初の評価法といえるでしょう（松為、1989a, b, c）。障害のある人が一般企業に就職して適応しようとする場合に必要とされる最小限の心理・行動的条件をどこまで満たしているかを確認して、適切な職業相談や職業指導を進めるための手がかりを提供することを目的にしてい

表7-4　障害者用就職レディネス・チェックリスト

一般的属性	・現在の年齢・就業経験・運転免許・資格免許・職業訓練の有無
就業への意欲	・働くことへの関心・本人の希望する進路・職業情報の獲得・経済生活の見通し
職業生活の維持	・身辺の独立・症状の変化・医療措置・医療の自己管理・健康の自己管理・体力・勤務体制・本人を取り巻く状況
移動	・外出・交通機関の利用・平地の移動・階段昇降・歩行技術（8）
社会生活や課題の遂行	・課題の遂行（14）・社会生活の遂行（13）
手の機能	・手指の動作（6）・手指の運動機能・肩／肘／前腕の動作（7）・肩／肘／前腕の運動速度・巧緻性・上肢の筋力
姿勢や持久力	・姿勢の変化（5）・持ち上げる力（5）・座位作業の持続性・立ち作業の持続性
情報の受容と伝達	・視覚機能・視覚弁別機能・聴覚機能・コミュニケーションの方法・書字表現の方法
理解と学習能力	・言語的理解力・話す能力・読解力・書く能力・数的処理能力

注1：各項目は、能力段階を示す箇条書に基づいて評価
注2：下位項目がある（下位項目数を表示）場合は、合致する個数に基づいて評価

ます。表7-4にある9領域44項目から構成されています。

手引きでは、利用の仕方として、次のことが挙げられています（雇用問題研究会、2020）。

①就職に向けた準備の程度を明らかにして、職業生活の継続に必要と考えられる心理・行動的条件の範囲と内容を的確に知るための視点が得られます。

②就職に向けた準備の程度に関する情報を、他者に的確に知らせることができます。

③職業的自立を考える上で留意すべき全体像を明らかにできます。

④職業指導の過程で繰り返して記入することで、職業人として必要な要件の習得に関する経過記録やその効果を確認できます。

⑤広範囲な情報で数値化になじまなかった状況を、数値として体系的に整理できます。

障害者用就職レディネス・チェックリストが開発された1980年代後半の障害者雇用の状況は、身体や知的障害が主流でした。項目はそれらを反映した内容になっています。

（2）就労移行支援のためのチェックリスト

2006年の障害者自立支援法の施行で、就労移行支援事業者は、対象者に個別支援計画を作成することが求められました。そのため、就労支援サービスを受ける諸段階の状態を把握するためのチェックリストとして作成されました（高齢・障害・求職者雇用支援機構、2007）。

個別支援計画を作成して就労支援サービスを進めていく中で、対象者が就労に移行するための現状を把握することを目的に、①個別支援計画を策定するに当たって重視すべき「必須チェック項目」（3領域34項目）と、②就労移行支援をよりよく進めるために参考となる「参考チェック項目」（9項目）で構成されています（表7-5）。

利用の仕方として、次のことが挙げられています。

表7-5　就労移行支援のためのチェックリスト

分野		必須のチェック項目
必須チェック項目	日常生活	・起床・生活リズム・食事・服薬管理・外来通院・体調不良時の対処（6）・身だしなみ（5）・金銭管理（5）・自分の障害や症状の理解・援助の要請・社会性（3）
	働く場での対人関係	・あいさつ・会話・言葉遣い・非言語的コミュニケーション（3）・協調性（6）・感情のコントロール（3）・意思表示・共同作業（6）
	働く場での行動・態度	・一般就労への意欲・作業意欲（5）・就労能力の自覚（4）・働く場のルールの理解（4）・仕事の報告（5）・欠勤等の連絡（4）・出勤状況・作業に取り組む態度（6）・持続力・作業速度・作業能率の向上・指示内容の理解（5）・作業の正確性・危険への対処（5）・作業環境の変化への対応（3）
参考チェック項目		・仕事の自発性・仕事の準備と後片付け・巧緻性・労働福祉的知識・家族の理解・交通機関の利用・指示系統の理解・数量、計算・文字

注1：各項目は、5段階の選択肢で評価
注2：評価結果を基に下位項目（項目数を表示）で詳細の評価

表7－6　就労支援のためのチェックリスト

対象		チェック項目
訓練生用	日常生活	・生活のリズム・健康状態・身だしなみ・金銭管理・交通機関の利用 ・規則の遵守・危険への対処・出席（出勤）状況
	対人関係	・挨拶と返事・会話・意思表示・電話等の利用・情緒の安定性・協調性
	作業力	・体力・指示内容の遵守・機器や道具の使用・正確性・器用さ・作業速度 ・作業変化への対応
	作業への態度	・就労意欲・質問／報告／連絡・時間の遵守・積極性・集中力・責任感 ・整理整頓
従業員用	職業生活	・出勤状況・健康状態・身だしなみ・規則の遵守
	対人関係	・挨拶・意思疎通と会話・指揮命令系統の理解・人間関係の維持
	作業力	・体力・指示内容の遵守・正確性・判別力・作業速度・習熟・作業変化 への対応・危険への対処
	作業への態度	・質問／報告／連絡／相談・時間の遵守・整理整頓・積極性・集中力 ・責任感・共同作業
	その他	（例）・生活のリズム・休暇の取得・金銭管理など （例）・情緒の安定性・ストレスへの対処・協調性など

注1：項目ごとに、4段階の選択肢で評価

①就労移行支援事業者等が個別支援計画を作成し推進するための資料となります。

②対象者の就労の可否や就労移行可能性の高低を評価するのではなく、現状を改善するための支援方法を考えて実行していく資料となります。

（3）就労支援のためのチェックリスト

　教育・訓練機関や福祉施設等で行われる教育や訓練と事業所での雇用管理や能力開発の双方について、その成果を客観的に把握することを目的として作成されました（高齢・障害・求職者雇用支援機構、2009）。そのため、チェックリストは2種類で構成されています（表7－6）。

　第1は「訓練生用チェックリスト」です。4領域28項目で構成され、特別支援教育機関の生徒、職業訓練機関の訓練生、就労移行支援事業・福祉機関の利用者を対象としています。

　教育・訓練・就労移行支援事業・福祉等の機関で就労支援に携わる者が情報を共有して、連続した適切な支援を行うことができます。また、時系列的にチェックすることで、対象者の能力改善や支援の効果を見ることができます。

　第2は「従業員用チェックリスト」です。4領域23項目（個別状況に応じて、適宜に追加することも可能）で構成され、事業所で対象者を効果的に指導するための情報ツールです。

　一定期間の観察のもとに継続的に記録することで、改善の様子がわかり、職適応の向上、作業能率の改善、職業能力の開発、雇用の安定などの支援サービスに役立てることができます。

（4）アセスメント法の開発

　これらのチェックリストが開発されてからすでに10年以上経過しています。この間に、障

害福祉サービスとしての就労支援事業所やその利用者である障害のある人は大幅に増加し、就労支援に関するアセスメントのためのさまざまなチェックリストが実践場面で採用されてきました。また、特に精神障害の人に対しては、従来のチェックリストでは把握しきれない、職場定着の不安定さを把握することの必要性が増してきました。

そうしたことから、異なる施設や機関であっても、雇用就労に向けた支援に共通して活用できる汎用的なチェックリストを開発するとともに、就労継続を妨げる状況を継続的に把握する方法についても検討することが必要とされています。

さらに、これらのアセスメントの結果で課題として指摘されたことに対して、どのような合理的配慮をすることが妥当であるかを関連付けるようなアセスメントツールの開発が求められています。

（5）情報の解釈

こうした機能評価法の結果をもとに、個人特性を把握して支援計画（プランニングの過程）を策定するのですが、その際の情報の理解の仕方には留意が必要です。

一般的には、情報の解釈にはある種の歪みが生じることは避けられません。特に、チェックリストのような質的情報をもとに個人特性を理解する場合には、評定者の主観的な価値観によって歪みやすいために、次のことに注意する必要があります（松為、1994）。

第1に寛大性の効果です。対象者との心理的な関わりの深さによって、評価が肯定的（良い感情の場合）あるいは否定的（悪い感情の場合）になりやすい傾向をいいます。

第2に中心化傾向の効果です。対象者をよく知らない場合に、極端な評価を下すことを避けて平均的な判断をしがちになります。

第3に後光効果です。何か目立つ良い（悪い）特性があれば、それですべてを肯定的（否定的）に判断しがちになります。

第4に論理的一貫性の効果です。論理的な関連性が高いと判断された特性は、相互に類似した判断をしやすくなります。

第5に対比効果です。自分の状態を暗黙のうちに価値判断の基準とし、対象者を自己とは反対の方向に判断しがちになります。

第6に初頭効果です。最初に見た時の印象は、最後まで影響を及ぼしやすい傾向にあります。

第7にステレオタイプです。何かの特性を契機として、そこから連想される固定観念すべてを理解しがちになります。

第3節　自己理解

1．自己理解の意義と内容

個人特性の理解は、対象者の側からすると「自己理解」に相当します。これは、自分の気質、性格、ある種のタイプ、価値観、考え方、態度・行動などを深く知って、それを自分自

表7－7　スーパーの職業的適合性

職業的適合性	能力	適性	知能 空間知覚 知能の速さ・正確さ 精神運動機能 未開発のもの	
		技量	学習 技能	
	パーソナリティ	適応	欲求	
			特質	
		価値観 興味 態度		

身が納得して受け止めている状態をいいます。

　キャリアカウンセリングでは、職業との関連でより明確に規定され、進路や職業、あるいは企業の内容を知り、それを選んで遂行してゆく主体となる「自分自身」を知ることを意味します。

　自己理解の特徴として、次のことが挙げられます（木村、2019）。

　第1に、自分自身を分析したうえで、それを統合していく手続きです。職業世界への参加に向けて、職業適性、性格、職業興味、態度、価値観などのさまざまな側面から自分をみつめながらその特徴を描くことになります。そのうえで、分析された自分の特徴をもう一度全体としてまとめて描写することで、それまで漠然としていた自分自身の姿を明らかにして自分の言葉で説明できるようになります。

　第2に、自分を描写する言葉や方法として、できるだけ客観的であることが求められます。他人にも自分と同じように、自分を描写する言葉や内容を理解してもらえるようにします。

　第3に、自分と環境との関係について知ることが大切になります。学校、地域社会、職場や職業、そして雇用状況などのさまざまな環境についての理解を深めることによって、そうした環境の中に存在している自分という視点から、自身の「役割」を考える契機となります。

　スーパー（Super, D. E）は、表7－7の「職業的適合性」という概念で個人特性を示しました（スーパー、1960）。これを自己理解の基本的な枠組みとして、測定評価のための多様な方法が開発されてきました。

　ですが、今日では、「人と職業の適合性」は、ますますその範囲を広げると同時に、正確な測定と科学性が求められています。

　たとえば、厚生労働省の職業情報提供サイト（日本版Ｏ－ＮＥＴ）では、①仕事の内容（職業、タスク）、②就業の要件（学歴、入社前後の訓練機関、入社前の実務経験）、③労働条件

（就業者数、労働時間、賃金、平均年齢）、④仕事能力プロフィール（スキル、知識、興味、仕事価値観・満足感、仕事の性質）、⑤類似する職業などで構成されています。これらを踏まえて、強みとなる個人スキル・知識は 40 項目、不足しているスキル・知識も 39 項目を提示しています（厚生労働省、2020a）。

２．自己理解の方法

こうした自己理解を進める方法には、次の３つがあります。これらを通して、自分自身の価値観、興味・関心、強みを探求していきます。

第１は、自分の人生の振り返りです。今まで生きてきた人生の出来事を振り返りながら、自分の価値観、興味・関心、性格、強みなどを言語化していきます。これを通して、自分の過去と現状を踏まえた今後の目標を覚知していきます。

第２は、他者との比較です。自分の持っている価値観や哲学、強み・弱みなどを他者と比較することを通して、明確化していきます。自分のことを他者に話す、話や本で異なる考え方を知る、専門家に相談するなどの方法があります。

第３は、客観的な情報から自分を知ることです。これには次に示すように、さまざまなキャリア開発ツールがあります。

３．キャリア関連ツール

労働政策研究・研修機構は、さまざまなキャリア開発に活用できるツールを開発しています（労働政策研究・研修機構、2020）。
（１）OHBY カード

430 職種の職業情報（「職業ハンドブック OHBY」に基づく）の内容を 48 枚の職業情報カード（写真と解説付き）にしたものです。職業情報カードを「選択する／しない／考慮中」に分類して、その職業の特徴を理解したり興味のある職業を選択していきます。児童から若者、中高年まで幅広く利用でき、多様なキャリアニーズに柔軟に対応できます。
（２）VRT カード

心理検査「職業レディネス・テスト」の職業興味と職務遂行の自信度に関する項目を 54 枚のカードにしたものです。書かれている仕事内容への興味や、その仕事を行うことについての自信を判断していくことで、興味の方向や自信の程度が簡単にわかります。
（３）キャリアシミュレーションプログラム

就業経験のない（浅い）若年者に、就職後の職業生活のイメージを知ってもらうことを目的に、「シミュレーション」と「振り返り」の２部で構成されたプログラムです。シミュレーションは、すごろくによって職業生活で生起するさまざまな出来事に対する選択体験を繰り返す７枚で構成され、グループディスカッションによってその後の振り返りを行います。

就職直後～職業生活初期での人間関係の形成や仕事の進め方等についてのイメージを獲得して簡単な見通しを得ることができることから、他のキャリア教育の取り組みと並行しなが

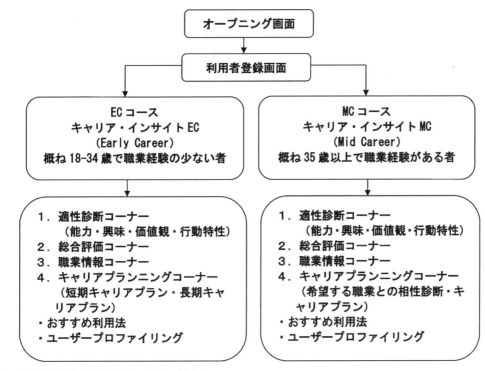

出典：労働政策研究・研修機構ホームページより

図7－2　キャリア・インサイト（総合版）の構成

ら、就職後のキャリア形成を考えるうえで有用です。

（4）キャリア・インサイト（総合版）

　利用者自身がパソコンを使いながら、職業選択に役立つ適性理解、職業の検索、キャリア
プランなど、キャリア・ガイダンスに必要な基本的なステップを1人で経験できる総合的な
キャリアガイダンスシステムです。

　内容は、①適性評価機能（適性診断コーナー）、②職業情報の検索機能（職業情報コーナー）、
③適性と職業との照合機能（総合評価コーナー）、④キャリア・プランニング機能（キャリ
ア・プランニングコーナー）の4つの機能で構成されています。オープニング画面と利用者
登録画面の後に、利用者の年齢や職業経験に応じて、EC コースと MC コースに分かれて進
めていきます（図7－2）。

　EC コースは18歳から34歳程度の若年者で、職業経験がないかもしくは経験が少ない人、
MC コースは35歳から60歳代程度で、職業経験のある人がそれぞれ対象になります。

　利用者はパソコンを使いながら、さまざまな側面から自分自身で適性評価と理解を深める
ことができるため、将来の進路や職業について考える素材が得られます。

第4節　最近の職業能力観

　産業界などでは、個人特性の理解に直接的な関わりをもつ、エンプロイアビリティとコンピテンシーの2つの職業能力観が、課題となっています。

1．エンプロイアビリティ

　企業等に雇用される能力をいいます。また、採用される能力の他にも、継続雇用される能力や職場の状況に応じて異動・転職のできる能力も含まれます。近年の国内外の労働環境は、企業規模の縮小化が推進される中で、長期雇用制度の維持が困難となってきています。そのため、経営側は、従業員が他社でも通用するスキルや知識を身につける機会を与える仕組みとして、エンプロイアビリティの概念を導入してきています。

　エンプロイアビリティの要素には、①職務遂行に必要となる特定の知識・技能などの顕在的なもの、②協調性や積極性など、職務遂行にあたり各個人が保持している思考や行動特性に関わるもの、③動機、人柄、性格、信念、価値観などの潜在的な個人的属性に関するもの、の3つがあります。このうちの①と②は数値や態度に表れることから、十分に評価対象となり得るのですが、③は観測が困難であり、就業能力を測る際の基準としてふさわしいとはされていません（厚生労働省、2020b）。

　また、従業員と企業の関係に注目すると、①現在所属の企業内での良い評価を獲得して雇用継続の能力としていく内的エンプロイアビリティと、②環境の変化に合わせて好条件のもとでの異動・転職を可能とする能力としての外的エンプロイアビリティに分類できます。継続的に雇用されたいのか、転職をしたいのかによって、伸ばすべきエンプロイアビリティが異なるということです。

　エンプロイアビリティを実践的な職業能力として捉えると、その評価は、自己のスキルと行動や思考の特性がより直接的にキャリア形成と結びつくことを考える契機となります。

2．コンピテンシー

　企業等で、理想的で高い成果や業績を上げる人材の職務遂行能力の特性をいいます。職務を通じて獲得したスキルや能力を、与えられた状況に応じて適切な行動として発現し、成果を上げることができる能力です（谷内、2001）。

　我が国では、人事評価が成果主義に変わる過程で、高い知識や学歴の人が必ずしも業績を上げるとは限らないことが少しずつ明らかになるとともに、マンパワー不足が深刻化するにつれて、より高い成果を発揮できる人材を集めて育成することが企業の課題となってきました。こうしたことがコンピテンシーの概念が取り入れられた背景となっています。

　職業や仕事の場面で何が優秀さ（コンピテンシー）になるかどうかは、企業や仕事の内容によって変わりますし、また、優秀さということ自体、仕事の流れの中で、刻々と変化していきます。そのため、コンピテンシーに関わる行動特性はさまざまで（谷内、2001）、達成行

動力、対人関係力、対人影響力、管理力、認知力、個人の成熟性などがあります。さらに、欧米の企業ではこれらに加えて、コミュニケーション力、チームワーク、顧客志向性、成果達成志向、革新性や創造性、ビジネス感応性、リーダーシップ、自身や他者の能力開発、意思決定、順応性や柔軟性、問題解決などもあります。

　実際の評価では、それぞれの企業や職務において高い業績のある人を特定して、そのコンピテンシーを抽出して構成するのですが、基準を詳細化することは非常に困難なことから、抽象的に定義せざるを得ないということです。

第 8 章　障害の影響の理解

　障害のある人の個人特性の理解には、第7章の一般的な方法に加えて、疾病に起因するさまざまな制約（障害）が職業生活におよぼす影響及びそれへの対処（配慮）についての理解も不可欠です。

　ここでは、高齢・障害・求職者雇用支援機構（2019a, b）をもとに、疾病の特徴を含む職業上の課題をまとめました。

第1節　視覚・聴覚障害

1．視覚障害

　障害の状態や程度によって、視力が全くない全盲の状態から、視機能の低下で日常生活や就労に支障をきたす弱視までの範囲があります。弱視の場合、拡大読書器やルーペ等の補助具で文字の読み書きができる場合もあります。歩行についても、白杖や盲導犬がないと単独歩行が困難な場合から、残存視力で単独歩行が可能な人までいます。また、視力の障害の他に、視野の欠損や狭窄、色覚や眼球運動の異常などを伴う場合もあります。

　人は視覚刺激を介して情報を取得する割合が最も高いとされますから、視覚障害は「情報障害」そのものです。そのため、視覚機能の喪失や低下は、①必要な情報を得ることが制限される、②情報不足で状況の把握が不十分なために、適切な判断・行動がとりにくい、③生活に必要な知識や技能を習得したり、社会性や職業的な発達が制限される、などの職業的な課題を生じさせます。また、④障害に対する周囲の理解不足や企業や教育・訓練機関等の準備不足のために、教育・訓練・就業の機会が制限されることもあります。

　これらの課題に対しては、職務の内容に加えて、通勤やコミュニケーションへの考慮も必要となります。白杖等を使って安全で確実な歩行で通勤できるのならば、最初の数回だけの同行で単独行が可能です。職場内の移動も、物品の位置や経路が確認できていれば、通路に物を置かない限りは問題の生じることはありません。ただし、情報を伝達する場合には、要点を口頭で伝えたりボイスレコーダーを利用する、文字データの音声変換プログラムを活用する、会議では同席者の名前や位置を知らせる、位置に関する指示は具体的に何がどこにあるかを示す、といったことが必要です。

2．聴覚障害

　障害の程度は、小さな音が聞こえないだけの状態から、大きな音でもわずかな響きしか感じられない（難聴）段階から全く聞こえない（ろう）状態まで、大きな差があります。また、

聴力損失が生じた年齢、その原因の性質や程度、受けた教育などの違いによって、話し言葉の明瞭さや言語能力に大きな違いが生じます。一般的に、発育の過程で音声言語の基本的概念を獲得する（乳幼児期）の前に失聴すると、言語理解に困難を伴うことが少なくありません。ですが、教育方法や補聴器の進歩によって、聴力損失の程度と言語能力の程度は必ずしも一致しません。

　コミュニケーション場面に関しては、ろう者は、身ぶり、口語（読唇術＋発語）、手話、筆談等のさまざまな手段があります。難聴者の場合は、補聴器を用いての個別の会話は容易ですが、集会や会議や電話での対応には不自由さが伴います。

　聴覚障害も「情報障害」が生じてきます。特に、健常者がふだんから何気なく取り入れている情報が入らないため、社会一般の常識が欠如しているとか気が利かないなどの誤解を受けたり、健聴者との交流が途絶えがちになって疎外感や孤立感を感じてしまうこともあります。職業的な課題としては、情報障害に対する配慮とともに、職場の人間関係に対する配慮も必要となります。

第2節　肢体不自由・高次脳機能障害・内部障害・難病

1．肢体不自由

　運動機能の障害が焦点になりますが、その原因・部位・程度によってさまざまな分類ができます。原因別では、①先天的か後天的かの「疾病」、あるいは、②脊髄損傷、頭部外傷、切断、骨折などの「外傷」に分かれます。障害のある身体部位別では、①上肢（手）、②下肢（足）、③体幹（胴体）に分かれます。障害の現れ方では、①欠損による機能喪失（切断等）、あるいは、②本来機能の制限や喪失（失調・まひ等）に分かれます。さらに、運動機能障害の原因別では、①先天性の四肢体幹の形成の異常や後天性の事故等で四肢等を失うなどの、形態的な障害で生じる場合と、②形態的には大きな障害はないものの、中枢神経系や筋肉の機能が障害されて起こる場合に分かれます。運動機能障害の程度は軽度から重度まで幅が広く、また、軽度であっても障害部位が複合すると制約が大きくなってきます。

　診断名に即した代表的な障害とそれに起因する職業上の課題は、以下のとおりです。

　①脳性麻痺は、乳幼児期以前の脳の病変によって生じる、運動障害や姿勢の異常が特徴です。障害部位の筋肉の緊張が強くて運動がぎこちない「痙直型」と、自分の意思とは関係ない不随意運動が起こる「アテトーゼ型」があります。精神的な緊張が強まると、特有の症状である不随意運動などが起こりやすくなることがあるため、リラックスできる環境が大切です。

　②脊髄損傷は、交通事故や労働災害あるいは病気のために、脊髄の特定部分から下の感覚・運動機能が失われた状態になるので、医療的管理が必要となります。ですが、車いすや自動車などの移動手段が確保され、作業場や作業機器などの職場環境を車いすで対応可能なものにすれば、十分に働くことができます。ただし、尿路感染症や膀胱炎・腎炎などの予防のた

めの定期的な検査、長時間の座位作業で生じやすくなる「褥瘡」の予防、感覚障害があるために火傷や切り傷の予防、発汗機能の障害で体温調節が困難なことから室内温度の調整などが必要です。

③脳血管障害は、脳血管が出血したり詰まったり（梗塞）して脳に病変が起こると、その反対側の半身に麻痺が現れます。脳内出血（脳出血、くも膜下出血）と脳梗塞（脳血栓、脳塞栓）に分けられます。主な症状として運動機能障害（片麻痺、失調）や知覚障害（感覚脱失、しびれ、視野障害）が生じますが、それに加えて、後述する高次脳機能障害を合併することも少なくありません。

④頭部外傷は、頭部に交通事故などで外的な圧力が加わって脳組織が損傷された後遺症として、認知機能などの精神機能に起こる障害です。同時に生じた運動機能障害が軽症だとしても、認知機能の障害が重度であれば高次脳機能障害への対応が重要となります。

⑤切断は、外傷や疾病などで四肢の一部を失った場合には、義肢を装着して形態的・機能的障害を補い、その活用訓練を通して就業は可能です。

これらの身体機能面の制限に対しては、補助具や支援機器の活用、施設・設備の整備などのように、多くの場合、物理的工夫や周囲の配慮によって問題解決を図ることになります。また、健康管理や体力の低下への対応として、勤務時間や職務内容の調整、定期検査、通院の確保などが必要です。そのため、本人や主治医等から配慮すべき事項をヒアリングで把握したうえで、環境条件を整えることが必要です。

2．高次脳機能障害

脳血管障害や頭部外傷などによって脳に損傷が生じた場合、その部位の違いによって、①全般的障害としての意識障害と認知症、②脳の一部分の破壊等で現れる失語症・失行症・失認症、③一般的な精神症状としての注意障害・記憶障害・意欲障害、などのさまざまな症状が出現します。一般的には、①は障害が重度であり、日常生活にも大きな支障をきたします。②と③は、症状の程度が重いと日常生活への影響も大きいのですが、軽度ではあまり支障にならないとされます。ですが、職業生活ではこれらも重要な問題となります。

そのため、就業に際して直面する課題は非常に多方面です。主な職業的課題とその対応としては、次のことがあります。

第1に本人の障害の認識と自己理解が不足しています。事象の記憶ができないばかりでなく、自分が感じた困り感をも見失うために、自身の障害の認識ができなかったり、障害を直視しようとしないことがあります。そのため、職業生活に関するさまざまな課題に対処が必要だという認識になかなか至りません。本人自身に困り感がなくて発症前と同じように仕事ができると考えてしまい、支援を受けるまでに時間がかかってしまいます。

第2に記憶障害の影響が生じます。作業の指示を覚えられないため、同じ指示や注意が何度も繰り返されることになります。以前にはできていた作業でも時間が経つと忘れてしまったり、自分の予定や行動が覚えられなくてスケジュールの自己管理が難しくなります。

　第3に注意障害の影響があります。見落としなどのケアレスミスの頻発や、複数のことを同時並行処理することが難しくなります。そのため、作業指示は手を止めて個別に順序立てて説明してメモをとらせたり、作業中は注意を集中するよう物理的な環境を整備します。作業手順は細分化するとともに検品の工程を組み込み、集中力の必要な作業は午前中に回します。休憩・睡眠等を規則通りに取らせます。それらが難しい場合には、作業自体の変更が必要となります。

　第4に遂行機能障害の影響があります。目的に応じた効率的な作業遂行を自己管理することが困難になります。そのため、手順を明確に指示し、最終の仕上がり像だけを提示することは避けます。状況に応じた臨機応変な対応が困難なことから、作業手順のマニュアル化を進め、作業の優先順位や1日の作業スケジュールなどを見える化し、突発的な事態や判断に迷った場合の相談相手を決めておきます。

　第5に失語症の影響があります。話す・書く・聞く・読む・計算などが難しくなるため、作業の指示は、実際にやって見せる、完成時の見本を見せる、写真や図による手順書を作成する、などの工夫が必要です。会話は、静かで落ち着いた環境の下で、短い文で緩やかなテンポで行い、要点は記述し、はい・いいえのクローズドクエスチョンにします。

　第6にコミュニケーション面の課題があります。病識が不十分だったり周囲の適切な理解がないと、職場の対人関係やコミュニケーション上の問題が生じることがあります。発生した問題の経過や原因に対する情報を本人と共有できないために、事実の誤認や改善がなされないままの状況が繰り返され、これが誤解されて問題行動とみなされがちです。これに自分の状況を適切に表現できないことが重なると、まわりの人には理解しにくい衝動的で激情的な言動が現れてしまうこともあります。

　第7に重複障害への対応に課題があります。脳の疾患や外傷の部位によって現れる症状や障害の状態が異なり、部位の広がりの程度に応じて上述した状態も複雑化します。また、本人の経歴や個人的な特性、疲労や置かれている環境などによっても、障害の現れ方は異なります。そのため、アセスメントは丁寧に行って、課題となる点を明確にするとともに、具体的な対処の方法も併せて検討することが必要となります。

　第8に二次障害の影響があります。受傷後に本人が自身の状態に向き合う過程で、うつ症状が現れることがあります。障害の状況は身体的にも精神的にも、本人に強いストレスを与えてしまいます。

　認知機能の障害への対処は、この他に、知的障害や発達障害にも共通するものが少なからずあります。それ等は、後述の知的障害の項で解説します。

3．内部障害

　医学的には、①心臓機能障害、②腎臓機能障害、③呼吸器機能障害、④膀胱または直腸の機能障害、⑤小腸機能障害、⑥ヒト免疫不全ウイルスによる免疫機能障害、⑦肝臓機能障害、に分類されます。

職業能力の課題で共通することは、体力や運動能力の低下です。重い荷物を持つこと、走ること、速く歩くこと、坂道や階段を上がることなど、急激な肉体的負担を伴うことは制限されます。また、風邪をひきやすい、自己管理を怠りやすい、過労で体調を崩しやすい傾向にあります。

　これらは、本人は当然として、まわりの人も注意深く観察していることが求められます。睡眠時間や食生活の工夫とともに、健康面の自己管理を適切にすれば、職業上の課題はほとんどありません。ただし、必要に応じて、本人や主治医、専門医から情報を入手しておくことが大切です。

4．難病

　障害者施策の対象として定められた難病だけでも、数百以上の疾患があります。また、その疾患群も、血液系、免疫系、内分泌系、代謝系、神経筋系、視覚系、聴覚・平衡機能系、循環器系、呼吸器系、消化器系、皮膚・結合組織系、骨・関節系、腎・泌尿器系、など多種多様です。症状出現の仕方や頻度は個人差があり、また、それ自体も個人内で変動することから、難病の特性や治療法などをすべて正しく理解することは、容易なことではありません。

　難病の職業生活上の特徴は、服薬や治療等があれば普通の生活ができることから、医療的なケアと就業支援を併存させながら進めていくことです。具体的には、次のことがあります。

　第1に無理なく能力を発揮できる仕事を提供します。デスクワーク等の身体的負荷が少ない仕事、休憩が比較的柔軟にとりやすい仕事、パート等の短時間で通院や疲労回復がしやすい仕事、などは継続的に働くことができる仕事です。他方で、身体的負荷が大きく、休憩や通院がしづらい時間的拘束の多い仕事はあまり向きません。

　第2に職場の理解と配慮を確保します。無理のない仕事とのマッチング、通院（月1回程度）や体調に合わせた業務の調整などがあれば、企業側の懸念とは裏腹に、健康上も安全上も問題なく就業できることが多いです。なお、治療の見通しについて担当医に確認することが必要です。

　第3に疾患等の管理が必要です。治療と仕事を両立するには、本人の日常生活上の疾患の自己管理が重要となります。と同時に、体調の変化や入院等で休職するリスクを見越して仕事の進行管理を自主的にするとともに、そうした事態に至った際には同僚の協力を得たり調整するスキルも大切になります。

第3節　知的・発達障害

1．知的障害

（1）障害特性と対応

　知的障害の様相はさまざまであり、個人ごとに異なるうえに、本人の適性と働く意欲、興味によって課題の深刻さの程度も異なってきます。また、環境との相互作用によって課題の

現れ方が異なります。

　知的障害は、一般的には、①抽象的なことは理解しづらい、②読み書き・言葉の理解・計算の能力に制限がある、③作業手順の記憶や課題の処理に時間がかかる、④同時に複数の指示があると対処しづらい、⑤空間的な理解や判断が苦手、⑥段取りや手順を覚えたり工夫することが難しい、⑦獲得した技能の応用が難しい、⑧過去の経験や知識をもとに推理したり問題解決の方法を考えることが難しい、⑨まわりの状況に気付かず周囲への配慮が難しい、などが指摘されています。

　こうした障害は、認知機能（情報処理のプロセス）の制限として捉えることができます。ですから、その支援の仕方は、高次脳機能障害や発達障害などの認知機能の低下や歪み（認知障害）に対応する方法と共通する部分も少なくありません。たとえば、記憶力や注意力の低下に対する補償の方法、物事をわかりやすくする構造化の方法などです。

　この他に、知的障害者の中には、発達過程においてさまざまな経験が制約されることで、職業生活を支える日常生活や社会生活面の能力（健康管理、生活リズムの確立、対人技能、移動技能等）や、職業生活を維持するために必要な態度や基本的労働習慣（仕事に対する意欲、一定時間労働に耐える体力、規則の遵守など）などに課題が生じることがあります。これらの「職業（生活）準備性」（第11章第2節）の向上には、キャリア教育が重要になります。

（2）認知機能の障害への対応

　認知機能の障害は、詳細にみると障害の特性によって異なる部分がありますが、共通する一般的な対応としては、次のことがあります。

　第1に、情報伝達は処理能力の範囲内に収めることです。個人の処理能力を超えた情報が入ると、指示された内容への対応が抜ける、周囲に配慮できないといったことが生じます。その結果、周りの人は、仕事ができない、ものわかりが悪いなどの偏見を強めて感情的な行き違いを生むことになります。

　それゆえ、障害特性に基づいた能力の範囲内で処理できるよう、情報提供の仕方を工夫することが必要です。伝えたい内容をあらかじめ整理して、かつ、視覚的な資料として提供することが必要です。

　第2に、作業の分割と構造化そして手がかりの提示です。一度に処理できない複雑な作業は、作業を分割して処理しやすくしたり、理解しやすい作業環境を構築（作業の構造化）して、混乱や間違いを少なくします。また、行動開始の手がかりとなる視覚・聴覚刺激を提示します。支援者は対象者の作業を熟知して、作業の過程や内容を分割・整理して構造化できる技法を知っていることが必要です。

　第3に、失敗経験の少ない学習を行うことです。認知に障害があると、失敗経験から適切で妥当な法則を学ぶことが難しいうえに、失敗体験そのものだけが記憶されて、その後の学習が進行しないことがあります。

　そのため、課題の遂行で失敗体験を繰り返ないように、学習や訓練の仕方を工夫することが重要です。学習・訓練目標は、段階的に設定し、限定的に絞ったうえで、具体的に示し、

習得した結果を確認しつつ、獲得した正しい行動を強化する、などの配慮をします。また、作業は、ミスを事前に防ぐ工夫をしたうえで、発生した際には作業を中断して直後に正しいやり方を教え、支援の必要がなくなるまで練習を繰り返します。そのため、職場実習は有効な方法になります。

第4に、ストレスや疲労を減らすことです。ストレスや疲労は、課題の解決や習熟、あるいは職場適応を妨げる原因となります。働く人が職場でのストレスが少なくて働きやすいと感じるのは、自分の職務能力に応じた役割と責任を持ち、必要とされている実感を抱かせ、他の職員とのつながりを感じ、帰属意識がもてる場面です。そうした環境を整えるような雇用管理が必要です。

一方、職業生活を離れた身体の不調や人間関係の悩み、余暇の過ごし方などの生活面、健康面、心理面などで生じるストレスや課題は、本人や企業、職場だけでは解決が難しいことがあります。この場合には、支援機関や家庭が協力し、職場外から支える体制を構築することが大切になります。

２．発達障害
（１）障害の特徴

発達障害は医学的には発達期に起こるさまざまな障害を包括する概念ですが、発達障害者支援法では「自閉症、アスペルガー症候群その他の広汎性発達障害、学習障害、注意欠陥・多動性障害の他、これに類する脳機能の障害であってその症状が通常低年齢において現れ、政令で定めるもの」とされています。脳機能の障害であって、しつけや環境あるいは本人の怠けや性格による問題ではありません。診断名に即した主な特性は、次の通りです。

①自閉症は、現れ方や程度に個人差はあるものの、社会性・コミュニケーション・想像力の３領域で、発達に偏りのあることが特徴です。「社会性の偏り」は、他者への関心や関わり方などの社会的関係や対人関係を築いて維持することが困難な状況です。「コミュニケーションの偏り」は、言語発達の遅れや欠如、独語やオウム返し、言語の理解や使用の不自然さや不適切さとして現れます。「想像力の偏り」は、行動や興味、思考に広がりがなく、反復的で常同的な行動を繰り返します。このほかに、視覚や聴覚などの感覚の過敏や鈍感、運動の不器用さ、注意障害も見られる場合があります。

②アスペルガー症候群は、知的発達に明らかな遅れはなく、自閉症の３つの特徴のうち、言語発達の偏りについて、杓子定規な文法通りの話し方をしたり、理屈や事実関係にこだわって話が細かすぎたり、感情表現や言外の意味を読み取ることが難しいなどの特徴的な行動があります。

③広汎性発達障害／自閉症スペクトラム障害は、自閉症の３つの発達的な偏りの現れ方や程度を濃淡のある連続体として捉えるとともに、障害の分類や健常との境目がはっきりしていないことから、最近は、自閉症スペクトラム障害と表現されます。広汎性発達障害もこの障害に組み込まれて理解されています。スペクトラムの状況は、対人関係の障害である「社

会性」と「コミュニケーション」に関わる問題と「想像力」の問題の2軸をもとにして捉えています。

　④学習障害は、全般的な知的発達の遅れがないにも関わらず、読み書きや計算などの学習面の能力に限定的な障害やアンバランスが生じることが特徴です。医学的な基準では「読字障害」「算数障害」「書字障害」の3つの領域において、単独または重複した障害とされています。実際には、これらの障害の他にも、さまざまな症状を示すことも少なくありません。

　⑤注意欠陥・多動性障害は、注意散漫などの「不注意」、落ち着きがなく動き回る「多動性」、せっかちで後先を考えない「衝動性」などの行動が特徴です。行動観察や面談などの臨床的な判断に基づいて診断します。これらの行動は叱責や批判の対象になりやすく、また、社会的に孤立を招きやすくします。そのことが、自信や意欲の低下、情緒不安定などの不適応的な反応が二次障害として顕在化することもあります。さらには、抑うつや強迫性障害、パニック障害、不登校、引きこもり、逸脱行動などを生じることもあります。

　これらの発達障害の症状は、個々の特性が診断名ごとに完全に分離しているわけではなく、少しずつ重複している場合も少なくありません。また、本人が置かれている環境との相互作用などもあって、個人差は著しいと言えます。

（2）職業上の課題

　一般的な職業上の課題としては、次のことがあります。

　第1に、障害の認識と自己理解が不十分です。見聞きした情報を取りまとめたり、周囲の状況と照らし合わせたりしながら、自分の特徴を客観的に見つめ直すことが苦手です。そのため、障害の認識を含めて自己理解が不十分なことが少なくありません。たとえば、自分の得意・苦手なことがわからない、それを踏まえた課題への対処方法を持ち合わせていない、自己評価が偏っている、自分の適性・能力や経験に合った働き方が整理できない、興味や理想を優先した職業選択のためミスマッチにつながりやすい、などです。

　第2に、就職活動や職業生活に関する知識やスキルが不十分です。職業に関連する経験がなかったり、実際に経験していても本人が理解できる方法で指導や助言を得る機会がない場合には、就職活動や職業生活に関する適切な知識やスキルが習得されていないことがあります。たとえば、就職活動の段取り・求人票の見方・面接の受け方・履歴書の書き方などがわからない、職業に関する情報や企業の求める能力・資質・職場のルール・マナー・対人スキルなどの知識が不足している、各種支援機関・制度をうまく利用できない、などです。

　第3に、作業遂行・対人関係・コミュニケーション面で課題があります。相手の気持ちや考えを理解したり推測する、物事を順序立てて行う、全体的な意味を捉える、重要な部分を選択的に理解する、などが苦手です。そのことが、作業遂行時のさまざまな課題となって現れてきます。

　第4に、ストレスや疲労への対処に困難な場合があります。感覚刺激に過敏な特性があると、職場環境に強い不快感を覚えたり、ストレスや疲労が蓄積すると不快感を覚えます。また、休憩を取らずに作業に集中し過ぎて、ストレスや疲労で高負荷の状態になっても、それ

に気付くのが遅いこともあります。

　第5に、二次障害に陥ってしまうことがあります。見た目に「わかりにくい障害」のため、周囲から障害特性に応じた適切な理解や対応が得られないことが多くあります。そのため、叱責や批判の対象になりやすく、また、努力した成果が表れないで失敗経験が積み重なると、自信・意欲の低下のほかに、抑うつ、強迫性障害、パニック障害等が現れる場合もあります。

（3）支援の要点

　認知機能との関りが深い障害への対処は、前述した通りです。認知や行動上の課題は、実際の環境との関わりの中で、個別的にかつ具体的に整理していくことが基本です。一般的には、次のことをします。

　第1に、適切な診断と、障害の認知や行動面の課題を把握するためのアセスメントを実施します。これを通して、障害の自己理解を進めるとともに、本人・家族・支援者の3者が、本人のキャリアや進路の方向性についての共通認識をもつことが大切になります。

　第2に、個別の面接やさまざまな訓練や実習を通して、自己理解や必要な知識・スキルの基盤を築くことです。具体的な課題を目に見える形で整理分類して、体系化して本人に提示していきます。きめ細かなフィードバックが重要となります。

　第3に、職場を含めて本人の周辺環境を調整します。苦手な作業部分を代償したり、得意な部分を活かして高い能力を発揮させるようにします。また、ルールやノウハウを明文化して仕事をするうえでの曖昧さを解消しておきます。

第4節　精神障害・てんかん

1．精神障害
（1）症状

　診断名に即した主な特性として、次のことがあります。

　①統合失調症は、多様な幻覚や妄想が現れる「陽性症状」と、感情の鈍麻や平板化、思考や会話の貧困、自発性の減退、社会的ひきこもりなどが現れる「陰性症状」があります。症状が初めて出現したり再発した「急性期」には陽性症状が著しいのですが、それを過ぎてからの「寛解期」には陰性症状が顕著になります。こうした経過を経た後に、症状が安定して「慢性期」に入ります。それでも、完全に治るという状態には至りません。

　②気分障害は、気分が高まった「そう」状態や反対に沈静してしまう「うつ」の状態が、病的にまで重くなります。うつが持続する「うつ病性障害」、うつとそうの状態が交互に出現する「双極性障害」、身体疾患から誘発されたりアルコールや薬物などで誘発されて生じる「その他の気分障害」があります。

　③中毒性精神病（依存症）は、アルコールや薬物の他にカフェインやタバコなど、その渇望を満たすのに必要な物質の量が徐々に増えて、最後は行動や思考が全てそれに依存してしまう状態です。服用の中断で禁断症状が起きます。

　④器質性精神障害は、脳器質の疾患が原因となって生じる障害です。アルツハイマー型の認知症が典型です。

　⑤その他の精神疾患では、神経症、パニック障害、外傷後ストレス障害などがあります。「神経症」は、身体的機能に異常や病気がないにもかかわらず、高所や先端恐怖症、強迫性障害、不安障害などの不安が特徴です。「パニック障害」は、何らの前触れもなく突然、心臓が激しく鼓動し呼吸が苦しくなり、めまいや身体が震えるなどの症状と激しい不安感が起こります。「外傷後ストレス障害」は、戦争や大震災や犯罪被害などの大きなストレスに遭遇して、本人の意思とは無関係に、そのことが頭から離れずに不安が続いてもとの生活に戻れない状態になります。

　他方で、こうした精神疾患の多くに共通する症状として、情報を記憶して操作する一連の認知機能が低下することが知られています。そのため、低下した認知機能にどのように対処するかが、日常生活のみならず、職業上の課題においても重要になります。

（2）職業上の課題

　前述した認知機能の障害とその対応が中心となりますが、それに加えて、一般的には次のようなことがあります。

　第1に、疾病と障害の併存があります。医学的な症状は固定せず個人内外の状況によって変動し、そのことが、さまざまな「生活のしづらさ」となる障害の様相を変化させていきます。こうした疾病と障害の併存が続くことが、他の障害とは異なる大きな特徴です。そのため、就業してこれを継続するには、服薬を遵守するとともに、医療機関からの継続的な支援が不可欠となります。

　第2に、ストレス脆弱性と変化への弱さがあります。症状が固定しない原因として、ストレスに非常に弱く、人間関係・立場・生活・仕事などのさまざまな場面で起こる変化に対応できないことが挙げられます。このため、職場定着が難しく、離転職が多くなってしまいます。自分自身でストレスや疲労の原因を自覚し、それらが生じる予兆（サイン）に気づいて、適切に自己対処できるようになることが必要です。

　第3に、作業遂行力に制限があります。認知機能の障害により、作業能率や仕事の理解・判断力などに制約が生じます。そのため、個別的な認知機能の状況を的確にアセスメントして対処できる能力を確認するとともに、適切な補完行動や補完的な手段を講じることが必要です。

　第4に、疲れやすさ（易疲労性）があります。生真面目で手を抜けない、常に緊張状態で気が休まらない、服薬による副作用などによって、疲れやすくて基礎的な体力が強くない人がいます。

　第5に、社会的な未成熟さがあります。思春期や青年期などの若年期に発症しやすい疾病のため、同世代の人が普通に出会うさまざまな経験が不足してしまい、そのことが、社会常識的なマナーやルール、職業的な自己理解を得る機会を失うことになります。

　第6に、対人関係の適応の難しさがあります。周囲の評価に敏感になる、相手の話の内容

を被害的に受け止めがちになる、自分の気持ちを上手く伝えられない、頼まれると断れない、自己懲罰的になるなど、人間関係に関する認知面や対人・コミュニケーションスキル面で困難になることがあります。

第7に、再発の不安や、障害を隠す重荷があります。働くことで病気が再発するのではないかという不安や、病気のことを他の人に知られるのではないかという恐れをもつことがあります。また、こうした不安は、それ自体が「生活のしづらさ」を引き起こすことになります。

第8に、障害を公表することへの逡巡があります。自分の障害名を他の人や所属する機関や組織に公表するか否かに迷いがでてきます。精神障害に対する社会的な偏見は他の障害や疾病よりも根強いものがあります。そのため、障害を公表する利点や不利益を具体的に検討することが必要となります。

（3）支援の要点

こうした課題への対処を踏まえつつ、就業への支援では、さらに次のことも必要になります。

第1に、健康管理と通院への配慮です。疾病と障害の併存が続くことから、服薬の遵守も含めた医学的な自己管理を徹底することが必要です。また、そのためには、確実に定期的に通院でき、隠れて服薬する必要がなく、日常的に心身の状況を確認して予防的に対処するなどの、職場の理解と配慮が必要です。

そのためには、対象者が自ら毎日のセルフチェックをするとともに、職場・支援者・家庭・医療機関が対象者の疲労や不調の予兆（サイン）の共通認識と情報を共有し、症状再発の事前防止を行うようにすることが求められます。

第2に、作業遂行力の制限に対する支援です。疲れやすさや認知機能の低下、薬の副作用、過度の緊張や自信喪失などのさまざまな要因が、作業遂行能力の低下をもたらします。そのため、多様な情報はできるだけ整理・構造化したうえで、予定表やマニュアルを視覚化し、手がかりの提示などを工夫することが必要です。これが、本人の精神的な安心感につながります。

第3に、多面的で継続的な支援体制の整備です。症状への医療的な対応と日常生活や地域生活での「生活のしづらさ」との重なりは、就業とその後の職場適応に大きく影響します。そのため、医療・福祉分野からの多面的で継続的な支援が不可欠であり、それを維持するための関係機関や組織のネットワークが不可欠となります。

第4に、段階的で柔軟な受け入れ体制の確保です。就職して継続して働き続けるには、その一連の過程を計画的あるいは段階的に進めていける支援体制が必要です。またその過程は、職場の環境条件等の状況と対応しますから、受け入れ事業所は柔軟な雇用管理の体制が望まれます。

最初に仕事に就く段階では、勤務日数や勤務時間の負担が少ない状態から始め、相談や調整を重ねながら次第に増大させる弾力的な設定が必要です。また、勤務する時間帯、休憩の

回数や時間、通院やカウンセリングのための時間、残業の取り扱いなども、対象者と企業が合意しておくことが必要です。

　仕事に慣れるにつれて、生産活動に貢献できる戦力としての期待が高まってきます。対象者はそれに応えようと無理を重ねたり、残業等の突発的で曖昧な事態が発生すると強いストレスや不安が生じることがありますから、事前にこうした際の対応を、対象者と企業側との間で調整しておくことが必要です。

２．てんかん

　脳の神経細胞に突然発生する激しい電気的な興奮が原因となって、発作（てんかん発作）が反復的に起こります。発作は、①過剰な電気的興奮が脳の一部に限定されて起こり、意識がはっきりしている「単純部分発作」と、②脳の広範囲での過剰な電気的興奮で意識障害が伴う「複雑部分発作」があります。

　職業的な課題は、他の精神障害者と共通するところがありますが、発作の出現時とない状態では症状に著しく差があることが特徴的です。それへの対応としては、次のことが考えられます。

　第1に、病態や障害像の多様性への対応です。脳の異常興奮の部位の違いによって、顔面や手足などの部分的けいれん、全身けいれん、意識の喪失、転倒などのさまざまなけいれんが起こります。それによって、就業のしやすさや、定着の課題に違いがでてきます。

　第2に、発作への対応です。発作が出現する状況はさまざまです。働くこと自体がストレスとなって、発作を誘発したり病態を悪化させることがあります。また、職場環境や職務内容によっても発作が誘発される場合があります。発作が起きれば、その場の状況によっては事故やけがが生じる危険性があるため、事業所はそれに対応した安全・安心の環境整備が不可欠です。他方で、発作がない状態では、障害を感じさせるものは全くありません。

　第3に、重複障害と二次障害への対応です。てんかん発作に加えて、身体症状、精神医学的症状、発達障害、知的障害などが重複する場合があります。また、発作の頻発による能力低下や、薬の副作用による精神症状が出現することもあります。これらの二次障害は、発作よりもさらに深刻な就業上の課題となることがあります。

　第4に、社会的な偏見や無理解への対応です。社会的な偏見や無理解から、運転免許を取得できなかったり、労働災害の発生を危惧して、採用に拒否的な企業も少なくありません。そのため、当事者は障害を開示するか、それとも、非開示のままで就職するかという課題に直面します。

第 9 章　職業と生活の理解

職業リハビリテーションサービス提供に必要な情報（第6章1節：図6－2）のうち、職業とそれを維持するための生活に関して検討します。

第1節　職業の捉え方

1．職業の理解

　進路指導やキャリア形成の支援をするには、①自分の興味・関心・適性を明らかにして、どのような人生を送りたいかを決める、②職業に就く目的を明確にする、③産業や職業について幅広く情報を集めて理解を深める、④希望する職業の内容について吟味する、⑤その職業の具体的な求人事業所等を選択してその条件や内容を調べる、⑥選択した事業所等に応募して採用選考を受ける、といった手順が一般的です（木村、2019）。

　職業に関する理解とは、これらの手順の③〜⑤に相当します。これ以外にも、産業、事業所、雇用・経済・社会状況などの範囲にまで広げて理解することも必要ですが、キャリア形成における最終的な判断の基準は、「仕事そのもの」すなわち「職業」であることは間違いありません。

　職業は、「生計維持のために何らかの報酬を得ることを目的とする継続的な人間活動」あるいは「一定の社会的分担もしくは社会的役割の継続的遂行」をいいます（厚生労働省労働研修所、2002）。その全体像を幅広く理解するうえで最も代表的なものが「職業分類」です。

　職業分類では、一人の人に割り当てられたひとまとまりの仕事とそれに伴う責任を「職務（job）」といいます。職務は、職業分類における分類の単位であり、人の従事する仕事に対して適用されるため、個人の従業上の地位やその仕事が遂行される事業所の産業分野などは、職務に関係しません。こうした、多種多様な職務のうち、類似したものを束ねたのが「職業」に該当します。職業名にはグループ化した職務の共通性を反映した名称が付与されていますから、実際の職務とは必ずしも1対1に対応するわけではありません。

　職業分類は、時代の変化とともに新たに生まれる職業や、流行した呼称で一般化した職業名、企業の求人情報に基づく職業名、などによって常に変化しています。そのため、最新の2011年版までに4回の改訂が行われました（厚生労働省、2011）。

　2011年版は**表9－1**に示すように、大分類（11分類）、中分類（73分類）、小分類（369分類）、細分類（892分類）の構造で約3万の職業を分類しています。大分類は職務の類似性に基づいて、中分類は小分類の再編成や新たな設定をもとに、それぞれ編成されています。細分類は、ハローワークの求人・求職件数を考慮して職業紹介の業務に活用できるよう、職務

表9－1　職業分類－項目数新旧対照表

大分類		中分類		小分類		細分類	
新（2011年改訂）	旧（1999年改訂）	新	旧	新	旧	新	旧
A　管理的職業	B　管理的職業	4	4	6	10	11	38
B　専門的・技術的職業	A　専門的・技術的職業	20	20	93	80	177	335
C　事務的職業	C　事務的職業	7	7	27	24	57	101
D　販売の職業	D　販売の職業	3	2	20	13	50	71
E　サービスの職業	E　サービスの職業	8	6	34	28	67	81
F　保安の職業	F　保安の職業	3	3	8	11	13	20
G　農林漁業の職業	G　農林漁業の職業	3	3	12	14	35	67
H　生産工程の職業		11		105		340	
I　輸送・機械運転の職業		5		23		48	
J　建設・採掘の職業		5		24		52	
K　運搬・清掃・包装等の職業		4		17		42	
	H　運搬・通信の職業		5		21		21
	I　生産工程・労務の職業		30		178		1383
（計）　11	9	73	80	369	379	892	2167

出典：労働政策研究・研修機構：職業分類の改訂記録―厚生労働省編職業分類の2011年改訂―、資料シリーズ No.101

の範囲を明確にし、職場で普通に使われていたり、労働市場で出現頻度の高い職業名を例示しています。

２．職業情報の検索

　職業情報は一般に、①仕事の責任と内容、②作業環境と条件、③従事者の資格・要件、④社会的、心理的要因、⑤就職のための必要条件、⑥その他の特別な必要条件、⑦転職の方法、⑧賃金その他の手当、⑨昇進の可能性、⑩雇用の見通し、⑪経験や探索のための機会、⑫関連職業、⑬教育、訓練の資源、⑭追加情報の資源、などを含みます。

　こうした職業情報を提供するツールは、次に示すように、豊富にあります。

（１）職業情報提供サイト（日本版O-NET）

　第７章第３節で解説した厚生労働省のWEBサイトでは（厚生労働省、2020a）、仕事内容や求められる知識・スキルなどから情報の検索や参照ができ、労働市場の見える化を図っています。内容は、次のコンテンツで構成されています。

　①職業検索：フリーワード検索の他、スキル・知識、職種カテゴリーなどいろいろな切り口で職業を検索できます。また、約500職種の紹介動画があります。

　②キャリア分析：希望の職業との適合性を比較でき、これまでの職歴や身に付けた能力、これから必要な「学び」がわかります。

　③人材採用支援・職務整理支援：採用したい人材を数値で明確化するので、人材採用の判断基準がわかります。

　④人材活用シミュレーション：在職者が身に付けるべき能力を明確化して、計画的な教育訓練に役立てることができます。

このように、職業情報の「見える化」によって、求職者は自分に最適な職業を選択でき、これから必要となる「学び」は何かを知ることができます。また、企業は、人材を獲得するために必要な労働市場の情報を正確に把握できます。さらに、キャリアコンサルタントなどの専門家は、求職者や企業に対して、より的確に支援を行うことができます。

（2）障害者雇用事例リファレンスサービス

障害者の雇用に際して創意工夫したり積極的に取り組んでいる企業の、モデル的な事例や合理的配慮の提供に関する事例を検索して参照できます（高齢・障害・求職者雇用支援機構、2020）。

このリファレンスサービスでは、障害者雇用についてさまざまな取り組みを行う全国の事業所の内容をデータベースに蓄積して一般公開しています。画面には「フリーワード検索」「業種別」「障害内容」「企業規模」「掲載紙」「その他」（特例子会社、就労継続Ａ型事業所、障害者職業生活相談員）などの検索機能があり、好きな項目で調べることができます。

各企業の事例ページでは、「事業所名」「所在地」「事業内容」「従業員数」「うち障害者数」（障害内容も記載）の基本情報があります。また、各企業の任意項目で、事業所の概要や障害者雇用の経緯などが説明されています。さらに障害者の従事業務と、どのように障害者に業務にあたってもらっているのかなどを詳しく説明しており、配慮や雇用管理の方法、現状の問題点と今後の課題、取り組み内容とその効果についてなど、さまざまな趣旨の記事が掲載されています。

3．産業・事業所等の理解

（1）産業の理解

産業とは、「事業所において、社会的な分業として行われる財貨及びサービスの生産または提供にかかるすべての経済活動」をいいます（総務省、2020）。

営利的か非営利的な活動であるかに関わりなく一定の場所（事業所）で行われる経済活動に焦点があり、職業が仕事を通じた人間活動であることと対比されます。なお、家庭内で家族が行う生産・サービス活動は産業には含めません。

また、事業所とは、経済活動の場所的な単位であって、原則として次の要件を備えているものをいいます。①経済活動が単一の経営主体のもとにあって、一定の場所を占めて行われていること、②財貨及びサービスの生産または提供が、人及び設備を有して継続的に行われていること、の2つです。ですから、工場、製作所、事務所、営業所、商店、飲食店、旅館、娯楽場、学校、病院、役所、駅、鉱業所、農家などが該当します。

日本標準産業分類では、最近の改定（2013年）で、大分類（20分類）、中分類（99分類）、小分類（530分類）、細分類（1,460分類）に分類しています。

（2）事業所の理解

実際に仕事を探す際には、職業よりも、場合によっては事業所を理解することの方が重要になります。内容としては、次のことがあります（木村2019）。ハローワークの求人票はこ

表9－2　キャリア支援に係るその他の情報

職業に関連した自己の個人的特性	職業とは何か、働くことの意義、人生設計の立て方、職業生活や社会生活の仕方など 職業との関連での自分の興味、適性、価値観、希望など
雇用、労働市場に関する情報	産業構造、経済状況、景況、労働力人口、労働力需給状況、求人・求識・就職状況など
職業に就くための手段・方法	能力開発・職業訓練の方法や資源、職業紹介・職業指導を受ける方法や資源、労働力需給システム、就職活動のルール、履歴書・職務経歴書・キャリアアンケート、アピールポイントの書き方、面接の受け方など
就職促進のための各種の援助・助成制度	雇用調整助成、雇用保険、職業能力開発、自己啓発のための援助助成、高齢者・障害者のための就職援助助成、女性のための再就職援助助成、ベンチャー企業など起業家のための助成、失業なき労働移動支援、育児・介護休業のための支援など
職場適応に関する情報	職場定着のための人事・労務管理と方法、労働条件管理のあり方、労働安全衛生対策、心と身体の健康維持対策、職場における心の健康づくり、快適職場づくりなど

木村周（2019）をもとに作成

うした情報が最低限記載されています。

①事業所の場所：地元にあるのか、他の地域あるいは遠隔地かなど

②事業所の形態：民間企業か、公的な機関や組織なのかなど

③企業の規模：大企業かあるいは中・小企業なのかなど

④業種：産業分類のどの分野に該当するか

⑤勤務の形態：勤務時間、残業、週休制などについて

⑥経済的条件：賃金や昇給など

⑦企業の将来性や成長性

⑧職務遂行に必要な資格・専門性の程度・技能

⑨福利厚生：雇用・社会保険、財産形成、医療、文化・体育、保養施設等の内容について

⑩業界内での評価や評判

⑪転勤の可能性

（3）その他の関連情報の理解

　これまでの「職業」「産業」「事業所」の情報は、職業世界を知るうえでの基本となる情報です。実際にキャリアを選択したり、その過程を支援していくためには、加えて**表9－2**に示すさまざまな関連情報が必要になります。

4．職業情報の分析

　職業情報を収集する方法としては「職務分析」が最も一般的ですが、このほかにも、①企業で期待される人間象の把握に重点を置いて職務を把握する「職務調査」、②入離職の状況や労働条件など、広く職業の全体を調べる「職業調査」、③職業情報や職業移動を多面的な尺度

を設定して体系的に職務構造を分析する「職務構造分析」、④企業のヒト・モノ・カネ・情報に関わる経営管理を調査、分析する「企業分析」などがあります（木村、2019）。

（1）職務分析

　職務分析は、職業情報を分析する最も基本となる方法です。これは、「特定の職務について、観察と面接により職務に含まれている仕事の内容と責任（職務の作業内容）、職務を実施するに当たって要求される能力（職務遂行要件）を調査・分析して、その結果を一定の様式に記述すること」とされます。また、職務（job）とは「主要なまたは特徴的な課業（task）と、それに伴う責任が同一の職位（position）の集まり」とされます（厚生労働省2020b）。

　職業を分析する方法は、その焦点となる動作や行動の水準に応じて、一般的に、次のように分類されています。①作業活動を構成する最小の身体的・精神的な単位としての「動作」、②作業として一定のまとまりを持った「要素作業」、③作業の遂行に際して論理的で必然的に必要な一定のまとまりのある要素作業としての「課業（task）」、④1人の労働者に割り当てられた複数の課業の全体としての「職位（position）」、⑤主要なあるいは特徴的な課業とそれに伴う責任が同じ群の職位である「職務（job）」、⑥仕事内容に相当の共通性と関連性の強い一群の職務である「職種」、⑦事業所内の職種を一定の基準に応じてまとめた一群の職種である「職掌」です。

　職務分析は、このうち⑤を基準にして③や④も加味しながら、「職務の作業内容」と「職務遂行要件」を分析する方法です。前者は、①その職務を構成している一連の作業の手順と周期、②他の職務との関係と差異、③職務の困難度や責任の程度、④中核となる作業と付随的な作業、⑤取り扱う機械や器具や材料等、について明らかにします。また、後者は、①遂行するのに最低限の必要条件、②成功するために有利となる条件、③職務が労働者におよぼす精神的及び身体的な負荷、④労働者に影響をおよぼす作業環境、について明らかにします。

　実際の仕方は、職務に従事している人を直接的に観察したり、本人や監督者あるいはその職務に詳しい関係者に面接して、①何を（What）：作業者は何をしているか、②なぜ（Why）：何のためにそれをするのか、③誰が（Who）：作業者自身なのか、④どこで（Where）：作業の場所や環境条件はどこか、⑤いつ（When）：作業の時間配分や勤務時間の構成、日内・週間・月間のサイクルや変化などはどうか、⑥いかに（How）：作業をどのような仕方で行うのか、⑦技能度（Skill）：その難しさはどの程度なのか、について記述していきます。

　また、職務分析の結果から、職務解説書を作成することがあります。その際の手順は、次の通りです。

　第1ステップは、職務内容の情報収集です。社員の日々の業務のすべて、業務の目的、必要な知識・技能を習得した過程、責任の程度を聴収します。

　第2ステップは、情報の整理です。収集した情報を、業務の内容と責任の程度をもとに整理します。業務の内容では、①その職務の特徴を表すのに不可欠なもの、②その成果が事業全体に影響を与えるもの、③該当する社員の職務全体に占める時間的割合や重要度の高いものを主な業務とします。また、責任の程度では、①与えられている権限、②業務の成果に対

する役割の内容、③トラブル発生時や臨時・緊急時への対応の程度、④期待されている成果の程度、にもとづいて責任の程度を明確にします。

　第3ステップは、職務説明書の作成です。①業務の内容では、主な業務の概要、取り扱う対象と範囲、必要な知識や技能の水準、について解説します。また、②責任の程度では、権限（部下の有無と権限の範囲）、役割の範囲、トラブル発生時や緊急時の対応、成果への期待の程度、について解説します。

（2）課題分析

　課題分析は、「作業の遂行に際して論理的で必然的に必要な一定のまとまりのある要素作業」である「課業（task）」を単位として、仕事の手順を時系列に並べて記述します。

　分析の方法は、従事している人の作業行動を直接観察しながら、文章化するとともに写真に撮ります。また、技術的な難しさやコツを把握したり作業手順を確認するために、分析者自身が実際に作業をしてみます。そのうえで、物や行動（動作）に名前を付与して、実際に教える際に使う簡潔な言葉で記述して、それらを時系列的に表示します。場合によっては、これらを「文字→絵→写真→実物」などの手順でできるだけ視覚的に表示して、作業場に貼り付けたり、持ち運べるようカード化します（小川、2001）。

　課題分析の結果は、たとえば表9－3のように課題を時系列的に一覧表にしたり、これに、写真やイラストで視覚化した一連のカードを作成します。これは、ジョブコーチによる支援の過程（第3章第4節：図3－5）で活用します。障害のある本人は、この一覧表やカードで自己チェックしながら、手順に従って作業を進めることになります。

表9－3　品出し作業の課題分析表の例

①	従業員に指示された棚に行く。
②	右上の棚から商品を前進させる。
③	右上から1つずつ商品を取る。
④	クロスで拭く。
⑤	シールを正面にして棚に戻す。
⑥	③～⑤を繰り返す。
⑦	下の棚に移動する。
⑧	すべての棚が終わったらチェックシートに記入する。
⑨	従業員に終了を報告する。

小川（2006）の引用

第2節　生活の捉え方

1．就労と生活

（1）ライフサイクルの危機

　人生全体におけるさまざまな役割の特徴を表した「ライフキャリアの虹」（第4章第1節：

図4-1）は、ある時期に複数の役割のどれを併行して生きていくかでその人の「ライフスタイル」が決まり、また、人生の流れの中でどの役割をつないでいくかで「ライフサイクル」が構成されることを示唆します。

　ライフサイクルは、「生物個体にみられる、生まれ、成長・成熟し、老いて死ぬという時間の進行に伴った規則的な変化もしくはその期間のことであり、生活周期もしくは生活環」（心理学辞典、1999）とされます。人は、こうした発達段階ごとに、社会から期待される役割に応えることと、その発達時期における自分自身の生物・心理・社会的な欲求との組み合わせを調整しながら、人生を歩んでいます。これは、障害のある人も同じです。

　ですが、そうした社会的な期待と自己の欲求との調整は、ある発達段階では有効だった仕方も、次の発達段階になるとその意味をなくしてしまいます。そのため、新たに直面する発達段階を乗り切るには、改めて調整をしたり新たな組み合わせを作らねばならなくなってしまいます。たとえば、思春期から青年期に移行する時期では、それまでの生活時間の大半を占めていた学生集団の中で自分の欲求を調整してきた行動は、働く社会人としての役割が期待される青年期に入ると、新たな職業人としての集団には適応できません。

　このように、これまで適用できた社会的な期待と自分自身の欲求とを調整した行動が、新たな状況に出会って役に立たなくなってしまうのが、ライフサイクルにおいて直面する危機です（理辺良保行、1989）。

　この危機を、特に、就業生活における支援のあり方に焦点を当ててまとめたのが、**表9-4**です（関、1996）。これは、加齢とともに出会う一般的な社会生活から要求される役割行動が変化するとともに、ライフサイクル上の危機も年齢に応じてさまざまな現れ方をすることを示しています。

　このことは、障害のある人を支援する場合に、非常に大切になります。なぜなら、次に来るべき発達段階ではどのような役割行動が期待されているかについて、大まかながらも、あらかじめ予測できるからです。そうした予測できる役割行動について、それを回避したり事前に対処しながら支援を進めるケースマネジメントが求められています。

（2）就労と生活の不可分性

　このように、障害のある人は、生活面での課題が就職とその後の適応に大きな問題を生むことになります。そのため、職業リハビリテーションサービスにおいては、職業生活と地域生活を並行した支援が必要（第6章第1節：図6-2）であり、また、個人特性の理解では能力の階層構造（第7章第1節：図7-1）に即して「社会生活の準備性」の部分が大切であることを繰り返し指摘しました。

　働きたいというニーズの多くは、その人のライフスタイルや生活の指向性と密接に結びついています。そのため、就業が可能になれば生活のあり方も自ずから異なり、それに伴い生活能力も向上することでしょう。就業と生活は双方向で影響し合っており、生活領域に対する支援は、同時に、就業の支援にもつながっています。障害のある人を対象とした職業リハビリテーションサービスでは、特に、この双方は密接不可分な関係にあります。

表9－4　ライフサイクル上の危機と就業生活支援

機能別ファクター	歳	危機の誘因	就業生活支援の要素
就学・社会生活における危機	13	進学	教育現場・行政との一体支援
	14	中学生活	
	15	中学からの進路（就業／進学／施設／在宅）	雇用対策（職域確保）
	16		職業教育の拡大
	17	自立への要求（芽生え）	
社会的自立に対する危機	18	職場不適応／事故／離職	教育組織と地域支援機関の連携
	19	異性／結婚	地域生活支援との連携
	20		
	21	過重労働／就業場所制限	非定型的な危機管理（駆け込み・避難場所）
	22		
	23	生活上の相談（収入）	保護（福祉）施策の利用
	24		
	28		
	30	外出（地域生活／余暇活動）	地域生活支援との連携
	35		
威厳のある老後と財産管理等の人権擁護に関する危機	40	生涯学習	
	45	居住／生活支援（年金等）	緊急一時保護機関の利用
	50	両親との死別	人権擁護機関の利用
	55	人権擁護（財産管理等）	
	60	職業能力の衰退（退職）	デイケアセンター・介護施設の利用
	70	高齢（地域生活／健康／参加）	

関（1996）を改変

　生活支援の内容は、①職場での仕事に直接的に影響し、職場において課題が顕著に現れる事象に対する支援と、②それらを含めた生活全般において現れる事象への支援、に区別できます（藤尾、2010）。特に、前者は、就職時ばかりでなく、むしろその後の職場定着に際しての主要な課題となります。

　また、後者は、就職以前の生活スタイルを形作っていた、在宅・福祉施設への入所や通所、特別支援学校への通学などが、就職によって大きく変化します。そのギャップが時として就職後の就業継続に大きな問題を生む要因となります。さらに、時間経過とともに家族や周囲の支援のあり方が異なってきますが、そのことが、生活のあり方を変化させていきます。

　職場での生活（職業生活）が安定していたとしても、こうした職場以外の生活（地域生活）の要素が不安定あるいは変化していくと、そのことが直接あるいは間接的に職業生活にも影響して、結果として職場定着が困難になっていきます。

　障害のある人の場合には、生活上の課題が背景となって**表9－5**のような就業上の課題が表面化してきます（藤尾、2010）。

表9−5　就業に直結する生活課題

	原因と考えられる生活状況	支援方法（対象）
常習的な遅刻・欠勤	朝寝坊、夜更かし、時間の組み立てに関する困難、家庭環境、通勤時の問題	状況の把握（聞き取り、面談）を行い、適宜対処。家庭（保護者）との話し合いによる協力の要請
身だしなみ（清潔感の欠如等）	経験不足、家庭環境、こだわり等	具体的な方法を支援（ひげ剃り、洗顔、整髪等）。家庭（保護者）との話し合いによる協力の要請（入浴、洗顔、更衣、洗濯等に関することについて）
昼食の過剰摂取、不摂取、栄養バランスの欠如	家庭における状況把握の欠如、物理的に支援困難な家庭の状況、欲求（食欲）の制御困難な状況	家庭の状況把握、具体的な打開策の提示（仕出し弁当の注文など）
作業中の集中力不足、居眠り等	夜更かし、意欲低下等	家庭の状況把捉、本人からの聞き取り、「働く」ための生活リズムの提示等、服薬等に関する相談
職場での他害、物損等	耐える力の欠如、コミュニケーションの問題（人間関係）、余暇の不足等	本人からの聞き取りによる状況把握、職場での関係把握、SSTの活用、余暇の状況把握、模索

藤尾（2010）を改定

２．生活状況の把握と対応

　障害福祉サービスを担う支援者は、生活支援を直接的に担う支援ワーカーであっても、対象者の生活状況を把握することは現実的には困難であり、問題が顕在化しない限りはそれに気付く機会もほとんどありません。そのため、生活状況の把握は、対象者と同居する家族やグループホームの世話人と連絡していくことが不可欠となります。その意味で、対象者を取り巻く人的環境のネットワークを十分に把握して、そこから情報の収集を行うことになります。

　障害のある人の生活支援の課題は、①住まいと暮らし向き、②食生活、③経済生活、④健康な暮らし、⑤身だしなみ、⑥余暇・教養、⑦交流・交際・人間関係、⑧性と結婚、⑨働く暮らし、⑩モラルとマナー、⑪申請事務手続きなど、非常に広い範囲に及びます（全国就労支援ネットワーク、2002）。

　そのため、問題を把握するには、行動的に顕在化している事象は、どのようなことに起因し、どの部分に対して支援が必要かを充分に検証することが必要です。本人や家族との面談を通して充分に「聴く」ことによって、状況を的確に把握して効果的な支援に結びつけていくことが必要です。

　それと同時に、①目の前で起きている事柄をより迅速に解決すること、②根本的な課題にアプローチすること、という２つの支援を同時並行しながら展開していくことも必要となります。特に、表9−5のように就業に直結する課題は本人の業績に反映されることから、即時に注意等をして解決を図るべきです。とはいっても、これらの課題は長期的な生活習慣か

ら派生してきていますから、その根本原因を克服していくには、時間をかけた学習・訓練が必要となる場合が多いといえるでしょう。

　また、生活支援の実施に際しては、特に、就職先の企業との間で支援する範囲についての認識を共有しておくことが必要です。生活面の支援は職場で生じる課題の背景要因となっていることから、常にベストの状況をゴールに見据えることはできません。雇用主側の求める以上の支援をすることは、時として支援を受ける本人を混乱させる原因になることがあります。そのため、企業が納得する水準で企業側と支援の範囲を共有する必要があります。

3．生活支援を行う際の留意点

　就業時における生活支援について、「働き続けること」に焦点を当てて、留意すべき点をまとめました。

　第1に、連携の重要性を認識することです。生活には多様な事象が含まれており、これらを支援する担当者も、さまざまな知識やスキルのある多領域の人材で構成されています。そのため、生活支援では他機関や組織との連携が不可欠であり、日頃から地域の社会資源と顔の見える関係を築いておくことが必要となります。また、状況によっては他機関からの協力を要請しなければならない場合もあります。この場合、自機関や組織の立ち位置や役割を十分に認識しながら取り組むことが重要になります。

　第2に、即時的な対応をすることです。生活上の問題が発生した際には、即時的に対応することが大切です。問題を放置しておくと事態は深刻化さを増して拡大していきます。また、さほど深刻とは考えられない事象でも、職場では大きな問題になる事例も少なくありません。支援者だけの判断で結果的に対応を遅らせることは避けるべきで、常に支援者が相互に連絡できる体制を整備しておくことが重要です。また、支援者が自分で対応できない場合は、放置するのではなく代役を立てるなどして即時的な対応に努めることが大切です。

　第3に、対象となる人は成人であるという認識が大切です。就業している障害者は社会人であり、社会では自己責任が伴うことは、障害の有無に関わりなくすべての人に共通しています。学校や施設のように安全で保護的な環境が確保されていた状況とは異なり、社会で働くことで本人の責任能力が問われる機会が一気に増大します。生活上の課題は本人の意識や能力に頼らざるを得ず、それだけに、問題解決に時間がかかることになります。また、本人だけでは解決が困難とされる場合には、成年後見人制度の活用なども視野に入れて支援することになります。

　第4に、自分でできるようにすることを優先します。福祉分野では困難なことは「代行」によって対応することもあるのですが、雇用や就業における生活上の課題に対する支援は、基本的には「本人が自分でできる」ようにすることが目的となります。そのためには、支援機関や組織の活動は、対象者が自分で利用できるようにすることを目指して、支援を最低限に抑えます。過度な支援は、結果として対象者の自立を阻害して、支援者なしには生活できない状況を作り上げてしまう恐れがあります。

第10章 自己理解・肯定感・障害開示・家族

　障害のある人は、自己理解のみならず、自己肯定感や有用感を獲得する過程においても、障害に伴う固有の課題があります。これらについて検討するとともに、障害の開示と家族支援についても検討します。

第1節　自己理解と障害の受容

1．自己理解と障害

　個人特性の理解と自己理解は表裏一体の関係であり（第7章）、また、障害のある人の自己理解の支援は障害の影響（第8章）についてもあわせて理解することが不可欠です。先行研究の結果から、障害の特性を踏まえた自己理解を促進する方法として、次のことが指摘されています（障害者職業総合センター、2016）。

　第1に、身体障害者では「円滑なキャリアガイダンス」、知的障害者では「職業的発達を促す系統的なキャリア教育及び訓練」のように、特別支援教育におけるキャリア教育や就労支

表 10 － 1　「自己理解の支援」の具体的な介入行動の一覧

	支援の方向性	要　素	内　容
介　入	対象者支援	支援における主体性の重視	・インフォームド・コンセントの支援 ・自発的活動の引き出し
		現状認識のための支援	・課題への直面機会の設定 ・対象者と関係性が醸成されている者からの助言 ・振り返りの実施 ・病前自己とのイメージギャップの修正 ・状態（体調）の変容過程の記録 ・症状の具体的エピソードの収集 ・同様の障害を有する者との情報共有 ・他社視点での自己評価
		時期に応じた支援	・発達段階を考慮した自己理解の捉え方 ・強みに着目した支援 ・スモールステップの目標設定
	機関連携	医療機関との協働	・日常生活や就業面に及ぼす症状の影響の確認 ・支援方針の共通認識と支援体制の構築 ・主治医との連携
		企業との協働	・企業との役割分担 ・企業にとってのメリットの提案 ・企業側の障害に対する認識変更支援

障害者職業総合センター資料（2016）より引用

援機関のキャリア形成支援のプロセスが重要であるとされます。

　第2に、高次脳機能障害者では、客観的な自己認識が希薄（自己認識の障害）なために、代償手段を獲得して就業に向けた訓練を進めること自体に抵抗感が生じやすいとされます。そのため、心理的な支援を継続しつつ、障害による影響も含めた「現実認識の改善」に対する支援が重要であるとされます。

　第3に、発達障害者で通常学級に在籍している場合には、職業選択の時点で障害のある自己を客観的な事実として受けとめることが必要です。そのため、自己理解の支援では「障害受容の促進」が必要になるとされます。

　第4に、精神障害者では、統合失調症や気分障害は青年期に発症しやすく（好発時期）、発症後も長期にわたって再発のリスクを抱えていくことになります。そのため、人生のどの時点で疾患と障害の併存という現実を受け入れるかによって、その後の生活の様相が規定されます。発病後の、予後、治療や援助、そして再発予防に向けた自己理解が不可欠です。

　先行研究のこれらの結果を踏まえて、障害のある人の自己理解を支援する場合には、表10－1が重要であるとされています。

表10－2　認知機能障害の症状改善に向けた支援

A	現実検討のしやすさを助ける	1	新たな視点を導入する
		2	複数の視点を比較照合する
		3	グループの活用により自らを相対化する機会を提供する
		4	要素間の関連づけにより状況の解釈を助ける
		5	見通しを示す
		6	状況の整理を手伝う
		7	「困り感」にアプローチする
		8	「今起こっていること」を題材にする
		9	本人の理解レベルに合わせた説明をする
		10	内的過程や状況を取り扱い可能な形に外在化する
B	自己評価スキルの伸張を助ける	11	アイテムを活用した自己観察・評価を導入する
		12	自他の視点をすり合わせる課題を出す
		13	複数要素から全体を総括する課題を出す
C	自己対処の実行可能性を高める	14	自ら目標を立ててもらう
		15	自己対処を行う初期の負荷を下げる
		16	自律化に移行する練習を促す
		17	できることを取り上げて伸ばす
D	自己有用性の向上を図る	18	有用感を感じられる設定を取り入れる
		19	努力するメリットを感じてもらう
		20	肯定される感覚を感じてもらう
		21	否定的な自己評価が減じるよう働きかける
E	支える仕組みを強化する	22	人的環境調整を行う
		23	物理的環境調整を行う

障害者職業総合センター（2011）の表2－4の改変

また、高次脳機能障害、統合失調症、うつ病、気分障害、発達障害などの疾病に共通する認知機能の障害に対しては、自己理解の深化を目標とした症状改善の方策として、**表10−2**があります（障害者職業総合センター、2011）。

２．障害の受容

　障害のある人の自己理解で最も重視されるものの１つは、「障害受容」ですが、当事者からはこの用語は必ずしも肯定的に受け入れられていません。

（１）価値転換理論

　障害受容は「障害は不便で制約的なものであるとしながらも、そのことが自分の全体的な価値を低下させるものではないと認識すること」であり、次の４つの点から価値転換が行われるとします（Wright、1960）。

　第１は「価値範囲の拡大」です。自分には、障害で失った価値の他にも多くの価値があるということを情動的に認識することです。

　第２は「障害の与える影響の抑制」です。障害は部分的に能力の制限や価値の低下をもたらすとしても、それは自分の能力の全体を制約したり価値の全体を貶（おと）めるものではないことを認識することです。

　第３は「外見を従属的なものにすること」です。麻痺や変形などによる身体的な外見に対して劣等感を抱くよりも、人間としての親切さ、賢明さ、努力、協調性といった内面的な価値のほうが重要であることを悟ることです。

　第４は「比較価値から資産価値への転換」です。自分の価値は、他人や一般的基準との比較（比較価値）からではなく、自分に固有の価値（資産価値）によって評価することが重要であるとします。

（２）段階的受容論

　障害を受容するまでの段階的な過程に焦点を当て、その最終段階に価値転換があるとするのが段階的受容論です。障害受容は「あきらめでも居直りでもなく、障害に対する価値観の転換であり、障害をもつことが自己の全体としての人間的価値を低下させるものではないことの認識と体得を通じて、恥の意識や劣等感を克服し、積極的な生活態度に転じること」とされます。そのうえで、次の５段階を経て障害受容に至るとしています（上田、1983）。

　第１ステップが「ショック期」です。受障した直後の時期であり、身体的な痛みはあっても、完全な回復を全面的に期待しており、自分の障害に気付いていない状態です。

　第２ステップが「否認期」です。症状は簡単には治癒できないことに気付きながらも、完治することを目標にして必死に機能回復に努力します。

　第３ステップが「混乱期」です。症状の完治は不可能なことを認識するのですが、その原因を他人に転嫁したり、心理的に悲嘆に暮れたり、抑うつ状態になってしまいます。

　第４ステップが「解決への努力期」です。前述の価値転換が始まります。

　第５ステップが「受容」です。価値転換が達成された状態であり、障害をもっていても自

分が社会の一員として受け入れられるのが当然と考えるようになります。

　ただし、現代は競争力・生産力・若さなどが中核的な価値観となっているため、障害者や高齢者はその落伍者と見なされがちであり、そのことが、障害受容を妨げる要因となっているとされます（上田、1983）。こうした視点が本人の内面的な価値観となってしまうと、自分を価値的に低く見積もってしまいます。

（3）障害受容の捉えかた

　価値転換理論や段階的受容にもとづく障害受容には、さまざまな疑義が出されています。たとえば、①受容の過程は各段階を直線的に進むことはなく、実際には前の段階との間を行きつ戻りつする、②障害のある本人の努力よりも障害者を価値的に低くみなす社会の側こそ変革すべきである、③専門職はこの用語を恣意的に使って「上から目線」で障害者を評価しようとする、などです。

　そのため、障害受容は自己受容の他に他者や社会が担うべき社会受容がある（南雲、2002）、あるいは、心身機能の改善への固執と障害の受容とは別である（田島、2009）などの主張が展開されてきました。

　特に、障害のある人が自らの体験を踏まえた批判では、①障害を「理解すること」と「受け入れること」は異なり、②障害の受け入れは困難であっても実際に生活を送れるのならばそれでよい、とする視点が強調されます。障害と折り合いをつけながら、生活を維持して現実的な人生を送ることが重要なのであり、専門家には「障害受容に向けた価値転換」の援助ではなく「障害の特徴と対処の仕方を理解」するための支援を求めています。

　この障害のある当事者の提言は、きわめて重要です。これを踏まえて、私は障害受容を次のように考えています。

　第1に、障害に伴う自己否定的な意識は内的世界に存在し続けて、消滅したり価値観の転換などで変化するものではありません。

　第2に、むしろ、自己の肯定的な価値を再認識してそれを強化する支援こそが、専門家や周囲の人の役割として認識するべきでしょう。

　第3に、この自己肯定的な価値の強化を継続することで「障害とともに生きること自体を自己肯定」できるのであり、そのことが「障害の受容」と評価される外的行動として表出されると思います。

第2節　自己肯定感・有用感

　障害受容に対するこうした視点は、障害のある人が自己有用感や自己効力感を育む過程でも重要となります。

1．自己理解から自己有用感への展開

　自己理解が自己肯定感につながる過程は、次の5段階の過程をたどります（日本セルフエ

スティーム普及協会、2020)。

　第1ステップは「自分を認める」ことです。自分のことを自分自身でどう思うかであり、自分の良いと思える部分だけでなく、短所と思える部分も含めて、ありのままの自分を認めます。

　第2ステップは「自分を受け入れる」ことです。自分の良い面のみならず、好きでないところも含めて自分を受け入れます。それがないと、自分を好きになることも難しいとされます。

　第3ステップは「自分を大切にする」ことです。心身ともに自分を心地良くするには、健康に意識を向け、自分の感情に対する理解を深めて、自分の最強の味方は自分自身であることを意識づけます。自分を認めて受け入れ、大切にすることができるようになると、自己肯定感の基盤が整い始めたとされます。

　第4ステップは「自分に価値を感じる」ことです。第1～3段階の努力とその成果を認めることを通して、自己を肯定していきます。他者からほめられ、認められ、肯定的な評価を得ながら成功体験を積み上げていくことで、自信につながるとされます。

　第5ステップは「自分を信頼する」ことです。自信が強まってくると、自分の行為は成功するはずという信頼感が生まれ、そのことが、ゆるぎない自信と「自己効力感」を生み出していきます。

2．自己肯定感・有用感と障害受容

　これらのことから、自己肯定感や自己有用感と障害受容の関係は、図10－1のように考えることができます（松為、2019）。

　第1に、人の思考や価値観などの「内的（心理的）世界」は、一般的に行動として顕在化する「外的（行動的）世界」をもたらします。それゆえ、内的世界での「障害の受け止め方」が外的行動を決めるものとして観察され、他の人はその行動に意味づけをして、内的世界で展開されている「自己肯定・有用感」や「障害受容」のあり方を推測します。

　第2に、内的世界には自己を肯定的に捉える意識と否定的に捉える意識があります。「障害の受け止め方」はこの双方の葛藤から生じ、相対的に肯定的な自己理解が強いと「自己肯定感→自己有用感」が、否定的な自己理解が強いと「自己否定→自身喪失」となりがちです。

　第3に、障害に起因するさまざまな要因は否定的な自己理解の強化につながりやすいため、自己を否定的に捉える部分を消去することは困難です。ですから、否定的な部分はそのまま承認（放置）して、肯定的な部分に焦点を当てた自己理解を強力に推進することが望ましいといえます。

　第4に、肯定的な自己理解が強化されて強大になるほど、否定的な自己理解は（縮小ではなくて）相対的に劣位となるでしょう。そのため、肯定的な自己評価を強化（ストレングス）することが重要です。

　第5に、そうすることで、障害に起因するマイナス部分を客観的にみられるようになり、

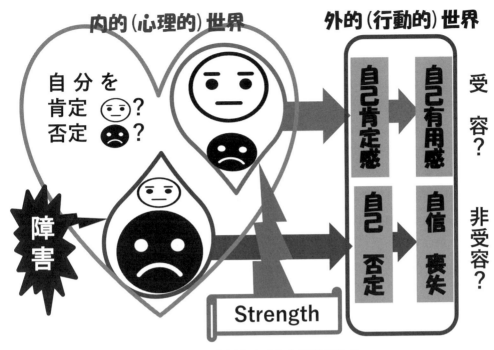

図 10 − 1　自己肯定感と有用感の育成

結果的には「障害を受容している」と観察される外的行動が表出されると考えられます。

3．ストレングスとリカバリー

　こうしたことから、「ストレングス」の視点（第 6 章第 1 節）は、障害のある人の自己理解、障害の受容、自己効力感や有用感などに非常に重要になります。と同時に、これと不可分の関係にある「リカバリー」の概念もまた重要です。

　ストレングスを高める原則は、次の 6 つあるとされます（ラップ＆ゴスチャ、2014）。①精神障害から人は回復し、その生活を改善して質を向上させることは可能である、②焦点は病理でなく個人の強みにある、③地域は社会復帰のための資源のオアシスである、④対象者（当事者）は支援の過程全体の監督者である、⑤ケースマネージャーと対象者（当事者）との関係性が最も重要である、⑥活動を展開する場は施設ではなくて地域そのものである、です。

　また、リカバリーとは「きわめて個人的であり、個人の態度・価値・感覚・目標・技能・役割が変化する個別の過程」とされます。単に病気の回復や支援の必要性がなくなることを意味するのではなくて、「たとえ疾病による限界があったとしでも、満ち足りて、希望にあふれ、人生に貢献する生き方」をするかどうかが重視されています（アンソニー、2012）。病気や障害で生活にさまざまな規制を抱える人が、それらを自ら受け入れ、乗り越え、希望や目標を持って生活や人生を充実させることを意味します。

第3節　障害の開示

　障害のある人が自己肯定感や有用感をもって就業を踏まえた社会生活に参入するには、第1節や第2節にあげた内容の他にも、いくつかの課題があります。ここでは、障害の開示・非開示の問題を検討します。

1．開示・非開示の就業への影響

　自分の障害を他の人や社会に対して開示するか否かは、障害の影響が身体的行動に表出されない発達障害や精神障害の人にとっては、極めて重要な課題となります。それは自己理解の仕方や内容に直接的な関わりがあるとともに、障害受容をしているか否かの指標ともみなされているからです。

　のみならず、対象者が就業して職場に定着する際の大きな規定要因にもなっています。後述の職場定着の支援（**第15章第3節**）で明らかなように、就職後の職場定着は、「障害者枠として最初から障害開示」「一般求人枠で障害開示」「一般求人枠で障害非開示」となるにつれて、定着率が急激に低下します。つまり、障害を開示した就職のほうが高い職場定着率を維持できることは明らかです。障害が開示されていると、（外部の）就労支援の担当者が人事労務部門の了解のもとに事業所内に立ち入って、きめ細かな支援をすることが可能になるからです。

2．障害開示のメリット・デメリット

　このように、障害の開示・非開示は就業に際しての重要な選択です。そのため、自己理解

表10－3　障害開示のメリット・デメリット

	開　示	非　開　示
メリット	1．ハローワークの障害者求人での応募が可能 2．職場に「病気が知られてしまう」不安がない 3．通院時間の確保や昼間の服薬への気遣いが不要 4．苦手（できない）仕事が理解されやすく、得意な仕事をいかせる 5．障害者に対応した種々の支援制度の活用	1．求人が多くて、就職希望の会社をみつけやすい 2．いろいろな仕事に取り組める
デメリット	1．障害者求人は少なく、就職活動の幅がせまい 2．「障害者」としてみられたり、扱われる 3．任せてもらえる仕事が限られる場合がある	1．障害を隠すためのストレス増大 2．隠れて通院や服薬をすることになる 3．仕事で疲れても適度な休憩をしづらい 4．残業や休日出勤の指示もある 5．職場内で相談相手がいないと、自分で解決せざるを得ない 6．難しいと思う仕事でも、場合によって引き受けざるを得ない

を促すカウンセリング過程では、そのメリットとデメリットを障害のある本人や家族に丁寧に説明することが不可欠です。表10−3は、障害の開示・非開示によるメリットとデメリットをまとめたものです。

　この表を踏まえて、たとえば、統合失調症者の就業支援における障害の開示に関してみていきます。障害を開示していれば、対象者は体調を崩したり仕事が困難な場合には、支援者に気がねなく相談でき、服薬や外来通院の際にも配慮を得ることが期待できます。また、支援者は、職場内での指導者や他の職員との関係に目を配ることができ、問題発生時には早期に発見できます。さらに、援助付き雇用プログラム等の施策を活用することもできます。他方で、障害の開示が問題となるのは、就業上の偏見や差別を受ける恐れがあることです。対象者は周囲の偏見にさらされ、それに伴う差別を受ける可能性もあります。

　こうしたことから、支援者は障害の開示に伴う課題をいかに抑制して、開示しやすい環境を作るかが求められています。たとえば最近では、ハローワークによる一般求人条件の緩和指導による求職する障害者への門戸の拡充、法的制度である障害者法定雇用率や合理的配慮の義務を遵守するよう企業へ働きかけ、職務の切り出しや再編成による仕事の創出などです。

3．非開示の際の対処

　ですが、開示・非開示は対象者の自由意思による決定ですから、障害のある人の中には、開示しないままでの就業を希望する人もいます。そうした場合の支援のあり方について検討してみます。

　発達障害を非開示にしたいと希望する人には、次の対応が考えられます。

　第1に、自己理解を深めつつ、苦手なことへの対処の仕方を検討します。自分の弱みや苦手な業務内容に関しての自己理解、希望する事業所での苦手な仕事の有無の確認、苦手な仕事に対処するための事前の検討、などが必要です。

　第2に、コミュニケーションのずれを自己覚知するようにします。職場ではまわりの人に適応していくコミュニケーションスキルが求められることがあります。そのために、就労支援機関などのスタッフと定期的に面談しながら、コミュニケーションのずれに自分で気付いて修正できるようにしていきます。

　第3に、ストレスや疲労に対する解消法を検討します。障害を隠すことへのストレスや負担や疲労が大きいことから、長く職場に定着できるように自分でその解消法を見つけて実行するようにします。

　第4に、福利厚生の制度が整っている事業所を選択します。制度が整っていると、体調を崩しても休養に専念でき、それが日常的な安心感につながります。労働者のメンタルヘルスに事業所がどこまで取り組んでいるかを知っておくことも望ましいでしょう。

　また、精神障害を非開示にしたい人には、次の対処が考えられます。

　第1に、基本的には、医師の診断に従って無理はしないことです。

　第2に、うつ病の場合には、小休止を積極的にとるようにします。気付かないうちに疲労

が蓄積される傾向があるため、トイレ休憩などの小休止をしたり、定期的に有給休暇を取得して休養することが必要です。

第3に、躁うつ病（双極性障害）の場合には、躁状態だったりうつから躁状態に切り替わる時点では、業務量の調整が必要です。疲れ知らずになって自信に満ちあふれ、過度に熱中したり、抑制が効かなくてまわりの人に迷惑をおよぼすこともあります。

第4に、統合失調症の場合には、服薬の時間を遵守することです。脳の機能的な障害に対しては抗精神病薬の服用が治療の前提となります。そのため、症状が軽快しても医師の診断がある限りは服薬を欠かさないことが大切です。

第4節　家族の関わり

自己肯定感は発達の過程を通して長期的に育成されますが、その過程で、家族の関わりによる影響は少なからず受けることになります。

1. 発達障害児（者）と家族の関わり

発達障害の我が子の生涯に対して、家族がどのように関わるかをまとめたものが、表10－4です。これは、発達障害の親の会から発展したNPO法人WingPROの会員家族の実体験を集約したものです（松為、2013）。子どもの生涯にわたる発達段階と状況の変化に対応するように、親の状況も変化していきます。そのため、これらに伴って支援や対処の仕方（焦点）を変えていくことが求められます。

親や家族は、場当たり的な対処ではなくて、「子どもの将来のために今、できることは何か」をしっかりと考えながら、愛情と冷静さをもって行動することが必要です。発達障害の子どものキャリア形成には、家族が深く関与するからです。

乳幼児期に障害が明らかになると、家族は保護や療育の中心的な役割を担うことになります。親は、我が子が自分とは異なる生涯になる可能性を予見して苦悩と混乱に陥りがちです。こうした家族に対して、専門家はその直接の原因となった障害を理解するよう援助するとともに、「障害をもつ我が子を受け入れる」ように支援することが重要になります。

学齢期から青年期になると、問題行動、近隣との関係、学校教育の指針と内容、卒業後の進路などの問題が学年の上昇とともに大きくなってきます。これらの課題は、兄弟や姉妹にまでストレスをもたらすこともあるために、専門家の支えが必要となります。特に青年期以降になると、社会的自立と仕事の世界に移行する準備を始めるために、本人のさまざまな特性を踏まえて自立に向けた学習を支援することが重要になります。そのため、家族は、子どもを保護・療育・教育・指導の対象から、主体性のある個人として対応することが重要になります。また、並行して自立に向けた実際的な技能を習得させることも求められてきます。

成人期になると、就業に焦点を当てながらも、さまざまな自立に向けた生活の充実も大切になってきます。職業と生活をともに維持するには継続的な援助が必要となるため、支援の

表 10 － 4　キャリア過程での家族の対応

子どもの発達段階と状況		親の状況と障害への対応		
発達段階	子どもの状況	親の状況	障害への対応の要点	家庭の対処方法
就学前 (幼稚園)	・狭い興味や関心、こだわり、一人遊び ・集団内のトラブル顕在化（ルール無視、トラブル、パニック） ・言葉の遅れ、指示が通らない	①問題行動、育児に自信喪失 ②家庭内での負担増、他の保護者から孤立 ③相談機関（専門家）の情報と障害受容で苦悩	家族関係の強化	①客観的な視点で問題整理と冷静な対応 ②家庭内での共通認識と母親のメンタルケア ③専門家への相談、地域の支援機関での情報収集
小学校	・パニック発生、集団行動が苦手、孤立 ・離席・学習のつまずき、目立たない ・コミュニケーションのまずさ ＊いじめ	①問題行動への強い矯正、兄弟関係のかっとう ②好ましい情報のみ受け入れ ③担任や保護者との関係（障害への無理解への悩み、不安や不満）	特性の理解 理解者や仲間を得る	①社会経験の拡大と家庭での役割実行、兄弟関係の調整 ②学校・保護者への障害特性の理解啓発、親の会等の情報収集
中学校	・自身の気付き、集団に合わせる努力 ・学習の遅れ、学習意欲の減衰 ＊ストレス、自信喪失、低い自己肯定感	①学習の伸長に関心、伸ばす取り組み ②生活習慣の軽視 ③上級学校への期待（入学自体の目的化）	肯定的な自己理解の促進 得意分野の伸長	①年齢相応の対応、自尊心・プライバシーへの配慮、障害特性の告知 ②長期的な見通しと学校選択 ③生活習慣・スキルの獲得、得意分野の確認
高校・大学	・社会性のモデル不在、生活スキルの不足、友人関係の悩み ・進路（進学・就職）の悩み	①学歴へのこだわり、学校への期待 ②就業への期待・希望と現実のズレ ③生活習慣面の軽視	就労・就業を見据えたキャリア教育	①自立と就労に向けたスキルの獲得 ②障害特性等の情報収集と提供、適切な進路決定 ③支援機関の情報収集・見学
就労前期 (～ 30 歳)	・希望・期待とのズレに苦悩 ・職場の人間関係や異性関係での悩み ・安定出勤に課題（余暇）	①就職先への過重の期待と現実のズレ、不満 ②兄弟の独立・結婚 ③祖父母の介護	安定雇用の後方支援 親自身の老後への対策	①支援（相談）機関への登録と連携 ②生活・健康・ストレス等の把握と支援 ③健康管理、金銭管理
壮年期 (～ 40 歳)	・マンネリ化～就労意欲の減退 ・離転職や自信喪失 ・家庭環境の変化による就労への影響が顕在化	①子どもへの関心・支援の希薄化 ②親の定年・介護、体力の衰え ③支援機関への依存の増大	親亡き後を考えて自立の実現	①親子で今後の生活設計の確認 ②生活の場の確保、支援機関（医療機関）の見学・確保と引き継ぎ
高齢期 (50 歳～)	・将来の生活・健康面の不安、孤独 ・仕事の悩み・就業継続意欲の減退 ・支援者（機関）との関係にズレ	①健康面の不安、子どもへの精神的な依存（同居の希望） ②片親、家族構成の変化	親から支援者への移行	①支援者の引き継ぎ ②金銭管理・権利擁護の支援

出典：松為信雄（2013）より

主体を、家族の手から専門家を含む地域の支援ネットワークによる「社会的支え」に委ねるようにします。

壮年期から老年期になると、本人自身の心身機能の低下が始まるとともに、これまで生活支援を担ってきた親が高齢化と介護の対象になっていきます。そのため、親からの支援は期待できなくなり、公的な障害福祉サービスによる支援の重要性が増してきます。

2．家族の障害受容

このように、家族は発達障害児（者）の自己理解に深く関わっていますが、家族（保護者）がこれを担うには、必ず自分自身が我が子の障害と向き合う過程を経なければなりません。たとえば、学習障害（LD）の子どもの親が我が子の障害を受け止める過程として図10－2の例があります（新堀、2011）。

親は我が子とともに、①未認知、②悩み、③揺れ動き、④やむを得ず受け止め、⑤積極的な支援の受け入れ、の段階を経ながら、障害自体を受け止める水準を次第に低下させていき、最後は、障害者として生きるうえで必要な適切な支援を外部に求めていくとしています。

保護者が子どもの障害を個性の一種として捉えるようになるには、診断や告知後の充分な時間が必要です。子どもの特性に早く気付いて早期に診断を受けることができれば、それだけ、ありのままの我が子と向き合いながら具体的な対応を試行錯誤する時間が多くなります。こうした我が子の障害に対する保護者の受け止め方が変化する背景には、さまざまな情報の

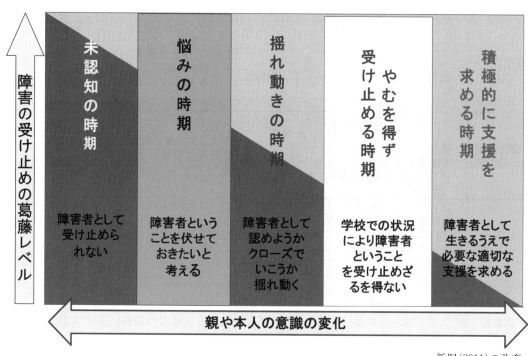

新堀(2011)の改変

図10－2　子どもの障害に対する親の迷いと受け止め

取得があります。そのため、専門家からの共感的な支援、親の会などの仲間や同士との交流など、フォーマルなサービス・インフォーマルなサービスの両方が必要です。

第11章　能力開発とキャリア教育

　能力開発には広義と狭義の内容があります。広義の能力開発には職業準備性の育成があり、また、それは、キャリア教育の視点とも合致します。

第1節　能力開発の捉え方

1．基本的な視点

　職業能力開発は、職業に必要な技能や技術、さらに知識を習得することによって、働く意欲をさらに高め、資格を取得し、社会的・組織内の地位の向上を図り、社会の発展に寄与することを目的として行われる活動です。

　道脇（1997）は、障害のある人の能力開発（職業訓練）の原理は、「職務・職業の必要機能」と「障害者の現有機能」との間にあるギャップを取り除いて、「職務・職業の必要機能≦障害者の現有機能」という関係を成立させるような社会的努力であり、また、それが向けられるべき方向であるとしています。

　職業リハビリテーションの支援技術を活用する基本的な視点は、このギャップをどのように埋め合わせていくかです。この視点は、すでに職業リハビリテーション活動の支援モデル（第3章第2節：図3－2）で示した通りです。そこでは、支援のあり方として、個人に向けられる「機能の開発」と環境に向けられる「資源の開発」を並行して取り組むとともに、双方の補完的な関係についても取り組むことを示しており、このことは能力開発の基軸と一致します。

2．障害と能力開発

（1）リハビリテーションと能力開発

　道脇（1997）はリハビリテーションに関する訓練内容として、次の4つを紹介しています。

　第1は、個人的適応訓練です。個人的な日常生活や社会生活を送るのに必要とされる習慣や態度、そして技能を開発するための訓練です。たとえば、日常生活ができるための ADL（日常生活動作）等の技能の開発が該当します。

　第2は、障害補償技能訓練です。低下した認知機能やコミュニケーション能力あるいは運動機能を高めるためのさまざまな技法による訓練です。たとえば、聴覚障害に対する読唇法や発語法、運動機能障害に対する歩行訓練や移動訓練などです。

　第3は、職業前訓練です。仕事に就くために必要とされる知識や技能の習得を容易にして強化するための基礎的な訓練です。この訓練には、特定の職務（Job）や職位（Position）に

従事するうえでの知識や技能の獲得を目標としているのではなくて、進歩が見込まれる技能の種類を決定したり、潜在的に保有している技能を探索して発見することを目的としています。

　第4は、職業訓練です。仕事を行って実際に生産性を上げるのに直接的に必要とされる知識と技能を提供するための訓練です。

　この4つの分野は、個人特性の階層構造（第7章第1節：図7－1）と対応しています。第1の個人的適応訓練や第2の障害補償技能訓練の領域は、階層構造の下部を構成する「疾病・障害の管理」や「日常生活の遂行」などの領域に向けられた訓練です。また、第3の職業前訓練は「職業生活の遂行」に、第4の職業訓練は「職務の遂行」の領域に向けられた訓練と見てよいでしょう。

（2）多様な能力開発

　このように、能力開発の対象は、個人特性の階層構造のすべての領域を含んでいます。そのため、障害のある人の能力開発に関する1983年のILO第168号勧告（職業リハビリテーション及び雇用（障害者）勧告）でも、「障害者の職業生活及び社会への統合又は再統合のための計画の立案に当たっては、あらゆる形式の訓練について考慮すべきである。これらの訓練には、必要かつ適当な場合には、職業準備、職業訓練、単位制（モジュール）訓練、日常生活のための行動訓練及び読み書きの訓練その他職業リハビリテーションに関連する分野の訓練を含むべきである」とされます。

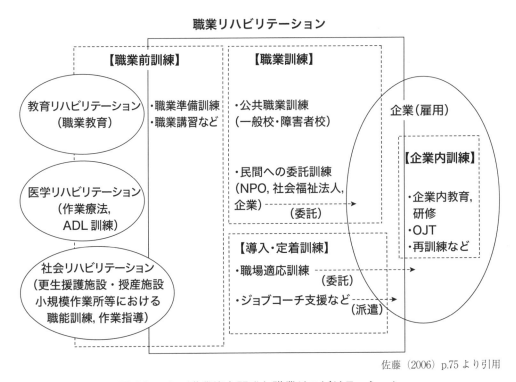

佐藤（2006）p.75 より引用

図11－1　職業能力開発と職業リハビリテーション

そうしたことから、佐藤（2006）は、職業リハビリテーション分野だけでなく、教育、医療、社会福祉などさまざまな分野の教育・訓練を包括した能力開発のあり方について、図11－1のようにまとめています。

3．能力開発の現場
（1）狭義の能力開発
　図11－1に示された障害のある人に対する職業能力開発の中核となるのが、職業能力開発促進法に基づく「公共職業訓練」と、障害者雇用促進法に基づく民間の多様な社会資源（社会福祉法人、NPO法人、企業など）に委託して実施される「委託訓練」です。これらは、狭義の能力開発に相当し、実施施設には次のものがあります。

　第1が、一般の公共職業能力開発施設です。職業能力開発短期大学校、職業能力開発校、職業能力開発センター等が該当し、主に障害のない人を対象とした職業訓練を実施しています。教科、訓練時間、設備その他の必要事項についての基準に沿った訓練が展開されています。最近は、障害のある人の入校を促進しており、中・軽度の障害のある人で一般の職業訓練カリキュラムでの履修が困難な場合には、新たな訓練課程を設けています。

　第2が、障害者職業能力開発校です。一般の公共職業訓練施設で職業訓練を受けることが困難な障害のある人を対象にしており、全国で19校（国立13校、府県立6校）開設されています。

　第3が、障害者の態様に応じた多様な委託訓練です。企業、社会福祉法人、NPO法人、民間教育訓練機関等の多様な委託先で、障害のある人の特性に対応した職業訓練を居住地域で実施しています。訓練コースは、①就職するための基礎的な知識や技能の習得を目指す「知識・技能習得訓練コース」、②企業等の事業所を活用して就職のための実践能力を習得する「実践能力習得訓練コース」、③通所困難な障害者に対して在宅勤務（就労）が可能な水準のIT技能の習得を図る「e－ラーニングコース」、の3つを設けています。

（2）広義の能力開発
　図11－1にある職業準備訓練、職業講習、職場実習などの能力開発は、広義の職業訓練とみなされます。障害のある人を対象にした訓練には、次のものがあります。

　第1に、職場適応訓練です。障害のある人が実際の職業環境に適応することを容易にするために、企業の職場の中で行う実地訓練です。都道府県知事が事業主に委託して行い、訓練期間は原則6カ月以内（重度障害者は1年以内）です。訓練生には公共職業訓練と同様の訓練手当てが支給されるとともに、事業主にも委託費が支払われます。また、短期の職場適応訓練は、2～4週間の短期間で、同様の趣旨で訓練が行われます。

　第2に、地域障害者職業センターによる多様な能力開発事業として、次のものがあります。

　1つ目は、職業準備支援です。センター内に実際の作業場面を模擬した事業所（ワークトレーニング社）を設けて、そこに通所して作業を行うことで、職業生活を遂行するのに必要な働くことへの意欲や労働習慣の体得を目的にしています。

　2つ目は、職業準備講習カリキュラムです。身体障害の人を対象に、OA機器の操作技術や職業知識など職業準備に必要な講習を行います。職業講話、事業所見学、事業所体験実習、ロールプレイ等のさまざまな講座の中から、個別的な課題に応じたカリキュラムを選択します。

　3つ目は、精神障害者自立支援カリキュラムです。社会生活技能の向上が必要な精神障害の人を対象に、センターへの通所への慣れや集団場面への適応を図るとともに、事業所場面を想定した実践的な対人技能訓練（SST）を通じてコミュニケーション能力や対人対応力の改善を図ります。

　4つ目は、職場適応援助者（ジョブコーチ）による支援です。就職の前後にかかわらず障害のある人の職場にジョブコーチを派遣します。センターに所属する「配置型」がこれを担う他に、障害者の就労支援を行う社会福祉法人等に雇用される「訪問型」や、障害者を雇用する企業に雇用される「企業在籍型」などもあります。

　5つ目は、精神障害者総合雇用支援です。精神障害の人とその雇用を目指す事業主に対して、雇用促進・職場復帰・雇用継続のための専門的な支援を総合的に行います。この中のリワーク支援では主治医や事業主と連携しながら、対象者に、生活リズムの構築、基礎体力の向上、作業遂行に必要な集中力や持続力の向上、ストレスへの対処や体調の自己管理、対人技能の習得などを目指したプログラムを実施します。

　6つ目は、発達障害者に対する体系的支援プログラムです。12週程度の「発達障害者就労支援カリキュラム」と「関係機関との就労支援ネットワークの構築に向けた取り組み」が並行して体系的に提供されます。カリキュラムは、発達障害者の問題解決技能・対人技能・リラクゼーション技能・作業マニュアル作成技能などを体得させる職業センター内での技能体験講座と、事業所での体験実習による実践的な体験から構成され、これをもとに求職活動支援を展開していきます。

　第3に、就労移行支援事業です。障害者自立支援法における就労移行支援事業は、就職するうえで必要となる労働習慣や作業遂行能力、作業態度を養うための訓練や職場実習を行っています。対象者は、一般就労等を希望し、知識・能力の向上や実習や職場探し等を通じて、適性に合った職場への就労等が見込まれる人（18歳以上65歳未満）です。

　そのほかにも、教育リハビリテーション分野では「職業教育」が、医学リハビリテーション分野では「作業療法」や「ADL訓練」が、社会リハビリテーション分野では「施設内外の作業」がそれぞれ広義の能力開発を担っています。これらは一般的に、「職業準備性」の訓練とされます。

第2節　職業準備性

1．定義と内容

　広義の能力開発において到達目標とされるのが、職業準備性の向上です。これは、「職業生

活を開始するに当たって要件を準備すること。たとえば、職業生活を始めていくのに必要な身体条件、体力、仕事に対する意識、上司や同僚とのコミュニケーション能力、必要な技術、技能の獲得等があげられる。これらの職業準備性（レディネス）を高めていくためには、技術的な面よりも、基本的な労働習慣を身につけることが要求される」と定義されています（職業リハビリテーション学会、2004）。

表 11 - 1　企業採用時における評価の内容

1．採用基準 （1）仕事に対する基本的取り組み姿勢 　・働く意欲の強さ 　・一企業への入社意思の強さ （2）職務遂行能力 　・ビジネス基本スキル：①職場のルールを守ることができる、②マナー（挨拶，丁寧な言葉遣い，清潔で社会人らしい身だしなみ）、③責任感がある、④意欲（チャレンジ精神，課題達成意識）がある、⑤能動的に行動ができる、⑥対人関係能力（個人対個人，個人対集団，集団対集団）、⑦コミュニケーション能力（聞く力，伝える力） 　・業務遂行に必要な能力：知識・経験・スキルを含んだ総合的な能力 2．採用試験 （1）書類選考 　・履歴書，職務経歴書，自己紹介状，推薦状などの応募書類の内容から判断 　・①これまでの経験内容とそれぞれの活動期間（勉強，仕事）、②興味のある分野（資格，特技，趣味）、③志望動機、④希望する仕事、⑤必要なスキルのレベル 　・職務経歴は，仕事内容を具体的にわかりやすく記入する。募集職種に必要なスキルも，客観的で具体的なデータが必要 （2）筆記試験 　・募集職種とその付帯業務への適性と可能性を探る 　・一般常識：ビジネスマナー，漢字の読み書き，簡単な四則演算など 　・行動特性：人間関係構築能力，バイタリティー，集中力など （3）実技試験 　・結果だけでなく、実施中の様子もすべて評価の対象。以下を職務遂行能力に加える 　・①作業そのものへの適性、②時間の使い方、③作業の丁寧さ、④不明点は自ら声をかけ確認できるか（質問，相談）、⑤有効なコミュニケーション手段は何か（口頭による聴覚的指示／書面による視覚的指示）、⑥集中力、⑦持続力、⑧積極性、⑨慎重性、⑩説明や指示への理解力など （4）面接 　・①働く意欲があるか、②自社への関心があるか（事前に情報収集しているか，積極的な質問があるか）、③これまでの経験の中に自社で活かせるものがあるか、④求職者のニーズと企業側のニーズが一致しているか、⑤仕事への要望（今すぐできる仕事，将来やってみたい仕事など）、⑥企業への要望（トイレやスロープなどの設備面，手話通訳，コミュニケーションなど）、⑦協調性があるか、⑧順応性があるか、⑨チャレンジ精神があるか、⑩信頼性があるか 　・話し方の上手下手ではなく、確固とした自分の考えをもち、それを伝えようとしているか 　・その企業で本気で働きたい，その仕事を本気でしたいという意思表示 （5）その他 　・身だしなみや立ち振る舞いに対する評価は、試験や面接の場に限らない 　・①会社への問い合わせ時のマナー．名乗る，相手の都合を確認する，挨拶、②来社して受付で係員を待つ間の控え室での態度。動き回る，おしゃべり，居眠り（あくび），携帯メール（電話），飲食，化粧直し、③昼食をはさむ場合の食事中の態度、④控え室から試験・面接会場への移動中の態度、⑤会社（入り口，門）を出てすぐの態度、⑥複数の受験生がいた場合，周囲の人との関わり方

箕輪（2006）を改変

　職業準備性に含まれる要件は、この定義や広義の能力開発の内容を踏まえると、個人特性の階層構造（**第7章第1節：図7－1**）が基盤となります。これをもとにして、（上段から）職業適性、基本的労働習慣、対人技能、日常生活管理、健康管理の5層の「職業準備性のピラミッド」が提唱されています（相澤、2007）。

　他方で、職業準備性に関して企業現場からの具体的で現実的な内容は、障害のある人の採用時に最も端的に表れるでしょう。その1つの例が**表11－1**です（箕輪、2006）。ここでは、採用基準として、①仕事に対する基本的取り組み姿勢と②職務遂行能力を、また、採用試験時には、①書類選考、②筆記試験、③実技試験、④面接などの多様な情報をもとに、採用の可否を判断しています。

　「個人特性の階層構造」や「職業準備性のピラミッド」に示された諸能力は、働く場面に参入する以前の学校教育におけるキャリア教育を通して育成することが重要となります。また、就職した後にこれらの諸能力に問題がある場合には、企業以外の支援機関や組織が、再教育を引き受けたり、安定した能力として発揮できるように支援体制を整えることが必要になります。

2．職業準備性の育成

　職業準備性の育成は、学校に限らず、さまざまな場面で行われます。

（1）実習

　企業に就職する前に行われる現場実習は、職業準備性の最も効果的な学習が期待される場面です。そのためには支援者は、①複数企業を見学したうえで、本人の希望や課題にあわせて実習場所を決める、②働く時間や働き方（単独あるいはグループでの仕事等）についてもできるだけ本人の希望や課題に合わせる、③事前に、職務内容に加えて、職場内の人間関係を含めた職場環境全体の情報を知る、④必要に応じて支援者が現場実習に介入できるなどの条件を満たしていることが望ましい、とされます（相澤、2007）。

　また、企業に就職することを目的に施設内で訓練をする場合にも、企業実習と組み合わせた訓練プログラムが効果的といえます。

（2）進路指導

　特別支援学校では、①社会への認識や自己理解の伸長や自主的な進路選択の促進を促す「進路学習」、②働く意欲や自覚の育成や社会とのつながりと働くことの意味の理解を促す「作業学習」、③働くことの意義の実感や成人自己イメージの具体化を促す「職場実習」、の3つが一体になって社会参加にむけた進路指導が行われています。

　特に学校から社会への移行を迎える高等部生徒は、「個人特性の階層構造」（**第7章第1節：図7－1**）の中・下層に属する諸能力を、就職活動を開始する以前に体得していることが必要となります。そのためには、学齢期の全体を通して系統的に学ぶことが望ましいといえます。

　そうした系統的カリキュラムの構造を示したのが、**図11－2**です。これは、「個人特性の

階層構造」のそれぞれの階層に含まれる個々の条件を、発達軸上の時系列に沿って傾斜的に配列し、それに学齢期の発達区分を割り当てたものです。

この図は、学校から社会への移行を円滑に進めるには、幼児期から青年期に及ぶ学齢期の全体を通して、身辺生活の自立から始まり、集団生活への参加、社会生活の理解と参加、そして生活の常識と技術の習得に至るまでの段階的な課題を達成していくことが必要なことを示唆します。また、同時に、キャリア教育のカリキュラム編成の視点ともなります。

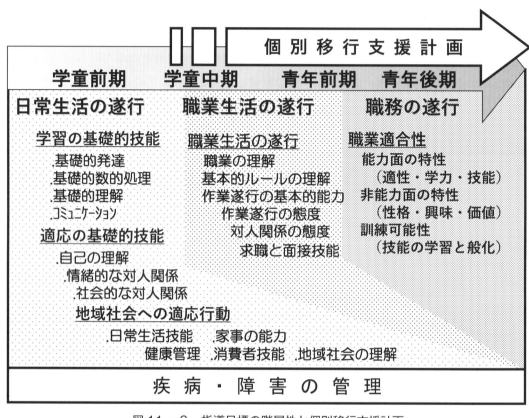

図11-2 指導目標の階層性と個別移行支援計画

3．職業準備性の捉え方

職業準備性の学習や訓練に際しては、次のことに留意が必要です。

第1に、職業準備性の具体的な内容は、固定的に決まっているわけではありません。企業は、「個人特性の階層構造」のすべての領域で一定の基準を必ず満たしていることを求めているのではなく、実際の職務遂行に支障がない範囲での能力に達していればよしとすることがあります。特に、障害のある人の雇用経験が豊富だったり、外部の支援機関の支援体制が整っている事業主ですと、基準は緩やかになる可能性があります。それとは反対に、雇用経験がなかったり乏しくて不安や負担感が強い場合には、基準が高くなる傾向にあります。

道脇（1997）は職業準備性を、①職業に就くための最も基礎的な能力の取得を目的とする

「基礎的職業準備」、②職業生活に入るために一般的に必要なことを取得とする「一般的職業準備」、③具体的な職業を遂行できる能力の取得のための「具体的職業準備」の次元に分類したうえで、企業はこれらの各次元の達成要求が異なるとしています。

　第2に、職業準備性が不足していたとしても、障害者雇用促進法で義務づけられた合理的配慮の提供の仕方によっては、解消される可能性があることを承知していることが大切です。厚生労働省の「合理的配慮指針事例集【第三版】」や、高齢・障害・求職者雇用支援機構の「障害者雇用事例リファレンスサービス」では、特に「一般的職業準備」や「具体的職業準備」の次元に相当する能力不足に対して、障害の状況に応じた具体的な配慮事項が提示されています。

　第3に、新たな雇用支援として指摘した（第3章第4節）「援助付き雇用」「個別就労支援プログラム（IPS）」「カスタマイズ就業」は、就職後に個別的課題に対しての能力開発をする（Place-then-Train モデル）ことに特徴があります。そのため、職業生活に参入する以前に職業準備性を高める（Train-then-Place モデル）従来の視点とは異なることが強調される傾向にあります。

　Place-then-Train モデルは、訓練の成果を実際の場で活用（般化といいます）することが困難だったり、環境の変化への対応が困難な人には有用性が高いとされています。ですが、こうしたモデルに基づいた雇用支援をする場合であっても、特に、「基礎的職業準備」や「一般的職業準備」に該当する能力は、雇用以前に習得しておくことが求められています。

第3節　キャリア教育

1．キャリア教育の意義
（1）定義
　キャリア教育は、人は成長とともに発達的な課題を乗り越えて成熟していくことを踏まえた、一人一人のキャリア発達や自立を促す教育的な取り組みです。米国では、すでに1970年代の初頭からキャリア教育の重要性が指摘されており、生産的な人生を実現するための教育モデルとして、具体的な発達課題を到達目標として系統的に配列したカリキュラムも提唱されています（Kokaska & Brolin,1985.Clark & Kolstoe, 1990）。

　我が国では、文部科学省の「キャリア教育の推進に関する総合的調査研究協力者会議」（2004）で、キャリア教育を、①児童生徒一人一人の勤労観や職業観を育てる教育、②望ましい職業観・勤労観及び職業に関する知識や技能を身に付けさせるとともに、自己の個性を理解し、主体的に進路を選択する能力や態度を育てる教育、③児童生徒一人一人のキャリア発達を支援し、それぞれにふさわしいキャリアを形成していくために必要な意欲・態度や能力を育てる教育、としています。これは、子どもたちの全人的な成長・発達を促す視点に立った取り組みを積極的に進めることを明確にしています。

（2）進路（職業）指導との関係

職業指導（キャリアガイダンス）は、1951年にスーパー（Super, D）が「個人が自分自身と職業の世界における自分の役割について、統合され、かつ妥当な映像を発展させ、また受容すること、この概念を現実に照らして吟味すること、及び自分自身にとっても満足であり、社会にとっても利益があるように、自己概念を現実に転ずることを援助する過程」と定義することで、職業からキャリアモデルへの転換を促したとされています。その後のアメリカでは、ガイダンスからキャリア教育へ、さらには包括的なキャリアカウンセリングへと発展して来ました。

　こうした中で、1982年に全米キャリア開発協会（NCDA）は「職業及びキャリアカウンセリングは、職業、キャリア、生涯にわたるキャリア、キャリアの意思決定、キャリア計画その他のキャリア開発に関する諸問題やコンフリクトについて、資格をもつ専門家が個人または集団に対して働きかけ、援助する諸活動である」と規定しました。個人のキャリア形成に向けた相談や支援つまりカウンセリングには、キャリアガイダンスが機能していることになります。

　職業指導（キャリアガイダンス）の活動は、次の6分野が基本となります（木村、2019）。①進路や職業あるいはキャリア形成に関して自分自身を理解するよう援助する「自己理解」、②進路や職業あるいはキャリアの道筋に関しての種類と内容を理解するよう援助する「職業理解」、③職業の選択や意思決定をする前に実際にそれを実行してみることを支援する「啓発的経験」、④必要に応じて進路の選択や意思決定に向かうよう援助する「カウンセリング」、⑤意思決定したことを実際に行うように援助する「実行」、⑥実行してきた活動の評価を踏まえて職業への適応と向上を援助する「追指導」です。

　ガイダンスとカウンセリングは、この6分野を踏まえた適切な活動によって、初めて具体的な目標を達成することができるでしょう。それだけ、両者は密接不可分の関係にあるといえます。また、これは、学校教育の場に限らず、ハローワークや能力開発訓練施設あるいは企業内の人材育成においても適用される基本となります。ですから、障害のある人の職業リハビリテーション活動の実際を考える際にも、大切な視点といえます。

（3）基本的方向性

　キャリア教育実践の基本として、次のことが指摘されています（文部科学省、2004）。第1に、発達段階や発達課題を踏まえながらも、個人差に留意した適時性や系統性に配慮した個別のキャリア発達への支援を展開します。第2に、キャリアに関する職業や進路の学習と、教科や科目の学習を相互に補完しながら、働くことへの関心や意欲を高めます。第3に、社会や企業で必要となる情報活用能力の習得など、職業人としての資質や能力を高める指導を充実させます。第4に、働くことの意義を理解し、小学校段階から自己と他者や社会との適切な関係を構築する力を育て、将来の精神的・経済的な自立に向けた意識と豊かな人間性を育成します。

　これらは、**第4章第1節**で述べた「ライフキャリアの虹」（**図4-1**）にあるさまざまな役割の中でも、特に、「職業人（労働者）」に焦点を当てています。

ですが、「ライフキャリアの虹」から示唆されることは、「職業人（労働者）」は、地域や家族などの集団から要請されるその他のさまざまな役割の遂行と一体的な関係にあるということです。自立と社会参加は、こうした多様な役割の一端を担うことでもあります。キャリア教育は、それゆえ、単に職業人として機能することのみに焦点を当てることではありません。来るべき社会人としての多様な役割を担うための基盤を育成する、ということにこそ焦点があるといえます（松為、2013）。

ですから、キャリア教育は、働くことが困難な人に対しても、多様な働く場の提供（第1章第5節）がなされるために等しく実施されるべきです。人生にはさまざまな居場所から要請されるさまざまな役割があり、そのどれに価値性を見出しながら人生を生き抜くかが「生活の質（QOL）」の向上に結びつきます。そのため、来るべきさまざまな役割を担うための準備と学習をすること、これがキャリア教育の目指す方向性であると考えることができます。

2．キャリア形成に必要な能力

キャリア形成に必要な能力として、文部科学省（1998）は、①将来設計能力、②キャリア情報探索・活用能力、③意思決定能力、④人間関係形成能力、の4領域を示すとともに、それぞれの領域ごとに、実行可能で具体的な課題を、小学校から高等学校に至るまで段階的に整理して示しています。この内容は、その後の我が国におけるキャリア教育プログラムの基本軸となっています。

第1の「将来設計能力」は、キャリア設計の必要性に気づき、それを実際の選択行動として実行するための能力です。これには、①毎日の生活における役割を把握してその関連を理解する「生活上の役割把握能力」、②仕事場面で要求される役割がどのように社会と関連して変化しているかを認識する「仕事における役割認識能力」、③キャリア設計の必要性を実際の選択行動の中で認識していく「キャリア設計の必要性と過程を理解する能力」が含まれます。

第2の「情報活用能力」は、キャリアに関係する幅広い情報源を知り、種々の情報を活用して自分と社会とを関連づけながら、自己理解を深めるための能力です。これには、①実際の体験を通してキャリアの世界をみつめてそれに取り組む「啓発的経験への取り組み能力」、②キャリアに関する情報を知って発達段階に応じて活用しながら、自分の仕事と社会とを関連づけて社会への理解を深める「キャリア情報活用能力」、③学校で学ぶことと社会生活や職業生活との関連や機能を知って学校教育を理解する「学業と職業とを関連づける能力」、④キャリアに関する情報を社会生活における必要性や機能面から理解してキャリア設計につなげる「キャリアの社会的機能を理解する能力」が含まれます。

第3の「意思決定能力」は、複数の選択肢を構成してそれらの中から最善の決定をすることのできる能力です。これには、①意思決定のための一連の過程を理解したうえで、その結果に伴う責任を受け入れる「意思決定過程の受認能力」、②夢や憧れを現実化させていくためのさまざまな活動を選択する「生き方選択の能力」、③自己理解を深めて自己実現を進める過程で直面するさまざまな課題を知ってそれに真摯に取り組んで解決しようとする「課題解決・

自己実現能力」などが含まれます。

　第4の「人間関係形成能力」は、自分と他者の双方に関心をもって、いろいろな人たちとの関係を築きあげていく能力です。これには、①自己理解を深化させて、自分の行動は他者との関係から成り立っているがゆえに他者を尊重するという「自己理解・人間尊重の能力」、②他者との人間関係を通してさまざまな影響を受けながら自分が成長を遂げていく「人間関係形成の能力」などが含まれます。

3．キャリア教育プログラム

　特別支援学校では、この系統的な進路指導活用プログラムを基軸としながらも、それぞれの教育現場に固有の教育方針を踏まえた、独自のキャリア教育プログラムが開発されています。そのいくつかを紹介します。

（1）文部科学省モデルに即したプログラム

①キャリア発達段階・内容表

　文部省の進路指導活用プログラムを踏まえて作成されたのが、図11－3の「キャリア発達段階・内容表（試案）」です（特別支援教育総合研究所、2008）。これは、前述の4分野のそれぞれの分野ごとに、小・中・高等学校の各段階での達成目標を具体的に記述した一覧表（図では、詳細な項目は省略しています）になっています。特別支援学校ではこれを参考に、

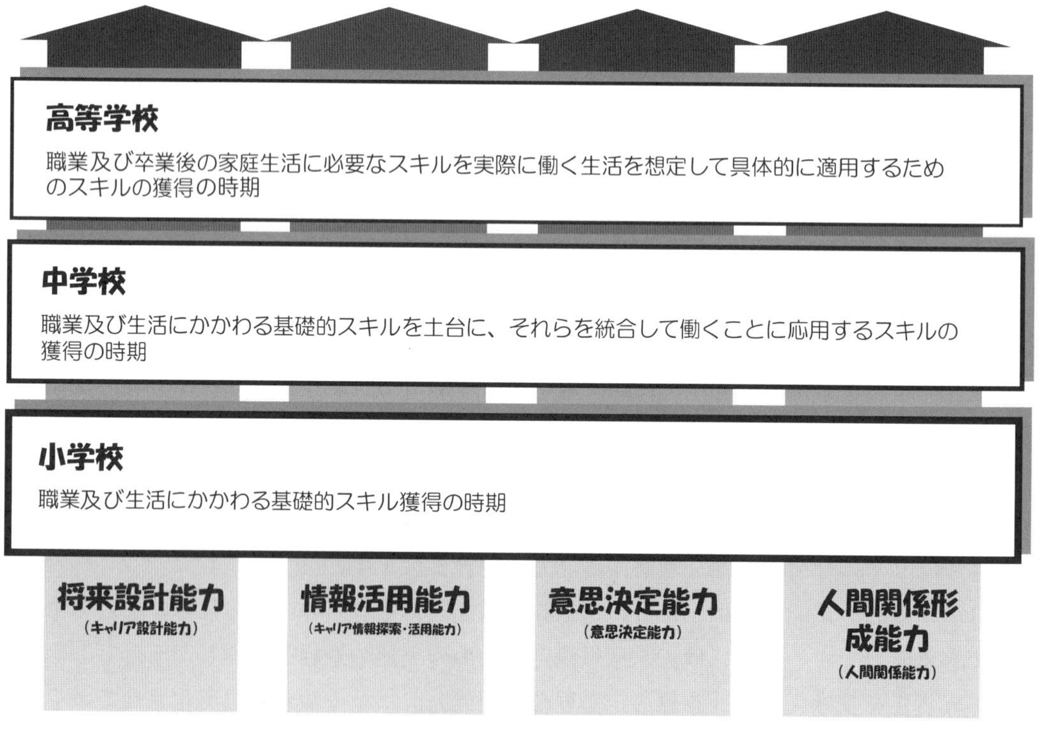

高等学校
職業及び卒業後の家庭生活に必要なスキルを実際に働く生活を想定して具体的に適用するためのスキルの獲得の時期

中学校
職業及び生活にかかわる基礎的スキルを土台に、それらを統合して働くことに応用するスキルの獲得の時期

小学校
職業及び生活にかかわる基礎的スキル獲得の時期

将来設計能力（キャリア設計能力）　**情報活用能力**（キャリア情報探索・活用能力）　**意思決定能力**（意思決定能力）　**人間関係形成能力**（人間関係能力）

出典：国立特別支援教育総合研究所：知的障害者の確かな就労を実現するための指導内容・方法に関する研究，2008（改変）

図11－3　キャリア発達段階・内容表（試案）

段階	第Ⅰ部 自分を知る（自己理解）	第Ⅱ部 仕事・社会を知る（情報活用能力）	第Ⅲ部 コミュニケーションスキル（人間関係調整能力）	第Ⅳ部 自立と将来の生活（将来設計能力）
1	Ⅰ-1 自分を知る 学校・生活を通して自分を知る	Ⅱ-1 働くことをイメージする 就労を具体的にイメージする	Ⅲ-1 人に伝える メモのとり方と活用	Ⅳ-1 働くために必要なこと 働く理由や準備について
2	Ⅰ-2 自分の特性を整理する 自分のことをまとめる	Ⅱ-2 得意を活かす仕事を選ぶ 就職活動の手順を理解する	Ⅲ-2 ビジネスマナー（1） 報・連・相の確認	Ⅳ-2 働く生活をイメージする 先輩から仕事と生活の話を聞く
3	Ⅰ-3 自分のことを伝える 得意・短所の伝え方	Ⅱ-3 履歴書の書き方を知る 応募の理由を考える	Ⅲ-3 ビジネスマナー（2） 面接対応	Ⅳ-3 働く生活をイメージする 自分の給料で生活するということ
4	第Ⅴ部 めざせ、第一関門突破 自己アピールと面接練習			

出典：「発達障害のある児童・生徒のためのキャリア講座教材集」ジアース教育新社 2017

図 11 - 4　WingPRO キャリア教育プログラム

各校で独自のキャリア発達段階評価の作成と、それを活用して教育課程の改善や個別教育計画の改善や充実に向けた活用が行われています。

② WingPRO キャリア教育プログラム

　民間法人の WingPRO が普通校に在籍の学習障害の生徒を対象に、13 講座からなる系統的なプログラムを実施していました（図 11 - 4）。それぞれの課題は、①学習のねらいと活かし方、②学習指導案、③補助資料や配布資料で構成され、そこで使われた教材が刊行されています（松為、2017）。

（2）特別支援学校の固有プログラム

　特別支援学校では、それぞれの教育現場に固有の教育方針を踏まえた独自のキャリア教育プログラムを展開しています。

①京都市立西総合支援学校

　学校生活の「今この瞬間の自立」を「キャリアアップ」にどうつなげるかを志向して、小・中・高等部を貫く系統的な教育目標を設定しています。全体を通して「好きなこと、得意なこと、できること」と「役割を果たすこと」の双方の成長を全学部の一貫した視点としたうえで、特に、「人間関係形成・調整」を意図しながら、地域社会資源を活用して地域生活を維持していくことを目指しています（図 11 - 5）。

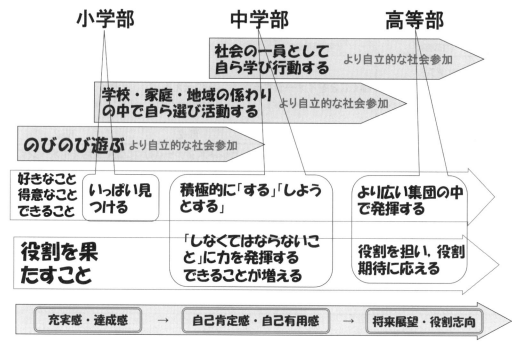

図11－5　京都市立西総合支援学校のキャリア教育プログラム

②静岡大学教育学部附属特別支援学校

　主体的に社会自立できる生徒を育てることを目標に、①作業遂行の補完手段の活用と、生徒自身による授業や作業学習時の補完的行動の獲得、②生徒指導に「システマティック・インストラクション（系統的教授方法）」の導入、③作業学習での知見を日常生活の指導に拡大適用するためのセルフマネージメントスキルの向上を目指した取り組みが行われています（図11－6）（松為、2013）。

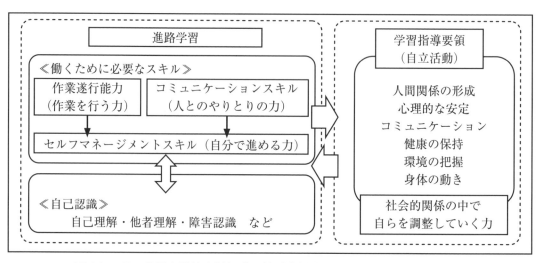

図11－6　静岡大学教育学部附属特別支援学校キャリア教育プログラム

③白河総合支援学校

　学校と企業が協働して、個別の支援計画に基づいた「学びながら働く」ことを通して雇用に結びつける「デュアルシステム」が行われています。学内でのキャリア教育の視点を取り入れた職業指導のカリキュラムと、企業での長期的な実習による人材育成が並行して行われています（図 11 − 7）。

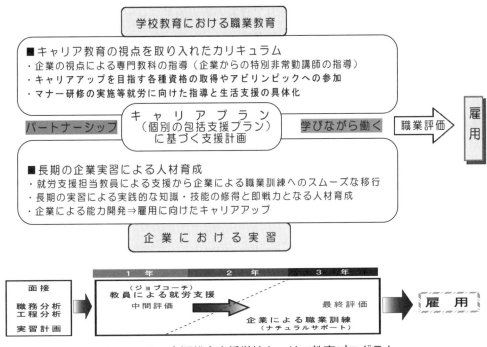

図 11 − 7　白河総合支援学校キャリア教育プログラム

第12章　体系的カウンセリング

キャリアカウンセリングをプロセスとして捉えるのが「体系的（雇用）カウンセリング」です。それは、第4章のさまざまなキャリア理論の折衷的アプローチであり、カウンセリングを学習的・教育的プロセスとみなしています。

第1節　体系的カウンセリングの基本

1．体系的アプローチ

キャリアカウンセリングで古くから行われてきた最も代表的なアプローチが「体系的（システィマティック）アプローチ」です。カウンセリングをシステムとみなすことは、次のような利点があります（松為、1994）。

第1に、カウンセリング過程における非効率な側面を除去して、自信をもって効果的な働きかけを短時間で遂行することができます。

第2に、体系的なカウンセリングを適確に行うとともに、さらに、それを基盤にして対象者（クライアント）の個別ニーズに対応した方法を採用できます。

第3に、目的に適合したカウンセリング過程であることから、実際に提供するサービスの質的な改善やカウンセラー自身の自己評価の基準となります。

第4に、カウンセリング過程のそれぞれの段階の相互関係を全体的な枠組みから理解することができるため、効果的にカウンセリングを実行できます。

第5に、カウンセリング過程の全体を知ることで、援助の過程で不可欠な要因を見落としたり対象者の目標をカウンセラーが代行するといった誤りを、除去したり軽減することができます。

2．カウンセラーの基本的な視点

体系的カウンセリングを展開する場合、カウンセラーには、次のことが求められます（雇用職業研究所、1982. 木村、2003）。これらは、**第5章第1節**のカウンセリングの基礎を踏まえたうえでの、具体的な対応です。

第1に、対象者が援助を求める理由を認識できることが必要です。問題それ自体ではなく、それに伴う心配、困難、状況、人間関係、生活条件などに対して、対象者本人が望んでいる変化とそうなるための方法を、自分で認識するように援助します。

第2に、対象者が自分の課題に対する援助として何を求めているかを知ることが必要です。カウンセリングに何を期待しているかを把握します。

　第3に、対象者が期待している内容を認識できることが必要です。対象者が自分の求めていることを明確に自覚できていない場合には、それを明確にしてカウンセリングの焦点を絞ります。

　第4に、対象者に対して援助できる内容を明確に理解してもらうことが必要です。そこから提供できる支援が本人の求めているものに合致するかどうかを確認します。同時に、カウンセラーが対象者に望むことや、対象者本人にとって望ましい目標について伝えます。

　第5に、対象者の問題解決の能力と変容の可能性を評価できることが必要です。そのためには、対象者本人の行動や思考に加えて、カウンセラー自身が自らの感情を客観的に把握できることが求められます。

　第6に、対象者の感情を認識できることが必要です。本人の感情に共感的な理解を明確に示すことで、その後の展開が円滑に進行します。

　第7に、カウンセリング過程の全体を構造化できることが必要です。対象者はその枠組みに沿って、自分で目標を立てて、それに向かう方法を選択・決定し、実行するように支援します。

　第8に、対象者がカウンセリング過程に専心するように支援するとともに、カウンセリングの終結時にはその成果を評価できることが必要です。

3．実施のプロセス

　体系的アプローチの過程を、カナダ雇用・移民局が監修した「雇用カウンセリングの体系的アプローチ」（雇用職業研究所監訳、1982）に則して説明します。刊行されてから随分と時間が経っているのですが、その視点や内容は現在にも通用するでしょう。その全体的な過程は、図12－1に示すとおりです。

　ステップ1は、担当カウンセラーの選任です。専門的能力、基本的な態度、倫理的な信念を踏まえながら選定していきます。

　ステップ2は、人間関係の樹立です。対象者との人間関係は、カウンセリングの展開には重要な構成要素となります。カウンセラーは初回の面接で、対象者が自分とカウンセリングの双方に現実的な期待をもつように働きかけるとともに、カウンセリングの方法と目的について明確にします。

　ステップ3は、雇用上の問題の把握です。カウンセラーと対象者の双方が、問題の内容、それが存在し続ける理由、それが対象者の就職に及ぼす影響などを理解します。そのうえで、対象者自身が定めた目標に向かって具体的に行動することを確認します。

　ステップ4は、目標の設定です。対象者が、解決すべき問題を吟味して最終目標を決定します。そのために、①対象者が自分の悩みや目標達成を阻害している要因に気づくように支援し、②具体的な解決のための方法を選択して、③それを一連の実際的な行動計画として組み立て、④支援者と契約を結んで対象者自身が積極的にこの一連の過程に加わるよう要請します。カウンセラーはその全体を通して、対象者の考えや活動内容を方向づけ、動機づけ、

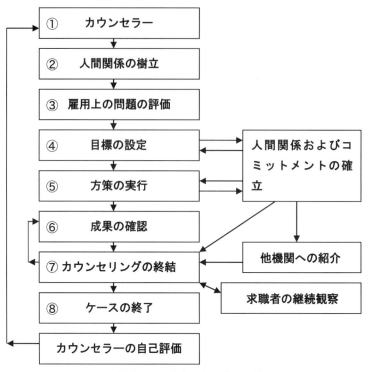

（出典：雇用職業研究所（1982））

図12－1　体系的（雇用）カウンセリングの流れ

フィードバックを提供します。

　ステップ5は、方法の実行です。カウンセリング過程の中核的な活動であり、現在の行動と望ましい行動とのズレを埋めるための実行です。方法の内容としては、①仕事を発見するための「意思決定」、②仕事に就くための最低限の能力を習得するための「学習」、③自助的な手段を習得するための「自己管理」があります。これらは第3節で詳細に解説します。

　ステップ6は、成果の確認です。カウンセリングの過程と成果についてカウンセラー自身が自己評価します。これによって、対象者の変化（進歩）の状況を明らかにして勇気づけ、あわせて自分のカウンセリング方法を改善させます。

　ステップ7は、カウンセリングとケースの終了です。カウンセリングの終了を伝え、その成果や変化についてカウンセラーと対象者の双方で確認します。問題があれば、いつでもカウンセングを再開できることを伝えます。

4．体系的カウンセリングの原埋

　カウンセリングのこの一連の過程を展開させるにあたっては、次のことが重要になります（雇用職業研究所、1982）。

　第1に、体系的カウンセリングは、「治療のプロセス」ではなく、「学習のプロセス」であるということです。カウンセラーの役割は、求職者の学習を促進することにあります。

　第2に、学習の焦点は、対象者の自己概念に向けられます。対象者自身が目標の設定と意思決定そして実行の自己管理をするように、必要な知識やスキルを付与して自尊心の樹立を目指します。そのため、カウンセラーは、目標達成に向けた具体的な行動、段階的な実行計画、現実的な実践、フィードバック、目標到達に向けた動機づけの維持などを行います。

　第3に、対象者は、カウンセリング過程における学習の主体的な参加者とみなし、カウンセラーと対象者は共同して、問題の理解とそれを踏まえた目標達成に向けた適切な実行計画の立案と着実な実行を、一緒に学習します。

　第4に、カウンセラーと対象者は共同作業によって、具体的な到達目標を細分化して明示します。細分化された個別目標の達成を積み重ねることが学習の強化因子となります。

　第5に、対象者の現在の行動と問題の解決に焦点を当てます。現在の生活場面で実行可能な行動計画を立案し、学習課題の実行を通して現実的な目標を目指すようにします。

　第6に、学習の目標は、実際の生活環境（家庭、職場、リクリエーションセンター、学校、街など）で活用できるスキルの開発です。カウンセリング場面は新しく学習した行動を「試す」場所にすぎず、最終的には、対象者が学習成果を実際の生活場面で活用（般化）できることが目標となります。

　第7に、対象者のカウンセリング終了後の行動をモニターする責任があります。実際の生活環境での行動を通してカウンセリングの効果を検証し、それが現れていなかったり問題が残っている場合には、再度の援助をします。

　第8に、対象者の自己修正的な過程を確認することが必要です。対象者自身の報告、同僚や上司等のコメント、カウンセラーの自己評価などをもとに、どのような実践と方法が効果的だったかを確認します。

　これらの原則は、体系的カウンセリングのすべての過程は、カウンセラーと対象者の共同責任の下に展開されることを示しています。対象者の責任とは、①カウンセリングに参加するかどうかの決定、②達成する目標の決定、③学習した成果の実際の生活場面での活用などです。また、カウンセラーの責任は、①現実的で有意味な目標の設定、②対象者の問題の客観的な理解、③目標の到達に向けたカウンセリングの実施、④学習したスキルの実際の生活場面での活用の確認などです。

第2節　実施の過程

　図12−1の主要なプロセスとなる、ステップ4、5、6、7について、詳細に見ていきます。

1.「目標の設定」段階

　ステップ4の「目標の設定」は、将来に向けて学びたいことや学ばねはならないことを明確にして、カウンセリングの進め方やカウンセラーが援助すべき方針を決める段階です。

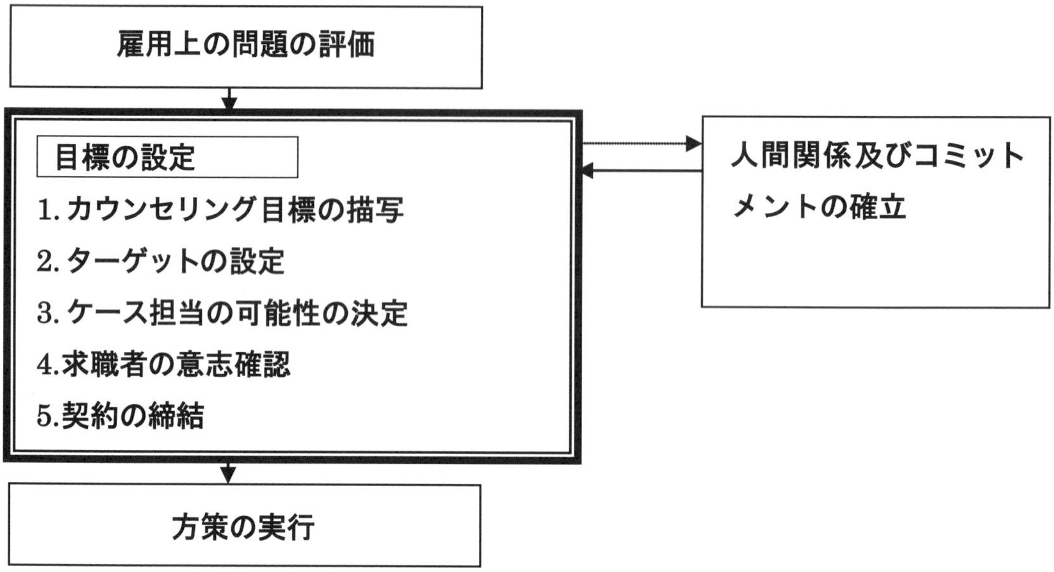

```
┌─────────────────────────────────┐
│      雇用上の問題の評価          │
└─────────────────────────────────┘
            │
            ▼
┌─────────────────────────────────┐      ┌──────────────────────┐
│ ┌─────────────┐                 │      │ 人間関係及びコミット │
│ │ 目標の設定  │                 │ ───► │ メントの確立         │
│ └─────────────┘                 │ ◄─── │                      │
│  1.カウンセリング目標の描写     │      └──────────────────────┘
│  2.ターゲットの設定             │
│  3.ケース担当の可能性の決定     │
│  4.求職者の意志確認             │
│  5.契約の締結                   │
└─────────────────────────────────┘
            │
            ▼
┌─────────────────────────────────┐
│       方策の実行                │
└─────────────────────────────────┘
```

図12-2　目標の設定

図12-2に示す5段階で実行します。

　第1段階は、目標を具体的に明確に描くことです。具体化することは、カウンセリングを効率的に進めるうえで大切ですし、次のような利点があります。

　①対象者自身が自分の考えを方向づけるとともに、カウンセリング終了後の最終目標を明確にします。具体的な行動計画を立てるうえで必要です。

　②カウンセリングの進行に際しての当面の目標を立て、見通しをもちます。目標そのものは、必要に応じて修正したり変えたりします。

　③実行可能で短期間で到達できる目標を設定することで、それに向かう強い動機づけや満足感をもって継続的に努力するように仕向けます。

　④目標の設定は、カウンセリングの進行状況や終了時の成果を確認する指標にもなります。

　第2段階は、下位目標の設定の設定です。これは、前段階の最終目標の達成に必要とされる具体的な行動です。対象者が成功体験を積み重ねることができるように、到達可能な水準にします。また、到達した状況に応じてカウンセリングが望ましい方向に進んでいるかどうかを確認するのに必要です。

　第3段階は、担当カウンセラーの決定です。対象者の状況や到達目標を明らかにする過程を通して、どのカウンセラーが対象者を援助できるかどうかを決定します。

　第4段階は、対象者の意思の確認です。対象者が目標達成に向けて努力を払う意思があるかを探ります。乗り気でない場合には、対象者は、カウンセリングに費やす時間等の負担をどのように感じ、どれだけ心理的な不安を感じているかに注意を払います。

　第5段階は、契約の締結です。目標達成に向けて努力すべき課題をカウンセラーと対象者との間で明確にしたうえで、目標達成までの手順を示します。自分の課題を明確にできなかっ

たり、努力する意思が弱かったり、持続が難しい場合には、課題を文書化しておきます。

　最後に、これまでの手順を再確認します。カウンセラーはこの見直しを通して、対象者が、①自分の目標を十分に理解しているか、②目標の達成に向けた努力をすることを明確に表明したか、③設定した具体的な下位目標の内容を十分に理解した上で満足しているか、について確認します。これらに何らかの問題がある場合には、関連する段階まで戻ってカウンセリングをやり直すことになります。

2.「方法の実行」段階

　ステップ5の「方法の実行」は、設定した目標を達成するための行動計画を作って実施します。体系的カウンセリングの最も中核となる段階であり、前述の通り「意思決定」「学習」「自己管理」の3つの方法があります。これらの詳細は、次の第3節で解説します。

　どの方法であろうと、これを適切に実行するには、カウンセラーは事前に次のことを自問自答して確認することが必要です。

　①対象者のニーズを具体的な目標に落とし込むことができたか。自分はその目標達成に向けた実行に必要な力量をもっているか。

　②対象者の支援には向かないと判断した場合、他の適切な機関や個人を紹介したか。

　③目標達成のために採用した方法は、対象者の欲求、現状、諸条件に照らして最適なものになっているか。

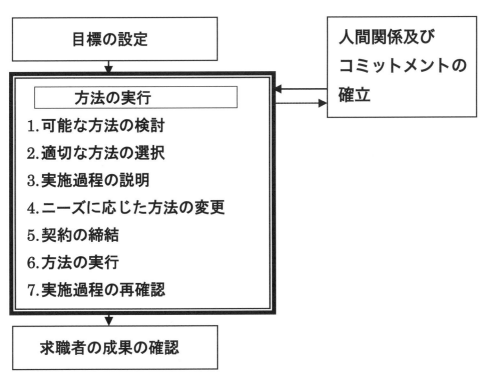

図12－3　方法の実行

④目標達成のために採用した方法の内容や進め方を、対象者に十分に説明したか。対象者はそれを実際に理解したか。

⑤行動計画は、対象者のするべき行動が明記されて、実行可能な内容になっているか。計画の全体的方向は目標の達成に導いていくことになるのか。

⑥対象者の考えを尊重するとともに、積極的に役割をもたせたか。

方法の実行は、これらのことを確認したうえで、図12－3に示す7段階で実行します。

第1段階は、可能な方法の検討です。対象者のニーズとカウンセラーの技量をもとに適切な方法を選択します。カウンセラーは、対象者の改善すべき課題や内容を検討した上で、望ましい成果が得られる方法を選択する責任があります。

第2段階は、適切な方策の決定です。可能性のある個々の方法を明らかにして、それぞれのメリットとデメリットを比較検討したうえで、目標達成に最も適切な方法を選んで意思決定します。

第3段階は、実施の仕方の説明です。決定した方法の目的、具体的な内容、実施による利点と弱点などを説明して、これが対象者にとって最大の効果をもたらすことを知ってもらいます。

第4段階は、対象者のニーズに応じた方法の変更です。対象者の価値観や生活様式に反した方法では、動機づけが持続しません。そのため、カウンセラーは、状況に応じて実施方法を適宜に変える柔軟な姿勢が必要です。

第5段階は、契約の締結です。目標到達までの具体的な手順を明確にします。それぞれの手順ごとに、行動目標を定め、その内容の適切さや達成までの努力の程度などを検討します。手順が確定したら文書化して対象者と契約します。

第6段階は、方法の実施です。手順に従って実行します。それぞれの手順で示した行動目標ごとに、カウンセラーと対象者が果すべき役割分担を文書化しておくことが必要です。

第7段階は、実施過程の再確認です。カウンセラーはこの手順の全体を見直して、対象者がこの段階を終了できたかを確認します。未達成の課題がある場合には計画の練り直しを、実施した結果に満足できない場合には手順の内容の変更を、失敗を繰り返す場合には別の援助の方法を、それぞれ検討します。

3.「成果の確認」段階

ステップ6の「成果の確認」は、実際の成果を評価する段階です。これは、対象者にとっては、努力の結果を知ることで動機づけを高め、到達した水準を持続したいと願うきっかけとなります。図12－4の7段階で実行します。

これらは、①現在の状態の決定、②終了時の行動の記録、③開始時と修了時の行動の比較、④修了時の行動と目標との比較、⑤目標への達成程度の決定、⑥追加でカウンセリンする必要性の決定、⑦カウンセリング終結の準備の手順となります。

評価の基準は、対象者の感情面ではなく、行動面が実際に改善されたかどうかに焦点をお

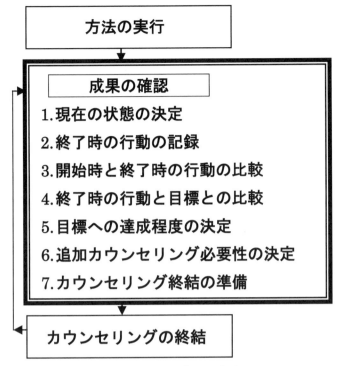

図12－4　成果の確認

きます。また、対象者には、その改善の責任は自分にあることを自覚させるようにします。

　設定した目標が達成できない場合には、目標そのものが適切だったのか、また、それに到達する方法が妥当だったかを検討する必要があります。到達できなかった理由としては、①動機づけが十分でない、②意欲は示すが行動が伴なわない、③カウンセラーが気付けない隠された目的がある、④外部機関に紹介するほうが適切、などが考えられます。こうした場合には、図12－1に示した、最初の段階に戻ってカウンセリングを進めることになります。

　なお、カウンセリングが不成功に終わる例としては、継続することに対する動機づけが十分でない、続ける意欲はあっても行動が伴なわない、カウンセラーが気付けない隠された目的を持っている、外部機関のほうが援助できる可能性が高い、といったことがあります。

４．「カウンセリングの終結」段階

　ステップ7の「カウンセリングとケースの終了」は、体系的カウンセリングの最後の段階です。

（1）カウンセリングの終結

　カウンセリングの終結は、図12－5の3段階で構成されます。その手順は、次の通りです。

　第1段階は、終結の説明です。目標を達成したことを確認して、これ以上のカウンセリングは必要でないことを説明します。カウンセラーに依存的な傾向をもっていても、この段階

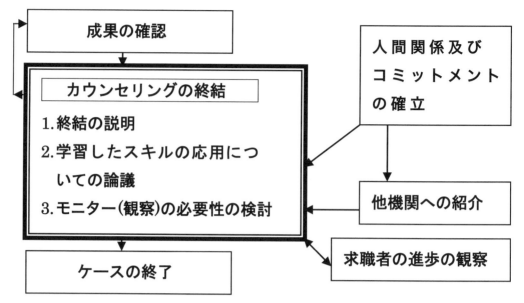

図12−5　カウンセリングの終結

ではそれを断ち切ることが必要です。

　第2段階は、学習した技能の活用について話し合います。カウンセリングの最終目標は学習した技能や知識を実際に活用できるようになることですから、そのための方法について話し合います。

　第3段階は、継続的な観察の必要性です。対象者の学習を継続させることが必要な場合には、継続的な観察をする方法を決めてそれを実施し、必要に応じてカウンセリングを再開し、定期的に動機づけを促すことが必要です。

（2）ケースの終了

　「ケースの終了」段階は、カウンセリングが対象者にどのような変化を与えたかを、後日に検証するための準備です。そのため、①対象者の属性、②問題の内容、③設定した目標の内容、④実施した成果、⑤その結果に到達するまでの時間などを記録として保存しておきます。

（3）カウンセラーの自己評価

　カウンセラーの自己評価は、①カウンセリングの全過程の中で、それぞれのステップごとの必要に応じて調整や修正をする場合と、②カウンセリングの終了後に、対象者にどれだけ効果的に対応できたか、今後のカウンセリングを効果的に進めていくうえで何を学ぶことができたか、について行います。

　自己評価のためのフィードバックとなる情報源には、①自分自身の経験に基づいた反省と学習（自己評価の質問表を用いることもあります）、②対象者自身からの情報（カウンセラーの技術に対する認識、カウンセリング関係の説明への理解の程度、達成目標を自分のものとしているかの認識、課題の処理の可能性、再度の指名など）、③資格のある第三者（同僚、スーパーヴァイザー、トレイナーなど）があります。

第3節　実行段階の内容

ステップ5の「方法の実行」には、「意思決定」「学習」「自己管理」の3つがあります。

1．「意思決定」の方法
（1）意思決定の手順

　意思決定は、実現可能な解決方法の中から、対象者が中心になって選択します。決定に際しては、採用する選択肢ばかりでなくて、排除する選択肢についても注意するとともに、決

表12－1　「意思決定」の手順

STEP	技能・技術	指　針
1：意思決定のステップの説明	・場面設定をする ・傾聴する ・言い換える ・言語的強化をする	・クライエントは、問題解決に入る準備ができているか。 ・クライエントは問題を明確に説明できるか。
2：仮の行動が必要かどうかを決める	・簡単な吟味をする ・傾聴する	・クライエントには探索する時間があるか。
3：仮の行勤を実行する	・言語強化をする ・契約を結ぶ	・クライエントは、探索するための行動を必要とするか。
4：選択の可能性を拡ける	・自由に答えられるような質問をする ・ブレーンストーミング ・想像させる ・示唆を与える	・カウンセラーもクライエントもともに思いつく可能な道をすべて提示したか。
5：選択可能な個々の道の適切さを調べる	・自由に答えられるような質問をする ・軽い対決をする ・バランスシートを使う ・言語的強化をする	・選択可能な道のそれぞれの長短を検討してきたか。
6：選ばれた道に費される費用と利益を検討する	・バランスシートを使う ・構成する ・軽い対決をする	・可能な道のうちで選び出されたものそれぞれについて、その長短を検討してきたか。
7：暫定的選択をする	・自由に答えられるような質問をする ・要約する	・クライエントは最も望ましい選択をしたのか。 ・それは興味、価値観、能力、目標などと一致しているか。 ・環境的にみて、それは可能か。
8：決定過程の終了	・契約を結ぶ ・将来に向った計画を作る ・言語強化をする ・自由に答えられるような質問をする ・簡単に吟味する	・クライエントは計画を立てたか。 ・各ステップの進行中に、クライエントは絶えず積極的に参加していたか。

（出典）カナダ雇用・移民局「Individual employment counseling-Systematic approaches.Jp196, 197（雇用職業総合研究所訳による）

定のタイミングも大切になります。また、状況が変われば変更することも必要です。

意思決定の一般的な手順は、**表12－1**のとおりですが、状況に応じて省略してよい部分もあります。これを実施する際には、次のことに注意します。

①達成すべき目標と意思決定でもたらされる価値について、対象者は了解しているか。

②様々な選択肢のそれぞれについて、そのメリットとデメリットを明らかにして相互に比較検討しているか。

③比較検討では、対象者自身の意向に加えて、専門家の意見や新たな情報も取り入れたメリットとデメリットを検討しているか。

④選択した行動を実行する場合、予想される危険や困難に対する対処の方法も検討しているか。

（2）情報の収集・提供と活用

意思決定に際しては、自分と自分を取り巻く環境についての正確な情報が不可欠です。そのため、カウンセラーは、対象者が必要とする情報を提供するばかりでなく、対象者自身が、さまざまな情報源を検索するための方法についても学習するよう支援することが必要です。

また、対象者が情報入手の方法を知っていても、実際に活用できない場合には、カウンセラーは、対象者と共同で情報を収集したうえで、入手した情報を対象者に記述させて、その内容と利用の仕方について理解しているかどうかを確認します。

さらに、カウンセラーは、対象者の期待や信念に反した情報を提供しなければならないこともあります。たとえば、就職を困難にしている習慣や性格、あるいは、高すぎる期待や非現実的な希望であることを知らせる場合です。対象者の多くは、それを無視したり信じなかったりして、受け入れようとはしないでしょう。この場合には、自己学習を通して獲得した情報を振り返りながら、ていねいな自己評価をするように援助します。

2.「学習」の方法
（1）学習過程とみなす意義

既述したように、体系的カウンセリングの過程は教育の過程です。雇用場面では、対象者が求人先を探し、その仕事に応募し、就職してその仕事に適応して定着するのに必要な知識や技能や習慣を学習することになります。

そのため、カウンセラーは、対象者が学習する目標を見定めるように援助し、学習のできる状況を作り出し、目標を達成できるような学習計画を立てて、その実施の経過を支援します。これは、対象者を受容して共感的に理解することと同様に重要なことです。

さらに、単に知識の獲得に留まらず、実際的な技能を開発し、不適切な行動習慣を変え、動機づけを高め、自分の置かれた状況を理解し、自己理解の新たな視点を発見することも学習の目標となります。

こうした学習に向けた援助では、①障害の種類や問題の内容は異なっていても学習過程そのものは共通していること、②対象者の決意や学習の意欲は環境的な条件によって影響され

ること、③学習の成果はこれまでの経験の蓄積に加えて、学習すべき課題を対象者がどこまで理解しているかによっても規定されること、などに注意することが必要です。

　カウンセリングの過程を通して行われる学習には、「技能（スキル）」「習慣（行動パターン）」「意欲」の3つの分野があります。

（2）「技能（スキル）」の学習

　ここでいう技能は、職務の遂行に必要な固有のものではなくて、職業やキャリアを自分で探索、選択、決定、形成するのに必要な知識・技能をいいます。たとえば、対人関係の能力、意思決定の技能、情報を探索して処理する能力、職業選択できる能力などです。その学習の手順は次の通りです。

　第1に、技能の見本（モデル）を提示します。学習すべき技能の内容を明らかしてそれを対象者が十分に理解するために、次の方法で提示します。

　①対象者自身がモデルとなる：過去の成功体験を思い出させてそれを行動モデルとします。

　②カウンセラーがモデルとなる：実際に行動してみせます。内容は、相談者の現在水準よりもやや高度で目標達成に必要な最低限の技能です。

　③他者がモデルとなる：対象者の知っている実在の人物の、活動状況や実際の行動を行動モデルとします。

　④象徴的人物がモデルとなる：メディア等で知られている人物の、活動状況況や実際の行動そして結果などを確認させていきます。

　第2に、技能を実際に試行してみます。さまざまな見本（モデル）をみた後で、その技能を実際に試してみます。

　第3に、試行結果をフィードバックします。学習した成果を、カウンセラーの前で実際に行ったり、友人や同僚から評価を受けたり、テープレコーダーを使ったり鏡を見ながら自己評価をします。

　第4に、実際の活用機会を提供します。試行を終えた後で、実際の練習に入ります。カウンセリング場面では時間が限られていますから、宿題を与えて自分で練習するように仕向けたり、そのための計画も自分で立てるようにします。

　第5に、技能の評定をします。カウンセラーは、対象者の練習成果についてフィードバックする人をあらかじめ指定しておきます。

（3）「習慣」の学習

　習慣（行動パターン）は、対象者の気付かない習慣化された行動です。その中には、職業生活を進める際に問題となるものもあります。たとえば、責任の回避、物事の引き伸ばし、批判への反発、無秩序さなどです。こうした不適切な行動パターンをなくすための学習が「習慣（行動パターン）」の学習です。

　習慣や「クセ」は発育の過程で獲得してきた結果ですから、その修正には時間がかかります。ですが、それを変えることは可能であり、特に、就職して職場に適応・定着するための妨げとなる不適切な行動に対しては、それが起こる状況や環境の場面を変えることによって、

より適切で効果的な習慣に置き換えることができます。

　習慣（行動パターン）の変容については、次のような手順によって新たなものを形成させるようにします。

　第1に、不適切な行動の内容とそれが生じる状況について明確に把握します。

　第2に、不適切な行動が生じる状況や環境そのものを修正します。

　第3に、望ましい行動の内容とそれを行うべき状況について明らかにします。

　第4に、望ましい行動を実行すべきだと感知する合図や手がかりの情報について学習します。

　第5に、望ましい行動を実行した場合には、努力をほめたり勇気づけます。

　第6に、望ましい行動が習慣化するまで、練習を繰り返します。

（4）「意欲」の学習

　ここでいう意欲は、目先の利益にとらわれず、将来のより大きな成果を目指して、難しい課題に取り組むように仕向けることです。意欲を高めることは簡単ではありませんが、意欲をもって行動するほうが容易である、ということに気付かせることが必要です。

　不適切な行動や「くせ」を改善する意欲が見られない人の多くは、①効果のない習慣でも一時的に役に立っている、②何もしない方が楽である、③目標に向けた努力をした経験がない、④努力が報われないために諦めてしまう、といったことが原因となっています。

　また、一般的に意欲に欠けると見られる兆候には、①自分に問題があることを認めようとしない、②自分の問題の原因を他人や体制のせいにする、③黙っていて何もいわない、④過去のことばかりを話したり敵意を露わにする、といった行動が観察されます。

　他方で、意欲に欠けるとみなすのが困難な例としては、①会話が豊富で協力的だが、それが自分の問題に向き合うのを避ける防衛的な行動であったり、②言葉の上ではカウンセラーに同意するが、具体的に実行に移そうとしない場合などがあります。

　こうしたことを踏まえて、意欲を高める一般的な手順として、次のことがあります。

　第1に、達成可能な下位の課題の構成です。カウンセリングの目標を、対象者が着実に一歩づつ達成できる下位の課題に分割してそれを実行します。

　第2に、努力をほめて勇気づけます。課題に対して指示を与える場合には、怒ったり権威的になったり説教するのではなくて、やればできるはずというカウンセラーの期待感を示すようにします。

　第3に、クライアントの努力に報います。実行した努力に対して深い関心を示して、努力を認めて賞賛や勇気づけ、言葉かけや心理的な支持による報酬を与えるようにします。

　第4に、練習を継続します。カウンセラーと協働して練習計画を作成します。その最初の段階では支援しますが、その後は、対象者が自分で練習を続けられるような方法を提供することが必要です。

3.「自己管理」の方法

　カウンセリングの最終的な目標は、対象者が、自分で設けた目標の達成に向けて、効果的に自己管理（自己統制）できるようになることです。これは、対象者が自分の生活を方向づけたり、望ましくない習慣や「くせ」を取り除いたり減少させる能力をいいます。

　自己管理の仕方は、これまで述べてきた「自己決定」や「学習」の方法を応用するものです。その場合に、カウンセラーは、①「意思決定」「学習」「行動変容」などの実践について対象者が学習することを支援し、②対象者が自分自身の変化をチェックしたり評価するように仕向け、③対象者が必要とした時にはいつでも援助や動機づけや示唆を与える、といった役割を果たします。

　自己管理の方法には、次の3つがあります。

　第1は、自己監視（モニター）です。実際に行っている自分の行動を記録します。特に、行動上の問題については、それが生ずる状況や環境、問題の生じる頻度や長さ、その他の特徴について記録します。

　第2は、自己管理プログラムの作成と実行です。モニターの結果をもとに、カウンセラーと共同で自己管理プログラムを作成して実行します。実行中は、対象者は自分の変化の状況を継続して記録して、カウンセラーに報告します。

　第3は、状況の修正です。ある環境では適切な行動や習慣であっても、環境が変わるとそれは不適切なものになることがあります。ですから、環境の状況そのものを変えてその中に自分を置くことで、望ましい行動をより積極的に伸ばしたり、取り除きたい行動を起こりにくくするような自己管理の仕方を学びます。

　第4は、望ましい行動の伸長です。対象者は、①望ましくない行動が生じる状況を発見し、②その状況の中で別の望ましい行動を発見し、③それが十分に身に付くまで、その状況を思い出すための手がかりを作ります。

第Ⅲ部
雇用環境調整の実際

第13章　雇用・福祉施策と連携の強化

第14章　障害者雇用の推進

第15章　人事労務管理と職場定着支援

第16章　職場のメンタルヘルスと復職
　　　　支援

第17章　組織内キャリア・復職・離転職
　　　　・引退

第13章 雇用・福祉施策と連携の強化

　職業リハビリテーションの支援では、第3章で示したように、個人とそれを取り巻く環境（職業）の双方に焦点を当て、その相互作用を促進させて適応向上を図りつつ、それを継続させることが重要になります。そのため、第13章から17章では、雇用環境調整の実際に焦点を当てます。

　ここでは、働くことに関わる制度として、労働関係法規全般について紹介するとともに、特に、障害者雇用促進法と障害者総合支援法については詳しく解説します。そのうえで、双方の施策の連携を強化するさまざまな取り組みにも言及します。

第1節　労働関連法規

1．労働法の体系

　労働法の体系の基本は、①雇用関係における労働者保護を対象とする個別的労働関係の法規、②労使関係における労使自体を対象とする集団的労使関係の法規、③雇用の維持・創出を対象とする労働市場の法規、の3区分に整理する考え方が多くなってきています（加藤、2016）。

　第1の個別的労働関係（雇用関係）の法規には、最低労働の基準設定として「労働基準法」と「最低賃金法」、賃金支払の確保等に関する「賃金支払確保法」、また、「労働安全衛生法」「労働者災害補償保険法」があります。さらに罰則の規定はないのですが、「労働契約法」「男女雇用機会均等法」「育児・介護休業法」「労働契約承継法」「過労死等防止対策推進法」も制定されています。

　第2の集団的労使関係（労使関係）の法規には、「労働組合法」と「労働関係調整法」があります。また、集団的労働紛争解決の方法として、労働委員会による不当労働行為の審査や労働争議の調整制度があります。

　第3の労働市場（雇用政策）の法規には、労働者が自己の能力と適性を活かした労働の機会が得られるよう、国の政策で労働市場体制を整え、それでも労働の機会を得られない労働者に対して生活の保障をすることを定めています。その中には、「労働施策総合推進法」「職業安定法」「雇用保険法」「障害者雇用促進法」「高年齢者雇用安定法」「労働者派遣法」「職業能力開発促進法」「地域雇用開発促進法」等があります

2．労働法における「労働者」

　労働法の適用の対象となる「労働者」は、労働基準法で「職業の種類を問わず事業又は事

務所に使用される者で賃金を支払われる者」とされています。何らかの事業に「使用され」（使用従属関係がある）、「賃金を支払われる」者という 2 つを要件に該当する者を「労働者」としています。

　しかし、人の働く形態はさまざまなことから、労働基準法上の「労働者」に該当するか否かが問題になる場合があります。たとえば、福祉的就労に従事している人たちです。現行の制度では、そうした人たちは、労働に対する報酬（工賃）を得ているにも関わらず、障害者総合支援法による就労継続支援 A 型事業所の就労者は労働法上の労働者となるのですが、一部の人（雇用契約のない就労者）や就労継続支援 B 型事業所の人は、労働者性は認められないために労働法は適用されていません。このため、これらの福祉的就労従事者は労働法上のさまざまな保護を受けることができない状態です。

第 2 節　労働条件の改善に関する法規制

　労働法にある労働条件の改善に関する法規制としては、次のことがあります（佐藤、2010）。

1．労働条件の原則と労働契約
（1）労働条件の原則

　労働者保護という観点から、労働基準法やそれに関連する労働法では、労働条件に関して次のことが定められています。

　①労働基準法に定める労働条件の最低基準に達しない労働契約や就業規則は無効です。

　②国籍・信条・社会的身分による差別は禁止です（均等待遇の原則）。

　③賃金の男女差別は禁止です（男女同一賃金の原則）。

　④募集や採用から退職に至る雇用に関わるあらゆる労働条件に関する性差別は禁止です（男女雇用機会均等法）。

　この他にも、⑤年齢差別の禁止、⑥強制労働の禁止、⑦中間搾取の禁止、⑧公民権行使の保障などがあります。

（2）労働契約

　労働契約における基本ルールとして、労働契約法は次のことを定めています。

　①労働契約の原則として、労働者と使用者は対等に合意して（労使対等の原則）、仕事と生活の調和等を考慮したものであることとされます。また、労使の双方は、労働契約を遵守し、信義・誠実に権利を行使し、義務を履行し（信義誠実の原則）、これを濫用してはならないとされています（権利濫用禁止の原則）。

　②使用者側は、労働者の生命や身体等の安全を確保しつつ労働することができるよう配慮する義務（安全配慮義務）があります。

　③使用者は、労働条件の内容を詳しく記述した文書を労働者に渡さなければなりません。

　また、会社が労働者を解雇するには次のような制限があります。

①解雇は、客観的に合理的な理由があり、かつ、社会通念上相当であると認められるものとされます。これに反する解雇は権利の濫用として無効とされ（解雇権の濫用）、また、契約期間に定めがある場合には、やむを得ない事由がある場合以外で契約満了期間以前に解雇することはできません。

②業務上の負傷や疾病による療養期間中や産前産後の休業中は、原則として解雇できません。

③解雇予定日の少なくとも30日前に解雇の予告をしなければなりません。

2．賃金や労働条件

（1）賃金に関する規制

賃金の支払いについては、次の定めがあります。

①支払いは毎月1回以上で一定の期日を定めて支払うこととされます（賃金支払いの5原則）。

②使用者の責任で休業する場合は、平均賃金の6割以上の休業手当を支払うこととされます。

③使用者が労働者に支払うべき賃金は、最低額が定められています（最低賃金法）。都道府県単位ごとに地域別最低賃金が定められており、すべての使用者及び労働者（正社員、パートタイマー、アルバイト、臨時、嘱託などすべての労働者）に適用されます。ただし、都道府県労働局長の許可を受ければ最低賃金額を下回っても差し支えないとされます（最低賃金の減額特例）。

（2）労働時間・休憩・休日・休暇制度

労働時間等については、次のことが定められています。

①1日8時間で週40時間を超える労働は原則として禁止です（労働基準法）。

②勤務形態の多様化に応じて、労働時間規制の弾力的運用が認められています（変形労働時間制）。これは、月または年単位の平均労働時間が40時間以内であれば1日または1週間の労働時間を延長できたり、始業や就業時刻を労働者が決めるフレックスタイム制や、業務の遂行方法を労働者の裁量に任せる裁量労働制の導入を認めることです。

③休憩は8時間を超える場合は1時間以上、休日は週に1回以上（法定休日）とされます。

④労働基準法上の労働時間を超過したり法定休日に労働をさせる残業は、書面で労使協定を結んで労働基準監督署長に届け出るとともに、割増賃金を支払うこととされます。

⑤年次有給休暇は、勤続期間が6か月以上の場合で最低10日、6年6か月以上では20日を付与することとし、パート労働者にも適用されます。

⑥育児・介護休業法では、乳幼児がいる労働者の育児休業、家族介護を行う労働者の介護休業、就学以前の子が病気等になった場合の看護休暇について定められています。

3．労働者の保護

事業者には労働者保護のために、次のことが義務づけられています。

（1）労働安全衛生対策

①労働災害を防止し、労働者の安全と健康を確保する義務（安全配慮義務）があります。

②事業所の業種や規模に応じて、安全衛生管理者や推進者等を置き、安全衛生委員会等の安全衛生に関する組織を整備しなければなりません。

③労働者の危険防止及び健康障害を防止するための措置や職場健康診断の実施など、労働者の健康保持増進のための措置をしなければなりません。

④過重な労働やメンタルヘルスの対策として、医師による面接指導などの健康管理や職場でのメンタルヘルス対策を講じることが求められています。

⑤労働基準法では、労働者が業務上負傷したり疾病にかかった場合は、使用者は労働者に補償（労災補償制度）をしなければなりません。労働者災害補償保険法には、業務上の事由または通勤による負傷、疾病、障害、死亡等に対する補償給付と社会復帰の促進、遺族の援護などが明記されています。

（2）パートタイム労働者の保護

パートタイム労働者であっても、労働基準法をはじめとする各労働法が適用されますが、勤務形態の特質から一般労働者との均衡のとれた処遇を確保するために、短時間労働者及び有期雇用労働者の雇用管理の改善等に関する法律（パートタイム・有期雇用労働法）が制定されています。

第3節　障害者雇用促進法

我が国の障害者雇用施策は、障害者基本法で定められた「障害者基本計画」を踏まえた「障害者雇用対策基本方針」を具現化するための「障害者の雇用の促進等に関する法律」にもとづいて進められています。同法は、事業主に対する措置としての「雇用義務制度」と「障害者雇用納付金の徴収及び納付義務制度」、及び「職業リハビリテーションの推進」の3つを基本的な柱としています。その詳細は、厚生労働省のホームページにある「厚生労働省：障害者雇用対策・施策紹介」（2020）で確認できます。

1．障害者雇用率制度

労働市場の基本原則である「採用の自由」に従うと、障害のある人が不利になる場合があります。そのため、雇用されている人の一定比率（法定雇用率といいます）を障害のある人とすることを義務化して、雇用される権利の保障と雇用の促進を目的としたのが障害者雇用率制度です。

この対象となる障害者は、①身体障害者手帳を持つ身体障害の人、②療育手帳を持つあるいは知的障害者判定機関の判定書のある知的障害の人、③精神保健福祉手帳を持つ人のうち、症状が安定して就労が可能な状態にある精神障害（発達障害も含みます）の人です。

それぞれの事業所で実際に雇用されている障害のある人の割合（実雇用率）は、次の計算

式で算出されます。

$$障害者雇用率＝\frac{対象となる障害のある常用労働者数}{常用労働者数}$$

この式で、分子の「対象となる障害のある常用労働者数」は、①１週間の所定労働時間が30時間以上の重度の身体障害や知的障害者の人は、１人を２人としてカウント、②所定労働時間が短時間労働（20時間以上30時間未満）の重度以外の身体障害や知的障害の人は0.5人、③所定労働時間が30時間以上の重度以外の身体障害や知的障害の人は１人、④所定労働時間が短時間労働の重度の身体障害や知的障害の人も１人、⑤精神障害の人で所定労働時間が30時間以上の場合は１人、短時間労働の場合は0.5人として、それぞれカウントして算出します。なお、身体障害の重度とは身体障害者手帳の１級・２級の人、知的障害の重度とは療育手帳で重度の人か判定機関で重度と判定された人です。

令和３年３月から施行される障害者法定雇用率は、民間企業が2.3％、国や地方公共団体そして特殊法人等は2.6％、都道府県等の教育委員会は2.5％です。これらは少なくとも５年ごとに見直されます。法定雇用率による雇用義務を履行しない事業主に対しては、ハローワークから行政指導が行われます。

法定雇用率を達成する仕組みの１つとして、特例子会社制度があります。これは、事業主が障害者の雇用に特別の配慮をした子会社を設立して一定の要件を満たすと、その子会社に雇用されている労働者も親会社を含む企業グループ全体の実雇用率を算定する際に合算できる制度です。

２．障害者雇用納付金制度

障害者雇用納付金制度は、図13－1に示すように、障害のある人の雇用に伴う事業主の経済的負担の調整を図るとともに、すべての事業所が全体として障害者雇用の水準を引き上げることを目的としています。

法定雇用率の未達成分に相当する障害者の人数に応じて障害者雇用納付金が徴収され、それが、①法定雇用率を達成した企業に支給される障害者雇用調整金、②障害者多数雇用や中小企業に対して支給される障害者雇用報奨金、③障害者の雇用を促進するための各種の助成金として利用されます。この仕組みは、企業社会の全体で障害のある人の雇用を引き上げて共生社会の実現を目指す取り組みとみることができます。そのため、障害者雇用納付金を支払うことは、雇用義務の免除になることを意味しません。

助成金の詳細は、厚生労働省のホームページにある「障害者を雇い入れた場合などの助成」（2020）で確認できます。

３．差別禁止と合理的配慮

世界の障害者雇用施策は、日本やドイツ・フランスが行っている障害者雇用率制度と、ア

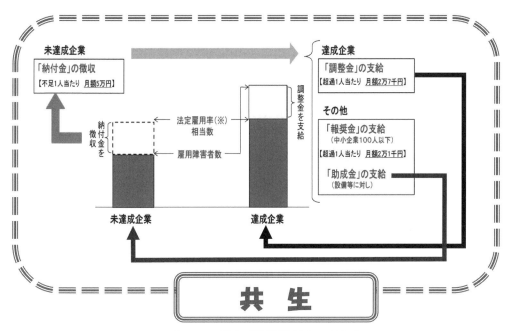

図 13 − 1　障害者雇用納付金の考え方

メリカなどの多くの国が採用する障害者差別の禁止と合理的配慮を尊重する人権主義的な制度が、並行して発展してきました。我が国では、障害者雇用促進法の改正（2016 年）で、雇用分野における障害者に対する差別禁止と職場で働く際の合理的配慮の提供義務が、事業主に課せられました。これ以降の障害者雇用施策は、障害者雇用率制度と差別禁止・合理的配慮の双方を統合化した、総合的なアプローチが展開されてきています。

　差別の禁止は、障害があることを理由に、募集・採用、賃金、配置、昇進、教育訓練などの分野で排除したり、不利な条件を課すことに対する禁止を意味します。ただし、差別の是正を積極的に進める（積極的是正措置といいます）ために障害のある人を有利に取り扱ったり、合理的配慮を提供して労働能力などを適正に評価した結果として異なる取り扱いをすることは、差別には該当しません。差別禁止の指針は、厚生労働省のホームページにある「障害者差別禁止指針」（2020）で確認できます。

　また、合理的配慮は、個別の事情に応じて障害者と事業主が可能な限り話し合うとともに確定した措置は障害者に説明するなど、相互理解によって提供されるべきとします。他方で、事業主に課せられた合理的配慮の提供は、事業活動への影響の程度、実現困難度、費用や負担の程度、企業の規模、企業の財務状況、公的支援の有無などを、事業主が総合的に判断します。その結果として過重な負担を及ぼすと判断した場合には、提供の義務は免除されます。

　合理的配慮については、**第 15 章第 4 節**で詳細に解説します。

4．職業リハビリテーションの推進

　職業リハビリテーションの推進に向けた主な機関や組織としては次のものがあります。

（1）ハローワーク（公共職業安定所）

国民に安定した雇用機会を確保することを目的とした厚生労働省の行政機関です（544か所、2021年現在）。求職者には就職（転職）についての相談・指導、適性や希望にあった職場への紹介、雇用保険の受給手続きを行います。また、雇用主には雇用保険、雇用に関する国の助成金・補助金の申請窓口業務や、求人の受理などのサービスを提供します。

障害のある人や生活保護受給者などに対する主な活動としては、①職業相談や職業紹介、②障害者向け求人の開拓、③事業所に対する障害者雇用率達成指導、④関係機関との連携、⑤地域障害者就労支援事業、⑥生活保護受給者等就労自立促進事業などを行っています。

（2）障害者職業センター

独立行政法人高齢・障害・求職者雇用支援機構が運営しており、①高度の職業リハビリテーションに関する研究・開発や専門職の養成・研修などを行う「障害者職業総合センター」、②障害者職業能力開発校や医療機関などとの連携のもとに、広範囲の地域において職業リハビリテーションサービスを提供する「広域障害者職業センター（2センター）」、③都道府県ごとに設置されている「地域障害者職業センター」（47センターと5支所、2021年現在）の3種類の施設があります。

このうち、地域障害者職業センターでは主な活動として、①職業相談・職業評価・職業リハビリテーション計画策定、②職業準備支援、③職場適応援助者（ジョブコーチ）による支援、④精神障害者総合雇用支援、⑤事業主に対する相談と援助、⑥地域職業リハビリテーション・ネットワークの醸成、⑦関係機関に対する助言・援助などを行っています。

（3）障害者就業・生活支援センター

都道府県の保健所圏域ごとに1か所ずつ設置することとされ（336か所、2021年現在）、就職や職場への定着が困難な障害のある人に対して、就業と生活の双方の一体的で継続的な支援をしています。

就業面の支援では、相談、職場実習や職業準備訓練の斡旋、就職活動の支援、職場定着に向けた支援、障害特性を踏まえた雇用管理についての事業所への助言、関係機関との連絡調整などを行います。また、生活面の支援では、生活習慣の形成、健康管理、金銭管理等の日常生活の自己管理に関する助言をしたり、住居、年金、余暇活動など地域生活や生活設計に関する助言を行います。

（4）障害者職業能力開発校

障害のある方を対象にして、その状況に配慮したきめ細かい訓練を実施しています。高齢・障害・求人者雇用支援機構が運営するものとしては、職業リハビリテーションセンターと吉備高原職業リハビリテーションセンターの2か所があります。これらを含めて、国や都道府県が運営する「障害者職業能力開発校」は、①国が設置する13か所と②都道府県が設置する6か所の合計19か所があります。

（5）その他

①発達障害者支援センター：発達障害者が充実した生活を送れるように、医療、福祉、教

育、労働などの関係機関と連携しながら、本人やその家族に対する支援を行うとともに、地域の支援体制の充実を図ります（97 か所：2021 年現在）。

　②難病相談支援センター：難病患者等の療養上、生活上の悩みや不安等の解消を図るとともに、電話や面接などによる相談、患者会などの交流促進、就労支援など、難病患者等がもつさまざまなニーズに対応します（67 か所：2021 年現在）。

第 4 節　障害者総合支援法

1．基本的理念と内容
（1）成立の経緯

　障害者福祉に関する制度は、2003 年に、行政がサービスの利用先や内容などを決めていた「措置制度」から、障害のある本人の意思に基づいてサービスの利用ができるようになった「支援費制度」に変更になりました。これを契機に施策の大きな転換が始まったのですが、サービス利用者数の増加と財源の枯渇、障害種別間のサービス格差などが次第にあらわになったことから、2005 年に「障害者自立支援法」を制定しました。これによって障害福祉サービス体系が一元化され、障害程度区分の導入やサービス料に応じた利用者負担（応益負担）制度などが導入されました。

　2014 年 4 月に、同法の内容や問題点を改正する「障害者総合支援法」が施行されました。障害程度区分を障害支援区分に組み変えたうえで、利用者の負担能力に応じた利用料の支払い方法（応能負担）を採用するとともに、自立に向けた支援から、障害のある人がその人らしく地域で生活できるための支援へと理念が変わっていったのです。

（2）基本理念と対象者

　障害者総合支援法の第 1 条には、障害者基本法を踏まえて、基本理念を次のように明確にしています。

　第 1 に、障害の有無に関わらず、全ての国民が基本的人権をもつ個人としての尊厳が尊重されて、共に生きる社会を実現することです。

　第 2 に、そのために、障害のある人が地域社会で日常生活や社会生活を営むための支援を受けることができます。

　第 3 に、妨げとなる事物や制度、慣行、観念などの除去に努めていきます。

　また、同法の第 4 条には、対象となる障害者は、身体障害、知的障害、精神障害（発達障害を含む）、難病等のある 18 歳以上の人とされています。

（3）給付や事業の内容

　同法で提供される障害福祉サービスは、図 13 − 2 にあるように、「自立支援給付」と「地域生活支援事業」の 2 つに大きく分けられます（厚生労働省、2020）。

（4）自立支援給付

　これらのサービスのうち、自立支援給付にかかる主なものは表 13 − 1 に示すように、訪

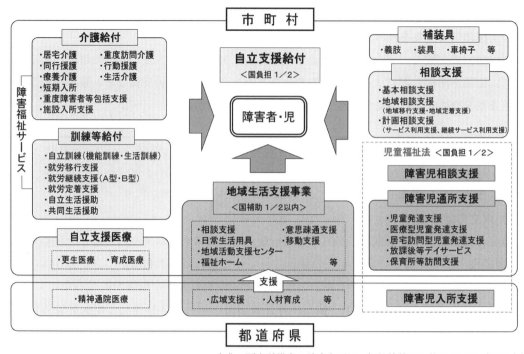

出典：厚生労働省：障害者雇用・福祉施策の現状について（2020年）

図13-2　障害者総合支援法等における給付・事業

問系、日中活動系、施設系、居住支援系、訓練・就労系の制度に分類できます。

　この他にも、

　①自立支援医療：障害の状態を軽減するための医療を受けたとき、医療費の自己負担額を
　　軽減する制度

　②補装具：補装具の購入や修理にかかる費用の自己負担額を軽減する制度

　③相談支援：障害福祉サービスの利用計画を作成したり利用状況の経過を支援する「計画
　　相談」、地域生活への移行や定着を支援する「地域相談」、障害福祉サービスの利用や障
　　害に関する困りごとなどを支援する「基本相談」

　があります。

（5）地域生活支援事業

　この事業には、地域の状況に応じて実施される事業や個別の給付には該当しないものが含
まれます。障害のある人が住み慣れた地域で生活できるように、住民に身近な存在である各
市区町村や都道府県が実施します。

　主な事業には、①相談支援事業（自立支援給付の相談支援とは異なり、住宅入居等支援事
業など）、②意思疎通支援事業、③日常生活用具の給付または貸与事業、④移動支援事業、⑤
地域活動支援センター機能強化事業、⑥任意事業（福祉ホームの運営など）、⑦成年後見制度
利用支援事業、などがあります。

表 13 － 1　　障害福祉サービス等の体系

訪問系	居宅介護（ホームヘルプ）	自宅で、入浴、排せつ、食事の介護等を行う	介護給付
	重度訪問介護	重度の肢体不自由者又は重度の知的障害若しくは精神障害により行動上著しい困難を有する者であって常に介護を必要とする人に、自宅で、入浴、排せつ、食事の介護、外出時における移動支援、入院時の支援等を総合的に行う	
	同行援護	視覚障害により、移動に著しい困難を有する人が外出する時、必要な情報提供や介護を行う	
	行動援護	自己判断力が制限されている人が行動するときに、危険を回避するために必要な支援、外出支援を行う	
	重度障害者等包括支援	介護の必要性がとても高い人に、居宅介護等複数のサービスを包括的に行う	
日中活動系	短期入所（ショートステイ）	自宅で介護する人が病気の場合などに、短期間、夜間も含めた施設で、入浴、排せつ、食事の介護等を行う	
	療養介護	医療と常時介護を必要とする人に、医療機関で機能訓練、療養上の管理、看護、介護及び日常生活の世話を行う	
	生活介護	常に介護を必要とする人に、昼間、入浴、排せつ、食事の介護等を行うとともに、創作的活動又は生産活動の機会を提供する	
施設系	施設入所支援	施設に入所する人に、夜間や休日、入浴、排せつ、食事の介護等を行う	
居住支援系	自立生活援助	一人暮らしに必要な理解力・生活力等を補うため、定期的な居宅訪問や随時の対応により必要な支援を行う	訓練等給付
	共同生活援助（グループホーム）	夜間や休日、共同生活を行う住居で、相談、入浴、排せつ、食事の介護、日常生活上の援助を行う	
訓練系・就労系	自立訓練（機能訓練）	自立した日常生活又は社会生活ができるよう、一定期間、身体機能の維持、向上のために必要な訓練を行う	
	自立訓練（生活訓練）	自立した日常生活又は社会生活ができるよう、一定期間、生活能力の維持、向上のために必要な支援、訓練を行う	
	就労移行支援	一般企業等への就労を希望する人に、一定期間、就労に必要な知識及び能力の向上のために必要な訓練を行う	
	就労継続支援（Ａ型）	一般企業等での就労が困難な人を雇用して就労する機会を提供するとともに、能力等の向上のために必要な訓練を行う	
	就労継続支援（Ｂ型）	一般企業等での就労が困難な人に、就労する機会を提供するとともに、能力等の向上のために必要な訓練を行う	
	就労定着支援	一般就労に移行した人に、就労に伴う生活面の課題に対応するための支援を行う	
	補装具費の支給	身体障害者の身体機能を補完・代替する補装具の購入等に係る費用を支給	

出典：厚生労働省障害保健福祉サービス等報酬改定検討チーム 2019

2．就労系サービス

　障害者福祉では、働くことが困難な障害のある人を対象に、雇用の場に移行するための訓練やそれに代わる働く場を提供することが、地域で自立して生活するための重要な施策となっています。そのサービスの詳細は、次のとおりです。

（1）就労移行支援事業

　障害のある人に、企業で雇用されるために必要な知識や能力を向上するための訓練などを提供します。一定期間の計画的なプログラムに基づいて、支援事業所の中や企業の現場で職場準備訓練や職場定着に向けた支援を通して、企業に就職して定着することを目的としています。

　利用者は、企業等に雇用されることが可能であると見込まれる人で、①特別支援学校の卒業生で企業に雇用されるための準備訓練をする場合、②雇用後に離職し、再訓練をして就職を目指す場合、③施設退所後に雇用を目指して準備訓練や職業能力の向上を図る場合、などが該当します。

　サービスは、利用者ごとに標準利用期間（おおむね24か月）内に利用期間を設定して、企業等への雇用移行に向けた個別支援計画を作成して実施されます。

（2）就労継続支援Ａ型事業

　企業等に雇用されなかった障害のある人に、働く場所を提供して体力や能力の向上を図ることを目的としています。雇用契約を締結して働いたり、働くのに必要な知識や能力の向上のために訓練などを行います。

　利用者は、①雇用されなかった人に働く機会を提供して体力や職業能力の向上を図る場合、②離職した人に働く場を提供して体力や職業能力の向上を図る場合、③施設を退所した後に働く場を通して体力や職業能力の向上を図る場合、などが該当します。

　この事業では、雇用契約を締結して働き続けることのできる場所を提供したり、雇用されるのに必要な知識や能力の向上を図って雇用につなげるための移行支援を、利用期間の制限なしに提供します。

（3）就労継続支援Ｂ型事業

　企業等に雇用されず雇用契約の締結も困難な障害のある人に、働く場を提供したり、さまざまな生産活動の機会を提供することを目的としています。

　利用者は、①就労移行支援事業を利用したが、必要な体力や職業能力が不足して雇用に至らない場合、②加齢や体力低下などが原因で企業等を離職した後も生産的な活動に継続的に参加したい場合、③施設を退所後も企業で雇用されるのが困難な場合、などです。

　この事業では、働く場面やその他のさまざまな生産活動の機会を提供したり、生きがいや働きがい、人とのつながりを大切にしたいというニーズにも応えます。そのため、福祉的な色合いが強く、利用期間は設けられていません。

（4）就労定着支援事業

　就労移行支援や就労継続支援を利用して企業等に雇用された後、障害のある人が職場適応

と定着を進めるには、さまざまなライフサイクルの危機に直面していきます（第9章第2節）。そのため、こうした課題に対する相談や指導あるいは助言その他の必要な支援を行うことを目的としています。

　利用者は、就労移行支援等の利用を経て企業等に就職したものの、職業生活の維持に関して課題が生じている人です。

　支援は、本人との相談を通じて生活面の課題を把握するとともに、障害者を雇用した事業所、障害福祉サービス事業者、医療機関等との連絡調整しながら、雇用に伴って生じている日常生活あるいは社会生活を営む上でのさまざまな問題に関する相談や指導あるいは助言などの必要な支援を行います。利用期間は3年とされています。

第5節　雇用・福祉施策等の連携の強化

　障害のある人がさらに働きやすい社会を実現していくために、厚生労働省は、2020年に「2040年を展望した社会保障・働き方改革本部」に「障害者雇用・福祉連携強化プロジェクトチーム」を発足させました。これを契機に始まった「障害者雇用・福祉施策の連携強化に関する検討会」の議論（厚生労働省、2020）を背景に、雇用と福祉施策などの連携を進める方策について解説します。

1．福祉施策の課題

　「障害のある人もない人も共に働く社会」を目指すには、まずは雇用の実現に軸足を置いた支援を優先しなければならないでしょう。そのためには、就労系障害福祉サービスを担う事業所の機能と役割の見直しが求められています。

（1）就労継続支援A型事業

　この事業は、最低賃金以上の固定給が支給され、常勤職員の下で無理のない働き方ができ、市場で流通している商品やサービスの産出を通して雇用場面で要求される技能やノウハウを習得でき、自己の成長を基盤に企業への移行に向けた支援を受けられる、などの利点があります。

　他方で、事業所の質的な差異が著しく、経営破たんのリスクがあり、人件費が不足すると短時間勤務が強いられたり、経営上の都合から能力の高い人は囲い込まれてしまう場合もある、といった課題が指摘されています。

　今後は、雇用の実現に向けた訓練実施の場に加えて、就職困難性の高い人が恒常的に働く場としても機能することが求められています。その他にも、休職した際の復職に向けた再訓練の場や、加齢等の影響で雇用継続が難しくなって退職した後の受け皿として利用できることが望まれています。

（2）就労継続支援B型事業

　この事業は、重度の障害のある人や高齢者でも利用でき、福祉専門職の手厚い支援を受け

ながら能力に応じた仕事を遂行し、収入確保は厳しいけれども日中の居場所としても活用でき、経営破たんの心配は少ない、などの利点があります。

　他方で、仕事内容の多くは単純作業であり、工賃は極めて低くて出来高払いの事業所も少なくなく、安定した仕事が提供されないためにキャリアアップを望むことも難しい、といった課題が指摘されています。

　特に、工賃向上を図るには、法人や施設の責任者のリーダーシップの下に、職員の意識改革と利用者（家族）の理解を得ながら、施設や作業内容を特化させて成功事例を形成していくことが不可欠です。また、数値目標や改善計画をもとに PDCA サイクル（計画 Plan →実行 Do →評価 Check →改善 Act）を着実に実行し、マーケティングセンスのある広報・販売戦略が必要です。そのためには、専門家、福祉関係者、企業、行政などの地域ネットワークによる支援体制を確立することも必要でしょう（社会就労センター協議会、2007）。

　工賃の向上と雇用への移行は基本的には対立するものではないはずです。ある程度以上の工賃を提供できる事業所の中には、雇用に移行する利用者もいるからです。

（3）社会福祉法人のあり方

　就労系の障害福祉サービス事業所の経営主体は、民間企業の参入などで多様化しています。そうした中で、雇用の実現に軸足を置いた支援を進めるには、特に、社会福祉法人のあり方として、次のことが必要となります（厚生労働省、2014）。①障害者の自立支援と自己実現を図ることを目的としていることを再確認し、②地域の福祉ニーズに敏速に対応して利用者本位の発想に立ち、③最低生活を保障するという視点を変えて、「より豊かな生活の創造」（トータルライフサポート）に貢献することを目指すべきであり、④福祉（法人の事業経営や利用者支援）と利益（生産活動の充実や工賃倍増）の両立に向けた事業展開をすること、などです。

　また、就労継続型の事業所としては、次のことが求められるでしょう（NPO 法人コミュニティワークス、2013）。

　第1に、事業所は「働く場」であるという認識が必要です。特に、就労継続支援B型事業所では、訓練の場だから低賃金でも仕方ないという視点を変えていかねばならないでしょう。

　第2に、職員は「良い仕事（第1章第2節）や価値ある働き」そして「工賃向上」を目指すべきでしょう。質の高いサービスを提供するには、工賃の向上と職場環境の整備は重要な過程となります。

　第3に、仕事の価値を高めて、市場性のある商品やサービスを産出することです。それには、障害のある人の特性を考慮しながら、それを生かせるような商品やサービスを創造することが求められます。

　第4に、専門家や一般市場とのつながりを確保することです。市場性のある質の高い商品を産出するには、企業関係者の支援（あるいは業務提携など）やマーケティング専門家の指導が必要でしょう。それ等のコンサルテーションを受けて、市場から信頼される仕事を行うよう努力するとともに、自ら販路を開拓していくことも必要でしょう。

２．雇用政策の課題

他方で、現在の雇用政策にもいくつかの課題があります（厚生労働省、2021）

（１）障害者雇用率制度の見直し

障害者雇用率の算定式に関して、次のことが指摘されています。

①新型コロナウイルス禍を含め、障害者雇用を取り巻く産業雇用状況が厳しさを増してきている中にあって、算定式で確定した法定雇用率を運用する際には、段階的に引き上げることが望ましい。

②個別給付を受ける就労継続支援Ａ型事業所で働く人は、雇用率算定の対象として妥当だろうか。

③精神障害のある人が短時間労働（１週間の所定労働時間が20時間以上30時間未満）に従事する場合、雇用率のカウントの見直しが必要ではないだろうか。

④長期に継続雇用されている障害者には雇用率のカウントを上積みするなどの方法で、企業に雇用継続を促進させることはできないだろうか。

（２）障害者雇用納付金制度の見直し

この制度は、障害者雇用が伸展すると必然的に納付金が減収して財政状況が逼迫する構造となっています。そのため、納付金で充当する障害者雇用調整金や報奨金等に関して、次のことが課題とされています。

①雇用納付金の制度は、経済的負担の調整を目指したものです。その意味で、多数の障害者を雇用している大企業は、調整金等の支給額に上限を設定することが望ましいのではないだろうか。

②障害福祉サービスの給付を受ける就労継続支援Ａ型事業所も、支給対象となっていることは適切だろうか。

③雇用納付金の対象企業（常用労働者が100人超規模）にならない中小企業（100人未満規模）にも調整金や報奨金を支給してもいいのではないか。

（３）対象者の見直し

障害者雇用率制度の対象者は、障害者手帳を所持していることが原則となっています。他方で、障害福祉サービスの利用は必ずしも手帳の所持を要件としていません。

そのため、手帳を所持しない人を障害者雇用率の対象に加えるかどうかが課題となります。たとえば、精神通院医療の自立支援医療や指定難病の医療受給者証の交付を受けている人です。また、短時間労働者に該当しない週20時間未満勤務の人です。

３．雇用・福祉施策の連携

こうした課題を踏まえながら、今後の雇用と福祉施策の連携をさらに強めていくためのいくつかの提案がなされています（厚生労働省、2021）。

（１）職場定着支援の強化

障害のある人の職場定着支援は、就業面と生活面の双方からの支援が不可欠なため、雇用

施策と福祉施策の両方が関わることになります。これを担う主な組織は、障害者就業・生活支援センターと就労定着支援事業所になるでしょう。

　特に、全国に展開されている障害者就業・生活支援センターは、就労移行支援や就労継続支援サービスを終えて就職した人の職場適応・定着支援を担うことになります。そのため、地域に就労定着支援事業所がない場合には、同センターがその事業を兼務できるように、制度の見直しが求められています。

　この体制は、①就労支援機関が少ない地域の中小企業が障害者雇用を進める場合や、②特別支援学校の卒業生や病院・診療所などの医療機関の利用者の職場適応や定着を支援する場合にも不可欠です。そのため、障害者就業・生活支援センターの充実と就労定着支援事業所の量的・質的な拡充が必要でしょう。

（2）雇用・福祉施策の併用

　雇用されながらも就労系障害福祉サービスを並行して利用することは、働く障害のある人の多様なニーズに応える可能性を高めます。

　第1に、雇用継続に有効に作用します。

　企業等の雇用は短時間勤務でも、残りの時間を就労継続支援A型事業所で並行して働ける仕組みがあると、福祉職員から日常的な支援を受けながら雇用を継続することが可能になるでしょう。それによって安定した職場定着と高い勤労意欲が維持できる人もいます。

　また、継続雇用されている途中で心身機能が不調に陥った場合や、雇用直後の職場適応の時期などに、一時的に就労移行支援事業のサービスを受けることができれば、雇用側の負担が軽減されることでしょう。

　第2に、キャリア形成等に対応できます。

　障害のある人の組織内キャリア形成に向けた取り組みの視点は、**第 17 章第 1 節**に示す通りです。それに対する実際の対応は職場定着と深く関わりますから、そのための再訓練を就労移行支援事業で担うことが考えられます。

　また、加齢等による影響で職務能力が低下して継続的な雇用が困難になる場合には、**第 17 章第 3 節**で示すように、本人の希望や状態等に応じて就労継続支援事業の利用に向けて段階的に移行することが考えられます。

　さらに、技術革新の進展や新型コロナウイルス感染症の影響で、出勤とテレワークを組み合わせたハイブリッド型の働き方へのニーズが増大するとともに、障害者雇用の場も対応が求められていくでしょう。この場合、障害者就業・生活支援センターや就労定着支援事業所などが在宅のテレワーカーに対して、生活リズムの安定に向けた支援をすることが考えられます。

4．その他の連携の課題

　「共生社会」の実現を目指すには、雇用と福祉施策の連携に加えて、医療や教育分野との連携も強化していくことが必要です。

（1）医療や教育分野との連携

第1に、医療分野との連携があります。精神障害、発達障害、高次脳機能障害、難病などの医療的ケアが不可欠な障害のある人には、就職前から就職後の職場適応や定着のすべての時期において、障害の特性に応じた病院・診療所などの医療機関との連携が必要になることが少なくありません。

第2に、教育分野との連携があります。特別支援学校のみならず、高等学校や大学においても、知的障害や発達障害の生徒や学生に対しては、キャリア教育（第11章第3節）をさらに推進することが必要です。

また、学校卒業後に直ちに雇用に進むのではなく、就労系障害福祉サービス事業所や職業能力開発校などで職業準備性を習得したうえで雇用に至る、という流れを制度として担保することが望ましいでしょう。

そのためには、学校で作成する個別の移行支援計画に係る情報を、本人・家族・企業・福祉等の関係者が共有するとともに、就職後の職場定着の支援においても活用できるようにすることが望ましいでしょう。

（2）人材育成と能力評価のあり方

医療・教育・福祉・雇用の連携をさらに強化するには、これまで述べてきた制度上の隘路^{あいろ}を埋める施策の展開だけでは十分とはいえません。これに加えて、成長発達とともに変わっていくニーズに応えて切れ目のない支援を提供できるように、専門職自身による具体的な連携行動ができなければなりません。

そのためには、前述した各分野の専門職の人たちが、働くことの支援に関わる共通基盤となる知識や技術を習得していることが不可欠です。そのうえで、専門分野に固有の支援技術を習得していることが望ましいでしょう（第19章第1節）。こうした、分野を超えた体系的な研修体制をもとに人材育成を図ることが必要でしょう。

また、専門分野が異なっていたとしても、支援対象となる障害のある人の多面的な情報が共有されていると、連携は一層効果的に進めることができます。そのためには、本人のアセスメントに係る情報を共有する仕組み（第6章第1節）を構築することが望ましいでしょう。

第14章　障害者雇用の推進

　ここでは、企業と企業文化のあり方を踏まえながら、障害者雇用に関わる課題について検討します。

第1節　企業と企業文化

　企業は、利潤追求を目的として、継続的かつ計画的な意図のもとに、生産・販売・サービスなどの各種の営利行為を実施する組織ということができます。

　具体的にいうと、出資者から資本を、労働者から労働力を、取引企業から原材料等の資材を、金融機関から資金や信用を、行政機関から指導・規制・社会資本を、地域社会から理解と支持を、それぞれ提供してもらいます。そのうえで、これらを生産過程に投入して、貢献に応じてその成果を従業員に分配するシステムということになります。そのため、企業を維持するための基本は、これらの各種の貢献に対する分配が公正になるよう調整することと、その前提となる生産性の増大です。

　ですが、現代のように利害関係者が多様化して、社会性や公共性あるいは公益性が高まってくると、企業は利益を追求するだけではなくて、投下した資本に対して長期の安定した適正利益を産出することが求められています。これは、経営原理としての収益性を追求するにしても、企業運営に際しては、将来的に利害をもたらすさまざまな目的と並立させることが不可欠であることを意味しています。

　ここに、企業はその社会的責任と、それを実現するための企業文化の育成が求められています。

　企業文化とは、その企業の経営理念や目的意識と関係した社内の価値観や行動規範をいいます。これは、明文化されないで習慣的に企業の中に根づいてきた、暗黙のルール・社内規範・価値観・人間関係（ネガティブな影響も含まれます）としての企業風土とは異なる意味があります。

　企業文化を構成する要素として、次のことがあります。①企業の理想や目標とする「理念」、②事業を通じて成し遂げたい「果たすべき使命」、③目的や使命を達成するのに必要な行動様式や考え方について一連の方針となり、企業文化の中核的な要素となる「価値観」、④企業文化の理念や価値観を共有する「人材」、⑤企業のもつ「歴史」、⑥地域の特色に合わせた「地域性」、⑦企業を取り巻く状況の変化に応じて見直すための「外部からの影響」などです。

　企業文化の形成により、経営陣から従業員まで同じ価値観を共有することが可能になります。これによって、自社ではどんな理念や働き方を大事にしているかのイメージを打ち出し

やすくなり、そのイメージに賛同する応募者が参集します。その結果、従業員は仕事や働き方に納得し、働くことや企業に貢献するなどの動機づけやチームワークが向上し、離職率の低下にもつながります。さらに、価値観の共有は経営判断の基準をもたらし、意思決定を迅速化させることになります。

　障害者雇用は、収益性を求める経営原理に基づいて実施されることは当然としても、企業文化にさまざまな影響を与えます。それは、企業文化によって根づくとともに、企業文化によって育てられていきます。

第2節　障害者雇用の利点と阻害要因

1．障害者雇用の利点

　企業文化の視点を踏まえると、障害のある人を雇用する利点は、次に示すように数多くあります。

　第1は、業務の見直しと最適化・効率化を図るきっかけとなることです。障害のある人を雇用する際には、個々の障害特性や職務能力に合わせて働ける業務の見直しと切り出し・創出が必要になります。これは同時に、社内の業務全体の最適化や効率化を見直す絶好の機会となり、ワークシェアリングの促進につながります。その結果、従業員には付加価値の高い仕事が創出されるとともに、残業時間の削減も図ることができます。

　第2に、生産性を向上させて戦力として活用することができます。障害の特性を理解して合理的配慮を踏まえた適切な職務配置を行うことによって、生産性を向上させて戦力となる人材を見いだすことができます。こうした人材の発掘は、障害者雇用の1つの魅力となっています。

　第3に、人事管理の能力が高まります。障害の特性に配慮した個別的な人事管理のノウハウが自ずから蓄積されていきます。それは、多様な人材を管理する担当者の育成につながります。

　第4に、多様性のある企業文化や組織作りにつながります。国籍・人種・性別・宗教・障害の有無などの属性の多様性と、就業時間・勤務場所・雇用形態などの働き方の多様性を認めて包括させるD＆I（ダイバーシティ＆インクルージョン）をもたらして、企業の生産性や競争力の強化につながります。ただ、障害のある人の雇用の推進には専用のマネジメントが必要となるでしょう。

　第5に、企業イメージを向上させることができます。障害者雇用は雇用継続に向けたさまざまな雇用管理体制を整えることで、株主や地域社会の信頼を得て企業価値を向上させます。「企業の社会的責任（CSR）」に直結しますから、これを周知することで、障害のない人を含めた新たな人材の確保も期待できます。

　第6に、障害者雇用に関わる調整金・報奨金その他の助成金を受けることができます。第13章第3節で述べたように、障害のある人を採用して継続的に雇用する際には、さまざま

な助成金があります。ただ、助成金の受け取りだけを障害者雇用の利点として考え、前述したその他の利点を軽視するようになると、企業イメージの損失につながります。

２．障害者雇用の阻害要因

　障害者雇用を進めることにはこうした利点がありますが、他方で、それを推進するには、図14－1に示す4段階のハードルが指摘されています（障害者職業総合センター、2010）。

　第Ⅰ段階は「障害者雇用の意識づけ」です。障害者雇用に関する情報源を知ったうえで、さまざまな情報を入手するとともに、これ社内に浸透させるための「経営者の理解」と、受け入れに係る不安や負担感の解消、軽減に関する「従業員の理解」を深めていく必要があります。

　第Ⅱ段階は、「障害者雇用の計画」です。採用計画の作成では「担当業務内容の明確化」を図り、募集では「障害種類・スキルと求職内容の不一致への対応」が、面接・採否の判断で

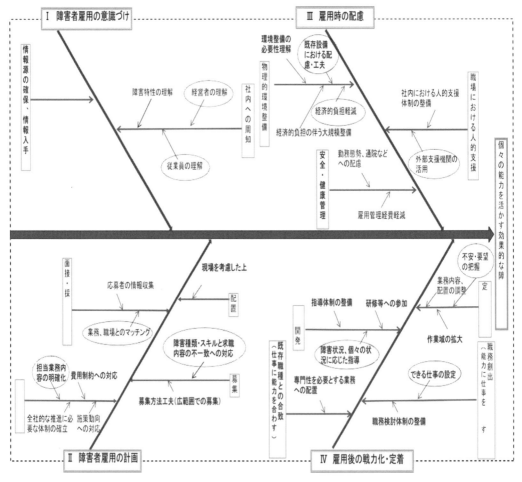

出典：障害者職業総合センター（2010）より

図14－1　障害者雇用の課題に対する特性要因図

は「業務・職場とのマッチング」が課題になります。

第Ⅲ段階は「雇用時の配慮」です。物理的環境の配慮として「既存設備における配慮・工夫」やそれに伴う「経済的負担の軽減」を図るとともに、人的支援として「外部支援機関の活用」をするためのネットワーク構築が必要です。

第Ⅳ段階は「雇用後の戦力化・定着」です。第Ⅰ段階の何ができるかわからない不安を経て、第Ⅱ段階の能力と仕事のマッチングへの対応などを踏まえながら、「できる仕事の設定」や「障害状況、個々の状況に応じた指導」などを通して個々人の戦力化を図ることが重要になります。

障害者雇用の経験がなかったり雇用していても各段階に応じた配慮がないと、企業の障害者雇用に対する不安や懸念は大きくなっていきます。そのため、第Ⅰや第Ⅱ段階での障害特性の理解や障害のある人の能力と仕事とのマッチングに対する理解がないと、次の段階に踏み出すことが困難になってしまいます。

ただし、段階が進むに従って障害者雇用のメリットを感じる割合は増大し、さらに、職場全体に対する波及効果は、第Ⅳ段階に達している企業になると大きいとされています。

それゆえ、障害者雇用が企業にとっても障害のある従業員にとってもメリットになるためには、第Ⅳ段階の戦力化のステージにまで対応しないと効果が現れないということになるでしょう。

3．障害者雇用の質の改善

障害者雇用の阻害要因を超えつつその改善を図るには、障害者雇用の質を高めることも必要です。障害者職業総合センター（2018）は、これを先行研究・専門家のヒアリング・企業のグループインタビュー等を踏まえて、6つの領域に整理しています。

第1は、社会からの期待に対応することです。これには、①企業の社会的責任（CSR）に応える、②ダイバーシティ経営の推進、③障害者雇用を手段とした地域の活性化を図る、④障害者家族の希望への対応、⑤企業の職場実習の積極的な受け入れ、⑥障害の個別性に配慮した雇用管理、⑦障害のある人が働くことに対する地域社会の理解などがあります。

第2は、企業内で障害者雇用を位置づけて全社的な取り組みをすることです。これには、①経営戦略における障害者雇用の位置づけ、②労働条件・賃金・機会均等・人事処遇などでの公平性の担保、③障害者雇用に対する企業理念の全社員への理解と浸透、④職場の安全衛生面からの改善などがあげられます。

第3は、障害者のキャリア形成と能力発揮の場を保証することです。これには、①将来的なキャリア展望ができる研修・処遇体制の確立、②管理職への登用や適正な報酬等による戦力化、③障害特性に合わせた職務の開発、④能力の見極めと適切な業績評価の導入、⑤本人の仕事を通した社会性の向上と会社に貢献したい希望を実現させることなどがあります。

第4は、障害理解に基づくきめ細かな対応をすることです。これには、①個別の事情に応じた働きやすい環境の構築、②仕事への意欲や態度の向上に向けた動機づけ、③職務とのマッチングに関する定期的な点検、④必要に応じての外部の地域資源の活用、⑤加齢や障害特性

に対する配慮や労働条件の緩和、⑥障害特性に理解ある社員の活用などがあります。

第5は、働く価値や意味・賃金・自己実現を支援することです。これには、①仕事を通して社会参加と自己実現を図る、②従業員満足度、ワーク・ライフ・バランス、生活の充実などを図る、③仕事への動機づけの維持・向上につながる取り組み、④他者からの承認、社会参加、賃金・経済的安定などがあります。

第6は、障害者雇用の波及効果を理解することです。これには、①ダイバーシティ経営への効果、②障害者雇用ノウハウの営業ツール化、③障害者対応の新技術への応用、④社員の意識向上、⑤企業イメージの向上や社員の育成などがあります。

第3節　障害者雇用の過程

こうした障害者雇用の利点と阻害要因を踏まえながら、その質の改善を目指して事業所が実行している過程は数多くの資料になっています。それらは、障害福祉サービスや障害者雇用率の向上の対象としてではなく、生産性に貢献する人材としての採用と雇用管理に焦点を当てています（紺野 2020、眞保 2019、賀村 2016、二見 2015 など）。

これらの視点を踏まえながら、事業所が障害者雇用を進めるためのステップを、パーソルチャレンジ（2019）を参考に示すと、次の通りです。

1．社内体制の構築

第1ステップは、人事部の位置づけと障害者雇用に対する社内の理解の促進です。

障害者雇用に関するマネジメントは、採用から配属後の職場定着に至る全過程を一貫して人事部が担当し、これに関する責任者は役員や執行役員格の上級者が就くことが望ましいとされます。

人事部では、配属予定先の部門長だけでなく、常勤・非常勤の従業員についても障害に対する正しい知識を得て意識を変えるための研修をします。また、マニュアルの作成や障害者本人への定期的な面談を実施します。

これらを通して、合理的配慮事項の確認を定期的に行い、障害者本人や管理者に対する相談窓口を設けてサポート体制を整備・運用します。それらの情報の個別的な蓄積は、異動で管理者が変わった際にも、現場での円滑な支援の引き継ぎに役立ちます。さらに、業務以外の生活等の支援については、外部の支援機関との協力関係を強固にする上でも、人事課のマネジメントが望ましいとされます。こうした、障害者雇用の全体をフォローする体制がなくて配属先の部署に任せきりになると、離職率が高くなる傾向があります。

第2ステップは、障害者雇用のモデル作りです。

受け入れ可能な障害種別や要件を整理して、複数の障害者雇用モデルを構成し、それぞれの雇用モデルに適した業務と給与を決めておきます。そのためには、異なる部署や職域から参集したメンバーや外部のコンサルタントによって、すべての仕事の手順や判断基準のプロ

セスをチャート化して、仕事の切り出しをします。そのうえで、切り出した業務をもとに、障害のある従業員向けの雇用モデルを構成します。

　最近の状況を踏まえると、次の3層の障害者雇用モデルが想定されます。

　第Ⅰ層は、既存の人事評価制度の対象となっている従業員と同等の業務であり、総合職のように一定基準の作業遂行スキルが必要な仕事です。その内容は、切り出された部分的なものではなくて、一貫したまとまりのある仕事です。

　第Ⅱ層は、第Ⅰ層から切り出された業務が中心で、工場ライン、事務センター、特例小会社で担う仕事に相当します。対象となる従業員は定着を志向する人が中心となりますが、キャリア志向の人も含まれます。仕事の内容や賃金等の処遇は相応の幅をもたせた複数段階で構成するとともに、第Ⅰ層への転換制度を設けることが望ましいとされます。

　第Ⅲ層は、事業所内の清掃や郵便物集配など、社内共通のユーティリティワークが中心です。業務は、作業を詳細に分解してテキストや写真や動画による「見える化」したマニュアルをもとに行います。

　こうした、3層の障害者雇用モデルを想定することによって、それぞれに見合った人材の要件も定義できます。

２．募集と採用

　第3ステップは、障害のある人の募集活動です。ハローワークへの求人登録や集団面接会等への参加、障害者が在籍する教育機関への紹介依頼、障害者の就労支援機関への紹介依頼、求人媒体や民間人材紹介企業との契約、社内人材紹介キャンペーンなどさまざまな方法があります。

　法定雇用率を達成して維持するには、今後は、業務遂行能力の高くない人材をこれまで以上に雇用していかざるを得ないでしょう。こうした背景を念頭に置くと、就職を希望する障害のある人の採用は、そのニーズに応じて、次の3つの求人者類型を想定することが必要となります。

　第1群は、意欲と職務能力がともに高いグループです。障害に応じて一定の配慮は必要ですが、基本的には企業の生産性に直接的な貢献をすることが期待できます。また、成果主義にもとづいた目標管理と相対評価に対応できる人たちです。障害のある人向けに切り出した業務ではなく、既存の業務を担当して賃金体系もそれに準じるだけの能力のある人が対象です。

　第2群は、就業意欲が高い人材と、自分のペースを守りながら働きたい人材との中間層に該当するグループです。意欲や能力の面では制約があるのですが、自分にできる範囲であれば正確にやり遂げる人たちです。一般的な配属の他に、工場ラインや事務センターや特例子会社での、集合的な雇用の対象となります。

　第3群は、生産性よりも、手厚い職場定着の支援を必要とするグループです。第2群の中でも、特に、現業作業系の業務が中心になります。また、構内清掃などの社内のユーティリ

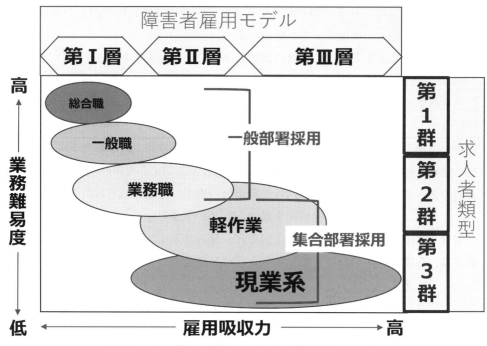

図14－2　障害者雇用モデルと求職者群との関係

ティ業務を担うことも含まれます。第１群や第２群と比較しても、相対的に職務遂行能力に制約があるために、継続的な支援が不可欠です。そのため、処遇や賃金も抑えられた設定となり、職場定着のための施策が優先される人が対象です。

　採用活動では、こうした雇用に対するニーズや職務遂行能力に即した３群の障害者と、前述した３層の障害者雇用モデルとのマッチングをどこまで確実に行うことができるか、が最も重要になります。採用面接では、こうした点に注意しながらも、障害に対する合理的配慮を十分に考慮します。

３．受け入れ態勢とネットワーク

　第４ステップは、採用者の受け入れ態勢の整備です。各部署に配属されて、部署ごとで直接的な雇用管理をすることになりますが、前述の通り、人事部が一貫して障害者雇用に関するマネジメントを担う体制が必要です。人事部は、各部署での障害者に対する差別禁止と合理的配慮に関する支援を担うともに、雇用モデルに基づいた障害者雇用管理の制度を整えます。

　受け入れ態勢は、基本的には、障害者雇用モデルの３層と対応した障害のある人の３郡の求人者類型とのマッチングを継続するように支援体制を整備することです（図14－2）。第Ⅰ層の雇用モデルには第１群の障害のある人が、そして、第Ⅱ層には第２群、第Ⅲ層には第３群と合致し続けるように整えることが、ミスマッチを解消して定着に結びつけるための雇用管理の重要な方針です。

こうした雇用モデルと対応した雇用管理では、次のことを制度化します。

第Ⅰ層では、一般部署の直属上司が管理担当者となって、他の従業員と同様に目標達成重視の管理をします。評価と処遇は目標や成果の達成度で決定され、企業内キャリアの形成を目指します。ですが、障害に対しては相応の合理的配慮が必要です。

第Ⅱ層では、一般部署または集合部署の直属上司が管理担当者となります。評価の項目は第Ⅰ層よりも限定的で、企業側で決めた作業目標の数量と時間の範囲の中で、自己目標を設定するようにします。

第Ⅲ層では、集合雇用部署の上司が管理担当者となり、目標達成よりもさまざまな配慮のほうを重視します。これに従事する人の障害種別や職務遂行能力は多様なことから、障害の特性に合わせた多くの合理的配慮と支援が必要になります。評価には生活態度や業務への取り組み方などが含まれます。

最後の第5ステップは、外部の支援機関との連携強化です。障害者雇用を成功させるには、外部の保健・医療・福祉・教育といった各種機関とのネットワークが必要です。特に、雇用する障害者の生活面での相談を担う支援機関との連携は不可欠な要件となります。

第4節　支援者の働きかけ

職業リハビリテーション支援の専門家は、障害者雇用を進めるうえでは第2節「障害者雇用の利点と阻害要因」と第3節「障害者雇用の課程」の視点を理解していることが不可欠です。ここでは、それらに加えて、企業（事業所）を支援する際のさまざまな課題についてまとめます。

1．障害者雇用条件からの企業分類

支援者が障害のある人の雇用を効果的に開拓するには、事業所が障害者雇用に対してどのような視点を持っているかを理解することが重要です。そのためには、表14－1に示した障害者雇用の企業類型に関する事業所の7類型に合わせた、個別的な対応が望ましいといえます（志賀、2006）。

第1に、タイプ1とタイプ5の事業所には、障害者雇用に関する社会情勢の変化や地域の職業リハビリテーションの動向を伝えます。また、これまで雇用経験のない障害種別の障害特性や合理的配慮を含めた雇用管理のノウハウなどの情報提供が有効と考えられます。

第2に、タイプ2、タイプ3、タイプ6の事業所には、障害のある人を配置できる職場や職域等の可能性について担当者と意見交換をします。また、障害者雇用に関する他社の事例紹介をし、見学等の斡旋をします。具体的な労働条件や雇用管理のノウハウなどを提案することが焦点となります。

第3に、タイプ4とタイプ7の事業所には、前述した障害者雇用の利点について具体的事例を交えながら訴えることから始めることになります。

表 14 - 1　障害者雇用の企業類型

タイプ	企業規模[注1]	障害者雇用への姿勢	概　　　要	就労実現までの期間[注2]
1	大企業	雇用計画あり	・雇用の時期、採用する障害種と人数、配置する職場と職務、採用時の労働条件等について、人事・労務部門で確定している。 ・障害者雇用の経験が豊富で、採用に関わってきたハローワークや職業リハビリテーション機関に求人情報を提供している。	短期
2		トップダウンで決定	・経営方針として障害者雇用を決定しているが、具体的な計画には至っていない。 ・法定雇用率をかなり下回ってる。社会貢献活動としての障害者雇用に強い関心があり、トップダウンで障害者雇用の推進が決まっている。 ・人事・総務担当者は障害者雇用の経験がないので、採用する障害種と人数、配置する職場と職務、採用時の労働条件等についての検討を始めている。	短・中期
3		担当者検討	・人事・総務担当者が主導で障害者雇用の企画を立案しようとしている。 ・ハローワークから障害者雇用率の改善についての行政指導を受ける中、社会貢献の企画担当者が障害者雇用に関心をもって企画する。 ・トップダウンとは異なり、「障害者を新規に雇用しなくてはならない」という社内合意がない中での検討。 ・担当者は、役員会を説得するための企画書を作成するため、積極的に障害者雇用に関する情報を収集している。	中・長期
4		関心が低い	・障害者雇用にまったく関心がないという訳ではない。 ・法定雇用率を達成していなくても、ある程度の雇用率を維持できているため、責任者も人事・総務担当者も新規雇用には関心が低い。	長期
5	中小企業	雇用計画あり	・障害者を雇用しており、その退職や新規事業の拡張に合わせて、障害者の求人を行う。 ・採用に関わってきたハローワークや職業リハビリテーション機関に求人情報を提供している。	短期
6		希望は障害者以外の求人	・障害者の雇用経験はないか、あってもノウハウの確立にまで至っていない。 ・職員の欠員や事業拡張にあわせて求人を行っており、障害者が活躍できる職務が存在する。	短・中期
7		求人なし	・企業経営の現在の状況から、障害者を含めた求人をするだけの特段の理由がない。	短・中期

注1：「企業規模」は、おおむね納付金義務の対象か否かに基づく。
注2：「就労までの期間」は、おおむね最初の接触から就労に至るまで期間の予測に基づく。

志賀（2006）を改変

　なお、タイプ 1 とタイプ 5 の事業所は通常はハローワークに求人情報を出しています。そのため、支援者が新規の職場開拓をするのは、それ以外のタイプです。また、企業規模が異なると、障害のある人の採用に至るまでの社内手続も大きく異なることになります。

　障害者雇用を志向する事業所は、障害者雇用に対する目的意識や社内の雇用管理体制はさまざまです。それだけに、支援者は障害者雇用の場を開拓する際には、**表 14 － 1** の類型に応じた提案を行うことが大切でしょう。

2．支援者の意識のズレ

　事業所の障害者雇用を進めようとすると、企業関係者との考え方の違いから、さまざまなギャップを感じることがあります（秦、2009）。

　たとえば、「行政指導側」は法定雇用率の遵守や最低賃金の確保、障害者の仕事の切り出しを求めるのですが、「雇用主側」はそれに応える意識を十分にもっていないことがあります。また、「支援者側」は本人に合う仕事の切り出し、上司や同僚の支援、正社員等への処遇などを求めるのですが、「採用企業側」はそれに応答するだけの状況にはないことがあります。さらに、同じ事業所内でも、「支援者側」や「人事部」は緻密な教育訓練と長期的な展望に立った育成、日常的なマネジメントと同僚の協力を求めるのですが、「現場の受け入れ部署」では納得しきれていないことも少なくありません。

　こうしたギャップは、過去の雇用事例を踏襲したり、即戦力にしか目が向かない雇用姿勢によって生じます。また、重度障害の人は企業での仕事は無理との決めつけ、障害があるというだけで特別扱いやワンパターンの仕事の提供、障害者法定雇用率達成の員数あわせだけの雇用計画などの背景もあります。

　支援者はこうしたギャップとその背景となっている考え方を十分に理解したうえで、企業側との共通理解と協働体制の構築を目指すことが求められています。

3．企業の不安や逡巡

　企業が、障害者雇用に初めて取り組んだり異なる障害種の人を採用する際には、多くの場合、不安や逡巡に陥りがちです。それらが生じる背景として、次のことが指摘されています（佐藤、2019）。

　第 1 は、若年で障害程度の軽い身体障害者、あるいは即戦力となる人材を採用したいと過度にこだわる場合があります。障害者の面倒をみる余裕や育成する人材や環境がないからという理由です。

　第 2 は、知的障害や精神障害に対する間違った理解や、重度障害の人の能力に対する偏見と誤解がある場合です。障害の特性や違いを知らないままに、障害のある人でも企業で働けるというイメージをもてないで、障害者雇用は福祉サービスの対象と思い込んでいたりします。

　第 3 は、受入れのためのノウハウがない場合です。障害のある人の採用から従事する業務

内容さらに雇用管理の全般についての不安は、障害のある人の雇用経験が少ないほど強くなりがちです。

第4は、経営層の理解と支援がなくて、配属部署から強い抵抗を受けている場合です。人事部では雇用義務として障害者雇用を進めたいのですが、経営層は納付金の支払いで済まそうとしたり、受け入れ部署から拒否されることがあります。

第5は、健康や職場定着の管理に責任がもてない不安があります。早期の高齢化、障害に起因する体調悪化、障害の進行などの健康管理に対する不安や、離転職が多いことによる業務計画におよぼす影響に対する危惧などがあります。

第6は、過去の障害者雇用での失敗経験です。以前に雇用した障害のある人の労働意欲の乏しさや、些細な理由で退職したり、家族からの苦情など、働くことを安易に考える人が多いことへの危惧があります。

4．企業支援の留意点

こうした不安や逡巡を抱える企業に対して、職業リハビリテーション支援の専門家は、次のことに留意して支援します（佐藤、2019）。

第1に、企業は障害のある人と同様に、支援サービスの対象（＝お客様）であることを意識して対応することが必要です。障害者雇用に消極的な理由は何か、それを妨げている原因は何か、障害者雇用への理解度はどの程度か、前向きに考えてもらえるための方策は何か、といった視点から具体的な方法を検討していきます。

第2に、企業訪問に際しては、事前準備を十分にすることが重要です。ホームページ等で企業の概要を確認します。また、高齢・障害・求職者雇用支援機構（2020）の「障害者雇用リファレンスサービス」を検索して、企業規模、業種、採用予定の障害種などが類似している事業所の情報を検索しておきます。それらの情報をもとに、経営者、採用担当者、現場責任者、現場の従業員等のさまざまな立場によって異なる障害者雇用の関心事項に沿いながら、話題や情報の提供をしていきます。

第3に、障害のある人を雇用する理由や、障害者雇用に関する考え方を把握します。これまでの各節で示した、障害者雇用の利点、阻害要因、業務の質的改善に向けた視点、障害者雇用に向けた企業内の組織化と取り組み状況などを踏まえながら、それぞれ対応方法や支援内容のポイントを明らかにします。

第4に、採用担当者への説明に配慮します。専門用語は使わないでわかりやすい言葉で説明する、障害や病気の状態ではなく働く観点から作業特性や配慮事項を伝える、企業の不安感を払拭する情報を積極的に提供する、などをポイントに説明します。特に、実際に従事する職場で現れる障害の特性や行動特徴についての具体的な説明と、それに対する対処の方法について、並行して丁寧に説明することが重要になります。

第 15 章　人事労務管理と職場定着支援

企業の人事労務管理のあり方を知ることは、障害のある人が職業生活に適応してキャリア形成をするための支援を担う専門家には不可欠です。職場定着への支援も、そうした視点から解説します。

第 1 節　人事労務管理の体系

職場定着は企業の人事労務管理のあり方と密接に関わります。人事労務管理とは、経営者が従業員の採用から退職までの個人の雇用に関して行う一連の管理施策です。これは、従業員の側からみると、職業生活に適応しつつ職業能力を発揮しながら、キャリアを形成することに深く関わります。それゆえ、障害者雇用の支援者は一般的な人事労務管理について理解しておくことが必要です。

人事・労務管理には、図 15－1 に示すように、4 つの側面があります（木村、2019）。

第 1 が「雇用管理」です。これは、働き手としての雇用労働者の能力をいかに向上させていくかが課題となります。そのため、①職務に最も適した人間を募集・選択・採用する「採用管理」、②採用した従業員の能力・適性に応じた職務に就かせるための合理的な「配置管理」、③職務の知識・技能・経験の蓄積などを計画的・組織的に行う「教育・訓練管理」あるいは「能力開発管理」、④知識・技能・経験を伸長させて従業員のキャリアの進展に応じて、それに見合った職務への異動・昇進・昇格をさせる「異動・昇進管理」、⑤退職や雇用関係の終了時の「退職管理」を行います。

第 2 が「労働条件管理」です。これは、従業員の労働条件や作業環境、また、安全・衛生への対処となります。そのため、①賃金体系の金額・構成・支払方法などの「賃金管理」、②ゆとりのある生活を営むために必要かつ適正な労働時間・休憩・休日や年次休暇などの「労働時間管理」、③安全と健康を確保して快適な作業環境を形成するための「安全・衛生管理」を行います。

第 3 が「人間関係管理」です。これには次の 2 つの側面があります。

1 つ目は、人間そのものを直接管理する「人間関係管理」です。この中には、①企業や職場集団への帰属意識を高めるための「モラール管理」、②モラールの上に立って実際にやる気を起こさせるための「モチベーション管理」、③モラールやモチベーションを従業員に喚起させるリーダーの「リーダーシップ管理」、④効率性を高めるための組織の変革についての「組織開発」があります。

2 つ目は、人間性の再生産に向けた「福利厚生管理」です。この中には、①健康保険、厚

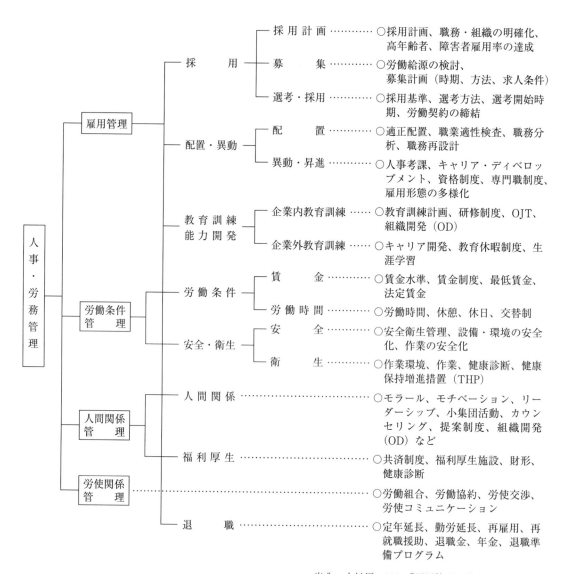

出典：木村周　1995「雇用管理の基礎知識」労働省

図15－1　人事労務管理の体系

生年金保険、雇用保険などの「法定福利」と、②それ以外の住宅手当・医療保険・体育娯楽施設・慶弔・財形等の「法定外福利」があります。

　第4が「労使関係管理」です。従業員と経営者との労使関係には、①個々の労働者と使用者の間に成り立つ「個別的労使関係」と、②労働者団体（労働組合）と使用者団体（経営者団体）との間に成立する「集団的労使関係」があります。

第2節　職場における援助技術

　こうした多面的な人事労務管理のうちの「雇用管理」について、障害労働者の職場定着に

向けた援助技術の主なものとして、次のことがあります。

1．職域の開発と拡大

（1）用語の意味

　職域の開発と拡大は同じ活動を意味しますが、一般的に、職域の「開発」は企業側の視点であり、職業や職務の範囲や受け持つ仕事領域の拡充を意味します。これに対して、職域の「拡大」は労働者側の視点であり、働き方の改革を含めたキャリア形成に向けた支援に焦点を当てています。

　職域の開発は、事業主の人事労務管理全般や企業の経営方針にも関わる広範で多様な対応が必要です。障害のある人の職域開発の方法は、受け入れ企業の業種・職務・規模などによって、また、対象となる障害の種類・程度・職業能力などによって異なることに注意が必要です。そのため、職業能力に対する思い込みや定番的な業務（清掃、クリーニング、メール・サービスなど）に固執しないで、それらを打ち破る発想が求められます。**第9章第1節**に示した「障害者雇用事例リファレンスサービス」は、その意味で、大切な情報源です。

　他方で、職域の拡大という視点に立つと、個人が適性や職業経験等に応じて自ら職業生活を設計し、これに基づいて職業選択や職業能力開発を効果的に行えるように支援することになります。その場合には、①本人のニーズ決定を尊重し、②診断や治療よりも職業関連の具体的な目標を設定し、③組織的（段階的）で継続的な援助計画の策定と支援をすることがポイントとなります。

　こうした、職域の開発・拡大を進めることによって、企業は障害のある人材の確保が容易になり、また、業務の全体的な見直しによって働き方改革としての「ワーク・ライフ・バランス」の推進（**第2章第4節**）につながることでしょう。

（2）職務分析と課題分析

　職域の開発・拡大を進めるための基本的な技術が、職務分析と課題分析です。これらは**第9章第1節**で詳細に解説しましたが、障害のある人の就業支援を担う専門家に必須の技術です。その実行は、次に示す手順で行います。

　職務分析で必要なのは、①雇用予定の職場についての情報の収集、②事業所内の職務分析表（1日単位の業務工程）の作成、③従事可能と考えられる職務の切り出し、④従事する上での職場環境等で注意すべき点の記述です。

　また、職務を行動単位に分割したうえで、それを時系列に並べて見える化する課題分析では、①対象とする職務の選定、②職務を構成する行動や必要なスキルの整理と課題分析表の作成、③課題分析表の手順に従った試験的な実施と評価、④困難な行動・スキル・環境を手直ししながらの課題分析表の加筆修正、⑥課題分析表に基づいた実施を踏まえながらのスタッフ（職場の同僚等）の支援が必要な作業の特定が必要となります。

（3）職務の再設計

　熟練した労働者の標準作業時間に基づいて作業効率を求める「科学的管理法」は「仕事に

表 15 － 1　職務の再設計

条　　件	一般原則
1．現在の作業方法では、障害部位の使用が必要な場合	＊別の身体部位の使用に代替する。
	＊その場合、最も簡単に作業できる方法の検討。
2．障害感覚を通して与えられる信号に正常に反応することが必要な場合	＊その感覚信号を別の方法で送る。
	＊視・聴覚の障害を補償する補助具の準備。
3．必要な決定をするのに、障害が妨げになっている場合	＊決定の内容を支障のない程度までに簡素化する。
	＊より重要な決定は別の人が行えるように、仕事を組み替える。
4．作業環境に障害者が対処し得ないようなストレスや危険がある場合	＊原因を取り除く。
	＊障害者をそのストレスや危険から遠ざける。

人を合わせる」ことが根底にありました。これに対して、人と職務との適正な関係を図るために、「人に仕事を合わせる」人間観や仕事観が職務再設計です。

　そのポイントは、働く作業者の人間的諸条件、たとえば、身体的・感覚能力、職業的経験、就労意欲などに合わせて、作業の方法や内容などを変更し、作業者の負担を軽減して仕事が楽に、また、面白くなるように調整することです。障害のある人の場合も、さまざまな能力を引き出して活用できるように職場や仕事を見直して設計し直すことになります。

　その基本となるのは、**表 15 － 1**に示す4条件の8つの原則です。人間工学の分野では、この原則を踏まえて障害のある人の職務再設計の事例が数多くあります（倉田、1983. ILO、1985. 菊池、2006. 身体障害者雇用促進協会、1979)

　この原則を踏まえて、製造現場における、①材料・製品の形状・重量、②治具・工具・測定具、③機械・設備・装置、④職場のレイアウト、⑤物理・化学的環境条件、⑥作業の流れ・順序、⑦業務分担の仕方などの改善を行います。サービス業においてもサービスの開始から終了までを一連の作業工程とみなして、職務分析や作業分析を行うことで問題点を発見していきます。また、心理的側面に焦点を当てた改善では、ジョブ・ローテーション、職務拡大、職務充実などを通して、職務満足を高めるように職務の再設計をすることが大切になります。

（4）仕事のカスタマイズ化

　第3章第4節で、仕事のカスタマイズ化は新たな就業支援の展開であることを指摘しました。そこでは、個別の障害特性を考慮しながら「企業の人材ニーズ」と「個人のキャリアの方向性」の接点を探りつつ、「無理なく安全に企業に貢献できる仕事の条件」を探求していきます。その際には、次のことに留意することが必要です（障害者職業総合センター、2007)。

　第1に、キャリアの方向性への支援です。これは、職種を選ぶ底流となる価値観や興味分野を反映して、職業選択の幅を広げるのに不可欠な要素です。そのため、個人の「キャリア

の方向性」を明確にする支援が重要になります。このことが、職場開拓に際して雇用主の効果的な絞り込みを可能にします。

　第2に、無理なく安全にできる仕事の条件の検討です。日常生活の実態、家庭・学校・地域における障害に対する配慮等の情報をもとに、無理なく仕事ができる条件や必要な支援（職務の内容、勤務・通勤の条件、物理的環境、職場風土、同僚や上司の性格・協力度など）の条件を明確にしていきます。

　第3に、具体的な支援を図るための的確な調整です。障害があっても無理なく安全にキャリアを発達させ、しかも、企業に貢献する職業人であることを強調するには、支援が必要な個別的条件を明確にするとともに、その条件を現実化するための職務再設計に向けた支援を並行して提供します。

2．教育訓練

　職務の知識・技能・経験などを計画的に育成する教育訓練は、雇用管理としても重要な分野です。これは、就労支援におけるケースマネジメントの流れ（**第3章第3節：図3-4**）に従うと、インターベンション段階での本人に対する直接的な支援であり、本人が自分のニーズを自分で充足する自己ケア能力を向上させることが目標となります。

　障害のある人に効果的な教育訓練を行うには、支援者は、職務の内容と遂行手順を熟知したうえで、指示や手がかり（援助）を適切に行い、正しくできたらほめることが不可欠です。

　特に、指示を出す場合には、対象者の能力や状況を見極めながら段階的に変えることが必要になります。その際の要点は、対象者自身の「エンパワーメント」を高めることであり、そのためには「教えることをいかに簡素化するか」を考慮することが必要です。簡素化された部分は、対象者自身が補完せざるを得ないように仕向けることで、結果的にエンパワーメントを高めることを目指します。

　指示の仕方には、次の4つの段階的な方法があります。これらは、相手の状況に応じて活用する方法を使い分けることで能力評価をするとともに、援助の少ない支持段階に引き上げることで、相対的にエンパワーメントの向上を図ります。

　第1ステップは「言語指示」です。言葉だけを使って指導・支持する、最も介入的支援が少ない段階です。具体的な行動（作業）を直接的に指示する「直接的指示」のほうが、「次は？」「早く」などの「間接的指示」よりも介入的支援は高くなります。

　第2ステップは「ジェスチャー」です。具体的な行動を手がかりとして指示内容を指導する段階です。言語指示と同時に、象徴的な動作でその内容を表現します（たとえば、窓をふく様子をみせるなど）。

　第3ステップは「見本の提示」です。課題遂行の行動全体を実際に演じてみせ、対象者にそれと同じ動作をするよう促す方法です。

　第4ステップは「手添えによる促し」です。最も介入的支援が高い段階であり、実際に相手の手を取って課題のやり方を具体的に教えたり、用具や部材を一緒にもって教えたりしま

す。

　こうした段階的な指示の出し方は、特に、知的障害や発達障害のある人の教育訓練で活用するのが効果的とされています。

3．マネジメント

　働く人が組織目標の達成に貢献し続けるための不可欠な要素となるのが、従業員に対する適切なマネジメントです。

（1）留意する事項

　障害のある従業員のマネジメントでは、一般的に次のことに留意します。

　第1に、仕事内容への基本的な理解についての確認です。従業員は、仕事の目的と成果を生むための手順を、的確そして正確に認識していることが不可欠です。自分の分担する仕事や作業の基本動作のみならず、納期や品質を維持することの重要性についても認識していることが重要です。

　第2に、仕事の意義に対する理解についての確認です。作業の全体的な工程や最終的な結果を示しながら、その途中での失敗がもたらす影響を教えます。それを通して、自分の担当する仕事と役割の重要性や意義を正しく理解してもらいます。

　第3に、職場の人間関係に対する配慮です。社会経験が乏しい場合、年上や気難しい人あるいは苦手な人たちと協働すると、仕事への動機づけが低下してしまうこともあります。その際には、周囲の同僚や上司との間で仲介することが必要となります。

　第4に、仕事の内容や量に対する適切な配分です。仕事は組織内の人員の力量に応じて配分しますが、障害の影響がどの程度まで成果に影響するかに迷いが生じます。そのため、就職する以前や就業直後の短い期間において、職業的な適性を評価して、障害の影響などを見極めることが大切です。特に、職場の管理・監督者が、実際の仕事を通して対象者本人の理解度や習熟のスピードを注意深く観察し、担うべき役割や仕事の種類と内容を調整していきます。

　第5に、障害の状況に応じた特別な配慮です。これは合理的配慮に関わることであり、後述の第4節で詳細に解説します。

　こうした雇用管理の視点からのマネジメントとは別に、障害のある従業員自身のセルフマネジメント能力を高めていくことも、重要な課題となります。

　そのための方法として、①スケジュール管理・手順管理・生産性管理の明確化、②作業指示書は、完成品・不良品の限度等の写真、作業手順の図による表示やチェックリスト化などによる「見える化」、③職務分析や課題分析をもとに作業用治工具の作成・改造などを行います。

（2）ナチュラル・サポート

　ナチュラル・サポートとは、障害のある従業員の就労継続に必要なさまざまな援助を、社外から派遣された就労支援の専門家（ジョブコーチ）に依存するのではなく、同僚や上司な

どの事業所内のまわりの人が肩代わりできるように支援することをいいます。ジョブコーチは、障害のある従業員に対するマネジメントを社内の同僚や上司が自然体で行えるようになることを、最終的な目標としています。

　そのためには、ジョブコーチの支援ノウハウが組織内に蓄積されるように、同僚や上司はジョブコーチの活動を注意深く観察することが必要です。

４．健康管理

　障害のある人の健康管理には、職場における一般的な安全衛生に関する側面と、個別の健康状態の維持・増進の２つの側面があります。

（1）労働安全衛生法

　一般的な職場の安全衛生管理は、「労働安全衛生法」に規定されています。これは、職場における労働者の安全と健康の確保と、快適な職場環境の形成を目的としています。また、その手段として、①労働災害の防止のための危害防止基準の確立、②責任体制の明確化、③自主的活動の促進のための措置などにより、総合的で計画的な安全衛生対策を推進すること、とされています。

　同法には、その役割を担う組織が、作業内容や現場の規模ごとに定められています。組織内に「安全衛生委員会」を設置するとともに、総括安全衛生管理者、産業医、安全管理者・衛生管理者・安全衛生推進者、作業主任者などを配置することが義務づけられています。職場のメンタルヘルスについての詳細は、**第16章第2節**で解説します。

（2）個別的な健康管理

　障害のある人を対象にした個別的な健康状態の維持・増進では、次のことが重要になります。

　第1に、障害内容の把握です。入社時の健康診断に基づく理解に加えて、入社後の変化を定期的に把握することで、本人の現在の健康状態や必要な対応策を会社側で把握することが必要です。

　第2に、近隣の医療機関との連携です。事業所に健康管理室やスタッフが常駐していない場合は、法定の定期健康診断の他に、近隣の医療機関の協力を得て定期的な巡回診察をすることが望ましいでしょう。

　第3に、日常的に疲労の予防をすることです。忙しい職場環境、期待する上司、期待に応えたいと頑張る障害者が一緒になると、疲労の蓄積が深刻な事態につながりかねません。勤務時間の管理も含めた、疲労を蓄積させない配慮が必要になります。また、休憩室などを設置したり、定期的な休憩時間を設けることも必要です。

　第4に、本人自身の予防に向けた努力です。定期的な主治医の診断と、その指導助言に従った生活習慣の改善や維持など、健康面の自己管理を継続することが必要です。また、定期的に休憩を取ることで、不測の事態が発生しないようにします。

　第5に、職場全体の理解とサポートです。障害があると、通院や体調不良で休暇を取らざ

るを得ないことも少なからず生じます。そうした事態において職場の上司や同僚の理解と支援があると、就業の継続につながります。

第3節　移行と職場定着

1．移行の過程

　「移行」は、一般的には、学校から職場、あるいは、職場内での職務や地位の移動などのように、それまでとは異なった社会環境に移ることを意味します。その時期は、それ以前の人生では経験しなかった新たな社会的役割を達成することが社会的に強要されます。仕事との関わりに焦点を当てた「移行」では、①仕事に就くための「準備期」、②就職直後の短期間における「適応期」、③職場に定着する「継続期」に区分でき、それぞれの時期で達成すべき課題が異なります（松為 1997，2020）。

（1）準備期

　この時期に達成すべき課題は、個人特性の階層構造（第7章第1節：図7－1）における、最下層の「疾病・障害の管理」から「日常生活の遂行」を経て第3層の「職業生活の遂行」に至る諸能力を、働く場面での役割遂行ができるように、系統的に学習していくことです。そのため、第11章第3節で示すキャリア教育は、学齢期から青年期を通して必要となります。

　なお、準備期の諸能力を把握する方法はさまざまなものがあります（第7章第2節）。

（2）適応期

　「職場適応期」ともいわれ、就職の直前から就職後3か月程度の期間であり、最も手厚く頻繁な支援が必要な時期です。心理的支援や仕事や社会的スキルの指導、働きやすい職場環境の構築などを通して、次のことが達成すべき課題となります。

　第1に、障害の特性を考慮した多様な働く場や働き方を探索することが必要です。そのためには、第1章第5節の多様な働き方で示したように、さまざまな雇用の場が選択肢となります。また、第3章第4節の就業支援の新たな展開である援助付き雇用モデルやカスタマイズ就業についても検討します。

　第2に、障害の特性を踏まえたさまざまな配慮が必要となります。障害者雇用促進法における差別禁止と合理的配慮（第13章第3節）はこれに応えるものであり、詳細は後述の第4節で解説します。

　第3に、労働負荷を漸増しつつ、支援を減少していきます。就職した初期の軽い労働負荷と手厚い支援を経て、時間経過とともに労働負荷を高めるとともに支援も減少させていきます。

　第4に、作業行動や態度そして成果を適切な方向に変化させるための、障害特性に対応した実践的で具体的な教育方法や指示の仕方などを提供していきます。

（3）継続期

「職場定着期」ともいわれ、適応期を過ぎて職場定着を維持していくための、期間の定めをしない長期的に継続する支援となります。そのため、就労支援の専門家が行うのではなく、関係機関のネットワークによって担うことが必要です。この時期には、次のような課題に対する支援をします。

第1に、日常生活の維持です。地域での生活を継続するために、①居住資源（単身向け賃貸アパートや借家、グループホーム、ホステル、その他の福祉施設など）の確保、②生活の場（保護的な職場、小規模作業所、デイケア、ソーシャルクラブなど）の確保、③訪問援助（保健師や精神保健福祉相談員、医療機関の職員、福祉事務所の職員、ホームヘルパーなど）をします。

第2に、人的な雇用管理です。第2節で解説したように、企業の管理者側が従業員を有効に活用していくための、さまざまな雇用管理が課題となります。

第3に、支援人材（ケアパーソン）の活用です。ケアパーソンは、障害のある人に対して、①職業生活の基本的な態度や習慣を体得させ、②本人の特性を踏まえた職務の開発・提供とその習熟に向けた指導をします。また、③経営上の利点と本人の職業的な自立との両立を図るための調整を行い、④職場内での人間関係の維持に気を配り、⑤本人との信頼関係をもとに心理的な支えとなり、⑥家族や関係機関との連絡をする、などの機能を果たすことになります。

第4に、地域支援ネットワークの確立です。特に、生活上の課題では企業の努力の限界を超えることがあります。その際には、学校や福祉機関と協同して対応する体制が必要になります。

2．職場定着の支援
（1）職場定着の現状

障害のある人の職場定着は、障害者雇用施策の最も大きな課題の1つであり、厚生労働省（2019）の報告からもこのことがよく理解できます。

それによれば、障害のある人の平均勤続年数は、障害種別で大きく異なり、精神障害者は身体障害者よりも非常に短くなっています（表15－2）。精神障害者も障害者雇用率制度の対象となる中で、この結果は、職場定着に向けた指導の重要性を示しています。

また、障害者職業総合センター（2017）の報告書をもとに厚生労働省が再構成したハローワーク経由の就職者の経年的な職場定着率は、①障害者求人枠で最も高く、次いで一般求人枠で障害の開示、一般求人枠で障害の非開示になるにつれて、低下が著しくなります。また、②発達障害で定着率が最も高く、次いで身体障害、知的障害、精神障害の順に低下が著しくなっていました。さらに、③一般求人枠の障害者は、3～6か月未満で定着率が急減するのですが、それ以降は次第に安定していく傾向でした。

これらの結果は、障害種による差異とともに、特に、障害を開示することで、職場定着率の低下が著しく減少することを示唆しています。そのため、求職活動に際しては、障害開示のメリット・デメリット（第10章第3節）を考慮したうえで、障害を開示することの利点

表15－2　障害者の平均勤続年数の推移

	身体障害者	知的障害者	精神障害者
平成10年	12年0ヶ月	6年10ヶ月	－
平成15年	10年0ヶ月	9年3ヶ月	3年9ヶ月
平成20年	9年2ヶ月	9年2ヶ月	6年4ヶ月
平成25年	10年0ヶ月	7年9ヶ月	4年3ヶ月

※勤続年数：事業所に採用されてから調査時点（各年11月1日）までの勤続年数をいう。
　ただし、採用後に身体障害者となった者については身体障害者手帳の交付年月を、採用後に精神障害者となった者については事業所において精神障害者であることを確認した年月を、それぞれ起点としている。

出典：障害者雇用の現状等（平成29年9月20日）（厚生労働省職業安定局）

を尊重することが求められます。

（2）職場定着への支援

　これに加えて、職場定着を推進するには、次のことが有用とされています（障害者職業総合センター、2012）。

　第1に、施設・設備の好事例の情報収集です。その情報源としては、**第9章第1節**に示した「障害者雇用事例リファレンスサービス」（高齢・障害・求職者雇用支援機構、2020）が有用です。

　第2に、企業の人事労務管理に対する理解と、それに対応した相談等の支援です。その内容として、次のことがあります。

　1つ目は障害の状況を考慮した職務の創出です。職務内容や作業工程の分析と、職場内の協力体制や障害に対する従業員の理解などを通して、職務の開発・拡大と再設計を行うとともに、従業員の協力関係の構築などを援助します。

　2つ目は職務内容の調整です。継続的に働くことで職務の遂行能力は向上していきますから、それに対応することが必要です。本人の能力に応じて対応できる職務内容を段階的に引き上げて提供するような人事労務管理が必要です。

　3つ目は障害の特性を的確に把握した対応です。合理的配慮は、障害の特性によって、提供すべき物理的環境や社会的環境などが異なり、また、指示や指導の仕方も異なります。こうした特性を踏まえた個別的対応が求められます。

　4つ目は周囲の人の障害に対する理解に向けた支援です。職場の管理者や業務をサポートしていた同僚の異動で支援体制が維持できなくなることがあります。こうした事態に対処するため、管理職研修に障害理解の講習を組み込むなどして職場での障害理解が継続されるようにします。

　第3に、職場定着を維持するための、日常生活に関する継続的な支援が必要です。その主な内容として、次のことがあります。

　1つ目は生活面や家庭面の課題に備えることです。雇用を継続していく過程で、生活態度や習慣の乱れ、健康面の自己管理の不調、家庭内のトラブルなどの日常生活や家庭生活上の

課題が出てきます。企業の雇用管理の範囲を超えることもありますから、準備期や適応期の段階から生活支援を担う関係機関や組織との連携を密にしておくことが必要です。**第9章第2節**の生活の捉え方を踏まえた支援が必要になります。

　2つ目は連携の強化とネットワーク化です。関係機関が課題をタイムリーに把握して早期に対応するには、勤務先との日常的な情報交換を通して、担当者が交代しても連携が円滑にできるようにしておくことが必要です。

　第4に、障害者雇用率制度の下で障害者雇用の増大と雇用の長期化が進むにつれて、雇用される人の障害状況の重度化（特に、精神障害の人の雇用の増大）、職業生活を支える家族の高齢化、本人自身の加齢に伴う職務遂行能力の低下などが表面化してきています。こうした状況への対応に関しても、企業の人事・労務管理による対処や、関係機関との密接な連携が不可欠となっています。

第4節　権利擁護と合理的配慮

　職場適応期から職場定着期にかけて行う、障害のある人に対する重要な対応が権利擁護と、それを踏まえた虐待の防止と合理的配慮です。

1．権利擁護と虐待防止
（1）障害者の権利条約

　「権利擁護」は「アドボカシー」（advocacy）の訳語であり、基本的人権と生存権が守られることを意味します。それらは、価値や理念としての側面、制度・事業・業務としての側面、実践としての側面などがあります。2006年に国連総会で採択され、2008年に発効した「障害者権利条約」は、これを踏まえて、障害者の人権と基本的自由が享有されることを確保し、その固有の尊厳を尊重することを促進するための措置等について定めた条約です。我が国もこれを批准して、2014年2月から効力が発生しました。

　この条約には、主な内容として次のことがあります。

　第1に、一般原則として、障害者の尊厳、自律及び自立の尊重、無差別、社会への完全かつ効果的な参加及び包容等が明記されました。

　第2に、一般的義務として、合理的配慮の実施を含めた障害に基づくいかなる差別も禁止して、すべての障害者のあらゆる人権と基本的自由を完全に実現することを確保し，それを促進することを明らかにしています。

　第3に、障害者の権利を実現するための措置として、身体的自由，拷問の禁止，表現の自由等の自由権的権利や教育、労働等の社会権的権利についてとるべき措置等を規定しています

　第4に、条約の実施と監視のために、国内において障害者の権利に関する委員会の設置と各締約国からの報告を示しています。

（2）障害者の虐待防止

　障害者権利条約の第16条「搾取、暴力及び虐待からの自由」に対応して、我が国では2012（平成24）年から「障害者虐待防止法」が施行されています。

　同法では、障害者への虐待は、①養護者による虐待、②障害者福祉施設従事者等による虐待、③職場での使用者による虐待の３つを指摘しています。ですから、事業所内で訓練や指導の名の下に行われる「虐待」も対象になります。また、虐待の類型には、次の５つがあります。

　第１が身体的虐待です。障害者の身体に外傷が生じ、または生じる恐れのある暴行を加え、または正当な理由なく障害者の身体を拘束すること。

　第２が性的虐待です。障害者にわいせつな行為をすること、または障害者にわいせつな行為をさせること。

　第３が心理的虐待です。障害者に対する著しい暴言や拒絶対応など、著しい心理的外傷を与える言動を行うこと。

　第４がネグレクト（放棄・放任）です。障害者の心身の正常な発達を妨げるような著しい減食または長時間の放置等、養護者（支援者）としての義務を著しく怠ること。

　第５が経済的虐待です。障害者の所持する年金等を流用するなど、財産を不当に処分すること、障害者から不当に財産上の利益を得ること。

　虐待の防止に向けて、同法は、国等の責務規定、障害者虐待の早期発見の努力義務規定が置かれ、また、虐待を受けたと思われる障害者を発見した場合の速やかな通報を義務づけるとともに、虐待防止に係る具体的な枠組みを定めています。

２．合理的配慮

　障害者権利条約の第２条にある「障害に基づく差別」では、合理的配慮の否定を含めた障害に基づくあらゆる形態の差別の禁止が明記され、日本では2016（平成28）年に「障害者差別解消法」の制定と「障害者雇用促進法」の改正が施行されました。障害者雇用促進法における合理的配慮については、次のとおりです。

（1）基本的な考え方と内容

　合理的配慮の基本的な考え方は、①障害者と事業主との相互理解の中で提供されるべきこと、②事業主の義務であること、③事業主は、採用後に必要な注意を払っても障害者と知ることができなかった場合には合理的配慮の提供義務の違反に問われないこと、④事業主は、合理的配慮が複数ある場合には障害者と話し合いのうえで提供しやすい措置を講じて良いこと、⑤事業主は、障害者の希望する合理的配慮の措置が過重な負担となる場合には過重な負担にならない範囲で行うこと、⑥事業主は、障害特性に関する正しい知識を得て理解を深めることが重要、とされています。

　合理的配慮の内容は、①募集及び採用時には、障害者からの申し出によって障害特性に配慮した必要な措置を講じる、②採用後には、均等な待遇の確保や能力の有効な発揮の支障と

なっている事情の改善に向けて、事業主は職務の円滑な遂行に必要な施設の整備や援助者の配置などを行うとされます。

（2）過重な負担

　基本的な考え方にあるように、事業主に過重な負担となる合理的配慮については、その提供の義務が除外されます。過重な負担か否かの判断は、①事業活動への影響の程度、②実現の困難度、③費用・負担の程度、④企業の規模、⑤企業の財務状況、⑥公的支援の有無、の要素を総合的に勘案して、事業主が個別に判断することとされています。

（3）事例集の活用

　合理的配慮の具体的な内容は、障害特性に応じた個別性が高く、また、事業所の事情によっても異なります。そのため、厚生労働省（2020）は具体的な事例を定期的に収集して「合理的配慮指針事例集」として公開しています。

　この事例集を活用することで、事業者は、障害者の雇用管理において配慮すべき事項の具体的なノウハウを得ることができます。また、支援者は、事業所と障害者の双方から合理的配慮に関する相談や支援を求められた場合に、双方の信頼を得て調整する際の基準ともなります。

　のみならず、障害者自身にとっても重要な意義があります。事例は事業所の行う（過剰負担にならない範囲での）合理的配慮のガイドラインと見ることができます。障害のある人が職業人としての役割を遂行するには、このガイドラインの合理的配慮と学習・訓練を通して獲得した能力との重ね合わせが、事業所の要求水準をクリアすることが不可欠です。それゆえ、合理的配慮を受けながら職務を遂行する際には、自己の能力の質や作業をどこまで向上すべきかを理解するための基準となります。

（4）事業所の対応

　事業所が合理的配慮を具体的に進めるには、次のことが必要になります。

　第1に、従業員に対する周知の徹底です。障害のある人と協働する同僚や上司が、職場でのさまざまな配慮に気付いて実行する手がかりを提供します。たとえば、合理的配慮指針事例集を参考に、障害の種類に対応した配慮事項をレイアウト化したリーフレット『WITH』などがあります（文京学院大学、2016）。

　第2に、事業主は、次のような雇用管理面の対応をします。

　1つ目は組織内の体制の整備です。相談対応の窓口を設置して従業員に周知するとともに、担当者が相談対応できる力量を備えていることが必要です。

　2つ目は採用後の相談に対する適切な対応です。事案を迅速に確認して、適切な合理的配慮の手続きを早急に開始することが必要です。

　3つ目はプライバシー保護の措置です。相談者のプライバシーを保護するとともに、そうした措置を講じていることを障害のある従業員に周知します。

　4つ目は相談を理由に不利益な扱いをしないことです。合理的配慮の趣旨を周知・啓発し、就業規則その他の職務規律等に明記し、社内広報することが必要です。

第3に、人的雇用管理のあり方を再検討することが必要です。合理的配慮に関わる雇用管理では、①従業員の個別性を踏まえた合意が基盤であり、②障害者雇用の経験やノウハウがそのまま適用でき、③他社と経験やノウハウを共有する方が効果的であり、④支援機関や医療機関等との支援ネットワークの確立が不可欠なこと、などの特徴があります。

（5）本人と支援機関の対応

　合理的配慮が実際の成果を上げるには、配慮を受ける障害のある人やそれを支援する機関の側にもさまざまな対応が必要です。

　第1に、障害のある人は、自らの障害を事業主に申し出る能力が不可欠です。そのためには、①自分の得意・不得意な分野を自覚し、それを実体験としても理解できていること、②不得意な分野に対して具体的な対処の方法を承知し、それを実行していること、③これらのことを他者に説明でき、必要に応じて援助を求めることができること、が不可欠です。これらは、自己理解の重要さをあらためて認識することになります。

　第2に、「自己紹介書」の作成です。障害のある人が労働市場に参入するにあたって、自己理解を深めるとともに事業主の理解を深めるための大切な書類です。その内容は、障害のある人の、①「できること・セールスポイント」と「苦手なこと・機能障害」の特徴、②「苦手なこと・機能障害」に対する自身の対処の仕方・工夫・努力の内容、③必要なあるいは希望する支援（インフォーマルな支援も含む）、④事業所に望む配慮の内容について明確にします。

　第3に、支援者は、障害者と事業主の双方から合理的配慮に関する相談を受ける可能性が高まります。双方から信頼を得て相談支援を実践するには、合理的配慮に関する相談支援の専門家として応えられる力量を備えるとともに、前述の「合理的配慮指針事例集」などの情報をよく理解していることが必要です。

第16章　職場のメンタルヘルスと復職支援

　雇用後の職場で不適応になる背景を知るとともに、それを予防するためのメンタルヘルスマネジメントについて検討します。そのうえで、復職に向けた支援のあり方について解説します。

第1節　職場不適応

1．ストレス

　生体は、外界からのさまざまな刺激（ストレッサー）を受けることでストレス（生理反応）が生じます。このストレッサートには、①物理的刺激として、暑さ、寒さ、騒音、紫外線、放射線など、②化学的刺激として、排気ガス、悪臭、薬物、毒物など、③生理的刺激として、飢餓、運動、外傷、手術、感染（細菌、ウイルス）、過労、疾病、障害など、④心理的刺激として、恐怖、怒り、不安、不満、葛藤、緊張などがあります。

　それらの中で、心理的なストレスは、刺激をどう「認知」して「評価」し、どのように「対処」するかによって、「悪いもの」にも「良いもの」にもなります。メンタルヘルスマネジメントの焦点は、こうした「悪いストレス」を自己成長のチャンスにする「良いストレス」に転換するように仕向けることであり、そのためには、労働者がストレスと上手なつきあい方ができるよう支援をすることが大切になります。

表 16 － 1　職業性ストレスの原因

作業内容及び方法 　1．仕事の負担が大きすぎ／少なすぎる 　2．長時間労働／休憩時間がとれない 　3．仕事上の役割や責任がはっきりしない 　4．労働者の知識・技術・技能が生かされていない 　5．繰り返しの多い単純作業ばかり 　6．労働者に自由度や裁量権がない（仕事の自己統制度が低い） 職場組織 　1．上司や同僚からの支援や相互交流がない 　2．職場の意思決定に参加する機会がない 　3．昇進や将来の技術・知識獲得についての情報がない 職場の物理化学的環境 　1．貴金属や有機溶剤などの暴露 　2．歓喜・照明・騒音・温熱 　3．作業レイアウトや人間工学的環境

山本晴義・小西喜朗「メンタルヘルスマネジメント」（2002）より

233

職場で生じる職業的なストレスの原因は、さまざまです。それらは**表16－1**に示した通りですが、物理化学的なストレスや生物的なストレスもさることながら、どの職場でも共通して大きいのは対人関係に起因する心理的なストレスです（山本・小西、2002）。

　職場における心理的なストレスには3つの要因があります。

　第1は、人間関係に起因するものです。中でも職務上の階層である上下関係はストレスになりやすく、また、セクシュアルハラスメントのようなさまざまなハラスメントもストレスになります。

　第2は、人間関係が介在する業務に起因するものです。職場では常に人間関係を歪（ゆが）めるような課題が潜んでいます。たとえば、休みがちだったりミスをしがちな同僚のために、過重な仕事を押し付けられることが続くと、些細な問題でも対人関係がストレスとなります。

　第3は、業績の評価に起因するものです。適切で公平に自分の業務が評価されていないという不満は、直属上司やさらにその上の管理職にも向けられてストレスとなります。

　こうした心理的なストレスが高まると、「心の健康」に対する障害が起こります。その様態はさまざまであり、心身症として現れることも多くあります。ですが、そこに至らないまでも、一般的な不調感としての訴え（不定愁訴症候群）や、身体的な訴え（自律神経失調症・仮面うつ病など）として表面化します。

２．職場不適応
（１）不適応のサインと要因

　職場不適応は、労働者の特性と労働環境との不適切な組み合わせによって生じますが、その初期の兆候（サイン）には、**表16－2**に示すように、自分が気づくことのできる変化と周囲が気づく変化の双方があります。

　職場不適応の症状は、これらのサインの背景となるさまざまな要因が重なって発生します。その過程は図16－1に示す通りです。「個人的な特性」は「業務遂行上の問題」や「人間関

表16－2　職場不適応のサイン

自分自身が気づく変化	周囲の人が気づく変化
①悩み・心配事が頭から離れなくなる ②考えがまとまらず堂々巡りをする ③不眠の傾向が続く ④易疲労感・食欲低下がある ⑤気力や意欲の低下がある ⑥楽しくなく生きる自信もなくなる ⑦失敗・悲しみ・失望から立ち直れない ⑧緊張しやすくなる ⑨他人の評価が非常に気になる 　など	①欠勤・遅刻・早退が増加する ②仕事の能率が低下したりミスが増加する ③以前と言動の内容が変化する ④周囲との折り合いが悪くなる ⑤体調不良などの訴えが増加する ⑥酒量が増大したり、酒癖が悪くなる ⑦他人の言動を異常に気にする 　など

出典：日本産業精神保健学会（編）「メンタルヘルスと職場復帰支援ガイドブック」（中山書店 2005）

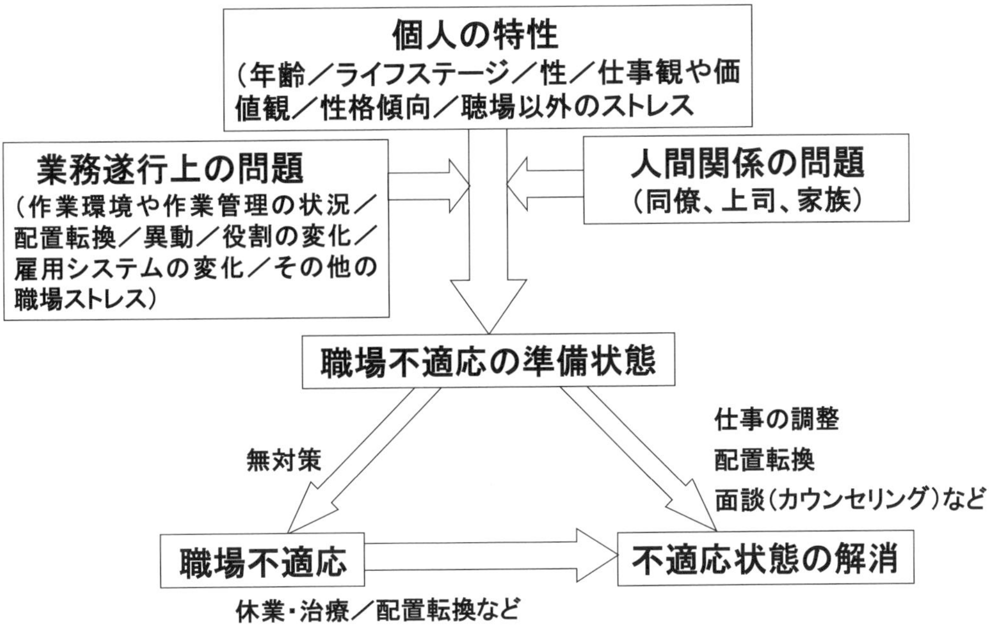

日本産業精神保健学会（編）「メンタルヘルスと職場復帰支援ガイドブック 2005」を修正

図 16 － 1　職場不適応（症）の発生と対処

係の問題」と複合して「職場不適応の準備状態」を作り出していきます。それを放置していると症状としての「職場不適応」に至るのですが、適切な対処をすれば「不適応状態の解消」の方向に向かいます（日本産業精神保健学会、2005）。

　この職場不適応の準備状態に至る要因はさまざまです。

（2）個人的要因

　個人的な要因としては、次のことがあります。

　第 1 に、年齢やそれに準じたライフステージです。職業生活は退職に至るまでに再適応を迫られる時期がいくつかありますが、これが適切に行われないと、職場不適応として表面化してきます。特に、学生生活を終えて初職に参入する時期は、最も不適応が生じやすくなります。

　第 2 に、性差です。職場での性差別による不平等は、直接・間接的に女性の職場適応に影響をおよぼします。他方で、仕事のみならず家庭でも経済的・精神的な支柱になることが期待される男性は、そのプレッシャーから、些細な挫折でもより深刻なものになったりします。

　第 3 に、仕事観や価値観です。仕事への動機づけは、現在の状態と自分の仕事観や価値観との調和のさせ方によって維持されます。双方の不一致が著しくなると、動機づけが低下してさまざまな不適応の状態に陥ってしまうばかりでなく、それを解決しようとする意欲すらなくなってしまいます。

　第 4 に、性格的な傾向です。職場不適応が高じて「うつ」になりやすい性格として、几帳面、生真面目、融通性に乏しいなどがありますが、それらに加えて、未熟、自己中心的、神

経質などがあります。これらは、一般的にはストレスを柔軟に受け止めて順応することが苦手な性格とされますが、不適応状態はすべてが個人的性格に起因するとはいえません。

第5に、職場以外のストレスです。職場不適応の原因となるストレスは、必ずしも職場の中にあるとは限りません。たとえば、家庭生活でのストレスが仕事への適応能力を低下させ、職場不適応に大きく影響することもあります。ですから、職場不適応と判断される場合でも、常にその背景に職場以外のストレスもあわせて考えることが必要です。

（3）業務遂行上の要因

業務遂行上の要因には次のことがあります。

第1に、作業環境や作業管理の状況です。前述した物理的あるいは化学的刺激（ストレッサー）に対する生理的反応は、個体差があるものの、直接的に職場不適応をもたらすこともあります。また、仕事の質や量、作業時間の管理などは、職場ストレスだけでなく仕事への適応の問題にも直接的に関係します。

第2に、配置転換・異動・役割の変化によるものです。こうした状況は、慣れ親しんできた環境の喪失と新たな環境への再適応が強要されますから、納得しないままに直面すると、職場不適応の危険性が高まります。また、人によっては昇進なども不適応の要因になることがあります。そのため、業績の評価だけでなく、従業員の個性も含んだ能力や適性、さらには、家庭生活への影響なども考慮することが必要です。

第3に、雇用システムの変化です。裁量労働制は、高い評価を受けた従業員の動機づけを高める一方で、その他の人への配慮を十分に考慮しないと職場不適応に陥る可能性を含んでいます。

第4に、周囲の人からの支援のあり方です。職場の人間関係は不適応のリスクとなりがちですが、他方で、それを防ぐ重要な要素ともなります。たとえば、いやな仕事でも周囲からの心理的な支援があると続けられるのですが、支援がないと孤立感を深めて適応水準が低下してしまいます。

（4）適応とQWL

職業適応は、ウォルトン（Walton, R. E.）が1970年代に提唱した労働者の「労働生活の質（QWL：Quality of Working Life）」に向けた不断の活動と考えることができます（菊野、1980）。

その包括的な基準を踏まえると、良好な職業適応は、①十分で公平な賃金、②安全で健康的な労働環境、③雇用の安全性、④成長する機会、⑤トータルライフ（ワークライフバランス）、⑥労働者の権利、⑦差別のない昇進可能性、⑧労働の社会的貢献や意識、の8つを目指すとされます。

こうしたQWLの向上は、組織内キャリアの形成過程によって実現していきます。それゆえ、QWLの向上は、個人の努力だけではなく、企業の雇用管理のあり方との関係によって規定されるといえるでしょう。

3．職場不適応への対策

　こうした要因を考慮しながら職場不適応（症）を未然に防ぐには、次のような実践が望ましいとされます（産業医学振興財団、2002.日本産業精神保健学会、2005.うつ・気分障害協会、2004）。

　第1に、正確なアセスメントです。抱えている問題を本人や周囲の人から詳細に聴取して、個人的な要因と職場側の要因の双方から的確にみいだすことが重要です。ただし、具体的な対応を考える場合には、何らかの精神疾患が疑われるような状況がないかどうかに注意することが大切です。

　たとえば、仕事が難しいと感じ、残業も増え、さまざまな精神症状や身体症状を呈している場合、その背景には、思考力や判断力の低下などのうつ症状があるかもしれません。そうした判断をしないで配置転換などを行うと、うつを増悪させるきっかけともなりかねません。また、新入社員の引きこもりを、職場不適応や五月病だろうと判断してしまった結果、本当は統合失調症が発症していたにも関わらず、その治療的な対応が遅れてしまうことになります。

　職場不適応（症）であるか否かの判断は、簡単なことではありませんから、その対応では、本人の言い分ばかりでなく職場から集めた多様な情報を総合的に判断したり、必要に応じて専門家による判断を求めたりします。それらを踏まえて、具体的な方策を考える必要があります。

　第2に、相談と対応です。職場環境が同じでも、不適応を起こす人と起こさない人がいます。こうした違いが生じる背景として、特に、現在の置かれている環境をどのように捉えて意味づけるかといった、個人の認知の仕方が重要になります。客観的な事実に基づいた正確な認知をしていないと、否定的な感情や職場の評価を助長させて不適応に結びつく可能性が高まるからです。

　そのため、相談を受ける産業保健スタッフは、対象となる従業員の話を一方的に聞くだけではなく、状況に応じて企業の管理者からも情報を収集することが必要です。従業員と管理者が一緒になって問題点の整理を的確に行い、状況に対する認識を客観的な事実に基づいて共有しながら、現実的で具体的な対応を図るようにします。

　第3に、個別のキャリアプランの作成です。働く人は誰でも、①自分は仕事に何を求めるのか、②目標を達成するには何を学習・訓練するべきなのか、③どのようなキャリアを蓄積することが必要なのかについて、自分自身で整理することが必要です。それらを踏まえて、自分のキャリアプランを作成します。それが困難な相談者には、教育やキャリアカウンセリングを通して支援することが必要になります。

第2節　メンタルヘルス・マネジメント

　職場不適応に対するメンタルヘルス対策は、労働政策の重要な課題です。そのため、2005

年の労働安全衛生法の改正で「労働者の心の健康の保持増進のための指針」が示され、事業場がメンタルヘルスケアを実施する方法が定められています。

1．メンタルヘルスケアの推進
（1）心の健康づくり計画

心の健康問題に取り組む時は、①発生の過程に個人差が大きく把握が困難、②個人情報の保護と本人の意思の尊重、③職場の人事労務管理との密接な関連、④家庭・個人生活などの職場外のストレス要因の影響も受ける、などに留意しなければなりません。そのため、職場でメンタルヘルスケアを推進するには、事業所内に「衛生委員会」等を設けて、実態に則した中・長期的な「心の健康づくり計画」を策定することとされています。

同計画は、①長期目標として、管理監督者を含む従業員全員が心の健康問題を理解して、それぞれの役割を果たせるようにすること、②円滑なコミュニケーションを推進して活気ある職場づくりをすること、③職場環境に起因するような心の健康問題を発生させないこと、④「ストレスチェック制度」の定着と浸透を図ること、を目的として策定します（厚生労働省・労働者健康安全機構、2020）。

（2）4つのケア

「心の健康づくり計画」の実行は、次の4段階で構成します。

第1段階は「セルフケア」です。労働者自身がストレスに気付いてこれに対処するための知識や方法を身に付け、それを実施します。そのためには、労働者が心の健康への理解を深めて、自らのストレスや心の健康状態について正しく認識できるようにします。

第2段階は「ラインによるケア」です。管理監督者が職場環境等を把握して改善したり、労働者からの相談対応を行います。このため、管理監督者に対する教育研修と情報提供が必要になります。

第3段階は「事業場内産業保健スタッフ等によるケア」です。セルフケアやラインによるケアが効果的に実施されるよう、産業保健スタッフによる支援を行うとともに、心の健康づくり計画を実施する際の中心的な役割を担います。

第4段階は「事業場外資源によるケア」です。メンタルヘルスケアに関して専門的な知識を有する各種の事業場外の資源による支援を活用します。

2．具体的進め方

この4つのケアを適切に実施するには、図16-2に示す4つの視点を並行して進めることが効果的とされています。その詳細は次の通りです。

（1）教育研修・情報提供

事業者は、前述の4つのケアが適切に実施されるよう、労働者、管理監督者、事業場内産業保健スタッフに対して、それぞれの職務に応じた教育研修や情報提供を行うことが必要です。

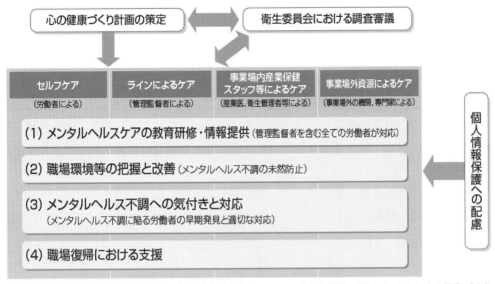

厚生労働省　独立行政法人労働者健康安全機構：「職場における心の健康づくり
～労働者の心の健康の保持増進のための指針～」（2020 年）より

図 16 － 2　メンタルヘルスケアの進め方

　たとえば、労働者には、①メンタルヘルスケアに関する事業場の方針、②ストレス及びメンタルヘルスケアに関する基礎知識、③セルフケアの重要性及び心の健康問題に対する正しい態度、④ストレスへの気付き方、⑤ストレスの予防、軽減及びストレスへの対処の方法、⑥自発的な相談の有用性、⑦事業場内の相談先及び事業場外資源に関する情報などです。

（2）職場環境等の把握と改善

　職場レイアウト、作業方法、コミュニケーション、職場組織の改善などを通じた職場環境等の改善は、メンタルヘルス不調の未然防止を図る観点から積極的に取り組むことが必要です。

　職場環境等を改善するには、まず、職場環境等を評価し、問題点を把握します。このため、管理監督者による日常の職場管理や労働者からの意見聴取、事業場内産業保健スタッフ等による「職業性ストレス簡易調査票」の実施などを通して、職場環境等の具体的な問題点を把握することが必要です。

　実際の改善では、職場環境のみならず勤務形態や職場組織の見直し等のさまざまな観点から改善することが必要です。たとえば、①管理監督者に対する改善の助言、②個々の労働者の長時間労働、疲労や心理的負荷、責任等が過度に生じないような配慮、③労働者の能力や適性及び職務内容に合わせた配慮などです。

（3）メンタルヘルス不調への気付きと対応

　メンタルヘルス不調に陥る労働者が発生した場合は、その早期発見と適切な対応を図ります。このため、事業者は、次の体制を整えることが必要です。

　第1に、労働者による自発的な相談とセルフチェックです。事業場の実態に応じて、労働者の相談に応じる体制を整備するとともに、事業場外の相談機関の活用を図るなど、労働者

が自ら相談を受けられるようにします。ストレスチェックの結果の通知を受けた労働者が相談しやすい環境を整えるとともに、ストレスの気付きに向けたセルフチェックをいつも行える機会を提供することが必要です。

第2に、管理監督者や事業場内産業保健スタッフ等による相談対応です。管理監督者は、日常的に労働者からの自発的な相談に対応するよう努めることが求められています。特に、長時間労働等で疲労の蓄積が認められる労働者に対しては、話をよく聴きながら適切な情報を提供し、必要に応じて事業場内産業保健スタッフ等や事業場外資源への相談や受診を促すことが必要です。

また、事業場内産業保健スタッフ等は、管理監督者と協力して、労働者自身の気付きを促すよう、保健指導や健康相談を行うとともに、必要に応じて事業場外の医療機関への相談や受診を促すようにします。

第3に、労働者の家族による気付きや支援です。家族に対して、ストレスやメンタルヘルスケアの基礎知識、事業場のメンタルヘルス相談窓口などの情報を提供します。

これらの対応の前提となるのは、早期に対応してメンタルヘルス不調を深刻化させないことです。メンタルヘルス不調になって十分に働けなくなる状況は、本人がつらさが増大するばかりか、職場にとっても大きな損失となります。また、ストレスが高じてうつ病などの疾病の発症に至ると、休職さらには自殺のリスクが高まることもあります。こうした深刻な事態となる前に、早期に気付いて専門家につなぐことが大切です。上司は、部下の「いつもとの違い」に注意を払って労働時間管理など職場の環境調整に留意します。また、必要に応じて、セルフチェックの実施を促して相談対応をしたり、問題があると感じた場合には、専門家へつなぐなどの適切な対応が必要です。

（4）職場復帰における支援

休業した労働者が円滑に職場復帰して、就業を継続できるようにするには、事業場内の「安全衛生委員会」等において調査審議して職場復帰支援プログラムの策定をするとともに、組織的かつ継続的な実施することが必要です。

職場復帰支援プログラムには、休業の開始から通常業務への復帰に至るまでの一連の標準的な流れを明らかにするとともに、それに対応する職場復帰支援の手順、内容及び関係者の役割等について明記することが必要です。

3．ストレスチェック制度の導入

労働安全衛生法に基づき、事業者は心理的な負担の程度を把握するための検査（ストレスチェック）を実施することが義務づけられています（労働者数50人未満は努力義務）。この制度は、自身でストレスへの気付きを促したり、ストレスの原因となる職場環境の改善につなげることで、労働者のメンタルヘルス不調を未然に防止（第一次予防）することを目的としています。

標準的な調査票である「職業性ストレス簡易調査票」は、①仕事のストレス要因（17項

目）、②心身のストレス反応（29項目）、③周囲のサポート状況（9項目）、④仕事と家庭生活の満足度（2項目）の4領域57項目で構成されています（下村、2005）。

　検査の結果は、直接本人に通知するとともに、本人から申し出があった場合には、医師による面接指導を実施することが事業者の義務となります。また、職場集団ごとに集計・分析した結果を踏まえて、職場環境の改善に役立てることは、第一次予防推進の重要な対策になります。

第3節　復職への支援

　メンタルヘルス不調に対する取り組みは、メンタルヘルス不調を未然に防ぐ「第一次予防」、メンタルヘルス不調の早期発見と治療等の適切な対応をする「第二次予防」、そして、休職した労働者の職場復帰支援を目指す「第三次予防」があります。これまで第一次予防と第二次予防について解説しましたが、ここでは、第三次予防としての復職支援について解説します。

1．職場復帰支援の流れ

　厚生労働省は、「職場復帰支援の手引き」を刊行して、実際の職場復帰に際して事業者が行う支援の内容を総合的に示したうえで、次の5つのステップで進める「職場復帰支援プログラム」を提唱しています（厚生労働省・労働者健康安全機構、2020）。

（1）第1ステップ

　病気休業開始及び休業中のケアをします。本人からの管理監督者への主治医による「病気休業診断書」の提出を受けて休業が始まります。管理監督者はそれを人事労務管理スタッフ等に連絡するとともに、必要な事務手続きや職場復帰支援の手順を説明します。

　また、病気休業期間に安心して療養に専念できるようにするため、本人に、①傷病手当金などの経済的な保障、②不安や悩みの相談先、③職場復帰支援サービスを担う機関・組織、④休業の最長保障期間などの情報を提供します。

（2）第2ステップ

　主治医による職場復帰可能の判断をします。本人から職場復帰の意思が伝えられると、職場復帰可能と記された主治医の診断書の提出が求められます。診断書には、就業上の配慮に関する意見もあわせて記入してもらいます。

　ですが、主治医は、日常生活の回復状況から職場復帰の可能性を判断していることが少なくありません。そのため、主治医には、職場での業務遂行に必要とされる能力の回復レベルに達している旨の診断内容（あるいは意見書）も提出してもらうようにします。また、産業医からも、業務遂行能力を精査して対応すべき課題について意見を求めることが重要になります。

（3）第3ステップ

　職場復帰の可否の判断及び職場復帰支援プランを作成します。安全で円滑に職場復帰が展

開されるように、職場復帰の可否について適切に判断したうえで、「職場復帰支援プラン」を作成します。

このプランの作成は、事業場内産業保健スタッフ等を中心に、管理監督者と休職中の本人とが連携しながら、次の手順で行います。

第1段階は、情報の収集と評価です。その内容として、①本人の職場復帰に対する意思の確認、②必要に応じて産業医等による主治医からの意見の収集、③本人の状態等の評価（治療の状況、病状の回復状況、業務遂行能力、今後の就業に対する考え、家族からの情報）、④職場環境等の評価（業務や職場との適合性、職場側による支援準備状況）、⑤職場復帰の阻害要因（治療上の課題、本人の行動特性、家族の支援状況）などがあります。

第2段階は、職場復帰の可否についての判断です。事業場内産業保健スタッフ等が中心となって判断します。

第3段階は、職場復帰支援プランの作成です。そこに掲載する内容として、①職場復帰日、②管理監督者が配慮する事項（業務支援の内容や方法、業務内容と業務量の段階的な提供、治療上必要な配慮）、③人事労務管理上での対応（配置転換や異動の必要性、勤務制度変更の可否や必要性）、④産業医等の医学的見地（安全配慮義務に関する助言、職場復帰支援に関する意見）、⑤フォローアップのあり方（管理監督者や産業保健スタッフ等によるフォローアップの方法、就業制限等の見直し、就業上の配慮や医学的観察が不要となる時期の見通し）、⑥その他（本人が責任をもって行うべき事項、試し出勤制度の利用、事業場外資源の利用）などについて明らかにしておくことが必要です。

（4）第4ステップ

最終的な職場復帰の決定をします。疾患の再燃・再発の有無等について最終的な確認をし、産業医等から職場復帰に関する意見書をもらいます。そのうえで、事業所は職場復帰の最終決定をくだして本人に通知します。

（5）第5ステップ

職場復帰後のフォローアップをします。職場復帰の可否についての判断は、多くの不確定な要素を含んだまま行うことも少なくありません。そのため、復帰後のフォローアップは非常に大切になります。職場復帰後は、管理監督者による直接的な観察と支援の他、事業場内産業保健スタッフ等も加わりながら、状況に応じて職場復帰支援プランの見直しを行います。

フォローアップで注意すべきことは、次のように数多くあります。

①疾患の再燃・再発や新しい問題の発生等の有無の確認です。発生した場合は、早期の気付きと迅速な対応が不可欠です。

②勤務状況と業務遂行能力の評価です。本人の意見と管理監督者からの意見も合わせて客観的な評価を行います。

③職場復帰支援プランの実施状況の確認です。計画通りに実施されているかを確認します。

④治療状況の確認です。通院の状況、病状や今後の見通しについて主治医の意見を本人から聴取します。

⑤職場復帰支援プランの評価と見直しです。計画した内容に問題が生じるようなら、関係者間で連携して計画の変更を検討します。

⑥職場環境等の改善です。本人がストレスを感じることの少ない職場づくりを目指して、作業環境・方法や、労働時間・人事労務管理など、職場環境等の評価と改善を検討します。

⑦管理監督者や同僚に対する配慮です。職場復帰する本人を受け入れる職場の管理監督者や同僚が、過度の負担を強いられることのないように配慮します。

2．リワークプログラム

　前述の「職場復帰支援プログラム」は厚生労働省が提唱するもので、事業所が中心になって実行しますが、その他にも、「リワーク（return to work の略語）プログラム」の名称で、地域の障害者職業センターと精神科医療機関でも実施されています。

（1）地域障害者職業センターのプログラム

　地域の障害者職業センターでは、精神障害をもつ人を対象に、主治医等の医療関係者と連携しながら、新規雇入れ、職場復帰、雇用継続に係るさまざまな支援ニーズを総合的に支援する事業（精神障害者総合雇用支援）を展開しています。これらは、①雇用促進支援、②職場復帰支援（リワーク支援）、③雇用継続支援、④精神障害者支援ネットワークの形成、など包括的に支援を行います。

　これらのうち、職場復帰支援（リワーク支援）は、障害者職業カウンセラーが、休職中の精神障害のある従業員とその雇用主、主治医の三者を調整しながら、職場への復帰と適応に向けた本人と雇用主への支援を目的とした、12 〜 16 週の復職支援プログラムです。

　障害のある従業員には、①生活リズムの構築と体調や気分の自己管理、②基礎体力・集中力・持続力等の向上、③ストレス対処法・対人スキル習得などを目的として、作業課題やグループミーティング、ストレス対処のための講習等を行います。また、企業には、①職場復帰に係る労働条件、職務内容の設定方法等に関する助言・援助、②職場の上司や同僚等に対して、対象者の病気の状況や職場復帰の留意事項などの理解に向けた助言・援助、③職場復帰後の対象者の状況把握の要点やそれらに対応するための雇用管理に関する助言・援助などを行います。

（2）医療機関のプログラム

　医療機関で行う復職支援に特化したプログラムです。再度の休職を予防することを最終目標として、医学的リハビリテーションの一環として実施します。働き続けるための病状の回復と安定を目指した治療であり、短くて数週間から長いと年単位でプログラムに参加するのですが、平均は 3 〜 7 か月ほどです。

　プログラムは、障害のある従業員に焦点を当て、オフィスワーク（個人作業）、グループワーク、ミーティング、心理教育、認知行動療法・SST（社会生活技能訓練）・アサーションなどの精神療法、軽いスポーツ、筋弛緩法などのリラクゼーション、作業療法、芸術療法な

どを行います。

３．留意すべき事項

　事業所による前述の「職場復帰支援プログラム」を実施する際には、管理監督者や事業所内産業保健スタッフは次のことに留意します（厚生労働省・労働者健康安全機構、2020）。

（１）プライバシーの保護

　労働者のメンタルヘルスに関する健康情報は、特に慎重な取り扱いが必要です。プライバシーの保護には、次の４つを遵守することが求められます。

　第１が、情報の収集と労働者の同意です。収集する健康情報の内容は必要最小限とし、本人の同意を得て本人を通して行うことが望まれます。これらを第三者に提供する場合も、原則として、本人の同意が必要です。

　第２が、情報の集約と整理です。健康情報の取り扱い者とその権限を明確にしておき、特定の部署で一元的に情報を管理し、業務上必要と判断される限りにおいて必要とする者に伝える体制が必要です。

　第３が、情報漏洩の防止です。健康情報の漏洩を防止する措置を厳重に講じるとともに、担当者のプライバシー保護に関する教育・研修が必要です。

　第４が、情報の取り扱いルールの策定です。一定のルールを策定して関係者に周知することが必要です。

（２）主治医との連携の仕方

　事前に、当該の労働者には説明して同意を得ておきます。また、主治医には、職場復帰支援に関する事業場の制度、労働者本人に求められている業務の状況について十分な説明をします。

　主治医との情報交換では、本人の職場復帰を支援する事業場側の立場を明確にしたうえで、職場で配慮すべき事項に焦点を当てて行います。

（３）職場復帰の可否の判断基準

　職場復帰の可否は、本人の業務遂行能力の回復の程度と職場の受け入れ制度や態勢とを組み合わせながら、総合的に判断します。

　その際の基準となるのは、①労働者の十分な意欲、②安全な通勤、③所定の勤務日や時間帯での勤務の継続、④業務に必要な作業の遂行、⑤疲労の十分な回復、⑥適切な睡眠覚醒リズム、⑦業務遂行に必要な注意力や集中力の回復などです。

（４）試し出勤制度

　正式な職場復帰の決定前に、試し出勤（リハビリ出勤）の社内制度があると、早い時期から職場復帰の試みを開始でき、早期の復帰に結びつけることが期待できます。試し出勤には、次のものがあります。

①模擬出勤です。通常の勤務時間と同じ時間帯に、デイケア等で模擬的な軽作業やグループミーティング等をしたり、図書館などで時間を過ごします。

②通勤訓練です。自宅から職場の近くまで通常の出勤経路で移動をして、職場付近で一定時間を過ごした後に帰宅します。

③試し出勤（リハビリ出勤）です。職場復帰の可否を判断するために、一定期間の継続的な出勤と勤務を試験的に行います。

（5）職場復帰後の就業上の配慮

職場復帰は、元の慣れた職場へ復帰することが原則となります。ただし、異動が誘因として発症したケースでは、配置転換や異動をした方が良い場合もあります。

復帰した直後は労働負荷を軽減し、本人の状況を継続的に観察しながら、段階的に元に戻していきます。労働負荷の軽減は、①短時間の勤務、②軽作業や定型業務への従事、③残業や深夜業務の禁止、④出張の制限、⑤交替勤務（シフト勤務）の制限、⑥危険作業・運転業務、高所作業、窓口業務、苦情処理業務などの禁止または免除、⑦フレックスタイム制度の制限または適用、⑧転勤への配慮などがあります。

第17章　組織内キャリア・復職・離転職・引退

　障害のある人の組織内キャリアの形成、復職や離転職とキャリア支援、そして最終的な雇用場面からの引退について解説します。

第1節　障害者の組織内キャリア

1．実態
（1）事業所の取り組み
　雇用事業所における一般従業員のキャリア形成（開発）の方法としては、①集合・個別教育や自己啓発の推進、配置転換などのように、従業員の職務遂行能力を育成していく「能力開発・成長促進活動」、②役割の増減や職務再設計などのように、担当職務を調整していく「職務・役割調整活動」、③相談体制の整備、外部との連携、柔軟な勤務体制構築などのように、能力開発や成長を促進するような支援・配慮をする「支援環境整備活動」があります（障害者職業総合センター、2004，2013）。

　これらを踏まえると、障害のある従業員に対する企業内キャリア形成の支援は、次のような特徴があります。

　第1に、この3つの活動はいずれも障害のある人の企業内キャリア形成に寄与しますが、障害の種類や受障の時期によって、活動の比重が異なります。

　第2に、「能力開発・成長促進活動」は最も重要で中心的な活動になっているのですが、「職務・役割調整活動」と「支援環境整備活動」は、障害の状況に応じて個別的な配慮が行われます。

　第3に、入社直後の配置転換や訓練機会を活用するには、「能力開発・成長促進活動」が効果的な方法とされます。

　第4に、外部の能力開発や相談・サービス機関よりも、組織内部の資源を活用して問題解決を図る傾向があります。

　第5に、障害のある従業員が「職務・役割調整活動」の一環として事業所内の部門間で配置転換させられる機会は多くはありません。

　第6に、他方で、配置転換は、能力や仕事の質を総合的に向上させるとする見方もあります。障害のある従業員自身も、多くの場合さまざまな困難な仕事に挑戦的に従事することは、キャリア形成に有用だと認識しています。

　第7に、障害のある従業員の企業内キャリア形成の主な課題の発生・内容は、就業時期で異なります。たとえば、①新規入職の場合には学校や福祉的就労から雇用への円滑な移行の

時点、②就業継続中の場合には転職や失業後の再就職の時点、③就職後に受障した場合にはキャリアの再構築、④高年齢期の場合には作業能力の低下と引退の過程、などです。

（2）障害の特徴と組織内キャリア支援

これらに加えて、障害のある従業員に対する企業内キャリア形成の支援の方向性は、障害の特性によっても異なります（障害者職業総合センター、2013）。

第1に、身体障害の場合です。胎生期や誕生直後に障害を被った生来性の障害かそれ以降の発達過程で受障した中途障害であるかを問わず、キャリアの指向性として、①職位の上昇に限ることなく、仕事の幅を広げる努力も含めた「拡大指向」と、②病状の安定を優先して、負担軽減のための降格も含めた「現状維持指向」に区分される傾向にあります。

いずれの場合も、「自分に合った治療法で」「主治医との良好な関係を保ち」「体調を気遣いながら継続できる仕事で」「休職後の復帰場所が確保されている」といった、病状の安定を第一に考えたうえでの仕事を志向しています。

第2に、知的障害や発達障害の場合です。就業年数の経過とともに職業生活上の困難は次第に減少していく傾向にあります。

ですが、人間関係や仕事に起因するストレスは軽減されないため、その調整が課題となります。また、長期に同じ仕事を割り当てられることによる「飽き」もストレスとなることがあります。

第3に、気分障害や高次脳機能障害などで就職後に発症した場合です。受障以前の作業能力や職場内の対応と比較して、受障後の状況とのギャップが大きく、落ち込む傾向にあります。

そのため、疾患・障害の安定化を前提として「障害による制約と仕事の間のバランス」を考えた働き方を選択する傾向にあります。

2．組織内キャリア形成の視点

こうした実態を踏まえながら、障害のある人の組織内キャリア形成に対する基本的な視点を検討します。

（1）外的キャリアの形成

キャリアの概念は「ライフキャリア」と「ワークキャリア」があります（第2章第4節）が、ワークキャリアは「組織の中にあって、ある一定期間の間に個人が経験する職務内容、役割、地位、身分などの変化の系列」を意味します。シャイン（Scbein）はこれを、人が経験した仕事の内容や業務、組織内での地位などを意味する「外的キャリア」と、職業生活における歩みや動きに対して自分なりの意味を付ける「内的キャリア」に区分しています（第4章第4節）。

この外的キャリアの形成戦略のひとつが、「キャリアコーン」（図4－4）で示される「職能・技能」「地位・階層」「部内化・中心化」の3軸からのキャリア開発です。

障害がない場合には、このうちの「地位・階層」軸からのキャリア形成が一般的ですが、

知的障害や精神障害のある人に対する「地位・階層」軸からのキャリア開発は非常に難しいかもしれません。また、事業所の雇用管理のあり方としても、現実的ではないかもしれません。それでも、働くことの意義（第1章第4節）を踏まえると、障害のある従業員であっても企業内キャリアに見通しのもてる雇用管理のあり方が求められます。

その場合、キャリアコーンのモデルに示唆される、「職能・技能」と「部内化・中心化」の2軸からキャリア開発を展開させ、それに対応した組織内の処遇を検討することが可能でしょう。

これは、前述の障害者職業総合センターの調査からも明らかです。事業所は、「職務・役割調整活動」として部門間の配置転換をすると総合的に能力や仕事の質が向上すると評価しており、また、障害のある従業員自身も多様で困難な仕事に挑戦的に従事することはキャリア形成に有用だと認識しているからです。さらに、知的障害や発達障害の場合には、配置転換は長期的に同じ仕事を割り当てられることによる「飽き」の解消につながります。いずれも、「職能・技能」の展開を軸としたキャリア開発とそれに対応した組織内の処遇が有用であることを示唆しています。

（2）初期・中期キャリアの開発

外的キャリアを形成するためのもう一つの戦略が、組織内社会化の過程を踏まえたキャリア開発です。シャイン（1991）は、就職後の組織内キャリア発達の段階は、「初期」「中期」「後期」「下降と離脱」「退職」の過程をたどるとしています。

このうち、初期キャリアは、移行における「適応期（職場適応期）」（第15章第3節）に相当します。この時期は、部下としての有能性を獲得するため、新たな環境に適応することが課題になり、組織の「圧力」に応えて「順応」していくことが必須となります。その戦略は、ミネソタ理論（第4章第6節）を踏まえると、次のようになります。

第1に、仕事上の役割遂行で要請される「職務要件」と、これに応じられる本人の「能力」との適合性を高めます。そのためには、①適切な職務との適合性の評価、②本人の能力に合わせた職務の改善、③治工具や機器の改善、④物理的環境と建築物内環境の改善、⑤能力向上訓練、⑥配置転換や給与や福利厚生面の処遇などを多面的に進めることが必要となります。

第2に、役割遂行によってもたらされる「報酬」と、それを志向する本人の「目標や欲求」との適合性を高めます。

そのためには、①稼ぎが生活向上に直結する体験の蓄積、②遊びや悩みを話せる友だちや仲間の存在、が意欲の育成や持続につながるようにします。さらに、人間関係の改善では、③職場単位での障害特性などの事前啓発、④上司との定期的な情報交換による具体的方策の検討、⑤個人やグループでの話し合いによる仕事を通じた人間関係の深化、⑥仕事以外の場面での話し合いや懇談の促進、などが必要となります。

他方で、中期キャリア期は、移行における「継続期（職場定着期）」（第15章第3節）に相当します。中堅社員としての仕事上の専門性と責任を担うことになり、下位水準の管理職への昇進、キャリア形成の可能性を見定めることになります。障害特性と直結した現実的な

制約が存在し、それに応じ、企業の管理システムや支援策が異なることがあるため、職業適応においては、それらを踏まえた個人としてのキャリア形成が中心的な課題となります。

（3）雇用継続の方策

こうした適応期から継続期にかけた移行において、障害のある従業員の職場適応能力を高めて雇用を継続させていくには、事業所は次のような支援（対策）が必要になります。これらは、一般的な人事労務管理（第15章第1節）を障害のある人に適用する際の要件にもなります。

第1は、人間関係の改善です。職場単位で、①障害特性等の事前啓発を行い、②上司と定期的な情報交換をして課題解決のための具体的な方策を検討し、③個人やグループでの話し合いによって、仕事を通じた人間関係を深化させ、④仕事以外の場面でも話し合いや懇談を促進すること、などが効果的です。

第2は、職場の安全管理です。①労働災害を取り除き、②安全管理のための責任体制を確立し、③作業環境と施設設備を改善して作業の安全化を図り、④社員教育を徹底させて、⑤非常事態に備えた対策を講じるなどです。

第3が、健康管理です。障害特性や医学的な制約を知り、それに即した健康管理の方法、休憩や早退、年次有給休暇等の取りやすい雰囲気作りをします。

第4が、労働時間管理です。障害を進行させないための配慮、障害特性に応じた勤務時間や交替制において勤務時間の制限をします。

第5が、賃金等の処遇です。最低賃金の保障、職務（作業）の評価に裏づけられた賃金を支給します。

第6が、教育訓練です。①長期的な人材育成の企画を立てて推進する、②障害者は障害のない人と同一の研修内容を希望していることに配慮する、③伝達と理解を促進する方法に配慮する、④ノウハウを全社的に蓄積して共有して水平的な活用をする、⑤障害のある人の特性に応じて個別的なOJTを行う、などが必要です。

第2節　復職・離転職とキャリア支援

1．職場復帰への支援

復職過程の全体的なあり方は、職業適応と復職モデル（第4章第6節）の「就職後障害者の復職支援（図4－5）」で詳細に示した通りです。そこでは、「個人の特性」「職場環境」そして「社会復帰システム」の3つの側面から復職過程を捉えることが必要であることを指摘しました。このうち、特に、「個人の特性」の回復に向けた支援について、ハーシェンソン（Hershenson, D. B）の理論（第4章第6節）を踏まえて、再考してみます。

個人の特性は、「特性と技能」「自己イメージ」「将来の目標」の3領域が不可分の関係にあります。就職後に受障した中途障害の影響は、職務遂行に直接的な影響を及ぼす「特性と技能」の低下ばかりでなく、仕事を通して確立してきた「自己イメージ」や「将来の目標」の

変更までも強要されることになります。

そのため、復職支援は、低下した「特性と技能」を回復や他の技能や方法でそれを代行するための機能の回復訓練に加えて、「自己イメージ」を再編成して自分への価値観や有用感を取り戻すとともに、実現が困難となった「将来の目標」に代わる新たな人生目標を再構築することにも向けられねばなりません。

たとえば、就職後にうつになって休職している人は、「ライフキャリアの虹（図４－１）」に示すように、「労働者（職業人）」以外のさまざまな役割が自分の人生にどのような意味があるかを見つめ直して、新たな「自己イメージ」とライフスタイルの「将来の目標」を再構築する絶好の機会として捉えることもできます。うつの発症と休職を悲観的に捉えるのではなくて、新たな人生を展開するための「転機」として肯定的に捉えるのです（松為、2004）。

この視点は同時に、シュロスバーグの「転機（トランジション）」論に相当します（第４章第４節）。支援者は、障害のある本人が自分のライフキャリアを見つめ直して、職業人の他にも実は多くの役割があることに気付かせることが必要です。そのうえで、自分の心の中で「何かが終わる」局面から「ニュートラルゾーン－過去や自己への探索」の過程を経て、新たな役割やその内容に応じた自己イメージと目標を再構築しながら、「何かが始まる」局面に展開していくように支援します。

２．離転職の要因

障害のある人が離転職をするリスクは、移行における「適応期（職場適応期）」と「継続期（職場定着期）」で異なります。

（１）適応期の離職

この時期における離転職のほとんどは、採用前段階（「準備期」）でのジョブマッチングあるいは定着支援のプランニングの失敗といえます（志賀、2006）。採用前の段階で誤った支援計画を立てると、どのような定着支援を行っても成果をあげるのは難しくなります。

そのため、採用時点で、次のことに留意したアセスメントが大切になります。

第１は、個人の希望と適職について確認することです。本人の希望が実際の職務や職場から要請される役割を遂行できるか否かの適合性をチェックします。前述（第15章第３節）したように、初期キャリアにおける「職務要件」と「能力」との適合性、及び「報酬」と「目標や欲求」との適合性、の両側面から行います。

第２に、採用前に職場体験実習などをどれだけ実施していたかを確認します。実習が未体験だったり不十分な場合には、職場で具体的に必要な支援を探ることが必要になります。

第３は、事業所の障害者雇用に向けた準備を見直します。障害者を受け入れる組織風土が醸成されているか、障害者の仕事内容や分量が明確になっているか、そのための職務の（再）設計や調整が行われているか、などを検討します。

第４は、障害者の雇用管理の仕方を見直します。複数の障害者を採用したとしても、一人一人の特性を踏まえた個別的な雇用管理をすることが不可欠になります。

また、障害者雇用の過程（第14章第3節）の図14－2に示したように、「障害者雇用モデル」の第Ⅰ層から第Ⅲ層の職種と「求人者類型」の第1群から第3群の障害のある人との適切なマッチングを図ることも重要です。適切なアセスメントによって、第Ⅰ層には第1群、第Ⅱ層には第2群、第Ⅲ層には第3群の障害のある人を配置するようにします。

（2）継続期の離職

この時期での離転職は、次に示すさまざまな背景が関わるため、予測が難しいとされます（志賀、2006）。

第1に、習熟や慣れによって問題が生じてきます。習熟した職務が増えるにつれてその好き嫌いがはっきりしてきて、いやな仕事の作業指示には拒否的な態度が目立ち始めます。また、職場での人間関係が広がるとともに、対人トラブルが増え始めたりもします。

第2に、職場の変化に適応できなくなってきます。事業所の閉鎖や組織再編に伴う転籍、職場の異動、業務内容の変更などの大きな変化や、直属上司や日常的に作業指示や指導の中心的な役割を担っていた職員の異動などが生じると、従来のように適応できなくなることがあります。職場の戦力として安定的な評価を受けている人であっても、それが周囲の人的あるいは物理的なナチュラルサポートで保持されている場合には、問題が表面化します。

第3に、生活環境の変化に適応できなくなることがあります。家庭や生活環境に変化があると、仕事の遂行に大きな影響を及ぼすことがあります。特に、生活支援の中核となっていた家族の入院や死去の影響は計り知れないほどです。

第4に、健康状態について問題が出てきます。自分の体調管理が積極的にできなかったり、不安定な健康状態に気付かなかったり、気付いてもそれを他者に訴えることが苦手（訴えない）だったりすると、急激に健康が悪化して周囲が混乱する場合もあります。

第5に、この他にも、事業所の閉鎖や業務縮小によって、離職せざるを得ない事態が生じるといったことも大きく影響を受けます。また、長時間拘束される仕事からの離脱、付加価値の高い業務や給与の高い職場への転職を希望して離職する場合もあります。

障害のある人の離転職は、こうしたさまざまな要因が関与します。そのため、離職でどのようなリスクが発生し、それに対してどのような具体的支援が必要かを明らかにするには、可能な限り丁寧な情報収集を続けることが必要です。絶え間ない継続的な情報の収集こそが、中長期的な定着支援の焦点になります。

3.　離職と再就職の支援

（1）離職に向けた支援

このように、障害のある従業員が離転職をする理由はさまざまですが、志賀（2006）は、その際の支援の仕方として、次のステップを提唱しています。

第1ステップは、意思の確認です。離職を確定するには、障害者本人、雇用主、家族等のすべての意思を確認して調整することが必要です。たとえば、障害者本人が退職を表明しても雇用主や家族の説得で簡単に取り消したり、反対に、本人が働き続けたいと主張しても勤

思が極端で継続雇用に向けた支援が適切とは考えられない場合も出てきます。そのため、関係者の意思を確認することは、離転職の支援における最も重要な過程となります。

第2ステップは、離職手続きの調整です。離職の意思が固まったら、詳細な手続きを調整します。退職の日付、退職願書の提出の有無、休職期間を設定するか契約期間満了の退職か、自己都合か事業所都合の解雇か、離職後の失業給付などの調整と確認をします。また、離職後は、ハローワークで再度の求職登録（離職票・雇用保険被保険者証提出など）が必要となる場合もあります。

第3ステップは、離職後の方針決定です。家族等の要望も加味しながら、障害のある本人が再就職を目指すのか否かを検討します。再就職を希望しない場合は、具体的な進路選択の方向性について決定し、希望する場合は、能力開発訓練施設の活用の必要性、求職活動の方法、経済的な状況などについての具体的な方針を決定していきます。

（2）離職後の方向性

離転職への支援では、離職後の進路への見通しを立てておくことが最も重要です。その方向として、次の4つがあります（志賀、2006b）が、どれを選択するにしても、離転職する本人、その生活を直接支える家族、就労支援の担当者の3者の意見調整が必要です。

第1の方向は、比較的短期間で再就職（おおむね3か月以内の再就職）する場合です。障害者本人のこれまでの就業の様子、再就職に対する希望の強さ、職業能力の高さ、地域の求人状況を踏まえながら、比較的短期間で再就職が可能と予想される場合、公共職業安定所（ハローワーク）や就労支援機関の支援を受けるようにします。

第2の方向は、能力開発訓練をしたうえで再就職（おおむね1年から1年半以内の再就職）する場合です。再就職を目指したプログラムを中心に運営されている就労移行支援事業や訓練機関など、再就職に至るまでの通い先を検討することが必要です。また、この期間中に、各種の障害福祉サービス機関と調整して、就業継続に向けた生活支援の体制を立て直す場合もでてきます。

第3の方向は、時間をおいて再就職（おおむね2年以上経過後の再就職）する場合です。本人自身は再就職を希望していなかったり、反社会的な行動などの特定の離職理由で当面の再就職が困難と思われる場合は、地域の障害福祉サービスを利用できるように支援します。また、医療的な支援体制も見直して定期的に情報交換しながら、再就職の機会を検討することになります。

第4の方向は、再就職が難しいと判断される場合です。一般雇用に代わって障害福祉サービスを活用して生活設計を検討します。働く場所を提供する「就労継続支援（A・B型）事業」から、生きがいと生活の安定を中心とした「地域活動支援センター」までさまざまな形態があります。

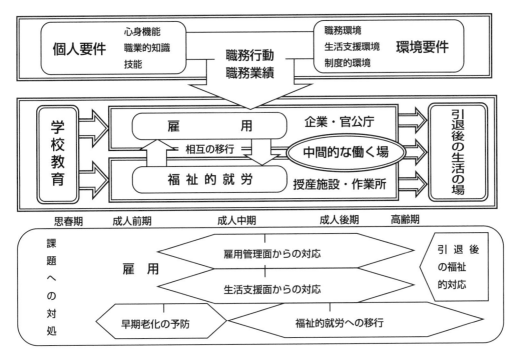

出典：障害者職業総合センター「知的障害者の加齢に伴う雇用・職業上の課題と対策」
（調査研究報告書 No. 44　2001）

図 17 － 1　加齢に伴う職務能力の低下への対応

第3節　働く場面からの引退

1．加齢への対応

（1）加齢問題

　採用した障害のある人の加齢に伴う課題は、企業関係者にとって見過ごすことのできない
課題ですが（松為、2001）、障害者雇用政策の展開とともに、最近では、次第に重要になって
きています。特に、知的障害の人の中には、加齢とともに障害のない同年代の人よりも早期
に職務成績が低下してしまう事例もあります。

　加齢に伴う雇用・職業上の課題とその対処の基本的な視点は、図 17 － 1のようにまとめ
られます（障害者職業総合センター、2001）。

　これは、①雇用場面での職務行動や職務成績は、個人要件と環境要件の相互作用によって
決定されること、②職業生活を踏まえた人生は、学校教育の過程を経て、雇用あるいは福祉
的就労の場に参入して継続的に仕事に従事した後、引退後の生活の場に入ること、③障害の
ある人の働く場は、雇用と福祉的就労という二重の場面が準備されていることを示していま
す。そのため、働く場面からの引退過程の支援では、雇用の場におけるさまざまな対処方法
に加えて、雇用と福祉的就労の場における双方向性のある移行が必要となります。

　この図では、知的障害の人の引退過程に伴う諸課題への対処は、①成人前期からの「早期

老化の予防」、②雇用後の職業生活を継続させるための「雇用管理面」と「生活支援面」からの対応、③柔軟な引退過程に導くための「福祉的就労への移行」を行うことが適切であることを示しています。

（2）早期老化の予防

　障害に伴う生得的な要因が体力低下と健康問題に作用し、それが、加齢とともに職務成績の低下として顕在化することがあります。それに対する予防として、成人期以前から、体力の向上に努めて、健康を自己管理できる能力を育成することが必要です。

　そのためには第1に、体力・健康への配慮があります。障害によっては症状の訴えが稚拙なために発見や対処が遅れる場合もあることから、家族や支援者は、日常的な観察を通した健康面の変化の徴候を読み取りながら、健康管理に気を配ることが必要になります。

　第2に、人生設計に対する支援があります。同年代の人に一般的な生活目標を踏まえながらも、障害のある個々人の状況に応じた生涯設計の立案とその達成に向けた継続的な支援が必要になります。

　第3に、初職では適切な職務配置を心がけます。仕事を通して獲得した特定の技能そのものは、加齢してもあまり減衰しません。それゆえ、初職の選択では、将来的に固有の技能を体得できる可能性のある仕事に配属することが望ましいといえます。

（3）雇用管理面からの対応

　雇用後の職業生活を維持するための雇用管理は、すでに第15章で記述した通りですが、図17-1に即して、改めて記述すると、次のことが重要です。

　第1に、能力の開発です。熟達した職業能力は加齢の影響を受けないで維持される傾向にあります。それゆえ、教育訓練は入職直後から若年時にかけて十分に行い、それ以降も、職務を遂行する中で練磨することが必要です。

　第2に、働く意欲の醸成と継続です。関心のある作業や難度の高い作業に配置替えをしたり、職場の上司や同僚、家族やその他の支援者による励ましや肯定などの心理的な支えが大切になります。

　第3に、配置転換や工程改善です。長期的な視点からは、①難易度の低い簡単な作業から高い作業へ、②単一工程から複数工程の作業へ、③判断不要な作業から判断を要する作業へと順次に配置替えをすることが望ましいといえます。これは、前述の「キャリアコーン」（第4章第4節）における「機能の移動」や「地位・中心性の移動」によるキャリア開発に相当します。

　また、加齢に伴って作業速度や精度の低下が観察された場合には、①負担やノルマが少ない作業への配置替え、②複数工程を小集団で担当する部署に配属、③相性の良いキーパーソンの配置、④機器改善や新規設備の導入による工程の自動化や単純化などを行います。

　第4に、健康管理です。定期的な健康診断や、家族・世話人・企業担当者などが協同して健康管理にあたるとともに、その支援体制を構築しておきます。

（4）生活支援面からの対応

　日常生活のあり方は、**第9章第2節**で示した通り、職務成績に直接的な影響を及ぼします。そのため、次のことが重要になります。

　第1に、生活自立に向けた訓練です。生活自立に向けた習慣を獲得するための教育や指導を、幼児期や学齢期に家庭や学校教育の場で行うことが必要です。

　第2に、継続的な生活支援です。日常生活の自立が不十分であってもそれに対処する継続的な支援があると、企業はその面での負担が軽減されて、教育訓練の焦点を職務遂行能力の向上と習熟に当てることができます。

　第3に、体力増進・健康管理・余暇活動の充実です。余暇活動などのさまざまなプログラムへの参加を促して、健康の増進に向けた支援をします。継続的な観察によりこれは、加齢に伴う変化や衰退の徴候や引退時期の見通しなどの手がかりを得る機会となります。

　第4に、家族による生活支援の限界が問題となります。親の高齢化や兄弟姉妹の独立などで本人への生活支援が衰退したり中断すると、それが職務業績に直接的に反映し、結果として、加齢による影響と誤解してしまうことがあります。そのため、家族のライフサイクルを踏まえながら、専門機関や施設に本人の生活支援を委ねる時期を検討することが必要です。

　第5に、専門機関や施設の活用があります。本人は、ニーズに応じた生活形態の選択と決定に対する支援を受けることで、職務内容の変更や退職などの環境変化への対処が容易になります。また、そうすることで親は高齢化とともに過重になる負担が軽減され、兄弟姉妹も自らの生活スタイルを確立しやすくなります。さらに、企業にとっても、障害者雇用の負担感の軽減と、入社後の早い時期から職務遂行面に焦点を当てた教育訓練が可能になります。また、福祉関係分野のネットワークを活用することで、退職後の新たな行き場も確保しやすくなります。

2．引退への支援

　図17－1の引退過程に伴う諸課題の最後が、柔軟な引退過程を導くための「福祉的就労への移行」です。

（1）引退過程への自覚と見極め

　企業からの退職は、働くことからの漸進的な引退の始まりですが、これはまた、新たな社会参加の始まりでもあると捉えることが大切です。ですから、その過程は性急に行うのではなくて、個人の自発的な決定に委ねられた漸進的な過程であることが望ましいといえます。

　第1に、退職準備に向けたカウンセリングが重要です。体力面の低下があったとしても、仕事に適応して自己の存在感や自負心をもっているうちは、その意思を尊重して雇用の継続を図ることが望ましいでしょう。他方で、職務遂行にかかる厳しい評価があればそれを本人に伝えて、現実的な理解を促すことも必要となります。

　他の企業への再就職や福祉的就労への移行を示唆する場合、職務遂行能力の低下や仕事がないことを理由にするのではなくて、仕事を通して社会参加を果たしてきた到達点からの方向転換であり、それまで継続してきた職業生活に自信と自尊心をもって新たな社会参加を始

める、といった理解を促すことが大切になります。

第2に、引退時期の見極めが重要です。暦年齢ではなくて、本人の状態像をもとに判断することが不可欠です。そのため、家族や支援者は、加齢による身体機能への影響を注意深く観察するとともに、自己否定的な評価や他者の拒絶的な行動などで職務の遂行能力が影響されやすいことも考慮しておきます。

第3に、引退に向けた企業や家族の準備が重要です。企業は、本人の職務遂行能力に限界がみられ始めた段階で、その事実を支援担当者に率直に話すことが必要です。それがあると、家族や支援者は、退職後の対処の方策を早い時期から準備することができます。特に、本人が雇用の継続に固執して、ストレス過剰やノイローゼ症状を呈しながら退職に至ることのないように配慮することが大切です。

（2）福祉的就労への移行

働く場面からの引退をソフトランディングさせる方法の1つに、企業退職の後で福祉的就労に移行して、現有の職務遂行能力に応じた働きをしながら漸進的に引退することが考えられます。そのためには、次のことが必要になります。

第1に、雇用から福祉的就労への円滑な移行体制を整えることが重要です。これによって、本人やその家族は、将来的な人生設計を考える際の見通しを立てることができます。就職しても離職を余儀なくされると次の行き場がないのでは？という不安が生じ、雇用の場に参入しようとする動機づけも縮小してしまうかもしれません。

第2に、福祉的就労での有用な人材となる可能性を追求していきます。企業に在職した実績と経験が強い自負心となって、自己を過小評価したり否定的になることも少ないはずです。特に、獲得された職業能力が福祉的就労で要求される水準を超えていると、福祉的就労の場面では十分に有能な人材となり得ます。

第3に、既存の就労継続支援（A型・B型）事業の活用があります。賃金・労働時間・仕事の責任などの面で事業所による差異はあるものの、企業での雇用に準じる働く場があると、ソフトランディングが比較的順調に進むでしょう。

3．ハッピーリタイアメント

障害のある人たちが仕事を継続して、職業生活での自己実現を図りながら社会人としての人生を送っていくための要件として、秦（2006）は次のことを指摘しています。

①障害がハンディとならない職域の選択

②能力に見合う仕事で、過度の負荷がなく、安定的に働き続けられる

③職場全体が健康管理に注意を払い、健全な職場の運営を心がけている

④必要な環境整備（ハード・ソフトの両面）を通して仕事のしやすさの追求

⑤可能な限り本人仕様にカスタマイズされた業務の提供

⑥変化する障害者の職業能力に合わせた新たな職域の準備

⑦職業能力に応じた処遇の見直しによる仕事と処遇のアンバランスの調整

⑧仕事環境は常に変わる可能性があることを踏まえた日頃からの準備

⑨障害者自身による日頃から自助努力

⑩障害者を支援する組織風土の醸成

　職業生活を送るにあたってこうした配慮があれば、障害を持ちながらも職業人としての役割を全うして「Well-Being」な人生とハッピーリタイアメントを迎えることも可能ではないかと思います。

第Ⅳ部
ネットワークと人材

第18章　支援ネットワーク
第19章　専門職人材の育成と倫理

第18章 支援ネットワーク

障害のある人が「働くことを含む地域生活」を確保して維持するには、個人側と環境側の
いずれの分野の支援であろうと、支援ネットワークの構築とそれを担う人材の育成は不可欠
です。そのため、第18章と19章では、これらに焦点を当てます。

ここでは、就業支援ネットワークの意義と要件とともに、「社会的支え」についても併せて
解説します。

第1節 ネットワークの意義と要件

1. 雇用就労支援に関わる社会的資源と人材

雇用就労支援に直接あるいは間接的に関わる社会資源には、次のものがあります（松為、
1999）。

第1に、直接的に雇用に向けた支援を担う地域の機関・組織です。地域障害者職業セン
ター、障害者職業能力開発校、発達障害者支援センター、難病相談支援センターがあります。
また、より身近な地域には、ハローワーク、障害者就業・生活支援センター、就業移行支援
事業所、特別支援学校（高等部）などがあります。

第2に、実際に障害者の雇用や働く場となっている事業所です。民間企業や官公庁の他に、
障害福祉サービス事業所である就労継続支援（A型・B型）事業所などです。

第3に、障害者福祉を担う組織・機関です。日中活動の場である地域活動支援センターの
他に、グループホーム、生活寮、地域生活支援センターなどが生活との関わりから就労に関
連する相談を担うこともあります。

第4に、医療分野の組織・機関や保健機関です。病院等の医療機関の相談室、リハビリテー
ションセンターなどに加えて、地域の保健所、精神保健福祉センターなども、就労に関連す
る相談を担うこともあります。

第5に、雇用や就労の支援を管轄する行政機関や団体です。都道府県労働局、地方自治体
の労働や福祉の部局や教育委員会などが、管轄下の機関・組織の就労支援を推進するよう指
示します。

第6に、その他にも、市民ボランティアや特定非営利活動法人（NPO）なども就労支援に
関わることがあります。

また、これらの施設・機関には、**表18－1**に示すように、就労支援を担うさまざまな人
材がおります。

表18－1　障害者の雇用就労支援を担う人材

1．ハローワーク：職業指導官／就職促進指導官／雇用指導官／障害者専門支援員／障害者職業生活相談員（障害者職業生活相談担当）／職業相談員（求人開拓担当＝求人開拓推進員）／精神障害者雇用サポーター／障害者就労支援コーディネーター／手話協力員
2．地域障害者職業センター：障害者職業カウンセラー／評価アシスタント／職場適応援助者（ジョブコーチ）（配置型）／リワークアシスタント
3．障害者就業・生活支援センター：就業支援担当者／主任就業支援担当者
4．障害者雇用支援センター：指導員
5．ジョブコーチ支援実施機関：職場適応援助者（ジョブコーチ）（訪問型）
6．就労移行支援事業所：サービス管理責任者／就労支援員／職業指導員
7．発達障害者支援センター：就労支援担当者
8．養護学校等：進路指導担当教員
9．企業：職場適応援助者（ジョブコーチ）（企業在籍型）／障害者職業生活相談員／業務遂行援助者／職場介助者

2．雇用就労支援ネットワークの重要性

　雇用就労支援ネットワークは、こうした人材を含めた多様な社会資源を取り込んで、「働くことを含む地域生活」の確保と維持を図ることが目的です。雇用就労支援のための社会資源や人材は、その量や質において地域格差が大きいのですが、それ等を踏まえながら、社会資源の効果的な役割分担とネットワークを構築することが大切です（松為、1999）。

　職業リハビリテーションの支援の流れはケースマネジメントに対応します（第3章第3節：図3－3）が、その質は、地域ネットワークの構築からもたらされる「地域力」に応じて異なります。両者は不可分の関係にあり、医療・教育・福祉・雇用等の各分野の連携による役割分担の下での長期的な支援を総合的に行うネットワークがあってこそ、ケースマネジメントが有効に機能します（松為、1989）。

　また、地域ネットワークは、雇用就労支援を受ける当事者と支援者の双方にさまざまな利益をもたらします。当事者にとっては、人生の各段階で適切な支援が受けられ、どの機関を利用しても必要な支援に結びつき、想定されるさまざまな問題に対する適切な支援が受けられます。支援者側にとっては、分野の異なる実務担当者の間で就業支援のイメージを共有して効果的な役割分担ができるとともに、支援を継続的につなげることも可能になります（厚生労働省、2007）。

3．雇用就労支援ネットワークの基本的要件

　雇用就労支援ネットワーク体制を構築するには、次のことが必要です（松為、1997）。

　第1に、ネットワークの目的や目標の共有化です。医療・教育・福祉・雇用等の各機関は、当然のことですが、その目的や価値観が異なります。それでも、雇用就労支援という目的に対しては共通の認識をもち、方向性を揃えて計画的に取り組むことが必要です。また、目標の進捗（しんちょく）や達成状況を相互に把握しながら、担当者が交代しても組織として継続的に支援する

ようにします。

　第2に、労働分野の専門機関や組織は、その必要性を医療・教育・福祉関係の専門家に積極的に働きかけることです。また、保護者に対しても、働くことの価値とそれに向けて準備すべき能力や知識に関して広報するとともに、自らの活動に関しても情報提供します。

　第3に、機関・組織は相互に情報共有するとともに、支援内容を調整します。支援の一貫性を保つには、障害のある人の個別支援計画を関係機関が共有するとともに、地域の実情に応じて役割を分担します。また、支援の各段階で中心的な役割を果たす機関とそれを支える機関についての全体的な調整もします。

　第4に、雇用就労支援の質を確保することです。支援機関はお互いに「顔の見える関係」を構築して、常に専門性を高めるための学習会などを継続的に開催することが望ましいでしょう。

　第5に、雇用就労支援ネットワークの参加者は、対等な関係であるとともに、交代もあり得ることを認識しておくことです。参加者は、自分の所属組織の階層的な地位とは異なり、対等な関係にあります。また、個別のニーズに応じて、参加者の構成が入れ替われる融通性のある体制が必要です。

　第6に、地方自治体の取り組みを促進することです。自立支援協議会の就労支援部会などで就労支援ネットワークを構築すると、地域の実情に応じて創意工夫によるきめ細かな施策を講じることが可能になります。

4．対人ネットワークの類型

　こうした社会的な連携によって課題解決をする支援体制は「社会的ネットワーク」（ソーシャル・ネットワーク）といわれ、図18－1のように分類できます（松為、2014）。

　ミクロ・ネットワークは、支援機関の実務担当者同士のネットワークです。この参加者は、実務を踏まえてネットワークの必要性を実感して参集した人たちです。そのため、ネットワークの意図が明確で共有しやすく、参加者が前向きで内容も充実しています。

　このミクロ・ネットワークが十分に機能するには、参加者の所属する機関や組織が連携してバックアップすることが望ましいでしょう。それがメゾ・ネットワークやマクロ・ネットワークを構築することの意義ともなります。

　メゾ・ネットワークは、ミクロ・ネットワークの実務担当者が所属する組織や機関、また、その管理者同士で構築されます。さらに、マクロ・ネットワークは、企業組織や経営者団体、当事者やその支援者団体、あるいは都道府県の行政組織などからなります。たとえば、ハローワーク主催の雇用連絡会議、地方自治体主催の保健福祉担当者の連絡会議、市町村の自立支援協議会などです。

　実際に支援する担当者から見ると、ミクロ・ネットワークは支援者レベルによる「ケースを通しての連携」、メゾ・ネットワークは機関の管理職レベルによる「継続的な機関連携」、マクロ・ネットワークは行政組織・支援団体による「政策形成に向けての連携」ということ

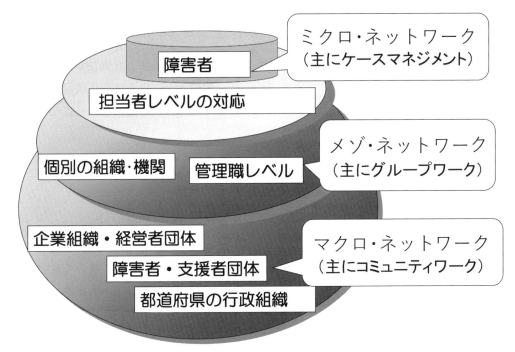

図 18 － 1　支援ネットワークの重層構造

になります（ジョブコーチネットワーク、2009）。

　この他に「ベーシックネットワーク」という分類の仕方もあります。これは、支援機関の関係者、事業主や従業員、障害者と家族、町内会や商店会などの地域住民やボランティアなどで構成される「市民ネットワーク」をいいます。一般の市民をも巻き込んだ多くの人々が結集して、障害のある人を含む社会的弱者と言われる人たちが地域で生活していくための支援ネットワークです。

第2節　ネットワークの構築と機能不全

1．基盤となる立ち位置

　雇用就労支援ネットワークを構築するための基盤として、次のことが必要です。

　第1に、障害のある人のニーズを明確にします。ネットワークに参加している機関や組織の担当者は、どこの機関・組織に対象者が来ようとも、そのニーズを明確にするための相談支援ができなければなりません。それによって、ネットワーク参加の機関や組織と担当者の構成が決まるからです。

　第2に、地域の社会資源を把握します。医療、教育、福祉、労働、関係団体などの多種多彩な社会資源の情報を収集するとともに、支援機関が関わっているさまざまな支援制度も把握し、その担当窓口を確認します。

　第3に、社会資源のアセスメントをします。把握した支援機関の機能の実際と活用できる

範囲について、訪問等によって確認します。また、その担当者と顔つなぎをして関係性を深めることも大切です。

第4に、参加者に対して自組織の効用と活動の限界を周知します。所属している施設や機関が得意とする（担当する）支援サービスについて、他のネットワーク関係機関に承知してもらいます。これを明確にすることで、ニーズに応じた関係機関の選択も容易になり、ネットワークの効力も発揮されます。

2．ネットワーク構築の手順
（1）ミクロ・ネットワーク

参加者の個人的な関係を中心としたミクロ・ネットワークは、勉強会や研究会を通して構築されることが一般的です。その手順は、次の通りです。

第1ステップは「意識の共有」です。ネットワークに参加する個人は、自分たちは同じ目的をもったチームに帰属しているという、心情的な共感が必要です。相手の組織の関心や自組織との共通点などを理解し、会食等を通して心の垣根を取り払いながら、お互いに連帯感を高めます。そうした、実際に顔をあわせての意思交換は、ネットワークへの帰属意識の高まりとともに、参加者が相互に影響し合うことになります。

第2ステップは「目標の共有」です。勉強会や研究会の参加を通して、ネットワークの目標や課題を共有していきます。組織が異なると、意識の違いや使用する用語の意味も微妙に異なることが少なくありません。そのため、参加者は、ネットワークの目標を基盤としながら、その役割、存在価値、向かうべき方向性を明確にして共有します。共通の目標や展望こそが、ネットワークの活動を推進していく原動力となります。

第3ステップは「情報の共有」です。勉強会や研究会を通してネットワークの目標達成に関わりの深い情報が取捨選択され、それが参加者やその所属する組織や機関に提供されていきます。ネットワークの目標が明確であるほど、共有すべき情報、他組織や機関における情報の有用性、自組織から提供できる情報などについて、有効な発信や受信が可能となります。

第4ステップは「知恵の共有」です。ネットワークを通して得られた情報や知識あるいは成果は、自組織の意識の変革に結びついて、組織の成長発展の原動力となります。と同時に、その過程で得られた成功事例やそのノウハウや技術は、あらたな情報としてネットワークに参画する他組織にも提供することが必要です。こうした成功（失敗）体験や知恵の共有は、ネットワーク内の組織間の新たな関係を生みだして、さらに力動的な関係をもたらします。

（2）メゾ・マクロネットワーク

実際の支援でミクロ・ネットワークの活用を継続していくうちに、次第に、個人的な対応だけでは解決できない問題が出てくることがあります。これに対応するには、参加者の所属する機関や組織自体が連携するメゾ・ネットワークや、さらにそれを拡大したマクロ・ネットワークが不可欠になります。これがあって初めて、実務担当者がストレスを感じることなく、より良い支援のあり方を追求できます。

　メゾ（マクロ）・ネットワークの構築に際しては、機関や組織にある固有の組織風土（組織文化）の違いを十分に認識したうえで、それを乗り越えていくことが大切です。そのための手順は、次の通りです。

　第1ステップは「構成機関の理解」です。医療、教育、福祉、労働、関係団体などの多種多彩な社会資源の情報を収集するとともに、支援機関が関わっているさまざまな支援制度も把握し、その担当窓口を確認します。また、社会資源のアセスメントも必要です。

　第2ステップは「共通認識の深化」です。用語や処遇の考え方は機関や組織によって異なることを前提に考えて、情報や意識を共有することに努力を傾注します。そのために、他の機関や組織からの説明には、その周辺状況も知った上で理解を深化させていきます。また、自己の機関や組織の活動や事業の説明でも、背景状況を含めて相手が充分に納得のいくように説明します。

　第3ステップは「効果的な活用」です。他の機関や組織の支援内容と現状を理解して、支援対象者のニーズに適合することを確認します。そのうえで、提供される支援を円滑に受け入れられるよう、支援対象者の準備を整えていきます。また、受け入れ予定の機関や組織に不適切な状況が生じた場合には、代替を準備します。

　第4ステップは「相互利用の強化」です。機関や組織が相互に利用したり、補完し合うような体制を構築していきます。これは、担当者の個人的関係から組織間の機能的な連携関係へ移行させることであり、「ネットワークからシステム」への転換を目指すことになります。

3．ネットワークのシステム化

　ネットワークが構築されて参加者の交流が生まれ、参加者同士の関係が密になってくると、ネットワークは担当者によるミクロレベルに留まらず、多機関協働のメゾレベルと並行して発展していきます。さらに、それが定着していくと、ネットワークは一定のシステムにまで発展します。地域の雇用・就業支援は、こうしたボトムアップ的な過程を経て、システムの構築に向かうことが必要です。**第3章第3節**で就労支援の過程をケースマネジメントに即して記述（**図3-4**）しましたが、その手順に対応したシステムとして、たとえば次の例があります（倉知、2012）。

　インテーク（初回面接）段階の支援は、ネットワーク参加のどの機関でも行います。アセスメント段階は、地域障害者職業センター、協力企業、就労移行支援事業所が引き受け、プランニング段階は、インテークを行った機関が中心となって行いますが、地域障害者職業センター、障害者就業・生活支援センターの協力を得ます。

　就業準備の段階では、就労移行支援事業所、地域障害者職業センター（職業準備支援）、協力企業、就労移行支援事業所が行います。職場開拓は、ハローワーク、地域障害者職業センター、障害者就業・生活支援センター、特別支援学校が協力して地域障害者就労支援チームを結成して実施します。

　さらに、就職後のフォローアップは、それまでに最も関わった機関が個別に行います。た

だし、ネットワーク主催による「働く障害者の会」を、ネットワーク参加者の持ち回りで定期的に開催します。

このように、地域の中で雇用就労支援の流れをわかりやすく形づくり、関係する機関や組織の協力を通して、個人でつくられるネットワークから、組織でつくられるシステムへと発展させていくことが重要になります。

４．機能不全と修復
（１）機能不全

せっかく構築したミクロあるいはメゾ・ネットワークが十分に機能しなかったり、中断してしまう場合もでてきます。その理由として、次のことが考えられます（松為、1999）。

第1に、ネットワークの参加者が、基本的に対等かつ平等な関係にあるという意識が欠落して、所属する組織や職種の地位や階層性をネットワーク運営に持ち込んでしまう場合です。

第2に、ネットワーク構築の目的が明確でないために、組織や担当者の間で交わされる情報の質や内容に齟齬を生じ、次第に期待する情報に出会わなくなってしまう場合です。

第3に、ネットワークの参加者が、自組織への利害関係に固執して組織防衛的な発想を出してしまい、創造的な問題解決を進める場として機能しなくなる場合です。

第4に、ネットワークに参加する組織や機関が、それ以前から地域で独自の活動を展開しているため、新規のネットワーク構築への動機づけが乏しくなってしまう場合です。

この他にも、たとえば、ネットワークの規模が小さい、所属組織のネットワークに対する方針が不明確、組織の専門職に対する理解や認識の低さなどがあるとネットワークの機能は縮小していきます。

こうしたネットワークの機能不全を予防してそれを維持するには、組織や機関の管理者は、次のことを理解することが必要でしょう。

第1に、支援ネットワークに自組織の実務担当者を参加させることで、他の組織や機関の実務担当者の新しい考え方や見方が導入できます。

第2に、そのことを通して、他の組織や機関との間で支援の連続性を保つように、自組織の活動や事業を見直す契機となります。

第3に、自組織の内部資源と外部の社会資源を組み合わせることで、自らの組織を改革していく契機となります。

組織や機関の管理者は、ネットワークに参加する他組織や機関と自組織とのつなぎ役です。その役割は、単なる連絡役ではなく、ネットワークの目標を自組織の目標に落とし込み、他組織の情報や事例を自組織に馴染みのある言葉に変換し、自組織内で活用できるようにすることにあります。

（２）修復

ミクロあるいはメゾ・ネットワークが機能不全に陥ってしまった場合、次のような修復の方法が考えられます（松為、1999）。

266

　第 1 に、異なる機関や組織の活動内容を相互に組み合わせることで、ネットワークは新しい価値を創造していきます。そのため、お互いの組織の長所を重ね合わせるという積極的な考え方を浸透させていくことが必要です。

　第 2 に、ネットワークから受ける情報は、個々の組織や機関のネットワークへの関わり方そのものを変えていきます。そのため、継続的に参加することは、組織自体が現状を踏まえて変化し続けるために必要です。

　第 3 に、ネットワークの中核となる人材は、ミクロ・ネットワークを構成する業務を実際に担当する個人であることを再認識することが必要です。その人たちのネットワークに対する考え方や価値観が、実際の活動に反映されるようにします。

5．他職種の専門家とのつきあい方

　ネットワークに参加するさまざまな分野の専門家と連携し協働していくには、次のことに注意します（松為、1999）。

　第 1 に、専門家としての立ち位置に違いがあることを前提とします。職種や機関が異なると、専門家の考え方や技術も当然異なります。自分とは異なる発想や価値観を知る上でも、相互理解に向けたコミュニケーションが必要です。

　第 2 に、相手の得意分野を知ることです。異なる職種の専門家の得意な領域や技術を知っておくと、連携が有用かどうかを判断しやすくなります。

　第 3 に、相手の苦手な領域についても知ることです。それによって過剰な期待を抱くことがなくなり、無駄な失望や怒りを避けることができます。

　第 4 に、制度や相手機関の限界を知ることです。法令で規定されている専門職や機関の場合には、職務の遂行に限界があるものです。そのため、相手の立場を理解した上で、期待できない部分については別の手段を考えることが現実的です。

　第 5 に、実質的な有効性について配慮します。ネットワーク会議の参加者は、所属組織の肩書き等で形式的に決めるのではなく、その目的に応じて個別に選定します。職種や機関、組織の選定に際しても、参加者個人の能力を丁寧に見極めることが大切です。

　第 6 に、自組織や機関の広報活動を積極的に行います。自組織の機能や限界を周知することで、不足部分は他組織や機関からの支援を受け、結果として効果的な連携を図ることができます。

第 3 節　社会的支え

1．意味と構造

（1）社会的支えの意味

　ネットワークの視点をさらに普遍化すると、「社会的支え」に至ります。これは、社会学の定義では、一般的に「情緒的な側面、是認の側面、具体的援助などの要素をひとつでも含む

個人間の交流」とされます。

　この場合の「情緒的な交流」とは、相手に対して、好意、賞賛、敬意、愛情などの感情的な表現を示すことをいいます。また、「是認の交流」は、相手の言葉や行動を肯定的に捉えていることを言葉や態度で表明することです。さらに、「具体的援助」面での交流は、物や金銭、あるいは情報や時間などの、具体的で直接的な援助を他の人に提供することをいいます（松為、1995）。

　ですから、「社会的支え」は、第4章第1節の「ライフキャリアの虹」（図4-1）で示した、生涯を通して出会うさまざまな役割からの期待や要求に応えながら、幸福感のある人間関係を維持するのに不可欠なものです。

（2）社会的支えの構造

　こうした、人生の全体を通して存在し、成長とともに、その支えの中味が変化していく「社会的支え」としての人的ネットワークの特徴を理解するうえで有効なのが、「コンボイ（護衛隊）」という考え方です（東・柏木・高橋、1993）。これは、軍事用語ですが、中心となる艦船を囲んで護送する様子をいいます。これをヒントに、障害のある人を中心に、それを支えるさまざまな人たちを多重円として配置したのが、図18-2です（松為、1999）。

　このモデルでは、人的なネットワークを構成する人たちを、本人を中心に3重の同心円の中に分類してあります。どの位置にあるかは、社会的支えの関わり方の程度に応じて異なっています。

　外円にある人は、その社会的な役割に従って本人と交流をする人々です。ですから、面接の場面や仕事上の付き合いに限定され、時間的にも空間的にもごく限られた関係に留まって

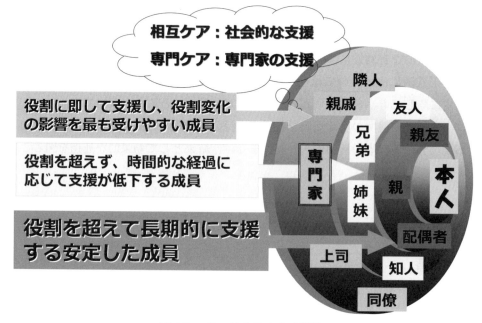

図18-2　社会的支えの構造

しまいます。本人に対する役割が変われば、交流はすぐに途絶えてしまいますから、親密さの程度は低くなります。

　中円にある人は、そうした役割だけに限定される交流よりも、もう少し親密な交流がある場合です。お互いの交流や情報交換をする機会や場所が多くなり、交流の内容に深まりが生まれます。ですが、長い時間の経過のうちには、交流も途絶えて関係が維持されなくなってしまいます。

　これらに対して、内円にある人は、役割に基づいた関係を超えて、人生の長い期間にわたって安定した交流が維持されていく人々です。地理的に近いとか接触する回数や時間が多いといったことに関わりなく、きわめて親密な関係にあります。本人は、自分を支えてくれる大切な人として高い価値を置き、心の支えとなっている人です。

　こうした、人的なネットワークの構造は、障害のある人たちに限られたものではありません。私たち一人一人が、その人生の全体を通して、こうした支えの構造を持っているはずです。

（3）社会的支えの成員と機能

　障害のある人たちの「コンボイ」を構成する人は、さまざまです。具体的には、①身内としての親や配偶者、兄弟姉妹や親族、②生活する場面に応じて支援する施設職員や生活支援ワーカー、③地域社会にいる友人や隣人、④教育機関にいる教職員や指導員、⑤就労する場所で出会う上司や同僚あるいは授産施設や作業所の職員、⑥支援機関で社会福祉や医療や職業関係のサービスを提供してくれる職員、などです。

　これらの人々は、本人の人生の歩みとともにコンボイの構成員に加わることもあれば、途中で抜け出てしまうこともあります。また、多重の同心円の中で位置が変化して、外円から中円や内円に移動したり、その反対の方向に移ってしまうこともあります。

　また、内円にある人は、本人のさまざまな要求に応じながらも、特に、「情緒的な交流」や「是認の交流」が最も多くなります。ここに含まれる人が多いほど、本人は人生の危機的な移行の時をうまく切り抜けることができると考えられます。

2．社会的支えの育成と衰退

　このように、人的なネットワークによる「社会的支え」は、職業的な自立に限らず、生涯にわたって必要です。それを育成するには、次のことがあります（松為、1999）。

　第1に、人的なネットワークの重要性を理解して、育成し、崩壊への予防を、コンボイを構成するすべての人たちが共通認識することです。特に専門家は、これに積極的に関与することが必要です。

　第2に、人的なネットワークの構成員を把握します。これは、本人のニーズを満たすための適切な人材が、コンボイに含まれているかを知ることです。特に、非専門家による支援の関わり方を理解するうえで重要です。

　第3に、家族に対する支援の重要性を再認識します。家族は、障害のある人にとっては、

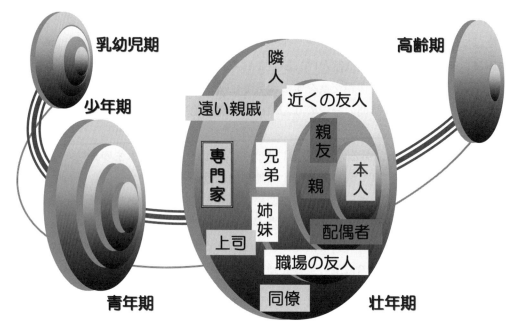

図18－3　変化する社会的支えの構造

発症以来の最大の擁護者であるとともに、一貫して「コンボイ」の内円を構成する強力な構成員です。それゆえ、専門家は、本人に対する直接的な援助とともに、家族に対してもさまざまな支援が必要です。家族を支援することは、間接的に本人を支えることになるからです。

　障害のある人の誕生とともに生成された「コンボイ」は、発育の過程を通して次第に強化されていくのですが、やがては衰退していきます。図18－3はその過程を示しました。

　支援を受ける当事者の誕生と生育の過程で、コンボイの構成員は、家族や療育関係者に加えて友人・教師・近隣と増大していきます。就職すれば仕事関係の人たちも加わっていきます。家族のように最初からコンボイの内円の構成員である場合は別にして、外円にいた何人かは中円に取り込まれ、やがては内円を構成する人も出てきます。

　ですが、年齢を重ねるにつれて、内円の人たちは消滅していきます。この人たちの代わりはなかなか出ませんが、外円には医療・福祉関係の専門家が依然として存在します。そのため、人的支援ネットワークの「空洞化（ドーナツ化）」が起こることになります。障害が原因で仕事に就けなかったり結婚相手がみつからないといった状況になると、コンボイの内円の人材は早々に枯渇してしまい、人的支援ネットワークの空洞化は早まります。

　これを予防するには、早い時期から、内円に位置する構成員をたくさん抱えられるように支援することです。そのためには、青年学級や地域社会との交流の場の開催などのさまざまなプログラムを通して、仲間作りの機会を増やすような支援も大切になります。

第19章　専門職人材の育成と倫理

　障害のある人の「働くことを含む地域生活」を支える主な専門職人材と育成カリキュラムについて解説します。また、それらに共通する行動規範や資質、そして倫理規範もあわせて解説します。

第1節　雇用就労支援専門職の育成

1．雇用就労支援の専門職

　近年では高度な専門知識が必要となる仕事については、国家資格が定められなくても専門職と呼称することも多くあります。ここでは、第18章第1節で示した障害者の雇用就労支援を担う人材（表18－1）の主な専門職種について、その概要と育成カリキュラムを解説します（松為、2009．2013）。なお、障害者職業カウンセラー以外の詳細は、高齢・障害・求職者雇用支援機構のホームページ（2020）に掲載されています。

（1）障害者職業カウンセラー

　地域障害者職業センターに配属されている専門職です。その業務は、①障害者の職業評価（職業リハビリテーション計画の策定）、②職業指導（職業リハビリテーションカウンセリング）、③職業準備支援やOA講習（職業準備訓練・職業講習）、④障害者及び事業主への支援（職場適応や職場復帰支援も含む）、⑤事業主に対する障害者の雇用管理についての助言や援助、⑥職場適応援助者の養成と研修、⑦知的障害者及び重度知的障害者の判定、などがあります。また、これらに付随した、関係機関との連絡・調整や専門的職業リハビリテーション技法の提供、職業リハビリテーションに関する情報の収集と提供、ケース会議の運営などがあります。

　障害者職業カウンセラーは、1987（昭和62）年に改正された「障害者の雇用の促進等に関する法律」第24条に明記された、厚生労働大臣が指定する試験に合格して指定の認定講習の修了者に認定されることから、我が国における障害者の雇用支援に関わる名称独占の唯一の専門職です。

　指定講習は、新規採用者を対象に1年間実施され、①カウンセラー業務に必要な基礎知識の修得を行う「前期合同講習」（1か月間）、②地域障害者職業センターでの実務訓練を行う「実地講習」（9か月間）、③実地講習で習得した知識や技術及び経験を踏まえて実践的スキルの修得を図る「後期合同講習」（2か月間）で編成されます。修了試験を経て正式に障害者職業カウンセラーとして任命されます。

　任命後も系統的な研修を通して、カウンセラーとしてのキャリア形成に向けた支援が行わ

れます。

その内容は、①実務経験2～3年を目途に、業務全般のスキルアップを目指した「OJT研修」、②3～4年を目途に、多様な事例の相談・評価への対応、職業準備支援やジョブコーチ支援の運営、事業主支援の業務などの実践力を養成する「フォローアップ研修」、③5年を目途に、地域障害者職業センターのすべての事業の担当、困難性の高い障害者の支援、嘱託職員への指導やマネジメント、個別案件の交渉・提案・調整、研修講師などの実践力を養成する「専門第二期研修」、④8～9年を目途に、困難性の高い事例への対応、組織内での人材育成・業務改善・企画立案、地域の就労支援関係機関への助言と技術の伝達、企業の障害者雇用計画の作成、関係機関・事業主等との調整などの実践力を養成する「専門第三期研修」などです。さらに、これらの研修と並行して、「課題別研修」として発達障害者や精神障害者などの特定の支援対象者への対応や技術についても習得することとしています。

初期の指定講習カリキュラムは、リハビリテーションカウンセラー認定委員会やRubin & Roessler（2001）などの、米国の職業リハビリテーションカウンセラー養成カリキュラムを参考に編成されました。その後は、①就職を希望する精神障害や発達障害の人の相談や支援の増加、②障害者雇用率適用による民間企業の障害者雇用の拡大、③障害者差別の禁止や合理的配慮の提供義務等の法改正などを背景として、改定が重ねられてきています。

（2）職場適応援助者

職場適応援助者（ジョブコーチ）は、障害のある人が職場に適応できるよう、障害者職業カウンセラーの策定した支援計画に基づいて支援を行います。新たな就職に際してだけでなく雇用後の職場適応支援も行うため、障害のある人ばかりでなく、事業主や職場の従業員に対しても必要な助言を行い、必要に応じて職務の再設計や職場環境の改善を提案します。

2002（平成14）年の「障害者の雇用の促進等に関する法律」の改正を契機として、現在の、地域障害者職業センターに所属の「配置型」、福祉施設等所属の「訪問型」、企業所属の「企業在籍型」の3類型が確定しました。

これらの養成カリキュラムは、高齢・障害・求職者雇用支援機構または厚生労働大臣が定める研修を行う民間の研修機関で実施され、講義・演習・実習を6～9日間程度で行います。内容は、訪問型と企業在籍型では受講者が異なることを踏まえながらも、共通部分が多くあります。

訪問型では、障害者の就労支援を行う社会福祉法人等に雇用されて障害者の就労支援に係る1年以上の業務経験者が受講の対象となります。福祉施設職員が多いことから、研修プログラムには、企業現場の雇用管理に関する基礎知識、当該事業所の状況や制度を正確に理解して対象者に応じた雇用管理の在り方を企業と調整・相談できることが求められます。

企業在籍型では、障害者を雇用している（したい）事業所で、障害者の雇用管理等に関する業務を担当（予定）の人が受講の対象となります。企業従業員のため、自らの事業所内で障害者のための職場適応援助を行えるように、障害の特性を理解してそれに応じた職務とのマッチングを図り、新たな職務の切り出しなどを担うことが期待されています。

　また、これらの養成研修を修了された人を対象として、①1年以上の実務経験のある方を対象に、ジョブコーチとしての支援スキルを向上させる「支援スキル向上研修」や、②実践ノウハウの習得のために、養成研修修了者及び支援スキル向上研修修了者に対する「サポート研修」が、全国の地域障害者職業センター・障害者職業総合センターで実施されています。これらは段階的な研修体系になっており、職場適応援助者が継続的に学ぶ機会が提供されています。

（3）障害者就業・生活支援センター職員

　同センターには、就業支援担当者と生活支援担当者が配置されています。

　就業支援担当者は、障害者の身近な地域において、関係機関と連携し、相談から就職準備、職場定着に至るまで、個々の障害者に必要な就業支援及び職業生活に付随する生活支援をプランニング・コーディネートします。このうち、就業支援では、一般就労を希望する障害者へのアセスメント、個別の支援計画の策定、必要な支援の斡旋、就職活動・職場定着支援、事業主に対する雇用管理に関する助言、地域における就労支援のコーディネートをします。また、職場定着支援では、企業等の第一次的な相談対応、職場定着が困難な事例における支援の実施、地域のジョブコーチ等への助言をします。

　生活支援担当者は、障害者の家庭等や職場を訪問すること等により、支援対象の障害者の生活上の相談等に応じるなど、雇用とこれに伴う日常生活または社会生活に必要な支援を行います。生活面を中心とする指導や助言では生活習慣の形成や日常生活の自己管理、住居の確保や年金等の申請など地域生活を行う上で必要なこと、生活設計に関すること、関係機関との連絡調整などを行います。

　資格要件は、就業支援担当者と生活支援担当者のいずれも、特にありません。また、研修は障害者職業総合センターで行われ、次のような段階的な方式となっています。

　第1ステップの「担当者研修」は、障害特性や事業主支援、地域ネットワークの形成などの業務に必要な知識及び技術の習得を目的に、標準講座（3日間）と支援ツールの活用法を学ぶ選択講座（半日・希望者のみ）から構成されています。

　第2ステップの「スキル向上研修」は、一定程度の経験を有する就業支援担当者のスキル向上を目的に、集合研修（前期・後期）と所属施設での取り組み（実践期）を通じて、自らの支援の現状を振り返り、実践場面での課題解決に活かすよう構成されています。

　第3ステップの「主任職業支援担当者研修」は、センターの業務運営や職員のスーパーバイズなどに必要な知識及び技術の習得を目的に、標準講座（2.5日間）と就業支援の基礎を学ぶ選択基礎講座（半日・希望者のみ）から構成されています。

（4）障害福祉サービス事業所の職員

　就労継続支援A型・B型事業、就労移行支援事業、就労定着支援事業などを実施する障害福祉サービス事業所には、就労定着支援員、就労支援員、職業指導員、生活支援員、サービス管理責任者などの職員が配置されています。

　①就労定着支援員は、就労定着支援事業所の利用者に対し、就労定着を図るために、企業、

関係機関等との連絡調整、就労に伴う環境変化により生じた生活面や就業面の問題解決等を支援します。そのため、企業や関係機関等との連絡調整や連携、雇用に伴い生じる日常生活または社会生活を営む上での各般の問題に関する相談や指導及び助言などを行います。

②就労支援員は、就労移行支援事業所の利用者に対し、作業訓練や職場実習等を通じて、雇用に必要な知識の習得及び能力の向上を行うとともに、求職活動の援助を行い、雇用の場に送り出します。そのため、職業準備性や作業遂行能力の把握、ハローワークへの求職登録等求職活動支援、職場実習の受け入れ先の確保、関係機関と連携した職場開拓、職場定着などの支援を行います。また、関係機関との連携も不可欠です。

③職業指導員は、生産活動の管理や作業場面での指導、雇用に向けた就職活動支援など、障害者の就労能力の向上を支援します。そのため、利用者の賃金や工賃の向上に向けた生産活動の運営と管理、就労能力の向上のための各種訓練、実習や求職活動の支援等、職場への定着のための支援をします。

④生活支援員は、事業所内外の障害者の日常生活の状況を把握し、日常生活管理や体調管理など生活面全般を支援します。そのため、利用者の日常生活管理と体調管理に係る助言や指導、利用者の安定的な通所等に必要な家族や関係機関との連絡調整をします。

⑤サービス管理責任者は、障害福祉サービスを提供する事業所の利用者に対し、利用者の状況にあわせて、個別支援計画を策定し、利用者に合ったサービスを提供できるようにします。また、サービスを管理する立場として、関係機関と必要な連絡調整を行うとともに、スタッフへの指導や助言も行います。そのため、個別の利用者に対する支援の過程（アセスメント、個別支援計画案の作成とその会議、計画の策定と実施のモニタリングなど）を管理し、スタッフへの指導と助言や関係機関との連携を行います。

就労定着支援員、就労支援員、職業指導員、生活支援員のいずれも資格要件はありません。これらの職員の研修は高齢・障害・求職者雇用支援機構で、次のような段階で行われています。

第1ステップの「基礎研修」は、就業支援の基礎となる知識やスキルの習得を図るため、就業支援のプロセス、障害特性と職業的課題、障害者雇用支援施策、ケーススタディなどを行います。

第2ステップの「実践研修」は、2年以上の実務経験を有する就業支援担当者に対して、障害別（精神障害、発達障害、高次脳機能障害）の就業支援に係る実践力の修得を図るための研修です。

第3ステップの「スキル向上研修」は、3年程度以上の実務経験を有する就業支援担当者に対して、障害者職業総合センターの研究や実践の成果を踏まえた就業支援技術のさらなる向上や、障害者の就業支援に必要なヒューマンスキルの向上等を図るための研修です。障害特性を踏まえた対象者との協同的な関係を築くスキルの講義と演習、職業リハビリテーションに関する調査・研究の最新情報の提供などの他に、障害（精神障害、発達障害、高次脳機能障害）特性に応じた職業準備性の向上や職場定着のための支援技法の講義や演習とグルー

プ討議が行われます。

　第4ステップの「課題別セミナー」は、職業リハビリテーションの新たな課題やニーズに対応した知識・技術等の向上を図るための研修です。たとえば、事業主支援がテーマの場合には、精神障害者や発達障害者の職務創出、キャリアアップの支援、合理的配慮事例に学ぶ支援、事業所との相談の進め方、企業内雇用管理の課題と取り組みなどを行います。

　他方で、サービス管理責任者になるには、研修受講と3～8年の告示に示す実務経験を有することが要件となっています。研修は都道府県で実施されます。基礎研修は、1～6年以上の実務経験のある人が対象です。実践研修は、基礎研修を修了後に2年以上の実務経験のある人が対象です。また、業務に従事している人は更新研修を5年間ごとに1回の受講が必要とされています。この他にも、基礎研修の修了者を対象に専門コース別の研修も行われています。

（5）セミナーや研究会等

　これらの研修に加えて、医療・保健・教育・福祉等の関係機関の職員を対象に、高齢・障害・求職者雇用支援機構では、次のようなセミナーや研究会が行われています。

　第1に「職業リハビリテーション実践セミナー」です。就労支援の経験が少ない人を対象に、職業リハビリテーションに関する基礎的理論、情報、技法を提供する初心者向けプログラムです。

　第2に「障害者就業支援基礎講座」です。就労支援の知識や経験の少ない人を対象に、中級程度の職業リハビリテーションに関する知識や情報を提供します。

　第3に「地域職業リハビリテーション推進フォーラム」です。職業リハビリテーションネットワークに関わる医療・保健・教育・福祉等の関係機関の職員や事業所の関係者を対象に、地域の職業リハビリテーションのネットワークの維持と発展のための情報を共有します。

　第4に「職業リハビリテーション研究・実践発表会」です。職業リハビリテーション機関をはじめ、企業・労働行政・医療・保健・福祉・教育等の関係機関の職員等を対象に、職業リハビリテーションの調査研究の成果、就労支援に関する実践等の周知と紹介、そして参加者相互の意見交換と経験交流を行います。

2．人材育成のあり方

　職場適応援助者や就労支援担当者（障害者就業・生活支援センターの担当者を含む）の研修カリキュラムは、厚生労働省（2009）の「障害者の一般就労を支える人材の育成のあり方に関する研究会報告書」をもとに順次、整えられてきました。

（1）知識・技能の階層構造

　同報告書は、障害のある人の雇用を支える専門職が支援サービスを提供するには、図19－1の3層構造からなる知識・技術が不可欠であるとします。

　第1層は「基盤となる知識・スキル」です。対人支援者としての基本的な心構えや態度、カウンセリングやコミュニケーション、アセスメントなどに関わるスキルなどで構成されま

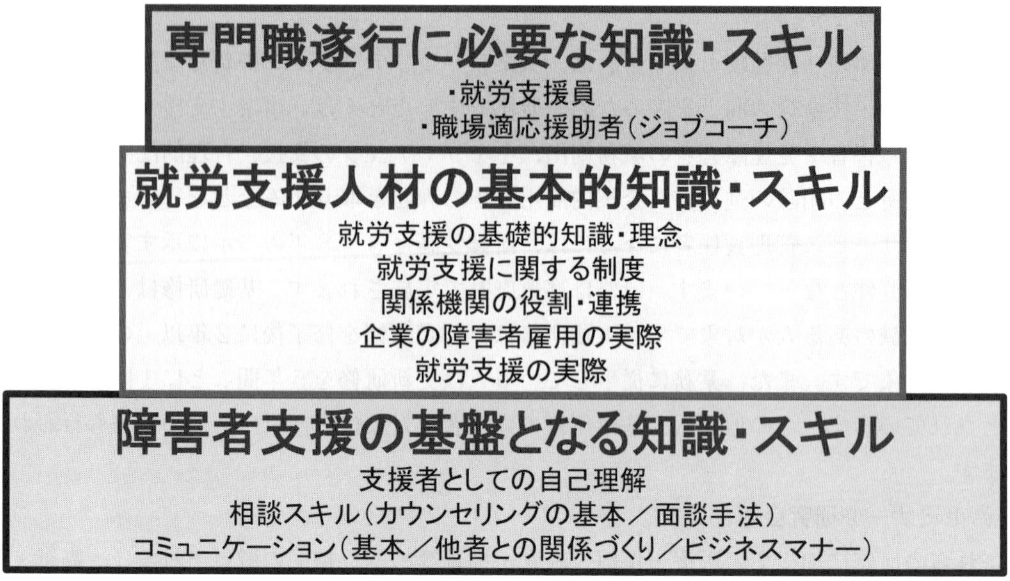

専門職遂行に必要な知識・スキル
・就労支援員
・職場適応援助者（ジョブコーチ）

就労支援人材の基本的知識・スキル
就労支援の基礎的知識・理念
就労支援に関する制度
関係機関の役割・連携
企業の障害者雇用の実際
就労支援の実際

障害者支援の基盤となる知識・スキル
支援者としての自己理解
相談スキル（カウンセリングの基本／面談手法）
コミュニケーション（基本／他者との関係づくり／ビジネスマナー）

出典：厚生労働省「障害者の一般就労を支える人材の育成のあり方に関する研究会報告書」2009

図 19 － 1　障害者就業支援人材の知識・スキル構造

す。第２層は「基本的な知識とスキル」です。所属組織や機関の違いを超えて専門職人材には不可欠となる能力です。第３層は「専門職固有の知識・スキル」です。所属組織での専門従事者として機能するのに不可欠な能力です。

　第１層の「基盤となる知識・スキル」の受講対象者は、障害者の相談支援や生活支援の担当、特別支援学校の進路指導以外の教員、通常の中・高等学校（定時制・通信制も含む）の教員、障害者の雇用を支える地域ネットワークの構成員などのように、障害者の雇用就労支

表 19 － 1　障害者雇用就労支援の「基盤となる知識・スキル」

大項目	中項目		主な内容	研修方法
支援者としての自己理解	A	支援者としての自己理解	・支援者としての心構え ・自己理解・自己覚知 ・相談者側の視点とさまざまなアプローチ法	講義、演習
相談スキル	A	カウンセリングの基本	・傾聴等カウンセリング技法の基本	講義、演習
	B	面談手法	・把握すべき必要な情報、記録の仕方 ・面談の際の留意点	講義、演習
コミュニケーション	A	コミュニケーションの基本	・話の聞き方、わかりやすい説明の仕方	講義、演習
	B	他者との関係づくり	・チーム論（考えの異なる人の立場を理解し、連携する方法） ・企業への説明やケース会議等におけるプレゼンテーションの方法	講義、演習
	C	ビジネスマナー	・企業訪問等の際の留意点、マナー	講義、演習

出典：厚生労働省「障害者の一般就労を支える人材の育成のあり方に関する研究会報告書」2009

表 19 － 2　雇用就労支援従事者の「基本的知識・スキル」

大項目	中項目		主な内容	研修方法
①就労支援の基礎的知識・理念	A	障害者が働くということ	・障害者が働くということ（特に企業において） ・職業準備性の考え方	講義、演習、見学、当事者等の声からの傾聴
	B	職業リハビリテーション概論	・職業リハビリテーションの基本的理念	講義
	C	障害特性と職業的課題	・障害別（身体障害、知的障害、精神障害、発達障害、その他）の障害特性と職業的課題、支援上の留意点	講義
	D	就労支援におけるケアマネジメント	・ケアマネジメントの理念	講義
	E	就労支援のプロセスと自らの役割	・就労支援のプロセス（インテーク、アセスメント、準備訓練、求職活動、ハローワークの利用方法、初期・中長期の定着支援） ・全体のプロセスにおける自らの役割	講義
	F	職業生活支援と家族支援	・職業生活を支える支援の考え方と方法 ・家族への支援の考え方と方法	講義
②就労支援に関する制度	A	障害者雇用の現状と障害者雇用施策の概要	・障害者雇用の現状 ・障害者雇用対策や障害者雇用支援策（トライアル雇用や各種助成金等）の概要	講義
	B	労働関係法規の基礎知識	・労働基準法、最低賃金法等基本的な労働関係法規の概要	講義
	C	障害者の福祉・教育関連の制度	・就労支援と関係の深い障害者福祉・教育関係の制度	講義
③関係機関の役割・連携	A	関係機関の役割	・雇用、福祉、教育等地域の関係機関の役割（ハローワーク、地域障害者職業センター、障害者就業・生活支援センター、就労移行支援事業所、特別支援学校、発達障害者支援センター、難病相談・支援センター等） ・自らの役割の認識	講義
	B	関係機関の連携	・関係機関の役割分担と連携のあり方 ・関係機関への情報提供の仕方、守秘義務と情報の共有化 ・就労支援におけるネットワークの重要性の理解	講義、意見交換
④企業の障害者雇用の実際	A	企業経営の基本と企業の視点	・企業経営の基礎 ・企業の視点や企業文化	講義
	B	事業所における障害者の雇用管理	・事業所における障害者の雇用管理の現状と課題 ・就労支援における企業のニーズ	講義
	C	事業所見学・実習	・事業所における障害者雇用の実際	見学、実習、意見交換
⑤就労支援の実際	A	就労支援機関の見学	・ハローワーク、地域障害者職業センター、障害者就業・生活センター等における就労支援の実際	見学、意見交換
	B	ケーススタディ	・就労支援の全体的なプロセスの実際 ・関係機関の関わり方	事例研究

出典：厚生労働省「障害者の一般就労を支える人材の育成のあり方に関する研究会報告書」2009

援の初心者を想定しています。そのモデルカリキュラムは**表19-1**の通りです。

　第2層の就労支援従事者の「基本的知識・スキル」のモデルカリキュラムは**表19-2**にあるように、実際には、研修の受講だけで身に付けられるものでなく、雇用就労支援の専門家や上級者から助言・指導を受けつつ支援現場での経験の積み重ねや支援の振り返り等を通じて自ら習得していく部分も少なくありません。

　同報告書には、これらに加えて職種ごとの固有の知識・スキルのモデル研修プログラムも提唱されています。そこでは特に、企業での雇用と職場定着を目指す支援に焦点が置かれ、企業文化を知り、そこでの役割行動のあり方を理解することが重要であるとされています。また、演習や実習、関係機関の役割の理解などを通して、即戦力としての能力の育成を図ることとしています。

（2）処遇の階層性

　これらの職種の研修体制では、新任研修カリキュラム以降のキャリア形成に寄与するスキルアップ研修についても、**図19-2**で体系を提唱しています。

　前述の研修内容は、このことを踏まえて、ステップアップ方式での研修体系を編成しているのです。

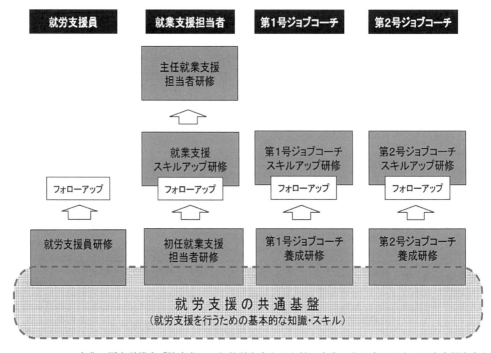

出典：厚生労働省「障害者の一般就労を支える人材の育成のあり方に関する研究会報告書」2009

図19-2　就労支援専門職の階層性と研修体系

3．職場適応援助者のあり方

　厚生労働省（2009）をもとに開始された職場適応援助者の養成研修プログラムは、その後

の障害者雇用の進展、精神や発達障害者の求職や就職者数の増加、福祉や教育分野から雇用への移行の促進、就労系福祉サービスの増加と多様化、障害者差別禁止・合理的配慮の提供の義務化などの、さまざまな状況が変化していく中で、新たな時代に対応した見直しが迫られてきました。

厚生労働省（2021）は、これらの状況を踏まえて、最近の職場適応援助者に求められる役割として次のことを指摘しています。

第1に、支援対象となる障害のある人の仕事は、現業系から事務系作業へ、集団型から個別分散型の雇用管理へと変化しています。また、支援の内容も現場の作業自体を支援することから人間関係や職場環境の調整に移行する傾向にあります。そのため、これらに対応できるスキルが必要になってきています。

第2に、精神障害や発達障害の人への支援が増大してきています。これらの障害のある人は、本人が気付いていない課題や、職場内でのコミュニケーションや人間関係の課題などが少なくないことから、自己理解のための情報を整理したり、本人や職場からの多様な情報の収集と分析、そして的確に助言するためのカウンセリング技術がより求められます。

第3に、職場で生じる課題は短期の支援による解決が優先されますが、中には、長期的な支援が必要な場合もあります。そのため、職場内の支援体制を整えるとともに、特に、障害者就業・生活支援センターなどの職場外の支援ネットワークを形成する必要性が高くなっています。

これらの課題に応えて、職場適応援助者が今後の役割を担うには、次のことが必要であると指摘されています。

第1に、企業内での直接的な支援から就労定着支援事業へ、また、配置型や訪問型の支援から企業在籍型職場適応援助者への円滑な引き継ぎをすることが必要です。

第2に、訪問型職場適応援助者の地域間格差の是正と経験豊富な人材の育成です。

第3に、障害特性を熟知した職場適応援助者の育成に向けた、医療・療育関係者の研修の受講を促進することです。

第4に、高等教育機関での教育と資格認定の体制を促進することです。

第5に、図19−1の3層構造に基づいた、「基盤となる知識・スキル」「基本的な知識・スキル」「固有の知識・スキル」の研修体制を確立することです。

厚生労働省（2021）では、これらの問題意識を踏まえながら、新たな養成研修のモデルカリキュラムとその研修方法について提言しています。

第2節　専門職の資質と倫理

障害者職業カウンセラーを含むこれらの対人援助の各職種には、共通する行動規範や資質、そして倫理規範が求められています。

1．担当者の要件
（1）求められる行動規範と資質

　人的支援を担うどのような専門職であろうと、一般的に、次のような行動規範が求められています。①相談者に関する情報を外部にもらさない、②他人の悪口や陰口を言わず無駄口をきかない、③相談者に約束の強要・強制をしない、④相談者に支配力を利用しない、⑤根拠のない提案はしない、⑥不快な事実に直面しても自己規制し冷静に対処する、⑦専門性と力量を見据えて活動範囲の限界を超えない、などです。

　カウンセラーとして要求される資質は、これらに加えて、既に**第5章第1節**で述べた次のものが求められています。①対象者との心理的な関係の確立、②援助の理由を認識できる、③対象者が何を期待しているかを認識できる、④自分のカウンセリングの仕方を対象者に理解させる、⑤会話の中からカウンセリングに意味のある事項を抽出できる、⑥対象者の問題解決と変容する能力を評価できる、⑦対象者と自分自身の感情を認識できる、⑧カウンセリングを構成できる、⑨対象者がカウンセリングに専心するよう仕向けさせる、⑩セッションを終結できる、⑪カウンセリグの成果を評価できる、などです。

（2）自己評価

　さらに、専門職としてカウンセリングに関わる場合、次のような自らの活動に対する自己評価が求められています。

　第1が成果に対する量的な側面です。①カウンセリングの成果を測定できるものは何か、②成果は最初の計画を達成したか、③達成できなかった理由を説明できるか、④結果を踏まえて次回の計画がつくれるか、です。

　第2が質的な側面です。①カウンセリングの成果として測定できないものは何か（自信、自己表現、意欲、自己統制など）、②これらは計画に含まれていたか、③類似した問題に出会った際に活用できる技能を養えたか、です。

　第3が時間的な枠組です。①全体で費やした時間、②時間を短縮して結果を得ることができたか、です。

　第4がカウンセリング段階です。①体系的な手順に従ったか、②逸脱した手順があるとしても適切であったか、③問題の対処に最も効果的な方法だったか、④今後、利用したい特定の方法や段階や手順はあるか、です。

2．倫理の原則とジレンマ

　こうした行動規範や資質の基盤となるのが、職業倫理です。対人援助に従事する専門職にとって、このことは特に重要であり、しっかりと理解しておくことが必要です。

（1）倫理の原理

　倫理は、自分の行動の判断基準となる道徳的な価値観であり、職業倫理は、特定の職業や職業人に求められるものです。仕事に就くことは自らの社会的な役割や責任をもつことになりますから、それらを果たすために自身の行動を律する基準や規範となるのが、職業倫理です。

　カウンセリングに関わる職業倫理は、対象者の人権や人格を守り、カウンセリングの社会的役割を明らかにし、対象者を守る結果としてカウンセリングの意義を守ることになります。米国の「公認リハビリテーションカウンセラー（Certified Rehabilitation Counselor、CRC）」の倫理規定では、医療倫理の 4 原則（①自律性の尊重、②無危害、③善行、④公正）を踏まえながら、次に示す 5 つの原理を掲げています（八重田、2004）。これらは、我が国の職業リハビリテーションサービスの支援に際しても、そのまま適用できます。

　第 1 が「善行の原理」です。道徳的に善い行いをすることを意味します。積極的に対象者の精神的健康と身体的健康を促しながら、本人の将来性と利益を見越してその人にとって善いことを行います。

　第 2 が「無危害の原理」です。人を傷つけず、社会に害や危険をおよぼさないことを意味します。対象者に精神的にも身体的にも苦痛を与えないで回避するよう働きかけます。

　第 3 が「自律の原理」です。自分の行為や行動を自主的に規制することを意味します。対象者の自律性を尊重して、その自己決定を伸長するようにします。

　第 4 が「正義の原理」です。公平性をもって正義ある正しい行動をとることを意味します。関わる対象者のすべての人に公平かつ平等であり、施設から職場への移行に際しても職務としての公正性が求められます。

　第 5 が「誠実の原理」です。約束や義務を厳守して忠実・忠誠であることを意味します。信頼関係を維持し、守秘義務を履行し、虚言を言わないことです。

（2）倫理的ジレンマ

　こうした倫理原則を厳守することは、カウンセリングに関わる専門職に常に求められています。ですが、実際の活動場面では、相反する複数の倫理的根拠が存在してそのいずれも重要だと考えられる場合に、倫理的ジレンマが生じます。

　ジレンマが生じる背景には、①自分の価値観とリハビリテーション理論との相違、②自分の価値観と対象者の価値観との相違、③自分の価値観と同僚や他の専門職の価値観との相違、④自分の価値観と所属組織の価値観との相違、⑤倫理原則相互の相違、⑥社会環境（時間・資源の制限）によって生じる相違、などがあります。

（3）倫理的意思決定モデル

　倫理的ジレンマの解決は単純ではなく、正解がある訳ではありません。そのため、専門職として最も倫理的だと考えられる判断を下すには、一定の判断過程に沿いながら、多様な視点から検討を行う必要があります。この一連のプロセスは、「倫理的意思決定モデル」として提示されています。

　我が国のソーシャルワーク領域では、次の 10 ステップによるジレンマの解決法が提唱されています（川村、2002）。

　第 1 ステップでは、ジレンマの状況についての情報の収集と分析をします。

　第 2 ステップでは、人や組織の役割・利害関係・価値観・判断基準・意思決定能力などを把握します。

第3ステップでは、関係する倫理原則や基準をあげて、その適合の状況を考えます。

第4ステップでは、価値や倫理が競合するジレンマの構造について考えます。

第5ステップでは、優先されるべき価値と倫理を考えます。

第6ステップでは、法的・時間的・社会資源的な制限や限界を考えます。

第7ステップでは、専門家・同僚・スーパーバイザーからの情報や助言を得ます。

第8ステップでは、選択肢を示して、その根拠・結果予測・リスクを考えます。

第9ステップでは、選択肢の決定と最終チェックを行って、それを実行します。決定した選択肢は、①法的な制限に合致しているか、②限られた時間や資源の中で効率の良いものか、③だれが意思決定に参加しているか、④本人の意思が十分に尊重されているか、⑤考えられる中で最善のものかについて判断します。また、実際的行動は、①いつ、②だれが、③何から開始するか、④予想される障害物について明らかにします。

第10ステップでは、結果を観察するとともに、ジレンマ解消のため社会へ働きかけます。

これらのうち、ステップ1と2は、ジレンマの構造を理解するためのものであり、ステップ3から10は、ジレンマ解決へ向けた具体的な手順であり、専門的な判断をしていくうえで欠かすことができません。

対人援助を担う専門職に、こうした職業倫理に対する教育は不可欠です。八重田（2010）は、専門職になる前のプレ・サービス教育の段階で、倫理的ジレンマの事例研究を通じて倫理の原則を学ぶことの重要性を指摘しています。

３．専門職の倫理規定

実際に職務を遂行する際の倫理的な行動規範となるのが、「倫理綱領」です。対人援助に関わる専門職は、それぞれの職能団体で倫理綱領を定めていますが、そのいくつかを紹介します。

（１）日本ソーシャルワーカー連盟

「ソーシャルワーカーの倫理綱領」（日本ソーシャルワーカー連盟代表者会議、2020）は、倫理原則として、次の6項目を挙げています。

第1が「人間の尊厳」です。すべての人々を、出自、人種、民族、国籍、性別、性自認、性的指向、年齢、身体的精神的状況、宗教的文化的背景、社会的地位、経済状況などの違いに関わらず、かけがえのない存在として尊重します。

第2が「人権」です。すべての人々を生まれながらにして侵すことのできない権利を有する存在であることを認識し、いかなる理由によってもその権利の抑圧・侵害・略奪を容認しません。

第3が「社会正義」です。差別、貧困、抑圧、排除、無関心、暴力、環境破壊などのない、自由、平等、共生に基づく社会正義の実現を目指します。

第4が「集団的責任」です。集団の有する力と責任を認識し、人と環境の双方に働きかけて、互恵的な社会の実現に貢献します。

第5が「多様性の尊重」です。個人、家族、集団、地域社会に存在する多様性を認識し、

それらを尊重する社会の実現を目指します。

　第6が「全人的存在」です。すべての人々を生物的、心理的、社会的、文化的、スピリチュアルな側面からなる全人的な存在として認識します。

　これらの倫理原則を具現化するための倫理基準として、①クライエントに対する倫理責任、②組織・職場に対する倫理責任、③社会に対する倫理責任、④専門職としての倫理責任の4分野について、**表19−3**のように詳細に決められています。

表19−3　ソーシャルワーカーの倫理綱領における倫理基準

Ⅰ　クライエントに対する倫理責任 　　①クライエントとの関係、②クライエントの利益の最優先、③受容、④説明責任、⑤クライエントの自己決定の尊重、⑥参加の促進、⑦クライエントの意思決定への対応、⑧プライバシーの尊重と秘密の保持、⑨記録の開示、⑩差別や虐待の禁止、⑪権利擁護、⑫情報処理技術の適切な使用
Ⅱ　組織・職場に対する倫理責任 　　①最良の実践を行う責務、②同僚などへの敬意、③倫理綱領の理解の促進、④倫理的実践の推進、⑤組織内アドボカシーの促進、⑥組織改革
Ⅲ　社会に対する倫理責任 　　①ソーシャル・インクルージョン、②社会への働きかけ、③グローバル社会への働きかけ
Ⅳ　専門職としての倫理責任 　　①専門性の向上、②専門職の啓発、③信用失墜行為の禁止、④社会的信用の保持、⑤専門職の擁護、⑥教育・訓練・管理における責務、⑦調査・研究、⑧自己管理

出典：ソーシャルワーカーの倫理綱領、日本ソーシャルワーカー連盟、2005

（2）日本職業リハビリテーション学会

　日本職業リハビリテーション学会では、専門職倫理の構成要素として、①責任、②公平性、③自己研鑽、④公開性、⑤忠実性、⑥行動・行為、⑦研究、の7領域について、**表19−4**の倫理規定を掲げています（日本職業リハビリテーション学会研究・倫理委員会、2004）。

表 19 － 4　日本職業リハビリテーション学会員倫理規定

（前文）

　日本職業リハビリテーション学会会員は、職業リハビリテーションの専門職・従事者・教育者・研究者として職業リハビリテーションの研究及びサービス実践にあたり、実践や研究の結果が人々の生活環境及び生活の質に重大な影響を与えうることを認識し、職業的障害のない社会実現に貢献し、公益に寄与することを願い、以下のことを遵守する。

　1．責任

　　会員は、その実践活動及び研究によって蓄積された職業リハビリテーションに関する知識、技能、経験を生かし、人々の就労自立、健康、福祉の増進に貢献すること。

　2．公平性

　　会員は、障害、性別、人種、国籍、宗教等にとらわれることなく、公平な姿勢で対応し、個人の自由及び権利を最大限尊重すること。

　3．自己研鑽

　　会員は、職業リハビリテーションの専門職・従事者・教育者・研究者として自己研鑽に努め、会員相互のみならずその他のリハビリテーション関連職の資質向上を支援し、リハビリテーション全体としての学術発展及びノーマライゼーション文化の向上に寄与すること。

　4．公開性

　　会員は、自身の実践活動や研究・教育活動について、家族及び地域社会の理解と協力を得るため、積極的にその成果を中立・公平な立場で公開し、公益に還元すること。

　5．忠実性

　　会員は、職業リハビリテーションの実践及び研究で得られた結果・成果が、事実に即した忠実性を持つものであることを認識して対応すること。

　6．行動・行為

　　会員は、業務遂行及び日常生活において公私混同せず、サービス利用者のプライバシーの保護及び人権の尊重に関しては留意し、一社会人としての行動・行為に責任を持ち、社会的規範を遵守すること。

　7．研究

　　会員は、職業リハビリテーションに関する研究の実施において、研究対象が人である場合、研究目的、方法、予期される結果、研究の社会的意義等を告げ、研究に対する同意を得た上で行い、また、対象者の個人名がデータから特定できないように個人のプライバシーを保護し、秘密を厳守し、対象者に苦痛や不利益をもたらさないようにすること。

出典：日本職業リハビリテーション学会研究・倫理委員会、2004

引用・参考文献

序　章

1. Commission for Rehabilitation Counselor Certification: CRCC certification guide, 2003
2. Hershenson, DB: Systemic, ecological model for rehabilitation counseling. Rehabilitation Counseling Bulletin, 42（1）, 40-50, 1998
3. 松為信雄・菊池恵美子（編著）：職業リハビリテーション入門，協同医書出版，2001
4. 松為信雄・菊池恵美子（編著）：職業リハビリテーション学，協同医書出版，2006
5. 松為信雄：我が国における職業リハビリテーションの動向．日本職業リハビリテーション学会（編）職業リハビリテーションの基礎と実践，14-37, 2012
6. 日本職業リハビリテーション学会（編）：職業リハビリテーションの基礎と実践、中央法規出版，2012
7. Szymanski, EM: Rehabilitation Counseling-A professiuon with a vision, an identity, and a future. Rehabilitation Counseling Bulletin, 29（1）, 2-5, 1985.
8. Szymanski, E & Hershenson, D: Career Development of People with Disabilities -An ecological model. In Parker, R & Szymanski, E（Eds.）Rehabilitation counseling-basics and beyond（3rd ed.）, Austin, TX, PRO-ED, 1998

第1章

1. アレント，H（志水速雄訳）：「人間の条件」．筑摩書房，1994
2. 江畑敬介：専門職から見た就労支援の意義．精神科臨床サービス，9，175-179，2009
3. キルホフナー，G（山田孝監訳）：「作業療法の理論－第3版」．医学書院，2008
4. 菊池恵美子：働くことの意味－人と仕事．OTジャーナル，43（7），650-652，2009
5. マコピー，M（川勝久訳）：「Why Work－新世代人のモチベーションとリーダーシップ－」．ダイヤモンド社，1989
6. マズロー，AH（小口忠彦訳）：「人間性の心理学—モチベーションとパーソナリティ—」．産業能率大学出版部，1987
7. 中川雄一郎：「社会的企業とコミュニティの再生」．大月書店，2008
8. ネフ：職業リハビリテーションの展望，岡上和雄・松為信雄・野中猛（監訳）「精神障害者の職業リハビリテーション」．中央法規出版，1991
9. 日本労働者協同労働組合（https://jwcu.coop/about/assoc_cooperative/）2020
10. 野中猛：精神障害をもつ人が働くことの意義，野中猛・松為信雄（編）「精神障害者のための就労支援ガイドブック」．金剛出版，1998
11. 尾高邦雄：「新稿職業社会学（第2分冊）」．福村書店，1953
12. オレイリー：ディーセント・ワークへの障害者の権利，ILO，2008
13. シユーマッハー，EF（長洲一二監訳）：「宴のあとの経済学」．ダイヤモンド社，1980
14. 杉村芳美：「"良い仕事"の思想」．中央公論社，1997
15. 炭谷茂：「新しい雇用のかたちを目指して」．Social Firm Japan, No2, 2009
16. Super, DE: Career and life Development. Brown D, Brooks L & Associates: Career choice and development-applying contemporary theories to practice. Jossey-Bass, 1984
17. 田中英樹：社会で働くことの意義はどこにあるのか．Schizophrenia Frontier, 10（4）, 7-11, 2009
18. 八幡成美：「キャリアデザイン選書－職業とキャリア」．法政大学出版局，2009
19. 谷内篤博：「働く意味とキャリア形成」．勁草書房，2008

第2章

1．BanjaJD: Rehabilitation and Empowerment. Archives of Physicalt. Medicine and Rehabilitation, 71, 614-615. 1990

2．Commission on Rehabilitation Counselor Certification （CRCC）、2010 （http://www.crccertification.com/）

3．春名由一郎：障害の捉え方．障害者職業カウンセラー厚生労働大臣指定講習テキスト第3版「総説 職業リハビリテーション」．高齢・障害・求職者雇用支援機構、2016

4．Hershenson, DB: A theoretical model for rehabilitation counseling. Rehabilitation Counseling Bulletin, 33 （4）, 268-278, 1990

5．Hershenson, DB: Systemic, ecological model for rehabilitation counseling. Rehabilitation Counseling Bulletin, 42 （1）40-50, 1998

6．松為信雄：リハビリテーションカウンセリングとキャリア発達．松為信雄・菊池恵美子（編著）：「職業リハビリテーション学」．18-22，協同医書出版，2006a

7．松為信雄：キャリア発達の理論．松為信雄・菊池恵美子（編著）：「職業リハビリテーション学」．29-60，協同医書出版，2006b

8．松為信雄：職業リハビリテーション概念の構築に向けて．職業リハビリテーション，21（2），51-55，2008

9．松為信雄：組織内キャリアの形成と支援．特別支援教育研究，2010（1）53-54，2010

10．松為信雄：職業リハビリテーションの理念と考え方．職場適応援助者養成研修講義資料、くらししごとえん、2019

11．奥野英子：社会リハビリテーションの概念と方法．リハビリテーション研究，NO89，日本障害者リハビリテーション協会，1996

12．砂原茂一：「リハビリテーション」．岩波新書，1985

13．Super DE: A life-span, life-space approach to career development. In Brown D, Brooks L & Associates. Career choice and development-applying contemporary theories to practice. 2nd.ed, Jossey-Bass, 1990

14．Szymanski EM: Rehabilitation Counseling-A profession with a vision, an identity, and a future. Rehabilitation Counseling Bulletin, 29（1）2-5, 1985

15．上田敏：「リハビリテーションを考える—障害者の全人間的復権—」．青木書店，1983

16．Vondracek, FW & Kawasaki, T: Toward a comprehensive framework for adult career development theory and intervension. In Walsh, WB & Osipow, SH（Eds.）The handbook of vocational psychology, 2nded. Hillsdale, NJ, Lawrence Erlbaum Association, 1994.

17．若林満，松原敏浩：「組織心理学」．福村出版，1988

18．谷内篤博：「働く意味とキャリア形成」．頸草書房，2007

19．渡辺三枝子（編）：「キャリアカウンセリング再考」．ナカニシヤ出版，2013

20．渡辺三枝子：キャリア．障害者職業カウンセラー厚生労働大臣指定講習テキスト第3版「総説　職業リハビリテーション」，高齢・障害・求職者雇用支援機構，2016

第3章

1．ベッカー　DR＆ドレイクRE（大島巌・松為信雄・伊藤順一郎監訳)：「精神障害をもつ人たちのワーキングライフ」．金剛出版，2004

2．ILO駐日事務所：「国際労働基準－ILO　条約・勧告の手引き」．ILO駐日事務所，2020

3．香田真希子：ACTとIPS．松為信雄・菊池恵美子（編）「職業リハビリテーション学」、264-270，協同医書出版，2006

4．松為信雄：職業リハビリテーションの概念．松為信雄・菊池恵美子（編著）「職業リハビリテーション学」，10-17，協同医書出版，2006a

5．松為信雄：就労支援におけるケースマネジメントの実際．松為信雄・菊池恵美子（編著）「職業リハビリテーション学」，260-263，協同医書出版，2006b

6．松為信雄：職業リハビリテーション概念の構築に向けて．職業リハビリテーション，21（2）51-55，2008

7．小川浩：「重度障害者の就労支援のためのジョブコーチ入門」．エンパワメント研究所，2001

8．小川浩：援助付き雇用．松為信雄・菊池恵美子（編）「職業リハビリテーション学」，228-233，協同医書出版，2006a

9．小川浩：ジョブコーチの方法と技術．松為信雄・菊池恵美子（編）職業リハビリテーション学，234-239，協同医書出版，2006b

10．障害者職業総合センター：米国のカスタマイズ就業の効果とわが国への導入可能性．障害者職業総合センター調査研究報告書，80，2007

11．東明貴久子・春名由一郎：カスタマイズ就業チェックリストの開発．第15回職業リハビリテーション研究発表会論文集，184-187，2007

12．全国就業支援ネットワーク（障害者職域拡大等研究調査研究班）：障害者就業支援にかかるケアマネジメントと支援ネットワークの形成．平成13年度日本障害者雇用促進協会障害者職域拡大等研究調査報告書，2002

第4章

1．Dawis, RV & Lofquist, LH: A Psychological Theory of Work Adjustment-An Individual Differences Model and Its Applications, University of Minnesota Press. Minneapolis, 1984

2．Goldberg, RT: Toward a Model of Vocational Development of People with Disabilities, Rehabilitation Counseling Bulletin, 35, 161-173, 1992.

3．Hershenson, DB: A Theoretical Model for Rehabilitation Counseling. Rehabilitation Counseling Bulletin, 33（4），268-278, 1990.

4．ホランド，JL（渡辺三枝子・松本純平・道谷里英訳)：「ホランドの職業選択理論－パーソナリティと働く環境－」．雇用問題研究会，2013

5．松為信雄：職業リハビリテーションの理論と職業評価．日本障害者雇用促進協会職業リハビリテーション部，1994

6．松為信雄：うつを乗りこなす．うつ・気分障害協会（編）「うつ"からの社会復帰ガイド」，53-78，岩波アクティブ新書，2004

7．松為信雄：障害者のキャリア発達と職業適応．松為信雄・菊池恵美子（編著）「職業リハビリテーション学」，48-54，協同医書出版，2006

8．労働政策研究・研修機構（編)：「新時代のキャリアコンサルティング」．労働政策研究・研修機構，2016

9．シャインEH.（二村敏子・三善勝代訳)：「キャリア・ダイナミクス」．白桃書房，1991

10．シャインEH.（金井寿宏訳)：「キャリア・アンカー」．白桃書房，2003

11．Super DE: Career and life development. In Brown D,Brooks L & Associates: Career choice and development-applying contemporary theories to practice. Jossey-Bass, 1984

12．Super DE: A life-span, life-space approach to career development. In Brown D,Brooks L & Associates. Career choice and development-applying contemporary theories to practice. 2nd ed. Jossey-Bass, 1990.

13．Szymanski, EM & Hershenson, DB: An ecological approach to vocational behavior and career development of people with disabled, Parker, RM, Szymanski, EM & Patterson, JB（eds.）Rehabilitation counseling—basic and beyond—, fourth edi. 225-280, Pro-ed. 2005

第5章

1. 荒井浩道：「ナラティヴ・ソーシャルワーク―〈支援〉しない支援の方法」．新泉社，2014
2. 伊藤絵美：「DVD. 認知行動療法カウンセリング実践ワークショップ」星和書店，2015
3. 前田ケイ（監）：「見て学ぶSST（視覚教材）」．中央法規出版，2006
4. 前野隆司：「実践　ポジティブ心理学－幸せのサイエンス」．PHP新書，2017
5. 長尾博：「やさしく学ぶ認知行動療法」．ナカニシヤ出版，2014
6. 内閣府：ユースアドバイザー養成プログラム（改訂版），2007
   （https://www8.cao.go.jp/youth/kenkyu/h19-2/html/ua_mkj.html）
7. 日本ポジティブ心理学協会HP：ポジティブ心理学とは
   （https://www.jppanetwork.org/what-is-positivepsychology）
8. 日本臨床心理士会HP（http://www.jsccp.jp/near/interview14.php）
9. 労働政策研究・研修機構（編）：「新時代のキャリアコンサルティング」．労働政策研究・研修機構，2016
10. 植村勝彦・高畠克子他：「よくわかるコミュニティ心理学第2版」．ミネルヴァ書房，2012
11. 渡部昌平（編）：「社会構成主義キャリア・カウンセリングの理論と実践」．福村出版，2015
12. 渡辺三枝子：「カウンセリング心理学」．ナカニシヤ出版，2002
13. 山本淳一・池田聡子：「できる！を伸ばす行動と学習の支援」．日本標準，2007

第6章

1. アンソニー他：職業リハビリテーションに適用される精神科リハビリテーション・モデル．岡上和雄・松為信雄・野中猛（監訳）「精神障害者の職業リハビリテーション」，中央法規出版，71-99，1991.
2. コリガン（編）：野中猛（監訳）：「チームを育てる－精神障害リハビリテーションの技術」．金剛出版，2002
3. 松為信雄：職業リハビリテーションの理論と職業評価．障害者職業カウンセラー労働大臣指定講習テキスト7―，日本障害者雇用促進協会職業リハビリテーション部，1994
4. 松為信雄・菊池恵美子（編著）「職業リハビリテーション学―キャリア発達と社会参加に向けた就労支援体系―」．協同医書出版，2006
5. 松為信雄：職業リハビリテーション概論．厚生労働省労働研修所講義資料、2019
6. 野中猛・加瀬裕子（監訳）：「ケースマネジメント入門」．中央法規出版，1994
7. ラップ＆ゴスチャ：田中英樹（監訳）：「ストレングスモデル第3版」．金剛出版，2014

第7章

1. Gellman W & Soloff A: Vocational Evaluation, In Bolton, B（Ed.）Handbook of measurement and evaluation in rehabilitation. University Park Press, 1976
2. 厚生労働省：日本版の職業情報提供サイト（日本版O-NET）2020a.
   （https://shigoto.mhlw.go.jp/User/）
3. 厚生労働省：エンプロイアビリティの判断基準等に関する調査研究報告書、2020b.
   （https://www.mhlw.go.jp/houdou/0107/h0712-2.html）
4. 木村　周：「キャリア・コンサルティング理論と実際5訂版」．雇用問題研究会，2019
5. 高齢・障害・求職者雇用支援機構：就労移行支援のためのチェックリスト、マニュアル、教材、ツール等、No.20、2007
6. 高齢・障害・求職者雇用支援機構：就労支援のためのチェックリスト、マニュアル、教材、ツール等、No.30、2009
7. 高齢・障害・求職者雇用支援機構：職場適応促進のためのトータルパッケージの理解と活用のために、マニュアル・教材・ツール等、No35、2011
8. 雇用問題研究会：「障害者用就職レディネス・チェックリスト；チェックリスト・手引き」2020.

9．松為信雄：「職業評価と"障害者用就職レディネス・チェックリスト"の作成」、雇用職業総合研究所、職研調査研究報告書、NO.87、1989a

10．松為信雄：1．障害者用就職レディネス・チェックリストの考え方と作成、「リハビリテーション研究」、No56、15-22、1989b

11．松為信雄：障害者用就職レディネスチェックリストによる評価、総合リハビリテーション、No16（4）、284-290、1989c

12．松為信雄：「職業リハビリテーションの理論と職業評価」．障害者職業カウンセラー労働大臣指定講習テキスト7，日本障害者雇用促進協会職業リハビリテーション部，1994

13．Neff, WS: Work and human behavior, Third edi. Aldine Publishing Co., 1985

14．西川実弥：「リハビリテーション職業心理学—理論と実際—」，リハビリテーション心理学研究会，1988

15．スーパー DE（日本職業指導学会訳）：「職業生活の心理学」．誠信書房，1960

16．谷内篤博：新しい能力主義としてのコンピテンシーモデルの妥当性と信頼性．経営論集、11（1），49-62，2001

17．吉　光清：職業評価の方法．松為信雄・菊池恵美子（編）「職業リハビリテーション学」，155-162，協同医書出版、2006

第8章

1．高齢・障害・求職者雇用支援機構：障害特性と職業的課題の理解．障害者職業カウンセラー厚生労働大臣指定講習テキスト第3版第3巻，高齢・障害・求職者雇用支援機構，2018

2．高齢・障害・求職者雇用支援機構：障害者職業生活相談員資格認定講習テキスト（2019年度版）．高齢・障害・求職者雇用支援機構，2019a

3．高齢・障害・求職者雇用支援機構：就業支援ハンドブック（令和2年度版）．高齢・障害・求職者雇用支援機構，2019b

第9章

1．藤尾健二：就業支援と生活支援．高齢・障害者雇用支援機構（編）「就業支援ハンドブック」，120-132，高齢・障害者雇用支援機構，2010

2．木村周：「キャリアコンサルティング5訂版」．雇用問題研究会，2019

3．厚生労働省労働研修所：職業指導の理論と実際．厚生労働省，2002

4．厚生労働省：厚生労働省編職業分類（平成23年改訂），2011
（https://www.hellowork.mhlw.go.jp/info/mhlw_job_dictionary.html）

5．厚生労働省：職業情報提供サイト（日本版 O-NET），2020a
（https://shigoto.mhlw.go.jp/User）

6．厚生労働省：職務分析実施マニュアル，厚生労働省，2020b

7．高齢・障害・求職者雇用支援機構：障害者雇用事例リファレンスサービス，2020
（https://www.ref.jeed.or.jp/index.html）

8．小川浩：「重度障害者の就労支援のためのジョブコーチ入門」．エンパワメント研究所，2001

9．理辺良保行：ライフサイクルと意識の座標．長島正（編）「ライフサイクルと人間の意識」，金子書房，1989

10．関宏之：「障害者問題の認識とアプローチ」．中央法規出版，1996

11．労働政策研究・研修機構：職業情報・就職支援ツール、2020
（https://www.jil.go.jp/institute/seika/index.html）

12．総務省：日本標準産業分類（平成25年10月改定）、2020
（https://www.soumu.go.jp/toukei_toukatsu/index/seido/sangyo/H25index.htm）

13．全国就業支援ネットワーク：障害者就業支援にかかるケアマネジメントと支援ネットワークの形成．平成13年度障害者職域拡大等調査研究報告書、大阪市職業リハビリテーションセンター、2002

第10章

1. アンソニー，W（野中猛他（監訳）：「精神科リハビリテーション」．三輪書店，2012
2. 松為信雄：「発達障害の子どもと生きる」．幻冬舎ルネッサンス新書，2013
3. 松為信雄：職業リハビリテーションの理念と考え方．職場適応援助者養成研修講義資料，くらししごとえん，2019
4. 南雲直二：「社会受容」．荘道社，2002
5. 新堀和子：就労自立に向けて親がすべきこと．神奈川LD等発達障害児・者親の会「にじの会」講演資料，2011
6. 日本セルフエスティームティーム普及協会HP,2020
   (https://www.self-esteem.or.jp/selfesteem/)
7. ラップ & ゴスチャ：田中英樹（監訳）：「ストレングスモデル第3版」．金剛出版，2014
8. 障害者職業総合センター：精神障害者に対する「自己理解の支援」における介入行動に関する基礎講座．高齢・障害・求職者雇用支援機構，資料シリーズNo.91，2016
9. 障害者職業総合センター：認知に障害のある障害者の自己理解促進のための支援技法に関する研究．高齢・障害者雇用支援機構，資料シリーズNo.59，2011
10. 田島明子：「障害受容再考」．三輪書店，2009
11. 上田敏：「リハビリテーションを考える」．青木書店，1983
12. Wright, BA: Physical disability–A psychological approach. New York, Harper & Row, 1960

第11章

1. 相澤欽一：「現場で使える精神障害者雇用支援ハンドブック」．金剛出版，2007
2. Clark, GM.& Kolstoe, OP: Career development and transition education for adolescents with disabilities. Allyn and Bacon, 1990
3. 木村周：「キャリアコンサルティング5訂版」．雇用問題研究会，2019
4. Kokaska, CJ & Blolin, DE: Career education for handicapped individuals, Second Edi. Charles E. Merrill Pub., 1985.
5. 国際労働機関：「職業リハビリテーション及び雇用（障害者）に関する勧告（第168号）」、1983
6. 国立特別支援教育総合研究所，知的障害者の確かな就労を実現するための指導内容・方法に関する研究．課題別調査研究報告書，B-224，2008
7. 高齢・障害・求職者雇用支援機構：障害者雇用事例リファレンスサービス
   (https://www.ref.jeed.or.jp/index.html)
8. 厚生労働省：合理的配慮指針事例集【第三版】
   (https://www.mhlw.go.jp/file/06-Seisakujouhou-11600000-Shokugyouanteikyoku/0000093954.pdf)
9. 松為信雄（監修）：「発達障害のある児童・生徒のためのキャリア講座教材集」．ジアース教育新社，2017
10. 松為信雄：「発達障害の子どもと生きる」．幻冬舎ルネッサン，2013
11. 箕輪優子：採用の決め手と評価法．松為信雄・菊池恵美子（編）「職業リハビリテーション学」，307-311，協同医書出版，2006
12. 道脇正夫：「障害者の職業能力開発（理論編）」．雇用問題研究会，1997
13. 文部科学省：キャリア教育の推進に関する総合的調査研究協力者会議報告書–児童生徒一人一人の勤労観・職業観を育てるために–，2004
14. 文部省：職業教育及び進路指導に関する基礎的研究（最終報告）．職業教育進路指導研究会，1998
15. 佐藤宏：能力開発．松為信雄・菊池恵美子（編）「職業リハビリテーション学」，74-80，協同医書出版，2006
16. 日本職業リハビリテーション学会（監修）：「職業リハビリテーション用語集–第2版」．2004

第 12 章

1. 木村周:「キャリア・カウンセリング－改訂新版」. 雇用問題研究会, 2003
2. 雇用職業総合研究所:「雇用カウンセリング体系的アプローチ (翻訳)」. 雇用職業総合研究所, 1982
3. 松為信雄:職業リハビリテーションの理論と職業評価. 障害者職業カウンセラー労働大臣指定講習テキスト7, 日本障害者雇用促進協会職業リハビリテーション部, 1994
4. 障害者職業総合センター:職業リハビリテーションの基礎知識. 1999

第 13 章

1. 加藤實:労働に関する法律と制度. 関宏之・松為信雄 (編)「就労支援サービス第4版」中央法規出版, 19-33, 2016
2. 厚生労働省・社会福祉法人の在り方等に関する検討会:社会福祉法人制度の在り方について (報告書)、2014
3. 厚生労働省:障害者の方への施策、相談、支援機関の紹介 (https://www.mhlw.go.jp/stf/seisakunitsuite/bunya/koyou_roudou/koyou/shougaishakoyou/shisaku/jigyounushi/index.html)、2020
4. 厚生労働省:障害者を雇い入れた場合などの助成 (https://www.mhlw.go.jp/stf/seisakunitsuite/bunya/koyou_roudou/koyou/shougaishakoyou/shisaku/jigyounushi/intro-joseikin.html) 2020
5. 厚生労働省:障害者差別禁止指針 (https://www.mhlw.go.jp/file/04-Houdouhappyou-11704000-Shokugyouanteikyokukoureishougaikoyoutaisakubu-shougaishakoyoutaisakuka/0000078975.pdf) 2020
6. 厚生労働省:障害福祉サービスについて (https://www.mhlw.go.jp/stf/seisakunitsuite/bunya/hukushi_kaigo/shougaishahukushi/service/naiyou.html), 2020
7. 厚生労働省・障害者雇用福祉連携強化プロジェクトチーム:障害者就労支援の更なる充実・強化に向けた主な課題と今後の検討の方向性－中間取りまとめ、2020
8. 厚生労働省:第105回 労働政策審議会障害者雇用分科会、参考資料3-2、2021
9. 社会就労センター協議会:工賃水準ステップアップ事業・事業報告書 (平成18年度障害者保健福祉推進事業)、2007
10. ＮＰＯ法人コミュニティワークス:就労継続支援従事者 (管理者・職員) 研修事業報告書、2013
11. 佐藤宏:労働法規の概要. 井上由美子・向後礼子 (編)「就労支援サービス」久美出版, 12-27, 2010

第 14 章

1. 二見武志:「障がい者雇用の教科書－人事が知るべき5つのステップ」. 太陽出版, 2015
2. 秦政:障害者の受け入れ. 松為信雄・菊池恵美子 (編)「職業リハビリテーション学」, 182-185, 協同医書出版, 2006
3. 秦政:障がい者雇用の真の価値を創造する. 第2回職業リハビリテーション実践セミナー, 2009
4. 賀村研:「日本一元気な現場から学ぶ積極的障がい者雇用のススメ」. good book, 2016
5. 紺野大輝:「会社を変える障害者雇用—人も組織も成長する新しい職場づくり」. 新泉社, 2020
6. パーソルチャレンジ:「テレワーク雇用導入ではたらく人材が変わる・はたらきかたが変わる」. good book, 2019
7. 佐藤伸司:就職から雇用継続に向けた支援. 高齢・障害者雇用支援機構 (編)「就業支援ハンドブック」, 35-58, 高齢・障害・求職者雇用支援機構, 2019
8. 志賀利一:職場開拓の方法. 松為信雄・菊池恵美子 (編著)「職業リハビリテーション学」, 172-175, 協同医書出版, 2006
9. 眞保智子:「改訂版 障害者雇用の実務と就労支援」. 日本法令, 2019
10. 障害者職業総合センター:企集経営に与える障害者雇用の効果等に関する研究. 調査研究報告書 No. 94, 2010
11. 障害者職業総合センター:障害者雇用の質的改善に向けた基礎的研究. 資料シリーズ No.101, 2018
12. 高齢・障害・求職者雇用支援機構:障害者雇用レファレンスサービス (http://www.ref.jeed.or.jp/), 2020

第15章

1. 文京学院大学：合理的配慮を実践できるリーフレット制作
（https://www.u-bunkyo.ac.jp/faculty/human/161121_DL_bunkyo_ol.pdf）
2. ILO: Basic principle of vocational rehabilitation of the physical disabled. Third edi., 1985
3. 木村周：「キャリアコンサルティング5訂版」. 雇用問題研究会, 2019
4. 菊池恵美子：職場の再編成. 松為信雄・菊池恵美子（編著）「職業リハビリテーション学」, 196-207, 協同医書出版, 2006
5. 厚生労働省：合理的配慮指針事例集（第3版）
（https://www.mhlw.go.jp/tenji/dl/file13-05.pdf）
6. 高齢・障害・求職者雇用支援機構：障害者雇用事例レファレンスサービス（https://www.ref.jeed.or.jp/）
7. 障害者職業総合センター：障害者の就業状況等に関する調査研究. 調査研究報告書, No.137, 2017
8. 倉田昭三：「身障者の仕事をみつめて―工程解析技法による作業改善ハンドブック―」. 黎明書房, 1983
9. 松為信雄：キャリア発達と移行サービス. 発達の遅れと教育 484：10-13, 1997
10. 松為信雄：職業リハビリテーション概論. 労働研修所専門官研修資料、2020
11. 身体障害者雇用促進協会：身体障害者の作業特性と作業工程の改良. 研究調査報告書18, 身体障害者雇用促進協会, 1979
12. 障害者職業総合センター：障害者の職場定着支援のために－就労支援機関向け資料, 2012
13. 障害者職業総合センター：米国のカスタマイズ就業の効果とわが国への導入可能性. 障害者職業総合センター調査研究報告書, 80, 2007

第16章

1. 菊野一雄：QWL（Quality of Working Life）の概念に関する一考察. 経営学論集, 日本経営学会149-154, 1980
2. 厚生労働省：「心の問題により休業した労働者の職場復帰支援の手引き（改訂）」. 労働者健康安全機構, 2013
3. 厚生労働省・労働者健康安全機構：職場における心の健康づくり－労働者の心の健康の保持増進のための指針－, 独立行政法人労働者健康安全機構, 2020
4. 日本産業精神保健学会（編）：「メンタルヘルスと職場復帰支援ガイドブック」. 中山書店, 2005
5. 産業医学振興財団（監修）：「メンタルヘルス実践ガイド」. 産業医学振興財団, 2002
6. うつ・気分障害協会（編）：「"うつ"からの社会復帰ガイド」. 岩波アクティブ新書, 2004
7. 山本晴義・小西喜朗：「メンタルヘルス・マネジメント」. PHP研究所, 2002

第17章

1. 秦政：障害者の職場定着. 松為信雄・菊池恵美子（編）「職業リハビリテーション学」, 186-195, 協同医書出版, 2006
2. 松為信雄：知的障害者の加齢に伴う「職務成績」の低下への対応. 発達障害研究, Vol.22, 2001.
3. 松為信雄：「うつ」を乗りこなす－キャリアリカバリーへの道筋. うつ・気分障害協会（編）「"うつ"からの社会復帰ガイド」, 岩波アクティブ新書, 2004
4. 志賀利一：職場定着支援と再就職. 松為信雄・菊池恵美子（編）職業リハビリテーション学, 176-180, 協同医書出版, 2006a
5. 志賀利一：職場開拓の方法. 松為信雄・菊池恵美子（編）「職業リハビリテーション学」, 172-175, 協同医書出版, 2006b
6. 障害者職業総合センター：知的障害者の加齢に伴う雇用・職業上の課題と対策. 調査研究報告書, No.44, 2001
7. 障害者職業総合センター：障害者の雇用管理とキャリア形成に関する研究. 調査研究報告書, No.62, 2004

8．障害者職業総合センター：障害の多様化に応じたキャリア形成支援のあり方に関する研究．調査研究報告書，No.115，2013

第18章

1．厚生労働省：福祉・教育等との連携による障害者の就労支援の推進に関する研究会報告書．厚生労働省，2007
2．ジョブコーチネットワーク：地域における障害者の就労支援ネットワークに関する調査研究．ジョブコーチネットワーク研究会，2009
3．倉知延章：職業リハビリテーションにおけるネットワーキング．日本職業リハビリテーション学会（編）「職業リハビリテーションの基礎と実践」，中央法規出版，2012
4．松為信雄：精神障害者の職業自立とその支援の考え方．雇用と職業，69，38-43，雇用職業総合研究所，1989
5．松為信雄：発達段階に応じた社会的支えの構造．第3回職業リハビリテーション研究大会論文集，障害者職業総合センター，1995
6．松為信雄：精神障害の人のキャリア発達と社会的支え．精神保健研究，10，35-43，1997
7．松為信雄：職業リハビリテーションの基礎知識．障害者職業総合センター，1999
8．松為信雄：就労支援ネットワークの形成．精神障害とリハビリテーション，18（2），162-167，2014
9．東洋，柏木恵子，高橋恵子（編集・監訳）：「生涯発達の心理学　第2巻　気質・自己・パーソナリティ」．新曜社，1993

第19章

1．川村隆彦：「価値と倫理を根底に置いたソーシャルワーク演習」．中央法規出版，2002
2．高齢・障害・求職者雇用支援機構：就業支援担当者の養成と研修
（https://www.jeed.or.jp/disability/supporter/supporter04.html）
3．松為信雄：職業リハビリテーションにおける人材育成—国内の動向—．職リハ，23．No1，2009
4．松為信雄：障がい者の雇用にむけた支援者の育成．日本労働研究雑誌，639，54-62，2013
5．日本ソーシャルワーカー連盟代表者会議：ソーシャルワーカーの倫理綱領．2020
（http://jfsw.org/code-of-ethics/）
6．日本職業リハビリテーション学会研究・倫理委員会：職業リハビリテーション学会の研究倫理規定について．職業リハビリテーション、17（1），37，2004
7．リハビリテーションカウンセラー認定委員会（CRC）
（https://www.crccertification.com/crc-exam-preparation）
8．厚生労働省：障害者の一般就労を支える人材の育成のあり方に関する研究会報告書．2009.
9．厚生労働省：障害者雇用・福祉施策の連携強化に関する検討会報告書、2021
10．Rubin,SE & Roessler, RT（eds.）: Foundations of the Vocational Rehabilitation Process (5th ed.). Texas, pro-ed, 2001
11．八重田淳：職業リハビリテーションサービスにおける倫理．職業リハビリテーション，17（1），2-8，2004
12．八重田淳：職業リハビリテーション専門職・従事者に倫理教育は必要か．職リハネットワーク，66，24-28，2010

索 引

（ア行）

アセスメント……………………………… 57, 100
アドボカシー………………………………… 229, 283
安全衛生委員会…………………… 195, 225, 240
医学リハビリテーション………………………… 165
医学モデル…………………………………………42
移行の過程………………………………………… 226
意思決定能力………………………… 78, 171, 281
意思決定の方法…………………………………… 185
引退への支援……………………………………… 255
インテーク……………………………… 56, 100, 265
ウェルビーイング…………………………………96
援助付き雇用…………………… 59, 157, 169, 226
エンパワメント…………………………………… 302
エンプロイアビリティ…………………………… 126
応用行動分析………………………………………87
オルタナティブストーリー………………………98

（カ行）

解決志向カウンセリング…………………………94
外的キャリア……………………………… 74, 247
カウンセラーの自己評価………………… 179, 184
カウンセリングの過程…………………… 35, 83, 178
カウンセリングの終結…………………………… 183
カウンセリングの定義…………………… 10, 35, 83
学習の原理…………………………………………91
学習の方法………………………………………… 189
過重な負担…………………………… 197, 230, 231
カスタマイズ就業………………………… 62, 169
家族の関わり……………………………………… 158
家族の障害受容…………………………………… 160
価値転換理論……………………………… 152, 153
価値動機……………………………………………20
加齢への対応……………………………………… 253
企業文化…………………………… 208, 277, 278
機能性評価測定法………………………………… 115
企業の社会的責任（CSR）……………… 209, 211
企業の不安や逡巡………………………………… 217
機能の開発………………………………… 54, 162
機能不全…………………………………… 263, 266

キャリア…………………………… 43, 64, 72, 170
キャリアアンカー…………………………………76
キャリア・インサイト…………………………… 125
キャリアガイダンス……………… 125, 150, 170
キャリアカウンセリング…… 36, 83, 123, 170, 176
キャリア教育……………………… 33, 150, 162, 169
キャリアコーン…………………………… 75, 247
キャリア構築理論…………………………………72
キャリア情報探索・活用能力…………………… 171
キャリア設計……………………………………… 177
キャリア発達への障害の影響……………………77
求人者類型………………………………… 213, 251
教育訓練…………………………… 223, 249, 255
教育リハビリテーション………………………… 165
狭義の能力開発…………………………………… 164
グループワーク……………………………………94
ケースマネジメント……………… 32, 56, 62, 146
健康……………………………… 26, 41, 93, 254
現実認識…………………………………………… 151
権利擁護…………………………………… 36, 229, 283
広義の能力開発…………………… 162, 164, 167
高次脳機能障害…………………… 33, 130, 152, 207
工賃向上…………………………………………… 204
行動観察…………………………… 117, 118, 119, 135
行動規範…………………………………… 271, 280, 282
行動の理解…………………………………………87
合理的配慮………………………… 196, 215, 230
合理的配慮指針事例集…………………… 169, 232
国際障害分類（ICIDH）……………… 39, 40, 41, 42
国際生活機能分類（ICF）………… 33, 40, 41, 42
国際リハビリテーション協会（RI）……… 33, 34
国際労働機関（ILO）…………… 36, 48, 49, 51
心の健康づくり計画……………………………… 238
個人特性の階層構造……… 112, 113, 118, 163, 167
個別就労支援プログラム（IPS）………… 61, 62
コミュニケーション…………86, 94, 131, 157, 166
コミュニティ心理学………………………………92
雇用の場の拡充……………………………………28
雇用・福祉施策の併用…………………………… 206
コンピテンシー…………………………………… 126
コンボイ………………………………… 268, 269, 270

（サ行）

再発予防……………………………………… 90, 151
最低賃金法………………………… 192, 194, 277
差別の禁止………………………… 196, 197, 230
産業工学的分野………………………… 117, 118
産業……………………………… 140, 142, 143
幸せの公式………………………………………96
支援計画の作成………………… 57, 106, 108
支援者の意識のズレ…………………………… 217
支援者の働きかけ………………………………… 215
支援の戦略………………………………………54
支援の過程（プロセス）…… 48, 55, 59, 155, 274
支援モデル………………………… 52, 53, 62
視覚障害……………………………………… 128
資源の開発…………………………… 54, 55, 162
事業所……………… 29, 55, 58, 82, 142, 157,
　　　　　　　　 206, 215, 231, 246, 272
自己概念………………… 64, 73, 79, 170, 179
自己管理の方法…………………………………… 189
自己決定理論……………………………………69
自己肯定感………………… 38, 153, 154, 156, 158
自己認識……………………………………… 151
自己理解…………… 84, 112, 122, 135, 150, 171
自己有用感………………………… 45, 153, 154
市場性………………………………… 30, 204
肢体不自由……………………………………… 129
実雇用率…………………………………… 195, 196
修復……………………………………… 266
就労支援の専門職………………………………… 271
社会的学習理論………………………… 69, 91
社会的企業………………………………………30
社会的支え…………………………… 160, 267
社会的ネットワーク…………………………… 262
社会福祉法人…………… 61, 164, 204, 272
社会モデル………………………………… 42, 43
社会リハビリテーション………………… 34, 165
就業支援ネットワーク…………………………… 260
就労移行支援…………… 28, 120, 202, 206
就労継続支援…………………… 29, 193, 202
就労系サービス……………………………… 202
就労定着支援………………… 203, 206, 273, 279
集団的労働関係（労使関係）………… 192, 220

障害開示……………………………………… 156
障害者インターナショナル（DPI）……………32
障害者基本計画………………………………… 195
障害者虐待防止法……………………………… 230
障害者権利条約………………………… 28, 230
障害者雇用条件からの企業分類…………………… 215
障害者雇用事例リファレンスサービス
　　　　　　　………………… 142, 169, 221, 228
障害者雇用対策基本方針………………………… 195
障害者雇用の過程………………………… 212, 251
障害者雇用の質の改善………………………… 211
障害者雇用の阻害要因………………… 210, 211
障害者雇用の利点………209, 210, 212, 215, 218
障害者雇用モデル………………… 212, 213, 214
障害者雇用率制度……195, 196, 197, 205, 227, 229
障害者差別解消法……………………………… 230
障害者差別禁止指針……………………………… 197
障害者自立支援法………………… 28, 120, 165, 199
障害者就業・生活支援センター
　　　　　　　………………198, 206, 260, 265, 275
障害者職業センター…113, 115, 198, 243, 265, 271
障害者職業能力開発校………………… 164, 198, 260
障害者総合支援法………………… 17, 28, 199, 200
障害者の雇用の促進等に関する法律
　　　　　　　………………… 11, 49, 61, 195, 272
障害者の職業リハビリテーションに関する勧告
　　　　　　　………………………………………48
障害者の職業リハビリテーション及び雇用に関す
　　る条約………………………………………48
障害受容………………… 152, 153, 156, 160
障害と能力開発……………………………… 162
生涯発達モデル………………………………………64
障害福祉サービス…… 50, 148, 160, 200, 203, 252
処遇の階層性……………………………… 278
情報収集の方法……………………………… 104
情報の解釈……………………………… 122
情報の種類……………………………… 103
職域の開発と拡大……………………………… 221
職業観………………………… 24, 34, 169
職業教育………………………… 33, 34, 165
職業準備性…………………33, 57, 113, 119, 165, 274
職業準備性のピラミッド………………… 113, 167
職業準備教育………………………………………33

職業情報‥‥‥‥‥‥‥‥‥ 124, 141, 142, 143, 144
職業情報提供サイト‥‥‥‥‥‥‥‥ 123, 141
職業性ストレス簡易調査票‥‥‥‥‥ 239, 240
職業適合性（マッチング）‥‥‥‥‥‥‥ 118
職業適応の理論‥‥‥‥‥‥‥‥‥‥‥‥‥80
職業適応モデル‥‥‥‥‥‥‥‥‥‥‥‥‥80
職業能力開発‥‥‥‥‥‥ 162, 163, 164, 221
職業発達‥‥‥‥‥‥‥‥‥‥‥‥‥‥‥‥64
職業分類‥‥‥‥‥‥‥‥‥‥‥‥‥ 140, 141
職業倫理‥‥‥‥‥‥‥‥ 24, 280, 281, 282
職業リハビリテーションの対象‥‥‥‥‥‥50
職業リハビリテーションの推進‥‥ 195, 197
職場定着期‥‥‥‥‥‥‥‥ 227, 229, 248, 250
職場定着への支援‥‥‥‥‥‥‥‥‥ 219, 228
職場適応期‥‥‥‥‥‥‥‥ 226, 229, 248, 250
職場復帰支援‥‥‥‥‥‥‥ 240, 241, 242, 243
職務‥‥‥‥‥‥‥‥ 22, 28, 44, 58, 140, 144,
　　　　　　　　　　216, 219, 221, 222, 272
職務試行法‥‥‥‥‥‥‥‥ 114, 116, 117, 118
職務分析‥‥‥‥‥‥‥‥‥ 144, 221, 222, 224
職務の再設計‥‥‥‥‥‥‥‥‥ 221, 222, 272
自立支援給付‥‥‥‥‥‥‥‥‥‥‥‥‥ 199
人材育成‥‥‥‥‥‥‥ 46, 170, 175, 207, 275
人事労務管理‥‥‥‥‥‥ 219, 220, 221, 238, 243
診断ツール‥‥‥‥‥‥‥‥‥‥‥‥‥‥ 118
心理・生理的評価測定法‥‥‥‥‥‥ 114, 115
進路指導‥‥‥‥‥‥‥‥‥ 34, 140, 167, 276
ストレングス‥‥‥‥‥‥‥ 62, 105, 106, 155
生活機能‥‥‥‥‥‥‥‥‥‥‥‥‥‥ 41, 42
生活支援‥‥‥‥‥‥‥‥ 46, 52, 147, 255, 273
生活の質（QOL）‥‥‥‥‥ 27, 32, 34, 45, 51, 54
精神障害‥‥‥‥‥‥‥‥‥‥ 26, 136, 165, 243
世界保健機関（WHO）‥‥‥‥‥ 31, 39, 40, 41
生態学的モデル‥‥‥‥‥‥‥‥‥‥‥ 73, 74
セルフマネージメント‥‥‥‥‥‥‥ 117, 174
積極的是正措置‥‥‥‥‥‥‥‥‥‥‥‥ 197
専門職の資質と倫理‥‥‥‥‥‥‥‥‥‥ 279
早期老化の予防‥‥‥‥‥‥‥‥‥‥‥‥ 254
総合リハビリテーション‥‥‥‥‥ 32, 34, 35, 302
組織内キャリア‥‥‥‥‥‥‥‥ 46, 74, 75, 246, 247
ソーシャルサポート‥‥‥‥‥‥‥‥‥ 92, 93
ソーシャルスキル（社会生活技能）‥‥‥‥ 91, 92

（タ行）

体系的アプローチ‥‥‥‥‥‥‥‥ 36, 176, 177
体系的カウンセリング
　　‥‥‥‥‥‥‥‥176, 178, 179, 181, 183, 186
ダイバーシティ‥‥‥‥‥‥‥ 209, 211, 212
他職種の専門家とのつきあい方‥‥‥‥‥ 267
多様な能力開発‥‥‥‥‥‥‥‥‥‥‥‥ 163
段階的受容論‥‥‥‥‥‥‥‥‥‥‥‥‥ 152
地域生活支援事業‥‥‥‥‥‥‥‥‥‥‥ 200
地域ネットワーク‥‥‥ 13, 114, 204, 261, 273, 276
チェックリスト‥‥‥‥117, 118, 119, 120, 121, 122
知識・技能の階層構造‥‥‥‥‥‥‥‥‥ 275
知的障害‥‥‥‥‥‥‥132, 139, 195, 196, 248, 253
聴覚障害‥‥‥‥‥‥‥‥‥ 77, 128, 129, 162
沈黙の扱い‥‥‥‥‥‥‥‥‥‥‥‥‥‥86
てんかん‥‥‥‥‥‥‥‥‥‥‥‥‥ 136, 139
転機（トランジション）‥‥‥‥‥‥‥ 76, 250
特別支援教育‥‥‥‥‥‥‥‥‥ 33, 54, 150
ドミナントストーリー‥‥‥‥‥‥‥‥‥‥97

（ナ行）

内部障害‥‥‥‥‥‥‥‥‥‥‥‥‥‥ 131
内的キャリア‥‥‥‥‥‥‥‥‥ 74, 76, 247
ナチュラルサポート‥‥‥‥‥‥‥‥ 61, 251
ナラティブ・アプローチ‥‥‥‥‥ 72, 97, 98
難病‥‥‥‥‥‥‥‥‥‥33, 50, 132, 199, 205, 207
日常生活動作（ADL）‥‥‥‥ 33, 105, 118, 162
日本標準産業分類‥‥‥‥‥‥‥‥‥‥ 142
人間関係形成能力‥‥‥‥‥‥‥‥‥‥ 172
人間関係の樹立‥‥‥‥‥‥‥‥‥‥‥ 177
人間作業モデル‥‥‥‥‥‥‥‥‥‥ 23, 25
人間発達学‥‥‥‥‥‥‥‥‥‥‥‥ 10, 37
認知機能‥‥‥‥‥130, 131, 133, 137, 152, 162
認知行動的アプローチ‥‥‥‥‥‥‥‥ 88, 90
認知行動療法‥‥‥‥‥‥88, 89, 90, 91, 243
認知的情報処理理論‥‥‥‥‥‥‥‥‥‥70
ネットワーク構築‥‥‥‥‥‥‥ 211, 254, 266

（ハ行）

働くことの意義‥‥‥‥‥‥18, 19, 22, 26, 119, 167
働く動機‥‥‥‥‥‥‥‥‥‥‥‥‥‥‥21
働く場面からの引退‥‥‥‥‥‥‥‥ 253, 256

場面設定法……………………………… 114, 116, 117
発達障害……………131, 134, 156, 158, 207, 274
発達障害者支援法……………………………… 134
ハローワーク（公共職業安定所）
　　…… 140, 142, 156, 157, 170, 198, 213, 260, 277
ハッピーリタイアメント……………………… 256, 257
非開示………………………… 139, 156, 157, 227
評定尺度……………………………… 114, 118
福祉施策の課題……………………………… 203
福祉的就労……………… 17, 29, 30, 193, 253, 256
復職過程モデル………………………………80
復職モデル……………………………… 80, 249
不適応のサインと要因……………………… 234
プライバシーの保護……………………… 244
プランニング…………57, 59, 106, 122, 250
ブランド・ハップンスタンス理論………………71
プログラムの使命……………………… 106
ベーシックネットワーク……………………… 263
方法の実行……………… 178, 181, 182, 185
法定雇用率…… 157, 195, 196, 205, 213, 216, 217
ポジティブ心理学……………………………96
募集と採用……………………………… 213

（マ行）

マクロ・ネットワーク……………………… 262
ミクロ・ネットワーク……………… 262, 264, 267
ミネソタ理論……………………… 80, 248
面接・関係機関からの資料収集………… 114, 115
メンタルヘルスケアの推進……………… 238
メンタルヘルス……… 195, 233, 237, 244
目標の設定……………………… 177, 179, 180
目標達成志向型……………… 101, 102, 103
問題発見志向型……………… 101, 103

（ヤ行）

役割と障害……………………………………25
役割と QOL ……………………………………23
役割の実現……………………… 18, 21, 22
役割の遂行……………… 25, 52, 78, 104, 112, 171
良い仕事……………………… 21, 27, 204

（ラ行）

ライフキャリア……………… 32, 44, 46, 247
ライフキャリアの虹
　　………… 23, 46, 52, 65, 145, 170, 171, 250, 268
ライフサイクル……………… 145, 146, 203, 255
ライフスタイル……………… 57, 65, 146, 250
ライフスパン……………………………64
ライフスペース……………………………64
リカバリー……………………… 27, 155
離職と再就職……………………… 251
離転職の要因……………………… 250
離職に向けた支援……………………… 251
リハビリテーション
　　…… 12, 31, 32, 33, 34, 39, 40, 79, 100, 106, 162
リハビリテーションカウンセリング
　　…………………10, 11, 36, 37, 38, 64
リハビリテーションと能力開発……………… 162
倫理規範……………………… 13, 271, 279
倫理規定……………… 281, 282, 283, 284
倫理的意思決定モデル……………… 281
倫理的ジレンマ……………… 281, 282
レジリエンス……………………………96
連続的意思決定理論………………………67
労働安全衛生対策……………… 143, 195
労働観……………………………16
労働基準法……………192, 193, 194, 195, 277
労働契約法……………………… 192, 193
労働市場（雇用政策）
　　………… 28, 30, 73, 113, 141, 142, 192, 195, 232
労働者……………144, 192, 233, 238, 244
労働条件の原則……………………… 193
労働生活の質（QWL）……………………… 236
労災補償制度……………………… 195
労働者協同組合………………………30

（ワ行）

ワークキャリア…………44, 45, 46, 59, 247
ワークサンプル法……………… 114, 116, 117
ワークパーソナリティ……………………… 112
ワーク・ライフ・バランス……… 44, 45, 52, 212

おわりに

　本書が刊行されるに至った背景には、実に長い歴史があります。それは、研究者としての私自身の経歴とも重なるのですが、その経緯をたどってみたいと思います。

　1973年に就職した職業研究所（現、労働政策研究・研修機構）は、我が国の雇用・職業に関わるさまざまな課題を多面的・学際的に調査研究する旧労働省系列の研究所でした。私は第2研究部（適性研究部）第2研究室という障害者の職業問題を担当する部署に配属されました。その研究の基本的な視点は、障害者に対する医学や福祉分野からではなく、（雇用）労働とキャリア開発に焦点を当てるとともに、社会学や経済学的な知見も取り込みながら、障害者雇用施策の展開に寄与することを目指していました。

　ですが、障害者の職業問題に焦点を当てた研究は、その課題の広範さと行政施策からの多面的な要望があるにもかかわらず、わずかに散見するだけであり、また、政策面では海外論文の翻訳に多くを依存していました。そのため、調査研究を重ねていく中で、次第に、障害者の職業問題を俯瞰するための総合的で包括的な「MAP」が必要であると認識するようになりました。

　そのため、1989年に、職業リハビリテーションの実際的課題の解決に寄与する知識と技術の全体的な体系を明らかにすることを目的に、この分野の研究課題の分類学的な分析をしました（「職業リハビリテーション研究課題の分類学」、総合リハビリテーション、第17（11）号 875-881、医学書院.1989）。

　この論文は、米国の職業リハビリテーションやリハビリテーションカウンセリング分野の文献とリハビリテーションカウンセラー認定機構の資格認定試験、我が国の職業心理学、産業・組織心理学、進路指導論、雇用管理論、特別支援（特殊）教育、保健医療、障害福祉、雇用施策などの文献を網羅的に検索したうえで、それらの内容を研究課題として記述化しました。その結果、合計178の研究課題を抽出するとともに、それらを、①能力特性に関する研究領域、②評価相談に関する研究領域、③職業適応に関する研究領域、④雇用開発に関する研究領域、⑤能力開発に関する研究領域、の5つの領域（15中分類、60小分類）にまとめました。

　同論文が嚆矢となって、その後の我が国の職業リハビリテーションに関する調査研究とその実務を担う人材の育成プログラムが多少なりとも明確になり始めたように思います。というのも、同論文の投稿査読中の草稿は、1987年の「障害者の雇用の促進等に関する法律」制定とともに設立された障害者職業総合センター（NIVR）の研究部門の組織編成と中・長期研究計画策定の基軸となりました（雇用促進事業団：「障害者総合職業対策調査研究会報告—総合的な職業リハビリテーション対策の今後の方向—」、1986）。また、研究領域の実践に求

められる知識と技術を踏まえて、障害者職業カウンセラー養成のための厚生労働大臣指定の研修カリキュラムや指定教材が編成されました（「職業リハビリテーションの理論と職業評価」、日本障害者雇用促進協会、1994）。1998年にはこれらの成果を基に「職業リハビリテーションの基礎知識」（日本障害者雇用促進協会障害者職業総合センター編）を刊行しました。指定教材は、その後の幾度かの改訂作業を経て今日に至っています。また、同カリキュラムを基盤に職場適応援助者（ジョブコーチ）の研修カリキュラムも編成され、これも改定作業を経て今日に至っています。

　こうした障害者の職業リハビリテーションの知識と技術の包括的な体系化を進めることは、（当時の）我が国ではこの分野の研究者が極めて少なかったこともあって、次第に自分の役割であるとの認識を深めていきました。

　2001年に厚生労働省の発足とともに、職業リハビリテーションの活動が新しい時代を迎えた兆しが見え始め、教育・医療・福祉・雇用などの分野からの関心が高まって来ました。その最中に、作業療法分野の職業（前）活動に関する図書出版の機会を得て、「職業リハビリテーション入門」（協同医書出版社、2001）を菊池恵美子先生との共編著で刊行しました。28人の共同執筆によって、キャリア発達と社会参加への包括的支援の視点から、職業リハビリテーションの技術と知識の体系化を目指した最初の図書となりました。

　これを契機として、以降、出版編集者の方々のご支援を頂きながら、職業リハビリテーションカウンセリングの体系化を目指して、刊行物の目次立てと内容について、幾度も組み換えを行うことになります。

　その第1稿が、2002年の「リハビリテーションカウンセリング」（未刊）です。これをもとにして、当時、金剛出版におられた石井みゆきさん（現やどかり出版）の校閲やご支援を頂きながら加筆修正して、2003年に第2稿として「障害者雇用・就労支援の最前線」（未刊）を作成しました。

　さらに第3稿の目次立てをした成果が、「職業リハビリテーション学」（協同医書出版社、2006）です。これは、2001年版の改定と位置づけたのですが、目次立てと内容を全面的に改定するとともに、当時の職業リハビリテーション分野の第一線でご活躍の53人の方々に共同執筆を頂きました。その意味で、職業リハビリテーションの知識と技術の体系化を目指した、この時点での到達点と言えるでしょう。

　その後も、複数の出版編集者の方々のご支援を頂きながら、試行錯誤は続きました。2009年には第4稿として「職業リハビリテーションとライフキャリア」（未刊）を澤誠二さん（当時、中央法規出版）から、2016年には第5稿として「職業リハビリテーション－理論と実際－」（未刊）を高島徹也さん（金剛出版）からのご支援を頂きながら、目次立ての組み換えとそれに伴う内容の練り直しを重ねてきました。ですが、障害者雇用施策の急速な発展に伴うさまざまな仕事や大学教員の職務が重なる中で、刊行にまでは至りませんでした。

そうした経過を経て、2020年に入ると新型コロナウイルス禍のもとで在宅就業が続くことになりました。そのため、集中的に時間が取れるようになり、ようやく本稿をまとめることができたのです。

　こうした未定稿を重ねた経過の背景には、障害者の医療・教育・福祉・雇用分野の制度や政策に併行あるいは先行して、職業リハビリテーションに関わる概念や視点、支援モデルと対象、評価と支援方法、支援を担う人材と企業理解、研究機能などのさまざまな展開があります。それらの主なものとして次のことが指摘できるでしょう（松為信雄：我が国における職業リハビリテーションの動向、日本職業リハビリテーション学会編「職業リハビリテーションの基礎と実践」、14-37、中央法規出版、2012）。

　第1に、概念や視点が広がってきました。①キャリア概念が再認識されて障害者にも導入されるべきとの認識の広まり、②総合リハビリテーション概念の導入とそれを構成する職業リハビリテーションの認識の深まり、③障害構造論に基づいた医療モデルと社会モデルとの統合的な視点の展開、④ノーマライゼーションからインテグレーションやインクルージョンへの展開、また、ディーセント・ワークから障害者権利条約への展開など、社会福祉の概念の取り込み、⑤精神障害リハビリテーション分野を中心としたエンパワメントやストレングスの視点の導入、⑥ケアマネジメントと地域ネットワークの重視、などがあります。

　第2に、支援モデルと対象が広がってきました。①働くことの意義と役割概念の尊重あるいは再認識、②障害のある人から生活のしずらさを抱えるさまざまな人へと拡大する支援対象者、③企業や家族に対する支援の展開、などがあります。

　第3に、評価と支援方法が広がってきました。①心理・生理学的評価法から機能評価法への展開、②能力の階層構造モデルに基づいた評価の多様性、③就職直前後の職場適応支援から中長期的な職場定着支援の展開、④ジョブコーチなどの実際的な支援技術の発展、⑤医療・教育・福祉から雇用への移行プロセスと支援の継続性の重視、⑥就業と生活の一体的かつ総合的な支援の展開、などがあります。

　第4に、企業の理解促進と多様な働き方が広がってきました。①障害者雇用率制度に基づく障害者雇用の増大、②企業文化としてのコンプライアンスによる障害者理解の広がり、③福祉的就労を含む多様な働く場や働き方の開発と展開、などがあります。

　これらの他に、支援人材と研究機能の広がりも指摘しておかねばなりません。①職業リハビリテーション支援に従事する専門家の教育（特別支援教育）・医療保健・障害者福祉など分野での増大、②障害者職業カウンセラー、職場適応援助者、職業相談員などの雇用分野における専門職等の研修の拡充と終了者の増大、③関連する研究従事者や学会等での研究発表あるいは研究報告書等の増大、などがあります。

　未定稿を重ねた経過の背景には、こうした職業リハビリテーションの知識と技術に関わるさまざまな展開がありました。

2001 年の「職業リハビリテーション入門」の序文で、私は「職業リハビリテーションに関する論議と実践的な活動は……国内外のリハビリテーションの理念や施策の動きを踏まえながら新しい時代を切り拓いてこられた、数多くの先人たちの努力の賜物である。そうした流れをさらに大きくして、職業リハビリテーションの知識と技術を体系化させたいとの壮大な夢を抱き、その実現を目指した里程標として生まれたのが本書である。それだけに、編者をふくむすべての執筆者は、本書を、職業リハビリテーション分野における基本図書としての地位を確保させたいとの共通の願いがある」と記述しました。

　爾来 20 年を経て辿り着いた本書は、この分野の知識と技術の体系化を追い求めて行き着いた現在の到達点です。「学」と称するに値する内容を構築していく里程標として、新たな基本図書としての地位を確保したいとの思いを込めて執筆しました。

　と同時に、「はじめに」で記述したとおり、本書は、障害者の雇用（就労）支援に従事される方々が、教育・医療・福祉・雇用の各分野を超えて、職業リハビリテーションカウンセリングに関する知識や技術の実践を支える共通基盤となることを願っています。そのため、平易な文体にするとともに、専門的な知見を得たい方のために、各章の引用・参考文献を付けました。

　最後に、これまでの経過を振り返ると、石井よし子さんを始めとした多くの関係者の方々のご協力に深く御礼を申し上げます。そして、紆余曲折を経た本書の刊行を快くお引き受け頂いたジアース教育新社の加藤勝博さんと舘野孝之さんに、心から感謝する次第です

（2021 年 8 月）

キャリア支援に基づく
職業リハビリテーションカウンセリング
－理論と実際－

2021 年 8 月 17 日　初版 1 刷発行

著　者　松為　信雄
発行者　加藤　勝博
発行所　株式会社ジアース教育新社
　　　　〒 101-0054　東京都千代田区神田錦町 1 -23 宗保第 2 ビル
　　　　Tel. 03-5282-7183
　　　　Fax. 03-5282-7892
　　　　E-mail：info@kyoikushinsha.co.jp
　　　　URL：https://www.kyoikushinsha.co.jp

表紙デザイン　土屋図形株式会社
編集協力　大熊　文子
印　　刷　株式会社 創新社

Printed in Japan
ISBN978-4-86371-593-6